WILEY

An Introduction
to Language

语言入门

〔美〕科克·海森（Kirk Hazen）/著

王国勇 /译

著作权合同登记号　图字：01-2015-6724

图书在版编目(CIP)数据

语言入门/(美)科克·海森(Kirk Hazen)著；王国勇译. —北京：北京大学出版社，2019.4

ISBN 978-7-301-29266-2

Ⅰ.①语… Ⅱ.①科… ②王… Ⅲ.①语言学 Ⅳ.①H0

中国版本图书馆 CIP 数据核字(2018)第 033607 号

Copyright © 2015 John Wiley & Sons, Inc
All Rights Reserved. This translation published under license.
No part of this publication may be reproduced, stored in a retrieval system, or transmitted, in any form or by any means, electronic, mechanical, photocopying, recording, or otherwise, except as permitted by the UK Copyright, Designs and Patents Act 1988, without the prior permission of the publisher.

书　　　　名	语言入门 YUYAN RUMEN
著作责任者	〔美〕科克·海森(Kirk Hazen) 著　王国勇 译
责 任 编 辑	刘秀芹
标 准 书 号	ISBN 978-7-301-29266-2
出 版 发 行	北京大学出版社
地　　　　址	北京市海淀区成府路 205 号　100871
网　　　　址	http://www.pup.cn　新浪微博：@北京大学出版社
电 子 信 箱	sdyy_2005@126.com
电　　　　话	邮购部 010-62752015　发行部 010-62750672　编辑部 021-62071998
印 　刷 　者	河北滦县鑫华书刊印刷厂
经 销 者	新华书店
	730 毫米×980 毫米　16 开本　33.25 印张　477 千字 2019 年 4 月第 1 版　2019 年 4 月第 1 次印刷
定　　　　价	88.00 元

未经许可，不得以任何方式复制或抄袭本书之部分或全部内容。
版权所有，侵权必究
举报电话：010-62752024　电子信箱：fd@pup.pku.edu.cn
图书如有印装质量问题，请与出版部联系，电话：010-62756370

因为他们不听我的，因为他们五秒钟的注意力，因为他们对我仍然要坚持教他们的恼火，因为不管我有多么严厉，他们却依然爱我，谨将本书献给以下三人，正是他们不断的挑战，使我成为一名更好的老师：

基根
科尔曼
马达拉

简目

教学配套网站	I
鸣谢	II
寄语教师	IV
序言：关于本书	VII
第一章　导论	1
第二章　声音	35
第三章　语音模式	84
第四章　词汇中的简单词	127
第五章　习语、俚语和英语词汇	174
第六章　由多个部件组成的单词	211
第七章　将零星碎片组成短语	258
第八章　构建更大的短语	298
第九章　从短语到意义	354
第十章　语言在教育中的曲折路径	392
第十一章　语言的生命周期	434
术语表	473
索引	496

详目

教学配套网站	I
鸣谢	II
寄语教师	IV
序言：关于本书	VII
本书的范围	VII
入门课程	VIII
本书的结构	IX
练习	XI
各种英语和其他语言	XII
本书的局限	XII
有关语言的类比	XIII
一份关于社会趋势的规范性指南	XIII
一条教育路径：混乱	XIV
致教师们	XV
注释	XV
第一章　导论	(1)
本章概述	(2)
语言、语言群和它们的使用者	(3)
什么是语言？	(4)

详目

　　什么是语言之声？ ………………………………………… (5)
　　什么是单词？ ……………………………………………… (6)
　　什么是短语？ ……………………………………………… (7)
　　什么是语篇？ ……………………………………………… (8)
语言差别 ……………………………………………………………… (8)
语言相似 ……………………………………………………………… (9)
穿越时空的语言变异 ………………………………………………… (10)
当今的语言变异 ……………………………………………………… (11)
理解语言的世界 ……………………………………………………… (11)
语言的复杂性质 ……………………………………………………… (12)
评判语言 ……………………………………………………………… (13)
各类标准英语和英语方言 …………………………………………… (14)
各类语法 ……………………………………………………………… (17)
　　教学语法 …………………………………………………… (18)
　　规范语法 …………………………………………………… (18)
　　描写语法 …………………………………………………… (20)
　　心理语法 …………………………………………………… (21)
　　普遍语法 …………………………………………………… (22)
意义 …………………………………………………………………… (22)
各类标准英语和不同的世界观 ……………………………………… (24)
结构 …………………………………………………………………… (25)
语言之旅 ……………………………………………………………… (26)
本章总结 ……………………………………………………………… (26)
主要概念 ……………………………………………………………… (27)
注释 …………………………………………………………………… (28)
参考文献 ……………………………………………………………… (28)
延伸阅读 ……………………………………………………………… (28)
练习 …………………………………………………………………… (29)
　　个人练习 …………………………………………………… (29)

小组练习 ·· (30)
　　学习问题 ·· (33)
第二章　声音 ·· (35)
　　本章概述 ·· (36)
　　了解你已经知道的内容 ·· (36)
　　字母和语音符号：一个错配 ··· (37)
　　语音符号：一个方便的谎言 ··· (38)
　　意义、歧义和任意性 ·· (39)
　　　　声音的象征意义 ·· (39)
　　　　合并 ·· (41)
　　　　两类相关的意义和声音 ··· (43)
　　声音素描 ·· (45)
　　辅音和元音 ··· (46)
　　辅音 ·· (48)
　　　　发音的部位 ·· (48)
　　　　方式 ·· (50)
　　　　发声 ·· (54)
　　　　麦格克效应 ·· (56)
　　元音 ·· (57)
　　所有的语言之声对所有语言都重要吗？ ····························· (63)
　　区别对待：以最小配对比较声音差别 ································ (64)
　　把玩发声 ·· (66)
　　跨时空的变化：英语起初有多少音？ ································ (67)
　　R音的故事：第一部分 ·· (68)
　　本章总结 ·· (70)
　　主要概念 ·· (71)
　　注释 ·· (72)
　　参考文献 ·· (72)
　　延伸阅读 ·· (72)

    练习 ··· (73)
        个人练习 ··· (73)
        小组练习 ··· (76)
    学习问题 ··· (82)

第三章　语音模式 ·· (84)
    本章概述 ··· (85)
    可预见的差别 ··· (86)
    最小配对的意义 ··· (86)
    一些和社会意义关联的语音模式 ··· (90)
    结构 ··· (92)
        自然组 ··· (92)
        音节 ··· (93)
        可能的和不可能的组合 ··· (97)
    语音模式 ··· (100)
        一个辅音样品模式 ··· (100)
        一个元音样品模式 ··· (101)
    schwa 规则 ··· (103)
    删除和插入 ··· (104)
    同化 ··· (105)
        鼻音化 ··· (106)
        闪音化 ··· (106)
        清音化 ··· (106)
        腭音化 ··· (107)
    R 音(和 L 音)的故事:第二部分 ··· (107)
    各类英语和其他语言 ··· (109)
        送气 ··· (109)
        语调 ··· (110)
    穿越时空的变异 ··· (110)
    当今的变异 ··· (112)

　　　　首音互换现象 ………………………………………（112）
　　　　在词尾：辅音消失 …………………………………（113）
　　　　yod 变异 ……………………………………………（114）
　　　　[t]音的喉音化 ………………………………………（115）
　　本章总结 …………………………………………………（115）
　　主要概念 …………………………………………………（116）
　　注释 ………………………………………………………（117）
　　参考文献 …………………………………………………（117）
　　延伸阅读 …………………………………………………（117）
　　练习 ………………………………………………………（118）
　　　　个人练习 ……………………………………………（118）
　　　　小组练习 ……………………………………………（123）
　　学习问题 …………………………………………………（125）

第四章　词汇中的简单词 …………………………………（127）
　　本章概述 …………………………………………………（129）
　　词汇的歧义和任意性 ……………………………………（129）
　　我们的心理词典：在几个方面有别于纸质词典 ………（132）
　　词汇与同义词 ……………………………………………（133）
　　结构 ………………………………………………………（136）
　　如何辨别词汇类别 ………………………………………（137）
　　实义词的类别 ……………………………………………（139）
　　　　形容词 ………………………………………………（139）
　　　　名词 …………………………………………………（143）
　　　　动词 …………………………………………………（149）
　　功能词：砌墙的砂浆 ……………………………………（161）
　　　　连接词 ………………………………………………（162）
　　　　作为限定成分的限定词 ……………………………（162）
　　　　代词 …………………………………………………（163）
　　　　介词 …………………………………………………（165）

本章总结 …………………………………………………… (166)
　　主要概念 …………………………………………………… (166)
　　注释 ………………………………………………………… (167)
　　参考文献 …………………………………………………… (168)
　　延伸阅读 …………………………………………………… (168)
　　练习 ………………………………………………………… (168)
　　　　个人练习 ……………………………………………… (168)
　　　　小组练习 ……………………………………………… (169)
　　学习问题 …………………………………………………… (173)

第五章　习语、俚语和英语词汇 ………………………………… (174)
　　本章概述 …………………………………………………… (175)
　　意义变化 …………………………………………………… (175)
　　英语词汇 …………………………………………………… (176)
　　词汇的语义变化和语言的任意性 ………………………… (179)
　　如何创造新词 ……………………………………………… (182)
　　特定场合的词 ……………………………………………… (189)
　　习语 ………………………………………………………… (189)
　　行话 ………………………………………………………… (193)
　　俚语 ………………………………………………………… (196)
　　本章总结 …………………………………………………… (203)
　　主要概念 …………………………………………………… (203)
　　参考文献 …………………………………………………… (204)
　　延伸阅读 …………………………………………………… (204)
　　练习 ………………………………………………………… (205)
　　　　个人练习 ……………………………………………… (205)
　　　　小组练习 ……………………………………………… (207)
　　学习问题 …………………………………………………… (209)

第六章　由多个部件组成的单词 ………………………………… (211)
　　本章概述 …………………………………………………… (212)

组合部件 …………………………………………………… (213)

词素 ………………………………………………………… (214)

词缀 ………………………………………………………… (215)

  前缀 …………………………………………………… (215)

  后缀 …………………………………………………… (216)

  英语和其他语言里的中缀 …………………………… (217)

实义词素和功能词素 ……………………………………… (218)

  实义词缀 ……………………………………………… (220)

  功能词缀 ……………………………………………… (220)

后缀同音现象 ……………………………………………… (222)

字树 ………………………………………………………… (224)

  等级制 ………………………………………………… (224)

  结构 …………………………………………………… (228)

  单词中的结构性歧义 ………………………………… (228)

词素和其他系统 …………………………………………… (230)

  添加词素使声音相配 ………………………………… (230)

  一个单词中有多少词素：一个考验每门语言的问题 …… (234)

穿越时空的变异 …………………………………………… (236)

  从规则到例外 ………………………………………… (236)

  不规则？时态？尽量放松点 ………………………… (238)

当今的变异 ………………………………………………… (242)

  g 脱落的故事 ………………………………………… (242)

  带词缀的俚语 ………………………………………… (244)

本章总结 …………………………………………………… (244)

关键词 ……………………………………………………… (245)

注释 ………………………………………………………… (245)

参考文献 …………………………………………………… (246)

延伸阅读 …………………………………………………… (246)

练习 ………………………………………………………… (247)

个人练习 …………………………………………………… (247)
　　　小组练习 …………………………………………………… (251)
　学习问题 ………………………………………………………… (256)

第七章　将零星碎片组成短语 …………………………………… (258)
　本章概述 ………………………………………………………… (259)
　意义与歧义 ……………………………………………………… (259)
　结构与等级层 …………………………………………………… (263)
　歧义与构成要素 ………………………………………………… (276)
　英语和其他语言 ………………………………………………… (279)
　穿越时空的变异:从更加综合型向更加分析型转变 ………… (283)
　　第一步:失去我们的屈折 ……………………………………… (284)
　　　对短语的影响 ……………………………………………… (285)
　当今的变异 ……………………………………………………… (287)
　本章总结 ………………………………………………………… (288)
　主要概念 ………………………………………………………… (289)
　注释 ……………………………………………………………… (289)
　参考文献 ………………………………………………………… (290)
　延伸阅读 ………………………………………………………… (290)
　练习 ……………………………………………………………… (291)
　　　个人练习 …………………………………………………… (291)
　　　小组练习 …………………………………………………… (295)
　学习问题 ………………………………………………………… (296)

第八章　构建更大的短语 …………………………………………… (298)
　本章概述 ………………………………………………………… (299)
　意义和歧义:第一部分 …………………………………………… (299)
　动词短语和传统成分 …………………………………………… (302)
　　动词短语的结构 ……………………………………………… (303)
　　画树图的一些暗示 …………………………………………… (307)
　　双宾语动词短语 ……………………………………………… (307)

9

屈折短语的动机……………………………………………(311)
　　屈折短语的结构……………………………………………(314)
　　构建屈折短语………………………………………………(315)
　　意义和歧义:第二部分……………………………………(322)
　　不同类别短语中的组成成分………………………………(329)
　　英语和其他语言……………………………………………(333)
　　当今的变异…………………………………………………(341)
　　　　主语—动词的一致………………………………………(341)
　　　　动词 need…………………………………………………(343)
　　本章总结……………………………………………………(343)
　　主要概念……………………………………………………(344)
　　参考文献……………………………………………………(344)
　　延伸阅读……………………………………………………(345)
　　练习…………………………………………………………(345)
　　　　个人练习…………………………………………………(345)
　　　　小组练习…………………………………………………(350)
　　学习问题……………………………………………………(353)

第九章　从短语到意义　(354)

　　本章概述……………………………………………………(355)
　　意义和歧义…………………………………………………(355)
　　语言结构的另一领域………………………………………(360)
　　结构与制约…………………………………………………(360)
　　意图与效果的结构…………………………………………(364)
　　　　言内—言外—言后三重奏的相互作用……………………(366)
　　含义的结构…………………………………………………(368)
　　直接言语行为和间接言语行为:完成任务…………………(371)
　　一种特殊的动词:带施为动词的施为言语行为……………(374)
　　话语标记……………………………………………………(375)
　　话语脚本……………………………………………………(376)

礼貌 ··· (377)
　　交际能力 ·· (380)
　　会话中的变异 ·· (381)
　　本章总结 ·· (384)
　　主要概念 ·· (385)
　　参考文献 ·· (386)
　　延伸阅读 ·· (386)
　　练习 ·· (387)
　　　　个人练习 ·· (387)
　　　　小组练习 ·· (388)
　　学习问题 ·· (390)

第十章　语言在教育中的曲折路径 ···················· (392)

　　本章概述 ·· (393)
　　教育中的语言 ·· (393)
　　　　比较不同类型的班级 ·································· (393)
　　正确的英语 ·· (395)
　　　　语言在教育中扮演什么角色？ ························· (399)
　　　　分析"语法"建议 ····································· (404)
　　学习语言的规范方法 ······································ (408)
　　　　规范引起的烦恼 ······································ (412)
　　描述语法和体裁惯例 ······································ (415)
　　　　责任、推广与教育 ···································· (419)
　　本章总结 ·· (420)
　　主要概念 ·· (421)
　　注释 ·· (421)
　　参考文献 ·· (422)
　　延伸阅读 ·· (422)
　　练习 ·· (423)
　　　　个人练习 ·· (423)

11

小组练习 …………………………………………………（431）
　　学习问题 …………………………………………………（433）

第十一章　语言的生命周期 …………………………………（434）
　　本章概述 …………………………………………………（435）
　　语言习得 …………………………………………………（435）
　　共时变异 …………………………………………………（444）
　　历时变异 …………………………………………………（449）
　　　　英语以前的模样 …………………………………（449）
　　　　元音迁移 …………………………………………（450）
　　　　英语如今的模样 …………………………………（453）
　　　　评判英语变异 ……………………………………（458）
　　世界上的各类英语 ………………………………………（459）
　　用这么多的英语交流 ……………………………………（464）
　　本章总结 …………………………………………………（465）
　　主要概念 …………………………………………………（466）
　　注释 ………………………………………………………（466）
　　参考文献 …………………………………………………（466）
　　延伸阅读 …………………………………………………（467）
　　练习 ………………………………………………………（468）
　　　　个人练习 …………………………………………（468）
　　　　小组练习 …………………………………………（469）
　　学习问题 …………………………………………………（471）

术语表 ………………………………………………………（473）

索引 …………………………………………………………（496）

教学配套网站

本书的教学配套网站为教师和学生分别提供了大量有用的资源,具体如下。

为教师提供:

教师手册;
章末习题答案。

为学生提供:

交互式样本测验;
关键概念的抽认卡(flashcard);
带注释的网络链接和视频剪辑。

访问以下网址获取抽认卡:http://quizlet.com/_puhix。
访问以下网址获取其他资料:www.wiley.com/go/hazen/introlanguage。

鸣谢

写书犹如行走在熙熙攘攘的城市街道。你也许独自走着,但你并不孤单。你也许一直走着,但是这街道或者城市不是你建造的。你或许向着一个目的地走去,但是沿途会有许多让你分心的事物改变你的路线。写这本书的过程是一次绝佳的行走体验。

非常感谢威利·布莱克威尔出版社的两位编辑。引领我踏上这段旅途的是丹妮艾尔·戴斯科多。我要感谢她的执着——早在2006年她就邀请我写这本书,但是到了2010年我才与她签约。她的远见卓识、广博的出版知识、雪片般飞来的电子邮件和自始至终的支持使得这个项目成为可能。另一位主要编辑朱丽叶·科克,凭借其耐心和睿智带着我走完了本书写作的全过程。

在我履职的西弗吉尼亚大学,我想感谢参与我所讲授的语言入门课的学生,这门课曾被模模糊糊地冠名为"英语语言"。自1998年以来,我有幸30次讲授这门课;我的授课经历构成了本书的基石。我依然陶醉于这门课的教学,是学生们令我的授课既有价值又有乐趣。

对我帮助最大的同学是那些参与了西弗吉尼亚方言项目的学生。从实验室主管到助教,我们有一个令人称奇的群体,我十分感激有幸与他们一道工作。我要特别感谢对本书的完成提供过帮助的人:参与西弗吉尼亚方言项目的技术文档作者、文字编辑、索引编辑,他们是伊莎贝尔·谢泼德、杰奎琳·多尔蒂、莉莉·霍尔兹;设计本书的多项选择题的团队,他们是马杰莉·韦伯、柯思顿·伍兹、艾米丽·凡登梵德;为本书的小测验、术语表和练习题答案做出贡献的助教,他们是艾莉森·艾克曼、乔丹·洛夫乔尔、艾米丽·格林、爱米莉·吉斯提斯、谢伦·高迪、克莱伯·施泰西、卡里·布莱肯西普和马琳·吉普森。

我要感谢我的良师益友沃尔特·沃尔夫兰,他给我指明了前进的道路;感谢帕特里克·康纳,是他把我招进了西弗吉尼亚大学并和我一同研究古

鸣谢

英语例子;感谢茱莉亚·戴维多娃,因为她帮我选择了俄语例子,和我讨论语言的变异;在诗歌和体裁方面给予我帮助的有吉姆·哈姆斯和玛丽·萨敏,我要谢谢他们;在我们一起编辑《社会语言学研究方法》一书时,珍妮特·霍尔姆斯教了我许多关于如何完成一本书的知识,本书受益于那段经历。另外,我还要感谢西弗吉尼亚大学英文系和爱伯利文理学院给我提供了如此多的工作机会和工作上的自由空间。

评审人员对于本书的改进助益良多,功不可没。他们给出的建议既清晰又直接,被我整合到了每个章节。我要感谢他们敏锐的眼光和精准的评论。

特别感谢我的家人,他们给了我爱和支持。我的父母阿尔伯特·海森和芭芭拉·海森为我留下了一段美好的童年记忆,他们不仅让我受到了扎实的教育,而且为我牢固地树立起"父母是孩子第一任老师"的理念。我的岳母珍妮特·科尔曼和整个大家庭友善地接纳了我。尤其要感谢我的妻子凯特·海森这24年来与我风雨同舟、相亲相爱,一起创造了美好的人生。

寄语教师

早些时候,语言入门书籍包括索绪尔的《普通语言学教程》(Saussure, *Cours de Linguistique Générale*, 1916)、布龙菲尔德的《语言》(Bloomfield, *Language*, 1933)和霍克特的《现代语言学教程》(Hockett, *A Course in Modern Linguistics*, 1958)。这些著作针对略为不同的读者群,而且是从不同的社会文化背景着手的。索绪尔做讲座的时候,欧洲语言学研究还处在历史语言学研究的年代,但他的讲座引领几代学生从具体的历史语言学的学习转向抽象的语言系统的研究。布龙菲尔德是以一位美国学者的身份撰写他的著作的,当时激动人心的方言学研究、人类语言学研究和由索绪尔的学生开启的对人类心智系统的研究盛极一时。两位学者开发了针对人口中一小部分读者的素材。两本书皆为学术著作,不同的是,索绪尔的著作乃是将有关语言研究应该如何展开的学术讲座结集出版的产物,而布龙菲尔德写出了一部阐述当时学术水准的语言研究的巨著。此外,后者是对布龙菲尔德的《语言研究导论》(Bloomfield, *Introduction to the Study of Language*, 1914)一书大幅修订的结果,吸收了前数十年语言研究的成果。

以我珍藏的版本为例,索绪尔的《普通语言学教程》共 317 页,涵盖五大部分 30 章;布龙菲尔德的《语言》有 564 页,共 28 章;而霍克特的《现代语言学教程》更是多达 621 页,共 64 章。少数现代的教科书也有这么厚,但这些早期的著作要艰涩难懂得多。就写作风格而言,布龙菲尔德和霍克特的著作对现代学者而言具有很强的可读性,其滔滔不绝之才令人印象深刻。然而,对那些教授非语言学专业学生的教师而言,两位学者采取的方法令人望而却步。

霍克特(Hockett, 1958:iii)明确地指出,他的书是为"上语言学入门课的大学生"而写的,但它并不是一本通俗的教科书,所以他对潜在的读者作了相应的告诫。作为康奈尔大学的语言学和人类学教授,霍克特认为:"大学以其似乎独特的神奇魅力成为语言学者做研究的温馨家园。"

寄语教师

　　索绪尔和布龙菲尔德等人的研究成果针对的是这样一类读者——这些读者已经准备以详尽的语言事实去从事语言学的学术研究。这一概述很大程度上也适用于霍克特从事的研究。随着《退伍军人权利法案》的施行，美国大学全面开放，各种各样的学生进入大学学习，包括来自蓝领工人家庭和贫困农民家庭的孩子，这些人从未了解过20世纪学术的发展状况。我的双亲正符合这一描述，他们中的一个来自匹兹堡的工人阶层，另一个来自佛罗里达州贫困的乡下。他们会如何应对霍克特书中的形态音位学或者内在和外在连续音变的区别，我曾好奇地想象过。我想这个过程一定不顺利，我甚至不确定霍克特的书是为这类学生写的，毕竟这些人不是崭露头角的学者。

　　自1958年以来，这类教科书大都是公开为语言学入门课程而设计的，而且它们都遵循霍克特创立的模式，但是如此雄心勃勃地涵盖64章的教材实属罕见。本书将另辟蹊径，它是为将来或许不打算从事语言学研究的人撰写的，特别献给21世纪的大学生。

　　在人文学科专业学生的生物学入门课里（也可以说是"生命入门"），会涉及进化和自然选择。大家听说过进化，但并不知道自然选择是如何进行的。让学生去了解这些概念如何相互作用对任课教师会有一定挑战性，另外他还得花时间去纠正人们的错误观念。在生物学专业学生的生物学入门课里，你将学到生物学家如何研究自然选择和对它的具体描述。对于研究课题是如何检测科研人员的想法的，你将会有一个思路。但自然选择将同时成为这两门课的一部分，因为它是生物学的一个重要概念。

　　在本书中，一个基础性的概念是：人类有一种具体的、获取高度复杂的交流系统的能力。这个概念应该同时成为语言学入门和语言入门这两门课的一部分。语言学入门课会为学生提供语言学家探究这个概念的研究课题；语言入门课只是把这个概念穿插进语言是如何运作的故事中。前面所举的生物学和语言学例子的关键区别在于，接受过高等教育的大众当中，很少有人会以任何具体的方式意识到人类语言的复杂性。当我受邀做普及讲座时，听众中绝大多数人都相信语言明显有两种形式（好的和坏的），它是人类的发明;很少有人从语言和书写的区别开始学习。我真心希望,通过本书的学习,语言学中的一些基本原则可以成为受过高等教育的人理解语言的准则。

　　中学生物课现在所教的东西和我的父辈当年所了解的有着天壤之别。当我的岳父被诊断出第四阶段癌症的时候,他并不知道细胞为何物;我的妻子有动物学本科学历,她不得不向他解释细胞是如何工作的。我孩子们的高中生物学课程所教的内容和我1988年的大学生物学入门课大致相同,只不过增加了更新的事实和概念而已。相比之下,语言学在大众知识普及或中学教育中可没有取得如此大的进步。希望我们能做到。

序言:关于本书

本章概览

本书的范围

入门课程

本书的结构

练习

各种英语和其他语言

本书的局限

　　有关语言的类比

一份关于社会趋势的规范性指南

一条教育路径:混乱

致教师们

注释

本书的范围

　　本书主要通过对英语的解释探究语言的本质,同时也引用来自其他语言的例子揭示人类语言的相似性和多样性。

　　作为英国对外扩张的产物,英语如今成了一门全球性的语言。由于过去两百多年间形形色色的人使用过英语,英语已是今非昔比。我们或许可以想象一个语言永不改变的宇宙,但在本书中我们将会发现,人类具有一种理解和制造语言变异的本能。这一每日变异的产物就是语言变化。物换星移,我们那种适应语言变异的天生本领造就了许多语言变体。

有时我称这些不同的变体为"英语们"。这种叫法比"英语方言"更为准确。再说，方言这个术语承载了太多的社会包袱，关于这一点的解释将贯穿本书。尽管说不同英语变体的人彼此之间都能听懂，这些英语变体的社会差别和语言特征已广为人知。当我们在本书中讨论语言的特性时，将选用世界各地的英语作为例子。

入 门 课 程

我们有必要对本书教授语言的总体方法作个说明。

如果人人都要修习并且考核通过两门语言学课程，世界将会变得更加美好。人们将更有可能要求理性的争辩和来自经验的证据，我们也更有把握提供这些东西。对学术界和实业界都重要的语言学领域也将受益于人们对语言学的倍加关注。可现实是，要想获得语言学的研究生学位并非易事，也很少有人成为专业的语言学家。尽管如此，人人都得懂一点语言，因为它是人类最重要的特性之一，而且我们所有人以此为荣。如果了解了人类语言的基本特性，我们将更能理解自己。

成为语言学家的训练是专业化的，犹如成为鸟类学家的训练是专业化的一样：要学的内容很多，而且所用的方法也因所研究的数据的种类而异。但是，对想了解鸟类的非专业人士而言，他们无须去学习遗传学。同样，对想了解语言是多么神奇的非专业人士而言，他们无须接受训练成为语言学家，去弄明白声学、语音学是怎么一回事。大部分的语言入门教材选择采用和语言学专业教材一样的模式，一样的章节安排。本书不落俗套。鉴于语言学家和普通人之间的差别，本书未采纳折射语言学传统分支的传统教材章节划分方法。取而代之的是，本书从声音到单词，从短语到句子，由浅入深，循序渐进。

在写作本书的过程中，我试图在语言学入门教材和像本书这样的语言入门教材之间保持某种区别。尽管本书不会教你如何做语言科学也就是语言学的研究，但它会利用语言学知识解释语言。我们可以打个比方。生物学是研究生命的科学,生命入门课将利用生物学知识讲解。作为学术研究领域一个分支的生物学,其入门教材会有别于生命入门教材。在多种意义上,一本生命入门教材可用作非生物学专业学生的生物学教科书。这是一本语言入门教材,其对象是非语言学专业的学生。

就像人类生物学和人类社会,语言的复杂性远超多数人的想象,也绝非一本书能够解释清楚的。本书介绍了有关语言的现代思想。我真诚地希望你在读完本书后继续学习语言。当然,不是所有的读者都会以科学的方式分析语言。带着这样的期望,本书的目标和语言学领域的书籍有所不同。它需要你利用作为语言使用者所掌握的知识去发现你已经拥有的神奇技能。但是,本书并不是要训练你成为语言学家,从语言学训练那里借来的术语也保持在一个合理的水平。[1]

作为语言使用者,你一生中将不可避免地对词的意义、短语的来历、某些言语在某些情况下的使用是否得当等进行辩论。有些读者终将为人父母,他们会想知道自己的孩子在婴儿期是如何拓展语言的,为什么到了青春期发音会如此不同。有关语言的争论在宗教界、政府和司法领域可谓司空见惯,全世界都如此。当这些人谈论语言的时候,有必要让他们懂得语言是如何运作的(这可以和流传于世界范围内的有关语言的众多神话形成鲜明对照)。在本书中,我努力引领你去理解语言是什么,为何语言对于我们人类而言既令人愉悦又必不可少。

本书的结构

本书的每一章都有众多可消化的细分小节。理解语言并不是一项简单的任务,细分结构让学生能够一点一点地聚焦重要的信息。除了每一章特有的主题,全书各章都有以下部分内容:

本章概述:这部分为本章的每个主题提供了一个简明、清晰的描述,旨在引导学生在相关语言领域的学习。

"拓展知识"和"文字游戏"文本框:这些补充特写为该章的焦点提供了

相关而有趣的话题。这些附带话题能为本科生的科研提供思路。

本章总结：这部分内容复述了该章的主要话题，让学生回顾、思考整章的学习内容。

主要概念：作为每一章基础性的词汇，这些关键词和概念应该成为学生首要的关注点。

延伸阅读：推荐书目既包括大众化的图书，又包括彰显学术性的图书，为最易上手的语言研究建言献策。书目之后附有对所推荐图书的内容总结。

练习：这些问题、指令和样本数据将帮助学生积极地参与到各章概念的学习与运用之中。

学习问题：尽管这些学习问题并非穷原竟委，但它们为各章重要概念的基础训练提供了一个平台。假如学生们能够充分回答这些问题，并且用详细的例子佐证，他们就应该能上好这门课。

大部分的章节也将会涉及下列主题：

意义；

结构；

英语和其他语言；

穿越时空的语言变异；

当今的语言变异。

这些话题将不同领域的研究集合到一起，并把它们转变成更大的兴趣共享。在全书的章节中，某些主题更为突出；在有些篇章中，意义将是一个更大的聚焦主题，而在另一些篇章中，结构会需要更多的解释。例如，有关声音模式的第三章比建构句子的第八章涉及更多当今语言变异的内容。鉴于人类语言的特性限制造句方面的变异但允许充分的发音变异，坦率地说，目前英语中有关句子建构变异的例子明显要少。

有关语言变异的讨论给本书带来了一个极好的机会。语言是我们个人和社会身份的一个重要组成部分，而这些身份的构建是通过我们与生俱来的玩耍和制造语言变异的能力而完成的。既然语言变异是表达社会特性的一个天然工具,社会语言学话题的讨论不会游离于语言学话题之外。恰恰相反,语言变异的社会特性被纳入语言特性之中。在很多这类书中,会有单独的一章用来讨论后缀是如何被加到词尾的,如将-ing这个后缀加到动词walk后面,从而构成I am walking这个句子。另有一章讨论人们如何利用语言变异去标示社会差别,如用-in'而不是-ing显得更为随便和非正式。本书则把这种变异的社会特性和语言特性放在一起讨论,向学生展示语言丰富的质感。

练 习

本书的练习都是为了让学生亲密接触每一章所介绍的概念而设计的。本书中的一些要点是在众多语言观察的基础上抽象而成的,为了使它们显得更为真实,学生们必须反复琢磨语言以观察其模式。这些练习帮助学生发现他们自己的语言和它的基本特征、细微社会差别以及内在的变化。练习分为两部分:个人练习和小组练习。个人练习让学生们通过仔细甄别数据集和他们自己的语言变异去拓展分析技能。通过这样的练习,学生们实际上在追求亘古不变的认识自我的目标。相形之下,小组练习得以让学生们培养有关(社会)语言的集体分析能力,同时营造课堂内志同道合的氛围。

成功学习语言的一个重要步骤就是学生们在做练习时放慢脚步去解释自己脑子里的语言和语言信条。当学生们接触物理学或经济学的话题时,他们或许没有多少关于这些学术领域该如何运作的具体想法。相形之下,所有学生接触语言学习的时候,对他们自己的语言、其他人的语言和方言都带着长期存在的先入之见,并且对这些都有自己的评判。不幸的是,这些先入之见没有事实根据,是错误的。要了解语言是如何工作的,大部分人因此不得不抛掉先前已经信以为真的东西。

■ 语言入门

各种英语和其他语言

对各种英语和其他语言的讨论将把各种英语中发生的事情和地球上更为广阔的语言风景作比较——全球有6900多门语言呢。通过其中的一门语言去了解人类语言有诸多不便,最大的缺点就是无法精确地展示语言多样性的全貌。比如,英语句子中的词序相当刻板,而这一顺序会直接影响句子的意思。例如,The coach hit the ball(教练打到了球)和The ball hit the coach(球打到了教练)这两句话的意思完全不同。但是,世界上的许多其他语言并不是这样的,而是允许有更大自由度的词序。这些另类的语言现实将在本书的相关章节得以展现。

语言变异和多种英语变体在本书的一些章节反复出现。例如,在第二章,用以举例说明某些发音的单词以常规的拼写方式呈现(就像来自密歇根州的人说话一样)。尽管也有其他英语变体用同样的单词体现这些元音,但并非所有的英语变体都这么做。来自亚拉巴马州和新西兰的说英语的人,可能会用完全不同的单词来尽善尽美地体现这些元音。授课教师可以引领学生们探讨这些语言变异的路径。

本书的局限

语言本身纷繁复杂,但语言并非人类交流的唯一途径。对许多语言学家而言,肢体语言和着装选择并不被视作语言,尽管它们毫无疑问是交流的一部分。语言和交流的这一区别贯穿本书始末。对意义的研究总体上被称作符号学,它涵盖一系列的活动,包括你如何着装,何时把手交叉放在胸前,你是在微笑还是在皱眉。所有这些线索都能让他人了解有关你的信息。这些都属于交流的范畴,都可以作为符号学的研究对象。和语言相比,交流囊括了更为宽泛的人类技能。"人类交流入门"将是一本完全不同的书。本书聚焦的对象是语言。

序言:关于本书

有关语言的类比

为了解释清楚语言是如何工作的,语言学家试图把语言和其他许多不同的东西作对比。这些对比没有一个是完美的,但是其中的一些对比为语言的部分功能提供了相当不错的解释。类比是拿两个不同的东西作对比。较好的类比是把读者熟知的事物与他不太了解的事物作比较。例如,"在太空行走犹如不穿溜冰鞋走在光滑的冰面上。"在这一类比中,"缺乏控制"和"很少摩擦"这两个特征得到了表达。任何滑过冰的人都知道,在没有外力助推的情况下是很难起滑的。就像任何一个类比,这个类比在以下两个方面欠妥当:在外太空,每个平面都是零摩擦,而不只是你的脚所站立的地方没有摩擦;另外,外太空存在多种危险,包括极寒和没有空气。所以,必须承认,类比并不完美,但是它仍然不失为一种有效的教学工具。

本书通篇将运用类比来描述语言的某些特性,尽管有些极为常见的类比在本书中并没有用到。本书中没有用到的类比之一是对于语言和衣着的对比。这个类比是这样的:语言犹如衣着,因为它总是以某种风格呈现,某些地方很有型,而另一些地方过时了;有些场合你可以穿某几件衣服,而到了其他的场合你就要更换它们。就某些方面而言,这算是一个相当不错的类比。但是,从其他许多方面看,这个类比就有些欠妥。例如,你会下意识地选择"穿"某些而不是别的词语,但是发音和语法的格局并不完全对这样的选择开放。单词当然会时而时髦,时而"失宠",但方言并不能如外套一般被随心所欲地穿上、脱下;当最后一片叶子落下,冬天来临时,你也不能把它们打包起来,换上冬装。在本书提供类比的时候,我会解释在何种情况下它们适用于语言,在何种情况下并不适用。

一份关于社会趋势的规范性指南

每个人都有丰富的语言经验。从你出生时起,语言就萦绕着你。运用语言是我们每天必做的重要事情之一;很难想象如果没有起码一门语言,生活会是什么样子。不幸的是,大部分人在学校的语言经历并不愉快。当人们把学校和语言放在一起的时候,他们想到的是老师如何订正他们的作文或告诉他们某些具体的词不能用。如果你是一位幸运儿,对学校的那套规则驾轻就熟,你或许会把纠正同学的错误视为己任。如果你并没有轻松掌握学校的规则,你或许会想,为何你会因为自己的语言而被点名批评。本书不会以那些规则来评判你。本书将区别书面语的规则和人们使用每一种语言的其他类型的规则。本书不会教你如何对任何一个单词发音,也不会告诉你句号应该放在引号里面还是外面,但是它会解释语言是什么以及语言是如何运作的。

一条教育路径:混乱

在阅读本书的过程中,对于有些问题你不免会产生混乱。这也无妨。尽管混乱并非总是一种让人舒服的感觉,但它却是求知过程中必要的一环。世界要比我们想象的更复杂,我们应该了解这一复杂性。为更进一步弄清楚这一复杂性,我们必须参与其中,不管是研究分子、城市还是国家,都得考虑相互作用的成分间的联系和层次。在研究语言时,我们会发现它也比我们想象的要复杂。

作为学生,当你去思考语言的复杂性时,你有关语言是如何运作的常规思维受到了挑战。无论你有没有写下来或大声说出来,每个人对语言是如何运作的都有着自己固有的解释。在这门课开始时你所持有的这一解释(或者说模型)无法应对本书承载的信息的复杂性。你的初始模型的简单朴素和语言的错综复杂形成了一个错配,这一错配造成了混乱。产生这种混乱是件好事。不错,在教育领域,混乱是学习的一个重要的早期副产品。它是你努力学习、和学习材料亲密接触的物证。如果你在语言入门课学习的某些阶段没有感到过困惑,这说明你还不够努力。引领你走出困惑的迷雾正是教育所起的作用。要想真正获得教育成果,你必须修正你的初始模型去适应语言的复杂性。除了提供关于语言的信息以外,本书还能帮助你修正你的初始语言模型。

致教师们

本书中介绍的关于语言是如何运作的理论并非唯一的。在写这本书的时候，我不得不选择一组前后连贯且能自圆其说的理论来解释语言运作的规律。以本书作为教材授课的一个方法就是挑战书中的解释并提出其他可供选择的假设。例如，第六章介绍了合成假设这个术语，它让我们把像 re-nationalization 这样的单词拆分为若干个子部分(如 re-nation-al-iz-ation)，并假设这些子部分出自这门语言的词库。一个具有挑战性的问题是："如果我们不接受合成假设说，对语言的词库会有何影响？"然后，师生们可以共同探究那个语言模型的含义。发起挑战和充分地辩论是语言学习的重要技能。

注　　释

1. 阅读本书的语言学家或许会因这么多的语言学术语在书中消失得无影无踪而深感失望，但我希望在没有很多术语助力的情况下，本书的精髓仍然得以不打折扣地传递给读者。任课教师总是可以增加额外的术语。

 要了解更多与本章有关的资源，请登录本书的配套网站：http://www.wiley.com/go/hazen/introlanguage。

第一章 导论

本章概览

本章概述
语言、语言群和它们的使用者
什么是语言?
    什么是语言之声?
    什么是单词?
    什么是短语?
    什么是语篇?
语言差别
语言相似
穿越时空的语言变异
当今的语言变异
理解语言的世界
语言的复杂性质
评判语言
各类标准英语和英语方言
各类语法
    教学语法
    规范语法
    描写语法
    心理语法

语言入门

普遍语法

意义

各类标准英语和不同的世界观

结构

语言之旅

本章总结

主要概念

注释

参考文献

延伸阅读

练习

  个人练习

  小组练习

  学习问题

本 章 概 述

  这一章向你介绍人类的语言,这可是一个需要研究的庞然大物。一些勇敢的语言学家从一门濒危语言的最后一位使用者那里捕捉到了一些词语,而另外一些语言学家研究有着数以百万计使用者的语言的细微变化。尽管我们利用从这类研究中积累的知识,但我们将以更广阔的视角去考察语言的运作。为此,我们聚焦有关语言的具体话题,包括构成语言的众多不同部件。我们将巡视语言的大、中、小要素以解释其特性,并弄清楚你脑子里的语言工厂是如何将它们组合起来的,就像把这么多的螺母、螺栓、金属器件和塑料小机械组装成一辆汽车。为准备这次旅行,我们首先得弄明白语言和语法意味着什么,一门语言如何成为活语言或死语言,以及语言和书写的区别。重要的是,你也得直面你每天作出的语言评判:假如你把自己当作"语法警察"的一部分,请作好心理准备,你的许多假设在本书中将被推翻。

语言、语言群和它们的使用者

地球上从来没有像今天这么多人,有人的地方就能找到语言。在大城市里,如新加坡,多种语言同时并存,而且大部分人都说不止一门语言。就像大部分人那样,新加坡人是**多语者**。在有些国家的乡村地区,如美国的西弗吉尼亚州,几乎人人都只说一门语言,因而他们是**单语者**。不管说几门语言,我们都自然而然地发展语言,甚至在那些只说一门语言的社区也存在不同的发音、不同的用词、不同的语言风格。

了解语言的众多困难之一是语言对我们而言是如此普通和自然,以至于我们会想当然。犹如饮食和呼吸,我们每天都要使用语言。[1] 我们中的大部分人把注意力集中在说或听上,而不是放在剖析我们是如何说上。可是,就像饮食和呼吸的生命过程,语言背后的机制极为复杂。我们产出和消费语言的过程极为复杂,其复杂性精美绝伦!

目前地球上使用的语言有 6900 多门。而这些语言根据其相似性可以划分为 128 个不同家族。[2] 一系列宽泛的语言话题将在本书中得到讨论,主要以英语作为例子。且不论是好是坏,多半两者皆有,英语成为全球的一门强势语言。全世界起码有 3.5 亿人从婴儿时期就学习英语。看你如何限定**英语**这张标签了,全球或许有 10 亿人说着某种英语。这么多说英语的人每天给英语带来许多变化,而这样的多样性为我们研究语言是如何工作的提供了众多机会。

语言变异这个概念将在本书中反复出现。比如,在美国,人们常常把在同一楼房的不同楼层之间起降的小型移动房间称作 elevator(电梯),而同样的东西在英国则被称作 lift。在这里我们说出现了单词的变异,因为我们注意到形式的差别。用不同的声音表达同一事物,在其他动物那里不会发生,而这却是人类语言的一个基本特征。语言变异告诉了我们有关人类语

语言入门

言的重要信息。本书的有关章节会利用语言变异来讲解语言的特性。

为阐明语言中的各种可能性，本书需要从几百门语言中选取例子，而阅读这样一本书，对任何读者而言都将是一个巨大的挑战。作为一门有着10亿使用者的语言，英语中有许许多多的语言变异。本书旨在通过人们运用语言的实例去理解语言是如何工作的，而在全世界各种英语中有着足够的语言变异为我们提供众多的例子。

什么是语言？

语言是人类主要用于交流的互不关联的组合系统(Language is the discrete combinatorial system humans use most for communication.)。discrete 一词在这里表示分开的；combinatorial 则表示组合在一起的。我们将小而分开的部分以某种具体的组合方式挤在一块，进而创造出更大的语言单位。对于口语，我们把声音的组合连同它们的相关意思储存在大脑里，称它们为单词，这些单词可短(如 I)可长(如 Mississippi)，它们都是和某一意思关联的一组声音。我们可以利用这些单词组建更大的短语，像名词短语(例如，most squids，大部分乌贼)，动词短语(例如，crushed the daisies，压坏了雏菊)和介词短语(例如，on the kangaroo，在大袋鼠身上)。这些短语本身是更大的结构如句子(其实是一种更大的短语)和会话中的互不关联的部分。短语和句子将在第七和第八章讨论。

语言不是一个物体，认识到这点很重要。尽管很重要，但这对我们所有人而言都是一项很难的任务。虽然"语言"这个词是名词，但它并不是一个物体，而是一组关系。我们很自然地生产和消费语言，而且我们干得很不错。不过，它是相当复杂的活动，其中蕴含着美。

既然语言本身不是一个物体，而是人类交流的自然能力，所以当听人谈及**活语言**和**死语言**的时候不免觉得有些古怪。活语言这个标签指的是任何一门有一个社区的本族语使用者说的语言，死语言标签则是指任何一门已经没有一个社区的本族语使用者说的语言。活语言，像英语、阿拉伯语、西

第一章
导论

班牙语和汉语，有着众多的本族语使用者。死语言，如纳齐兹语、(南加州印第安部族的)科特尼莫克语和(北加州印第安瓦波族的)瓦波语都是北美洲的语言，但这些语言都不再有本族语使用者。古拉丁语已没有本族语使用者，也被视为一门死语言，尽管它的"近代后裔"如今都"人丁兴旺"，像西班牙语、意大利语、法语和葡萄牙语。你甚至可以将现代文本翻译成拉丁语，如苏斯博士的 *Cat in the Hat*(《戴帽子的猫》)就被译成拉丁文本(*Cattus Petasatus*)。尽管如此，拉丁语仍然是一门死语言。一小部分死语言的确被起死回生了。现代希伯来语就是在19世纪末从已经死亡的古希伯来语被复活的(后者当时仍被用于宗教礼仪)。凯尔特人的曼岛语在1974年仅存最后一位本族语使用者，但是当地热心人士志在将它复活的努力仍在进行中。

什么是语言之声？

人类可以制造出许多不同的噪声。因为我们的嘴、手、脚都有发出声音的功能，我们可是一个喧闹的物种啊。想到其他可以制造声音的工具，如吉他、榔头、自卸货车，我们这个家园还真是充斥着许许多多的声音。然而，这些声音当中仅有一些被用作构成互不关联的组合系统中的一小部分，我们把这个系统称为语言。拍手的声音在不同的文化中都有，但它不作为语言之声。人类制造出的声音中仅有一些被用作语言之声，而这些语言之声中的一些声音在大多数语言中都被用上了。例如，pea 这个单词的第一个音在世界上的许多语言中都被使用，tea 和 key 这两个单词各自的第一个音也是如此。其他声音就有些罕见了，像用嘴发出的短而尖的声音，通常称作咔嗒声。发咔嗒声在多个文化中富有含义，而且咔嗒声在好几种非洲语言中被用作辅音，如克瓦桑语和班图语。尽管人类语言显示出巨大的多样性，我们仍共享有限的一组语言之声。

语言入门

> **文字游戏：声音和意义**
>
> 在像英语这样的语言里，有一些声音组合会出现在意思相近的单词中。不妨考虑一下＜gl＞[gl]这个组合。什么样的意义和带有＜gl＞的单词联系在一起？你能想出多少个反对的例子？
>
> 试着创造一种语言，在这种语言里每一个声音代表一个意义。或许＜p＞代表"水"，＜o＞代表"马"，这样＜po＞就是代表"海马"的一个不错的形式。选十个声音和十个基本意义。你能为你创造的语言提出 25 个单词吗？这个过程什么时候开始断链？

对于语言中的这些小部分，我们不把它们和意义直接挂钩。我们可以想象一下这样一个世界，在那里每一个声音都有一个原始的意义，而且单词的意义和形式都是建立在那些原始意义的基础上。不妨以 tea 这个单词为例，它的音标形式是[ti:]。单词 tea 中的初始音[t]可以指湿的(wet)，而其中的元音 ea 可以指从叶子(leaf)来的潮湿。就 tea 这个单词说到这里就足够了，但有一个麻烦是我们得有更多更多的音去代表我们所有的意义。另外，想想所有带[t]音但和湿度没有关系的单词。在人类语言中，单个的音和意义并不挂钩。

什么是单词？

字母 a 能代表 bake 和 nap 这两个单词中的声音，但是同样的字母 a 在 a pencil 中既代表一个声音又代表一个单词。无疑，在单词 bake 中的元音 a 并不指在短语 a pencil 中的元音 a。那么，声音又是如何有别于单词的呢？

第一章
导论

> **拓展知识：喧哗与骚动**
>
> 语音符号如[t]和[k]有别于字母＜t＞和＜k＞。其区别将在第二章得到充分的探讨，但此时此刻仅考虑方括号内的[t]和[k]表达的是声音。[t]这个音对于大部分英语使用者而言就是发＜top＞这个单词的第一个音。尖角括号表示这个单词的通常拼写。
>
> ＜t＞这个字母有一个名称，就是 Tee(读成[ti:])，但是我们不用这个名称来读＜top＞这个单词的第一个音，除非我们要把这个单词大声拼读出来：Tee-，Ow-，Pee。

一个**单词**就是一个语言包裹，包括形式和意义。像英语这样的口语，单词的形式就是声音；像美国手势语这样的手语，形式就是符号。无论哪一种情况，单单形式并不构成一个单词：在写本书的时候，skrackleblit 这个形式和任何意义都没有关系，所以也不成为一个单词。形式和意义的组合才构成单词。那么，单一的音如元音 a 如何会成为一个单词呢？在英语史上，说话者把 one 这个单词逐步削减直到它只是一个元音，兼有不确定的非限定词的功能(例如，an eye, a book)。这个元音变成了单词是因为它的音和某一具体的意义在一种关系中配对了。在第四、五、六等章我们将讨论这些关系的性质。

什么是短语？

短语是单词以结构化的形式形成的组合。小孩子通过聆听周围的语言琢磨出什么样的形式可以用作短语。以英语为例，我们知道限定词如 the 放在名词前(例如，the squid，那条乌贼)，就像大部分的形容词一样(例如，the calm squid，那条安静的乌贼)，但是介词短语出现在名词之后(例如，the squid in the tank，而不是 the in the tank squid)。这些短语的工作原理犹如模板，我们往里面填充单词即可。每一类短语都有不同的模板。有些短语

语言入门

是句子，但大部分不是。例如，The belligerent fan in the stands hit the ref with the water bottle 内含八个短语，但是否应将它归为句子也是模棱两可的。短语的工作机制将在第七、八两章进一步讨论。

什么是语篇？

正如你已经注意到的，我们一直是从小的语言要素到大的语言要素往前推进的。我们从小要素（声音）开始，再前行到更大但互不关联的组合（单词），然后再把单词放在一起构成短语。短语之外是否还有什么组织结构呢？是的，还有其他形式，如会话、独白、辩论和其他在一定的上下文利用多种短语的话语，这一切都可以被贴上**语篇**的标签。你最可能注意到语篇结构的时刻就在话轮之间，这个时候参与会话的人进行话轮交换以确保同一时间只有一人有话语权，避免所有人同时说话。话轮转换在缺失时特别明显，这个时候某个参与会话的人弄糟了话轮，要么不接茬（也就是保持沉默），要么不放弃他的话语权（也就是不顾他人的话轮，继续说下去）。语篇的结构将在第九章讨论。

语 言 差 别

语言的多样性令我们多数人深感困惑，因为世界上有接近 7000 门语言，词汇极具多样性。不信，请你想想：我们所指的"树"就有数千个单词可以表达。其中的一些听上去很相似，如 *el arbol*，*l'arbre*，*l'albero* 分别是西班牙语、法语和意大利语中表达树的单词。其他的就完全不同了，比如 *osi-si*，*puu*，*ki* 分别是伊博语、芬兰语和日语中表达树的单词。另外，有的单词并不总是指称同一部分。在有些语言中，比如尼日利亚的伊博语，一个单词如 aka 覆盖了英语里 hand 和 arm 所指的这两个人体部位。这么多差别带来的是惊人的词汇数量。虽然没有人可以对地球上语言的词汇总量的上限有一个明确的估计，但假设地球上的 6900 多门语言中平均每一门语言有 1 万个单词恐怕没有问题，因此词汇总量的下限在 6900 万个。单词的形式比如 tree 和它在人脑中的意义的连接是文化上约定俗成的事情。不过，形式和意义之间的自然关系被视作任意的，这个特性叫作**任意性**。任意性使得各种可能的声音组合和各种可能的意义匹配起来，从而产生令人难以招架的语言变异数量。这种变异让人类通过文化选择创造出许多不同的单词。

语 言 相 似

虽然语言之间有这么多差别，但你或许会吃惊地发现它们实际上还有众多相似之处。人类共享的一个语言特性似乎是名词和动词。我们头脑里不是生来就有单词，但是我们很可能生来就有装单词分类比如名词和动词等的篮子。孩提时候，我们很快并持续不断地学习单词，年少时起码每天学十个单词。当捡起这些新单词的时候，我们将它们分门别类地放进篮子，如名词、动词和其他词类，这样便于快速检索。

另一个所有语言都有的特性是构成单词和短语的结构。即使具体结构因语言而异，它们都以高度约束的方式构词。就词序而言，两个模式可以解释世界上 87％ 的语言。如马克·贝克在《语言原子》一书中描述的，短语的组织并非随意的。各种语言并没有完全相同的格局，但它们都以某种固定的形式出现。像英语、（尼日利亚的）埃多语和印度尼西亚语都遵循主语—动词—宾语这一词序。

例如：The child　kicked　the ball
　　　主语　　　动词　　宾语

但大部分语言包括日语、土耳其语和南美洲土著人的盖丘亚语都遵循主语—宾语—动词的词序。

例如：The child　the ball　kicked
　　　主语　　　宾语　　动词

任何两门语言之间都存在差别：词汇不匹配，它们的语音库不完全一

语言入门

样。但是,那些特性因和其他语言的接触而传播开来,为人所知。从历史上看,上述语言彼此之间并没有广泛的接触。说话者的句型模式并不因和其他语言的接触而传播开来,而是遗传基因的蓝图为词序提供了非此即彼的选择。

这类如何组织短语的选择貌似受生物因素的制约。像英语、埃多语和印度尼西亚语都遵循下列路径:动词在宾语前(如 eat the food),位置标示语(也称介词)出现在名词前(如 in the house),助动词出现在主要动词前(如 I will run)。像诸如日语、土耳其语和盖丘亚语等语言,情形正好相反:动词在宾语之后,位置标示语(也称后置词)在名词之后,助动词在主要动词之后。

作为人,我们的生命蓝图让我们通过建立一个心理语法来习得语言。**心理语法**是人类心智的一部分,它管控语言。实际上,它创造语言。对孩提时代习得的每一门语言,我们都形成了心理语法去理解和输出那门语言。需要澄清的是,我们不是生来就有语言,而是(通过建立任何一门语言的心理语法)生来有能力习得那门语言。没什么神秘的,我们最终习得了日复一日接触和操练的那门语言。不过,建立心理语法的生命蓝图对我们所有人都是一样的。

穿越时空的语言变异

活语言时刻都在变化。这一点毫无例外可言。在大约 1500 年的漫长岁月里,英语经历了戏剧性的变化。起初,它是一组由入侵不列颠的外族人操持的西日耳曼方言的变体。那些变体,不管是口头的还是书面的,对于当今没有受过训练的读者而言都晦涩难懂。然而,作为一门活语言,英语的使用者人数众多。在 1500 年的历史长河中,英语几经改变。在本书中,从语音到句子构造,我们将探讨英语如何经历了沧海桑田的变化。

第一章
导论

当今的语言变异

对于那些不在灭亡边缘的语言,变异是司空见惯的。各种英语随地域、种族、社会阶层、性别、性取向和其他许多人类的边界而变化。因为语言是我们如何识别自己的一个重要部分,人们系统地从多个语言层次——从声音到句子——把自己标榜成与众不同的。英国说英语的人把 schedule(日程安排表)中的 s 发成 shed 的首音,而美国说英语的人把它发成 skip 的首音。不管这些差别是否有意所为,它们都是当今活语言的变异格局中的一部分。

理解语言的世界

假如世界变得更简单,那么学习也会随之变得更为简单。假如世界上仅有几样物质,了解它们如何工作将会更容易。元素周期表中有一百多种元素,其实本可以只有四种元素,即土、水、空气和火,记起来当然更为简单。但是,仅凭这四种元素我们无法理解现代科技,甚至都无法理解生命本身。

说到生命,我们不妨回到对健康更加古老的理解,这样的理解在西方社会历史的大部分时间里可是司空见惯的。这种理解的基本思路是这样的:人体为四种体液所控制,它们分别是黑胆汁、黄胆汁、血液和粘液。从公元前 400 年到开启现代医学的 19 世纪,这四种体液被视作影响人体健康的关键要素。这四种要素经久不变,也没有第五种要素生存发展的空间。每一种疾病都必须通过这四种要素解释。在过去的 2200 年间,病人经历了善意医治者施加的各种恐怖的医疗措施,其中之一是故意放血,其目的是中和病人的体液。因为这一简单又荒谬至极的人体解读,不计其数的患者付出了沉重的代价:要么病情雪上加霜,要么最后一命呜呼。

19 世纪,科学界最终改进了对人体的了解,医学治疗也因此变得更加安全和有效。但在科学界以外,有关人体机理的谬误信息依然存在,只是从20世纪50年代以来,健康教育才大大改善了这一状况。

对人体的理解和对人类语言的理解之间可以作一个贴切的类比。从19世纪50年代以来,科学界改进了人们对语言的理解,但是在替代人们对语言所持的神话方面科学家们只取得部分成功。欧洲和美国已经采取积极的措施去改变局面。比如,过去人们总是认为,某些语言(如拉丁语)骨子里就比别的语言(如英语)要高级。这一信念从许多人的心里淡化了。但是,当今大部分人仍然相信某一语言的若干变体从结构上说要优于其他变体。比如,有人依然认为,美国中西部的英语优于美国南方的英语,或者说英国的标准发音[3]比利物浦音更好听。这些信条也是神话,不过语言学界至今未能改变这一偏见。

语言的复杂性质

语言的复杂性,是其最为重要也最具挑战性的特性之一。如果语言中的一切都是一致的,比如,如果世界上只有一门语言,一组词汇,每个单词只有一个发音和一个意义,且只有一个方法组句,那事情就简单了。如果这门语言在岁月的流逝中保持完全稳定,其发音和意义从来不变,事情就更加简单了。那将是一个更加简单的世界,不过这只是个幻想。如果这个假想成真的话,我们将是一个完全不同的物种,我们的社会也会完全不同。(阅读本书的未来疯狂科学家可以把这个假想的、更为简单的世界作为个人的挑战,但是如果我们人类基因重组后有了一个完全不同的交流系统,那情形又会如何呢?)现实是,我们的大脑创造语言变异和复杂性并把它们视为语言的本质特性。要去掉语言变异,我们人类的大脑得进行基因重组,以便于产出和接收有限数量的信号。

人类语言变异的**幅度有多大**?我们有6900多门语言,其中许多语言有众多的方言,所有这些语言都有广泛的词汇。保守估计,全球起码有一万种语言变体,但这个估计或许低得有些可笑。所有这些语言变体都在变化,或者是在发音、语义方面,或者是在组词、造句的方式上。比如,2050年

第一章 导论

的俄语和 2000 年的俄语将会很不同。在任何一个时间点上，同一语言的方言之间会有变异，随着时间的推移，同一方言的不同阶段也会有变异。

同一门语言里，有些部分比另一些部分变化得快。在英语里，发音的变化比句子构造的变化多。本书在有关声音和短语构造的章节将有更多对于语言变异的讨论。

评判语言

有一件大家都在做的事情是用语言去评判别人。用我们使用的语言来评判我们自己是如此自然和不假思索的事情，这一定是我们基因密码中的一部分，或许是作为一个安全机制把局内人和局外人区分开来。

人们评判语言有两种基本方法：一种是规约性的，另一种是修辞性的。**规范性正确的语言观**假设某种语言形式在任何时候都比较好，也假设这个一元的正确形式必须得到保护以免发生变化（这种变化被看作腐蚀和衰败）。**修辞性正确的语言观**判断语言的好坏是根据该语言对说话者在某一场合起作用的程度而定。说话者的语言在那个语境中实现了说话者的目的吗？换言之，这种形式的判断是基于将传统意义上的修辞作为说话艺术的观念。

规范性和修辞性的评判观都可以让我们对任何语言作出评判。我们不妨以 shall 和 will 这两个动词作为例子来说明。从规范性视角看，shall 应该和第一人称主语在一起用（如，I shall leave，我将离开），而 will 和你、她、他们等人称代词以及固定的名词像 wombat（毛鼻袋熊）用在一起（如 The wombats will dig up the garden，毛鼻袋熊将把花园翻个遍）。在常见的现代英语惯用法里，这两个动词经常互换着用，而且当缩略后两者不分彼此（如，You'll be going soon，你很快将走）。从规范性视角看，这个常见的现代用法无论何时用都是错误的。从修辞性的评判角度看，这得视情况而定。如果你在做正式的演讲，对 shall 和 will 的区别了如指掌，说明你是受过良好教育的人，这可以帮助你给听众留下好的印象。如果你在参加晚会，在

语言入门

I shall drink that 这样的句子里用 shall，或许只能让你招来白眼，给人留下自大和势利的印象。who 和 whom 这两个单词的现代用法大致相同，前者是常见的形式，但从规范性的角度看，who 与 whom 的区别依然存在。

就本书而言，重要的区别在于修辞性的评判方式适用于语言分析，但规范性的评判方式举步维艰，因为它否认了一个世纪以来这么多语言学家所掌握的知识。要想了解语言是如何工作的，唯一的方法是把规范性的语言评判观搁置一边。如果你不能接受修辞性的语言评判观，你将很难了解语言的工作机制。

两者的另一根本区别是规范性的语言评判观不容许语言变异与革新。正如你将在本书中读到，语言变异与革新是人类语言的一部分，对我们人类是谁也是本质性的问题。修辞性的语言评判观可以处理这个事实，但规范性的评判观做不到。这一冲突将在全书得到举例阐述。

研究语言的第一步是描述语言。这门语言里在发生着什么？它是如何运行的？出于这一原因，语言学家对描述性研究语言的方法矢志不渝，这个时候所有的主观评判都可以暂时搁置。在看到 I ain't going 这句话时，描述性方法让语言学家描述动词 be 的现在时态的否定式。规范性的评判方法只是说 ain't 用错了，因为它已不合时宜。修辞性方法视上下文而定：ain't 用在正式场合是错的，但用在许多非正式场合则恰到好处。

本书呈现的所有语言知识为许多语言学家采用描述方法搜集而成。如果你想评判其他人的语言，修辞性方式是唯一让你理解语言是如何运行、作出评判的方法。

各类标准英语和英语方言

词典是神奇之书，但它们并非上苍所赐。不管是普通语言词典还是医学或法律专业词典，词典乃是用法大全。当用法变化后，词典也经历了变化，认识到这一点很重要。词典勘查人们如何用词，同时查验词汇的上下文以确认单词的用意。

第一章
导论

　　印刷业于1476年传到了英国,随后人们对英语的看法发生了改变。在这之前的几个世纪,英语一直是一门仅用于日常生活的地方语,被拒于法律和教育的大门之外。大行其道的是法语或拉丁语。在印刷术传入英国之后的几个世纪,随着英国国力的日益增强,作家们和英国的领导人们想把英语改造成一门更加受人尊敬的语言。其结果是开启了一项自我救赎的事业,人们接受了倡议来改进他们被视为病态的语言。在1600年后英语词典在英国出现,人们开始把英语看作商业和文学的工具。首部现代意义上的词典于1775年在英国面世,那就是萨缪尔·约翰逊的《英语词典》。在这本词典里,约翰逊举例说明单词的意思,并为发音和惯用法提供了指南。

　　大部分词典研究**书面语**的用法,但也有一些词典专长于口头英语。在线的、基于贡献者的词典,如城市词典和维基词典,也是出于同样的想法。区别在于后一类词典没有编辑来整合所有的观点。并非所有词典都是高质量的,但所有词典都是对语言和社会的快照。当今的语言使用者如此众多,我们也因此有成千上万的词典来研究他们的用法。

　　既然我们在前面提到了两种语言评判观,那么我们又如何看待标准英语呢?大部分想过这个问题的人都持有两者择其一的想法:要么有标准英语,要么没有。语言学家可不这么认为。在他们眼里,唯一精确的描述和两者择其一的观点大相径庭。世界上有许多标准英语。大部分初涉语言研究的人都深感困惑:怎么可能有许多标准英语,而不是一门标准英语?最简单易懂的解释是目前存在的多种全国性英语,在此仅举例,如美国英语、澳大利亚英语、英国英语、爱尔兰英语、新西兰英语和新加坡英语等。这些标准英语如今都可找到。当我们回过头去看,会认识到不同时期有不同的标准,以至于任何地区的标准随着时间的推移都发生了改变。1800年的马萨诸塞州英语和2000年的马萨诸塞州英语是不同的。

　　任何语言变异都有一个**标准语—方言的延续体**。标准语这一术语相对于方言这个术语而存在,它们是语言判断这杆秤的两个极端。标准语不会饱受诟病,而方言则会。方言这个术语对语言来讲有多重含义,但在本书中我们仅取其中一个意思。因为各种**方言**处在语言延续体的不同位置,这就意味着它们是非标准语。从某些方面看,这一点似乎太明显不过,但对我们的需求而言已是很精确的表述了。一个方言特征,像大部分地方用的 ain't,或者一个方言变体,如美国南方英语,之所以是方言,就因为它不被视作标准语。

文字游戏:沿着延续体

请沿着标准语—方言的延续体给你熟悉的方言特征打分。方言特征可以包括声音或整个短语,像 bir[f]day,yous guys 和 y'all,between you and I,和 the car needs washed。

标准语 ··· 方言

让全班给每个延续体上的方言特征打分,看看哪些方言特征得到了最大的区间分(也就是说,最大的标准差)。

作为标准语—方言延续体的一个例子,我们不妨看一下 R 音脱落的语言变异现象。这个形式可以出现在尾部带有潜在 R 音的单词中,如 part,但是这个 R 音演变成元音,而不是一个辅音,有点像[pa:t]。许多澳大利亚和新西兰的英语使用者在其发音中出现 R 音脱落是常见现象。R 音脱落也出现在美国的一些地方,包括马萨诸塞州的波士顿地区和美国南方的一些地区。所有这些地区不同的是对 R 音脱落的文化上的评价。在英国英语的各类变体中,R 音脱落是一种有威望的形式,因此被视作标准语;在美国南方,它却是方言,因为它被视作非标准语。[4] R 音脱落的技术方面到处都一样,但是对此的社会评价因地而异,因为它和不同地区的不同社会群体联系在一起。

对北美英语而言,最可靠的测量标尺是标准体—方言的延续体。其他语言的使用者用一种有威望的变体作为理想的形式,然后以这一有威望的形式去评判所有的偏差形式。对美国英语的使用者而言,标准英语的定义

第一章
导论

很简单,尽管有点不那么尽如人意。标准英语被定义为非方言。那么,什么是方言?任何受到"侮辱"的语言都算作方言。比如,在美国南方,y'all是第二人称复数的正常代词,就像用在这句话里:Y'all should go to the museum(你们都应该去博物馆)。在美国南方之外,y'all被指责为方言和不雅的用语。y'all的语言学机理与它在标准语—方言延续体上的位置没有关系,因为那只是一系列的社会评判。任何语言片断是不是方言是一种社会评判,它取决于听者的想法。

各类语法

在学校里,当"语言"这个主题出现的时候,可能最常用到的词就是"语法"。"语法"这个术语历史悠久却又拥有很多的含义。它起源于"写作技巧"(art of writing)这个古希腊术语,而这一术语历经数个世纪却仍保持着这个含义。许多初级学校被称为"文法学校",正是缘于"三科"教学的中世纪传统,即包含语法(写作技巧)、修辞学(说服艺术)以及辩证法(逻辑辩论艺术)的三门学科。在写作技巧方面,语言的学习及不同语言的比较变得越来越普遍。而在中世纪时,语法的学习主要意味着对希腊语或拉丁语等欧洲中世纪时期的主导语言的学习。在这些较早的时期,语法学习往往与魔法相关联,因而从语法这个词里分裂出一些相关词汇,包括法语里的"魔法书"(grimoire)和英语里的"魅力"(glamour,想一下对其受害者进行魅惑的现代吸血鬼吧)。到了20世纪,语法研究由教授拉丁语的人们继续传承着,并且最终被归入英语系统,通常由语言学者们履行这一责任。在美国,由于如今写作研究已作为另一领域存在,语法与写作技巧的关联就此消失;但是在欧洲,语法则仍与更为宽泛的语文学研究有着千丝万缕的联系。[5]对于当代语言学者而言,语法研究即研究语言是如何运行的,主要聚焦于母语使用者是如何构建词汇和短语的。

在漫长的历史演变中,语法一词与许多单词和词尾挂上了钩。《牛津英语词典》列出了13个与语法术语相关的词条,而且在主词条下面列出了24

个与此相关的分词条目,如语法规则、语法小伙、语法贩子。尽管我们没有必要涉足所有的语法术语,但我们确实需要区分几种不同的语法。这里,我们将聚焦五种语法:教学语法、规范语法、描写语法、心理语法和普遍语法。

教学语法

　　成人学习一门第二或第三语言要比孩子困难得多。孩子具备学习语言的本能,但这个能力到青春期就丧失殆尽了。为弥补这一缺憾,许多人参加正式的课堂学习,并买了解释所学语言的课本。这些书上的内容就是**教学语法**。这是一个庞大的商业领域,特别是对像英语这样的语言,它是十亿美元一年的产业所聚焦的对象。教学语法解释语言规则,如"形容词放在修饰的名词之前"和"宾语放在动词之后",此外还提供有限的词汇和练习供学生操练。教学语法包括许多母语使用者无须通过正式课堂学习就掌握的语言规则,因为他们在学龄前就已经知道了。不过,教学语法假设你具备了起码一门语言的知识。假如你仅仅利用教学语法提供的信息去教孩子们学习他们的第一语言,那是不够的。

规范语法

　　医务工作者开出处方药,其目的是帮助病人康复。那些提供**规范语法**建议的人也想通过所给的建议去改进他人的语言。然而,开处方药的人具有专业资质,而提供规范语法建议的人则不然。这世上没有规范语法的制度性权威。

　　规范语法的基础性假设是语言能生病。语言变异常常被视作这种病态的征兆。举例来说,像"别以介词结束你的句子"这样的建议试图把拉丁语中的一个形式强加于英语。但是,英语中的介词从来都是自由单词,历史上曾经出现在句子的不同位置(例如,在中古英语时期,莱亚门的《布鲁特》一书第88页有这么一句 penne he þe treoweðe alre best on,翻译成现代英语就是 Then he you trusts all best on)。尽管不赞成变异,规范语法建议本身确实也因时而异。乔纳森·斯威夫特(1667—1745年)讨厌 mob 这个词(意思是"一群人"),因为它是 mobile 一词的剪辑。今天,mob 一词的这个意思已被英语完全接受。

书写是人类的发明,这是现代语言研究的基本事实之一。语言本身不是人类的发明。书写是一种代表语言的方法,我们可以通过书写技术来体验语言,就像通过有声录音体验语言一样。不同的文化通过各种技巧创立了书写体系,例如象形字、楔形字、缩记符、音节文和字母表。作为一种有用的技术,书写体系的发明是现代社会的一个重要组成部分。在许多国家,识字是成功的一个必备要素。作为一项广为使用的技术,学会读写自然得听从规范语法建议。句子开头字母得大写,结束得有句号,这些都是英语字母书写体系的常规部分。段落、开头、结论和其他所有规则都是规范语法建议的一部分。规范语法并非生来邪恶,但是它的确有限制性,况且提供规范语法建议的人往往显得自以为是。

如果我们以规范语法书中的知识去训练一个婴儿,那个孩子的状况将十分堪忧。大部分类似的语法书都假设你已经是一个母语使用者而且具备识字技能。作为规范语法建议的一个例子,me 是作为宾格形式使用,而 I 是作为主格形式使用。不过,母语为英语的使用者已开始对 I 和 me 重新洗牌,犹如在这个句子中的短语:The athletic director fired Rich and I(体育主任开除了里奇和我)。如果这个合在一起的短语作为主语,从规范的角度讲是对的,例如:Rich and I could not beat Ohio State(里奇和我无法打败俄亥俄州立大学队)。人们已开始假设 and I 从规范角度看在各种情况下都是正确的,即使作为宾格也对。于是,对于 Divide the candy between her and me(在她和我之间分糖果)这个句子,有些人认为也是错误的,尽管从规范的角度看是正确的。

当今世界人们把识字看得这么重要,难怪在讨论体裁规则的时候,太多的人顶不住诱惑,进而去给这种自以为是添油加醋。再者,规范语法的建议是用来责备学生的。第十章将会解释不同的途径如何实现所有有益的教育目标,同时促进对语言的理解。如果这个现代途径能带给学生有关语言

■ 语言入门

是如何运行的准确信息，那么其效率会很高。在本书中，我希望提供一幅详细的语言肖像，以便于更好地教授体裁特有的写作规则。

描写语法

描写语法就是一本有关语言的书。这类书并非为学语言的学生而写（换言之，它们不是教学语法），也不是为母语使用者追寻其语言的最新写作时尚而写（即它们不是规范语法）。描写语法是为语言学家而写，帮助他们了解某一门语言是如何工作的。这门语言允许存在多个后缀还是任意数量的后缀？一个音节只能以一个、两个或者三个辅音开始吗？这类问题都可在描写语法里得到答案。这类书是技术性很强的书籍。有了这些技术细节，语言学家试图记录一门语言的内在工作机理。对大部分描写语法书而言，某一语言的词汇需要划定范围并在单列的词典里得以描述。有了一本描写语法书和词典，我们可以给计算机编写程序让它生成那门语言的符合语法规则的句子。描写语法比教学语法或规范语法更为全面。

描写语法描述的是语言内在的工作机理，但是对语言使用者的用法不作评判。一本英语描写语法书应该注意到 be 动词的一般现在时态的否定形式是 ain't，而且 ain't 在某些英语变体中有替代 have 或 do 的功能。这本描写语法书也应该注意到 ain't 为许多英语使用者所不齿，但描写社会评判和对他人品头论足是两码事。

描写语法和规范语法之间的差别招来了许多困惑和不少的非议。在许多人眼里，语法就应该告诉你如何使用语言，例如在从句前面何时用 which 或 that（就像在这句当中：I lost the book [which/that] I bought）。描述语法并不提供建议；它们只是详细介绍了母语使用者如何使用他们的语言。描述语法是对语言的调查。对于任何一门活语言，这个世纪的描写语法将有别于下个世纪的描写语法，因为到那时这门语言将发生诸多变化。本教材遵循描述语法的路径。既然**语言学**是对语言的科学研究，本书从语言研究中撷取信息并呈献给读者。

第一章
导论

心理语法

前面提到的三种语法能在书中出现,有可呈现的形式。下面两种语法,即心理语法和普遍语法,则更为抽象。**心理语法**藏身于生成语言的内心深处。当你在讲话或写作时,你的心理语法实际上在生成语言。当你在倾听或阅读时,你的心理语法在为你解剖语言,为你解读意思。

当我们谈论心智时,我们对大脑和心智作了细微但有价值的区分。大脑指在你的颅骨内晃动的那个黏糊糊的东西。它是一个物体,你能触摸到它,但你或许不应该试着去这么做。心智是个抽象名称,不是一个物体;没有人触及过心智。然而,心智这个抽象概念对研究人类确实一直很有用,因为它是大脑所作所为的一个模型。解释两者之差异的一个有用的类比就是气象图和天气的关系。

在一幅美国国家海洋和大气管理局绘制的气象图上,人们会注意到表示各种天气形态的符号,如显示高、低气压系统的字母 H 和 L。这些地图是现代生活中常见的一部分,我们把它们解释为气象模型。但是,观察这样的地图后,没有人会跑到室外,指望天空会出现一个硕大无比的字母 H。比如,加拿大的新不伦瑞克省应该能免受巨大的 L 字母盘旋在头顶的困扰,因为那里的居民知道天空中根本就没有巨大的 L。气象图不是气象,只是气象的模型。但是,在一片广阔的天空中确有数以几十亿计的分子在互相作用,如果试图通过解释所有这些分子的相互作用来告诉别人是否可能下雨,那就太傻了。于是,所有这些相互作用被抽象成一个我们更容易理解的模型。像气象图一样,人的心智也被简化、抽象成大脑中相互作用的数以几十亿计的分子。

在这个被称作心智的模型中,心理语法是一个语言模块。正是这个单位在操控着语言。它既生成语言又接收语言。在本书中,我们将讨论心理语法在每一个语言层面发挥的作用。就像许多科学领域的模型一样,对最好的模型应该是怎样的,语言学家并未达成一致意见。建立起这样的一个模型是现代语言学的目标之一。本书呈现的模型是几个模型当中的一个,这些模型在各部分如何配置上存在差别。比如，在我们的心理词典——也就是一门语言的全部词素——是否应该成为心理语法的一部分这个问题上，语言学家花费了许多笔墨，至今争论不休。

普遍语法

普遍语法是比心理语法更为抽象的一个东西。我们对英语的心理语法的讨论是基于对多达十亿使用者的英语的抽象、概括，反映了他们头脑中的英语特征。普遍语法则是对整个人类语言的抽象、概括，但它不是某个成人大脑里的语法，而是我们生来就有的语法模板。**普遍语法**是构建心理语法的生物禀赋。它本身并非某一具体语言的心理语法，而是我们作为婴儿习得语言的一整套基因指令。

普遍语法有点像语言学里的"圣杯"。尽管有人认为它不可能存在，语言学界还是有许多人付出了大量的精力描写普遍语法。它很可能包括构词的指令，并以任意性为其基本宗旨，此外还有组词、建构短语的模块。词素指令或许也引导名词和动词在句中位置的安排。在第八章，我们将讨论普遍语法包含的其他一些特点。

意　义

意义是语言的目标，也是所有形式的交流的目标。交流就是有东西要表达。每天，人类都在使用许多不同的方法来传递意义。如果两人同时走到门口，其中一人略作停留，另一人或许就认为这个短暂停留意味着"你先请"。语言是人类交流的一个子集，但是它是一个特殊的子集。就语言学家所知，习得并运用语言的能力是上苍赋予的、人类独有的特性。在这个能力的演变中，意义一定是最初的构成部分之一，因为我们发现意义是所有动物交流系统的一部分。

语言中的意义并不总是一清二楚的。有多种方式导致说话人的本意没有被听话人领会到。语言的几个重要特征引发这些意义的变形。

第一章
导论

　　首先,意义并不是从说话人转移到听话人,认识到这点很重要。语言并不是一个把意义从甲传到乙的管道,它是一个离散的组合系统。小部件拼凑后打包,然后通过说话或打手语传给听众。然后这些"包裹"在听众那里拆分,在听众脑海里促发意义的生成。例如,[bæt]三个音组合构成一个单词,然后进入一个句子(也就是成为更大部分的一个部件)。听者如何解读[bæt]这组音取决于其他因素,比如这个单词所处的上下文:(the wooden bat)木棒或飞行的蝙蝠(the flying bat)。

　　意义会因**歧义**而被混淆。当某一片段的语言被赋予多重意义,就会产生歧义。当两个或更多的意思和某一个单词关联起来,那么这个单词就可能有潜在的歧义。例如,set 这个单词形式可以和"一组东西"或"把某物放在某地"相关联;bat 这个单词可以和"飞行的哺乳动物蝙蝠"联系起来,或者和"敲打用的木棒"相关联。当句中的短语有歧义,组合起来的单词会被视作生成不同的意义。例如,在 the child kissed the toddler with the puppet 这句话会有两个意思:一是这个孩子用木偶去亲了那个学步的婴儿,二是这个孩子亲了拿着木偶的学步婴儿。有些句子可以同时含有单词和短语的歧义。从下面一句话中你能解读出多少种意思:Umberto turned on the TV(请想想 on the TV 如何成为一个介词短语或者 turn on 如何成为一个动词)。这类歧义是每一门语言的自然组成部分,而在其他动物的交流系统中则没有。

　　有关意义本身最重要的特性或许就是任意性。要解释这个特性,让我们从单词是形式和意义的匹配这一观点开始。对于有声语言,形式就是一个或多个声音;对于手势语,形式就是手势。意义,不管它是什么,就是约定俗成的、与形式相关联的那个东西。

　　大自然并没有给任何形式赋予意义,因为形式与意义的关系是任意的。这个任意性的特点把人类和其他许多物种区别开来了。

　　如果说在美国北方人们用 pop 这个形式,而在南方用 coke 这个形式,他们或许指的是同一个意思,但语言的任意性允许不同的形式和那个意义相关联。任意性指的是内在意义在任何形式中的缺失。在"人造的、包装好的、加糖的饮料"中,没有任何与诸如 pop 或者 coke 或者 soda 这些形式自然关联的意义。反过来看,pop 这个形式也绝没有要求它与那个意义相关联。pop 在其他许多英语变体中也表示"打人"或者"打人的声音"。

> **拓展知识:消除有歧义的语言**
>
> 消除人类语言中的歧义这个愿望由来已久。一些数学家和哲学家经年累月地试图创造更合逻辑的交流系统。戈特弗里德·莱布尼茨(1646—1716 年)这位博学家想创造一种禁止通常的语言混乱的交流系统,这样哲学家们能够就哲学和伦理学展开精确的辩论,就像数学家对空间和时间进行精确论述一样。现代计算机也设计成禁止歧义。在硬件层面,计算机需要清晰的、一步一步的指令,使操作顺畅地进行。含糊不清会使计算机停止运行,可是人类却每天都在解决这样的问题。

假如语言不是任意的,那么形式自然就和某些具体的意义相关联。bow 这个形式(发成[bəu])在全世界的所有语言里意味着一个(而且只能是一个)东西。或许它的意思是"某一种结"(像英语中的 bow)或者"美丽的"(像法语中的 beau)或者"逗留"(像挪威语中的 bo),这些单词有着相似的发音,但也可能不是这些意思。作为语言的一种特性,多年来任意性一直被诟病,尽管如此,它却是造就我们人类的基本特性之一。

各类标准英语和不同的世界观

把"标准英语"处理成一个首尾相连、有着稳固边界线的单一体是个观察上的错误。标准英语在当今抑或是历史上的各个时期被不断变化的社会标准所定义。北美和世界其他地方都有标准英语,但是没有任何一组特征可以定义标准英语。历史上从来不会只存在一种标准英语,而且当今世界存在许多标准英语。

然而,对许多人而言,一种常见的对语言的信念是某种极其正确的形式超越时空而存在。在过去的几个世纪里,这一信念延伸到某些语言(如拉丁语)优越于所有其他语言的认识中。目前我们正处在从旧观念到改进的、现代观念的转变期。下面的两个趋势是这一转变的两个标记:(1)人们更乐意接受没有一门语言是比其他语言优越的这一观念;(2)人们更乐意接受语言变化并非语言衰败的观念。以前,如此陈腐的观念可是作为规范存在的。如果现代语言学的其他原则——如语言变化的合理性——为更多的教育专业人士所信奉,那么培养读写能力的教育目标将会完成得更彻底和有效。

许多教师、语言病理学家和其他教育专业人士已经从语言只有正确和不正确的根本假设转变到语言可以有多个语言学上合理形式的假设。语言的语言学评价可以和语言的社会评价分开,认识到这点对我们所有人都很重要。

结　　构

单词是重要的语言部件之一。它们是构建语言的基本材料。但是,高楼大厦并不只是原材料的堆砌,它们有结构。它们有某些特点,使得它们的部件能组合起来成为有用的东西。语言也有其结构,而且在多个不同层面都是如此。本书的相当一部分致力于解释那个结构。

声音构成单词,而且是以具体的次序排列的。在语音标注中,blue 这个单词有三个音[blu:],而且在英语中前面两个音不可以颠倒过来。[lbu:]这个音的组合不是英语使用者所能接受的。这样的声音序列是英语结构的一部分。

作为构件,单词组合起来形成可短可长的短语。有些短语自成句子,但大部分的短语不能成句。一个名词短语如 the whale(那头鲸)极短,但它可以和其他部件结合构成更长的短语。最为书卷气的鲸鱼要数 the sperm whale(抹香鲸)了,它是一个名词短语,里面还嵌着一个形容词短语。但是,

语言入门

这个短语还可作为单个组件用在更长的短语中。赫尔曼·梅尔维尔在《白鲸》一书中写到了 the sperm whale's vast tail(抹香鲸硕大的尾巴),将上述名词短语放到了更长的短语里,请看:let me assure ye that many a veteran who has freely marched up to a battery, would quickly recoil at the apparition od the sperm whale's vast tail, fanning into eddies the air over his dead(我向你保证,从容地来到一群鲸面前的许多老手在一见到抹香鲸那硕大尾巴的幽灵时会很快退缩,那尾巴瞬间将其头顶上方的空气卷成一片水雾)(第二十四章,107 页)。

诸如此类的层层结构将在本书中作进一步的阐释。我们从最小的部分入手,循序渐进,构建越来越大的短语组合。

语言之旅

人类语言是一种自然现象,它在展示人类文化的多样性的同时也阐明了我们作为人类共同体的共性。一些科学家研究语言是为了更好地理解语言在人脑里是如何工作的。对语言的科学研究被称作语言学。本书提供了对人类语言的现代语言学描述。

不妨把本书当作参观你大脑中"语言工厂"的一份指南。每天,你用语言做许多神奇的事情。我希望你享受这次语言之旅,并且学会去欣赏语言的特别之处。

本章总结

这一章解释了人类语言在词汇方面的多样性,但在声音和句型方面又具有相似性。为分析语言,我们首先得明白它是人类生物发展的自然产物,就像视觉,而书写则是一项技术革新,就像摄影。像英语这样一门语言,有它的基本组成部分,我们可以将它们组合起来呈现各种形式。这些部分包括声音、单词和短语。单词由声音和意义组合而成;这些关联是由

第一章
导论

文化确定的,因为声音和意义之间不存在自然关系。我们经常以这些组成部分评判别人的语言,或从修辞性正确的视角,或从规范性正确的视角。修辞性正确的视角基于某一说话人在某一场合下的言语的得体性;考虑到语言的工作机理,这一视角最有道理。规范性正确的视角则是基于只有一个正确形式的神话假设。教学语法和描写语法是不同类型的书:前者帮助学生学习另一门语言,后者描写某一门语言如何运行。心理语法根本就不是一本书;它是你大脑里的加工厂,在那里所有的部件组装成语言。要建造那个加工厂需要特殊的指令,而普遍语法是婴儿用来构建心理语法的基因编码的蓝图。尽管一些术语,如单词和元音,由于在日常说话中使用而显得不陌生,学生似乎很熟悉它们,但在本书中它们属于技术性术语,有着明确的定义。像口音这样的术语对于不同的人群有着不同的含义。在娜塔莉连环漫画中(参见其网址:http://www.nataliedee.com/021210/)它是什么意思呢?

主 要 概 念

- 歧义
- 任意性
- 死语言
- 描写语法
- 语篇
- 语言
- 语言变异
- 词素
- 语言学
- 活语言
- 心理语法
- 单语的
- 多语的
- 短语
- 规范性正确的视角
- 规范语法
- 修辞性正确的视角
- 标准语—方言延续体
- 教学语法
- 普遍语法
- 单词
- 写作

27

注　释

1. 对于一些语言学的教师来说，把语言当作动词用再正常不过了，就像把桌子、笔、心智、箱子或者杯子当动词用一样。约翰·E. 约瑟夫（John E. Joseph, 2002）撰文阐述了有关把语言当动词用的用法、理由说明和历史。他指出，语言的这个用法起码可以追溯到 1628 年。

2. See Lewis, M. Paul (ed.). 2009. *Ethnologue：Languages of the World*, 16th edition. Dallas, TX：SIL International. 在线版本：www.ethnologue.com/。

3. 英国 RP 是英格兰的一种有声望的英语，而 RP 本身代表标准发音，据称是英国皇室钦定的。

4. R 音脱落在美国南方一度颇受推崇，但自二战以来，它的方言特性越发明显，因为它更是一种乡村和非上流社会的语言变异形式。

5. 语文学是对古典文本尤其是古希腊语和拉丁语的比较和研究。现代语言研究在大部分欧洲的语文学系展开。弗里德里希·尼采或许是史上最有名的古典语文学家，尽管他的名声主要来自他的哲学著作，而不是语文学研究。

参 考 文 献

Dee, N. www.nataliedee.com/021210.

Joseph, J. E. (2002). "Is language a verb? Conceptual change in linguistics and language teaching." H. Trappes-Lomax and G. Ferguson, eds. *Language in Language Teacher Education*：29-48.

Lewis, M. P. (ed.) (2009). *Ethnologue*：*Languages of the World*, 16th edition. Dallas, TX：SIL International. Online version：www.ethnologue.com/.

Melville, H. (2011). *Moby Dick*, Harper Perennial Classics (Chapter XXIV, 107).

延 伸 阅 读

The Language Instinct. Steven Pinker. 2007. Penguin.

在语言学家眼里,《语言本能》这本书现在成了经典,是向公众介绍语言的典范。对大多数读者来说,此书是本快速读物,里面充斥着幽默的故事和令人难忘的例子。《语言本能》涵盖了声音系统、单词和短语的构造以及语言在大脑中的活动。尽管首次出版于 1994 年,这本书在今天依然贴切、准确,具有很强的可读性。

Doctor Dolittle's Delusion: Animals and the Uniqueness of Human Language. Stephen R. Anderson. 2004. Yale University Press.

休·洛夫廷虚构的人物怪医杜立德是位英国医生,他能和动物说话。安德森采用了杜立德医生这个虚构的人物。本书的主要观点是,所有动物都有各自的交流系统,但只有人类才有语言。安德森引领读者讨论动物的交流方式,包括蜜蜂的舞蹈和黑长尾猴的警告呼叫声。他还讨论了灵长类动物学会的手势语言。此外,安德森对语言和交流作了清晰的界定。

Language Matters: A Guide to Everyday Questions About Language. Donna Jo Napoli and Vera Lee-Schoenfeld. 2010. Oxford University Press.

在《语言至关重要》一书中,两位作者解释了为什么语言对我们所有人都很重要和当今社会中出现的最为紧迫的语言问题。该书各章涉及了诸多问题,如"黑人英语真的是一种方言,还是只是糟糕的英语?男人和女人说话的方式是不是不同?计算机真的会学习人类语言吗?进攻性语言会伤害孩子吗?"这些问题常常出现在对教育、育儿和社会的讨论中。两位作者从他们的语言学背景出发,就这些问题为最广大的读者群作了直接而又清晰的解答。

练 习

个人练习

1. 烦心事是指其他人做的让你发疯的事情。每个人都有。
   a. 你有什么语言上的烦心事?
   b. 你的烦心事是有关书面语的还是有关口头语的?
   c. 哪些烦心事涉及声音,哪些涉及单词(声音除外),哪些涉及短语如何构造?
   d. 这些烦心事当中有没有涉及拼写的?

语言入门

2. 何时意义未能如愿表达出来？请从你曾经有过的会话中或从一部电影中提供一个例子，说明原本意义被误解了。

3. 用带有词源的词典（包含单词的演变史）写出对下列各类词的描写，并以单词或短语的用法结束。

    a. 你所知道的最为守旧的单词是什么？它是如何进入语言的？

    b. 你所知道的听上去最为现代的单词是什么？它是如何进入语言的？

    c. 找出三个有拉丁语历史的单词。

    d. 找出三个有盎格鲁-撒克逊历史的单词。

    e. 这些单词在用法上有何差别？有的时候，像 beautiful（有拉丁语历史）和 pretty（有盎格鲁-撒克逊历史）这样的单词为了某种说话风格而相互竞争。

小组练习

4. 最长的单词：

    a. 就发音而言，你们小组成员能记得的英语中最长的单词是什么（仅限非技术性词和非地名词）？

    b. 就字母而言，你们小组成员能记得的英语中最长的单词是什么（仅限非技术性词和非地名词）？

    c. 你们所列出的每个单词有几个单位（指声音或字母）？哪个单词更长些？

5. 评判语言：

    a. 考虑下面两个句子：

    The cabin in which we stayed burned down yesterday.

    The cabin we stayed in burned down yesterday.

    b. 从规范性观点出发，以好与坏判断上述两句。

    c. 从修辞性观点出发，什么样的上下文会令一句比另一句更好？

6. 规范性观点和修辞性观点：

    a. 造两个满足规范性观点要求的句子，并提供两个上下文使得同样的两个句子按照修辞性观点的要求是行不通的。

b. 另外造两个不能满足规范性观点要求的句子,并提供两个上下文使得同样的两个句子按照修辞性观点的要求却能说得通。

c. 不管上下文,再造两个句子,既不满足规范性观点的要求,也不满足修辞性观点的要求。

7. 语言中的意义:

a. 编一个夫妻吵架的小品。小品中的吵架不断升级,直到一方对另一方说:"你讲那个是什么意思?"这个时候,小品结束。此时此刻,观众不仅要搞明白"那个"指什么,而且要能看出说话人指的是什么。另外,为什么夫妻中的第二个人要问"你讲那个是什么意思"?

b. 编一个尽可能带多重意义的句子。该句子的上下文可以任意作多次修改(例如,可以改变年代、地点、说话人或听众),但不能改变句子本身。造出含最多意义的句子的小组获胜。最好让全班学生做裁判,以断定意义的合理性。

8. 语言的多样性:

a. 在你的小组内,试着去拓展你们关于英语以外的其他语言的知识。你们小组成员还懂得其他哪些语言?

b. 在你的小组内,你们遇到了多少不同的方言?

9. 就下列表述是否属于有关语言的迷思,在全班面前举行组与组之间的辩论:

a. 有些语言是原始的,并不能像其他语言那样履行同样的功能。

b. 有些人说方言,但其他人不说。

c. 有些语言只有三个元音。

d. 某些书写系统有代表音节的符号,有代表声音的符号,还有代表单词的符号。

e. 语言是思想的基础。

f. 英语是最难学的一门语言。

g. 在阿巴拉契亚山区,人们说伊丽莎白时代的英语。

语言入门

h. 有些语言什么语法也没有。

i. 人人都有口音。

j. 人类能与其他物种交流。

k. 其他动物也有语言。

l. 孩子们再也不能像样地说话或写作了。

10. 语言游戏：

下列信息来自那些被不断转发的电子邮件中的一份。主要的问题是：下列表述中哪些涉及语言，哪些涉及拼写，哪些涉及二者？

假如你有意参加"危险境地"游戏，不妨学学下面的信息：

A. 英语中最长的单音节单词是"screeched"。

B. "dreamt"是唯一以"mt"结尾的英语单词。

C. "set"这个单词的含义比英语中任何一个单词都多。

D. "underground"是英语中唯一一个以字母"und"开头和结尾的单词。

E. 在英语中只有四个单词以"dous"结尾：tremendous, horrendous, stupendous 和 hazardous。

F. 洛杉矶的全名是"El Pueblo de Nuestra Senora la Reina de los Angeles de Porciuncula"，它可以缩略为其全名的 3.63%，即"L. A."。

G. 在英语中有这么一个含七个字母的单词，它可以在不经重新排序的情况下包含十个单词。这个单词就是"therein"。它包括的单词有：the, there, he, in, rein, her, here, ere, therein, herein。

H. "stewardesses"是仅能用左手打字打出来的最长的英语单词。

I. 字母组合"ough"有九种不同的发音方式；下列句子涵盖了所有九种发音方式：A rough-coated, dough-faced, thoughtful ploughman strode through the streets of Scarborough; after falling into a slough, he coughed and hiccoughed.

J. 唯一不经重复拼写出的含15个字母的单词是"uncopyrightable"。

K. "facetious"和"abstemious"包含所有正确序列的元音,就像"arsenious",意思是"containing arsenic"。

针对以上表述,可以考虑一下下列几点:声明A中的"最长"是什么意思?你如何重新表述声明I,使得它把书写是语言的一个表现形式考虑进去?在声明K中"正确序列"是什么意思?英语中有多少元音?对比一下,英语中有多少元音字母?如果我们用音替换字母,其中的一些又会如何呢?在声明G中,"单词"是什么意思?

学 习 问 题

1. 大部分人是多语者还是单语者?
2. 什么是语言变异?
3. 语言和书写为什么不是一回事?
4. 为什么拉丁语被视为一门死语言?
5. 一个个语音和意义是关联的吗?
6. 什么是单词?
7. 什么是短语?
8. 最常见的词序形式是什么?
9. 婴儿必须构建什么才能获得语言?
10. 我们人类大约有多少种语言?
11. 所有语言的共同点是什么?
12. 规范性观点是如何看待语言变化的?
13. 修辞性观点是什么?
14. 对美国英语使用者而言,标准英语是如何定义的?
15. 语法这个术语的意思是怎样变化的?

■ 语言入门

16. 规范性语法建议是建立在什么基本假设之上的？
17. 描写语法是什么？语言学家怎么使用它？
18. 在人脑中，心理语法做什么工作？
19. 词素是什么？
20. 普遍语法是什么？
21. 普遍语法和心理语法是什么关系？
22. 何为歧义？它与意义是什么关系？
23. 任意性和意义是怎样的关系？
24. 创造一个单词需要什么条件？

 了解与本章有关的更多资源，请登录本书的配套网站：http://www.wiley.com/go/hazen/introlanguage。

第二章　声音

本章概览

本章概述

了解你已经知道的内容

字母和语音符号：一个错配

语音符号：一个方便的谎言

意义、歧义和任意性

　　声音的象征意义

　　合并

　　两类相关的意义和声音

声音素描

辅音和元音

辅音

　　发音的部位

　　方式

　　发声

　　麦格克效应

元音

所有的语言之声对所有语言都重要吗？

区别对待：以最小配对比较声音差别

把玩发声

跨时空的变化：英语起初有多少音？

■ 语言入门

R音的故事：第一部分
本章总结
主要概念
注释
参考文献
延伸阅读
练习
 个人练习
 小组练习
学习问题

本 章 概 述

  我们用声音说英语已经很多年了，但是对这些声音知之甚多的学生可谓凤毛麟角。本章为读者提供众多机会去了解英语的语音。对学生来说最为棘手的问题之一是区别字母和声音。每一位阅读本书的学生都已接受了关于字母的训练。但此处聚焦的对象是声音。本章的主要话题涉及口腔内发出的音的质量。对辅音而言，这些话题包括声音是在口腔的哪个部位发出的，气流是如何形成的，以及在发声的过程中声带是否振动。对元音而言，我们用象限将它们标出来，犹如标注在一幅地图上。我们也探讨元音和辅音如何因方言而不同。所有这些声音组合起来形成单词，而这些组合的模式是下一章学习的对象。

了解你已经知道的内容

  我喜欢书籍，但有的时候书并非了解一个问题的最佳途径。有些领域的知识需要的不仅仅是一本书，语音就属于这样的一个领域。而这正是你作为读者和语言使用者能发挥作用的地方。要学好语音，你不能仅仅被动地阅读本章，你得发挥更多的作用：你必须使出浑身解数去运用你的全部语音。这一章就只能教你这么一点。但当你仔细学完这一章，并分析储存在你大脑中的语音知识，你将学到许多相关知识。

　　写有关声音的知识有失真诚。这有点像写音乐，而实际上写的是音符。如果我想写甲壳虫乐队的那首歌曲 *Let It Be*，我能做的就是把歌词连同音符一起记在五线谱上。这些音符是一个个按在用水平线均匀分开的白色框架上的黑色标记。它们安静地"坐"在那页纸上：没有丝毫的嘎吱声，没有隆隆的轰鸣声，也没有细微的叹息声。那些音符还有待变成音乐。在乐谱上，那些音符是分开的，有时系在一块，但总的来说是有间隔的。在气流中，这些音符的音乐在流淌着，一个音符与下一个音符交融在一起，形成了复杂的声波气流和漩涡。在纸面上，这些音符因其相对于其他音符在乐谱上的位置而各有其名：比如，高音谱号 A 在乐谱上低于 B 但高于 G。在气流中，音乐人能说出一个音符的名称，但是这个音符发出的声音有别于它的名称。种种原因都说明，写乐谱和演奏或聆听音乐完全是两码事。同样的道理，书写或阅读有关语言的声音是一项不同于发声或倾听的活动。

字母和语音符号：一个错配

　　在听、说语言和打手语、看手语的时候，人们的所作所为因人而异。正如我们下面所探索发现的，语言的发音和拼写并不总是一一对应的。像意大利和西班牙这样的国家没有拼写比赛，因为当拼写和发音如此紧密地匹配，谁还会输呢？对于这样的语言，书写的字母对应它们代表的声音。对于英语，情形则迥然不同。

　　远在书写出现以前，语言就是人类生活的一部分，而书写是人类的一项发明创造，它不完整地反映了语言的功用。记住这点很重要。英语的发音系统部分地表示发音，也就是说在符号和发音之间有某些对应关系，但这一关系并不简单。尽管字母<k>通常表示[k]音，就像在 kit 这个单词中，但有时并非如此，就像在 knit 这个单词中。这里的理由是，历史上[k]音在[n]音之前都失去其音，但单词的拼写没有因此而改变。当时，从视觉上区分<knit>和<nit>仍然是有用的。在本章中你将学到英语的声音在时间的长河里是如何偏离代表它们的字母的。

为了在行文中标注书写字母和发音的区别，我们采用了不同的括号。对于书写字母(又称为**正字符号**)，本书采用尖角括号，像<photo>这个单词。对于代表说话声音的**发音符号**，本书采用方括号，就像[fəutəu]。对于这些符号，我们采纳由国际语音协会创立的国际语音字母表。但有一点请注意，本书仅仅采用了该协会网址提供的所用符号中的一个子集：http://www.langsci.ucl.ac.uk/ipa/。

半语音化的英语拼写系统在符号和声音之间有许多纽带。有时，某个拼写代表多个声音。例如，<th>代表英语中的三个音。在 thin 这个单词中，<th>表示的是一个非振动的喉音，而在 there 中，<th>表示的是一个振动的喉音，在 Thomas 一词中，<th>则表示一个[t]音。如果你把手轻轻地放在喉头，能感觉到说话时你的喉头在振动。如果你不是细声说话，在发 there 中的<th>音时喉头应该振动。

语音符号：一个方便的谎言

2006 年，获奖纪录片《难以忽视的真相》(*An Inconvenient Truth*)开始公映，以引起人们对环境变化的关注(参见 www.climatecrisis.net/)。该片片名的要点是，虽然问题很棘手，但是我们不能回避环境恶化的事实。把这个短语倒过来，我们不妨考虑一下"一个方便的谎言"(a convenient lie)这个想法。这个短语的要点是，某一情况虽然是假的，但还是有用的。在描写语言之声时，学者们用书写符号来代表声音，这些就是语音符号，像[fəutəu]代表 photo 的发音。当用在像本书这样的书面文本中讨论声音的时候，这些符号是有用的。不幸的是，这些符号是"一个方便的谎言"。

第二章
声音

以单词 feed 为例。利用本书采用的符号系统,即国际音标,feed 这个单词可以用[fi:d]来表示。像音符一般,这些符号是白色框子里的黑色记号;它们是分开的,从左至右等间隔地并且上下均匀地排列着,但是当发这些音的时候这样的间隔和对称并不存在。另外,[i:]音在 feed [fi:d]、feet [fi:t]和 fiend [fi:nd]这三个单词中看上去完全一样,但在实际发音中它们是有微妙区别的。比如,在[fi:d]中的[i:]音比[fi:t]中的[i:]音在发音时间上略长,尽管如果没有像 Praat(参见 www.praat.org)这样的计算机程序这样的细微差别或许很难观测到。至于 fiend 中的[i:]音,它在发音过程中有一些气流从鼻腔出来,而另外两个单词中的[i:]音却没有这个特征。还有一些符号我们可以用来标示这些区别,但总体而言,我们会从简行事。

语音符号一直是语言学和人文科学领域里极为有用的工具。在以往的125 多年里,学者们利用它们记录了几千门语言。特别是在手提式录音机发明以前,语音符号提供了可靠的记录长段言语的手段。在那个年代,语音符号甚至被当作宴会上的小把戏来供人们娱乐,此时有人发出各种各样的声音,好让不在现场的演员通过记录的语音符号重现这些声音。

所以,语音符号成了学习和描写声音的便捷工具。本书将广泛地使用这些符号。只不过要记住,人类语言的声音里包含的信息远非语音符号所能记录得下来。

意义、歧义和任意性

在本节中,最重要的问题是声音是否意味着什么。乍一看,这似乎是一个可笑的问题。如果声音起初没有任何意义,那么我们怎么会有语言的呢?

我们不妨来问一组更好的问题。任何一个声音在所有语言中都指一样东西吗?英语中任何一个声音都指一样东西吗?声音对我们来说是怎么会有意义的呢?

声音的象征意义

当人们审视语言的时候,一个反复涌上心头的愿望是把某个特定的声音和某些具体的意义联系起来。这种安排通常被称为声音的象征意义。人们希望通过某一自然的关联，或许是声音的力度，或许是这个声音流动或停止的方式，声音即可充当意义。英语中出现了几个不同的竞争者。最为显眼的是＜gl＞，它与英语中表示光线和视觉的一些词语联系在一起，如 glimmer, glow, glisten, gleam, glimpse, glance, glare。不过，还有其他含＜gl＞的单词与视觉或光线没有丝毫关系，如 glamour, glaze, glory, glad, glee, glue 和 globe。当然，还有许多单词表达着光线或视觉的意思但并没有以＜gl＞开头，如 light, vision, eye, sight, see, scope, behold, discern。大约 2400 年前，柏拉图写下了与克拉底鲁的对话，在其中讨论了语言的性质。苏格拉底一度认为，理想的语言是每一个声音传递一个意思，他甚至试图弄明白单词的意义从何而来。今天，大家都知道，单个声音没有像单词那样承载那么多意义。

然而，有些听上去很相像的发音实际上表达同样的意义。下面两组就是明证：tomato, tomatah; potato, potater, tater。声音变化小到什么程度仍然能被注意到？单个元音的小小音变就能引起人们注意。在美国的一些地方，在像 bag 和 mad 这样的单词中，一个抬高的元音[æ]就能暗示说话人的家乡。元音的音本身并不意味着什么特别的东西。来自芝加哥、底特律和纽约州北部地区的人在发 bat 这个单词中的元音[æ]的时候，通常将它抬高到口腔的中前部，使得 bat 这个单词听上去更像 bet。因为这个抬高的元音[æ]和这些地区的人联系在一起，它因此具有了和这些人联系在一起的社会属性。

至于辅音的发音，是以 th 音还是 d 音开始能够显示社会阶层差别，但人们并不是对[d]这个音本身作出评判。这个世上不存在以消除语言中的 d-音为己任的俱乐部（比如"美国仇视 D 音俱乐部"？），但是在西方世界的大部分地方，这种以 d 音替换 th 音的做法通常和社会地位低下的说话者联系在一起。因此，对这些说话者泼的脏水都被转移到了这么一点点的语言变化上。

第二章
声音

合并

有些声音差别稳定而恒久,可以持续数个世纪。其他的声音差别就没这么稳定。这些声音的特性开始相像,听上去也如出一辙,尽管它们之间仍然有些差别。总体而言,语言中的辅音比元音更为稳定。辅音的变化需历经数个世纪,而元音的转变在几十年内即可完成。

声音有许多特性。我们发出的声音充斥着听众可以区别它们的线索。本书不打算解释这些线索,但是这里我们仅举一例:元音在下面即将讨论的声学特性方面存在多个差别。当这些特性变得越来越相近的时候,这些元音就会被看作同一个元音。

即使是英语使用者在发同一个元音的时候,通常他们的发音在某些方面还是有差别。打棒球的时候,一个击球手或许会打中三个平直球,但是他不太可能以同样的速度每次打在同一个点上。试想一下,击球手要想恰到好处地拿捏准物理过程,在打平直球时让球以同样的速度落在同一个点上,这有多么困难(而且是在比赛状态下)!同理,这样的失控也发生在舌头在口腔中运动的时候。当你在发 bud 这个单词的元音时,请注意它的高度适中,位置则更靠近口腔的中部。现在试着往后移,重新说这个单词(大声,而不是耳语)。听上去还像 bud 吗?接下来试着把 bud 中的元音往口腔的前端高的部位移动。在没有把 bud 变成 bead 的前提下,你能往前移动多远呢?

当先前被认为属于不同元音的发音开始听上去可被作为同一个元音时,元音合并就出现了。在众多英语社区,如新西兰和美国南方地区,pit 和 pet 这两个单词中的元音往往合二为一,特别是当它们出现在带鼻音的单词中时,如 windy 和 Wendy。

当不同的单词听上去一样时,它们被称作**同音异义词**。同音异义词在全世界所有的语言中都能找到,这似乎是一个正常的现象。在英语中,语言变化留给了我们一些有趣的同音异义词:比如,right、rite、write 和已经过时的 wright。从它们的拼写可以看出,这些单词原来的发音是不同的。

因为各种语言变化,这四个单词的发音最终变得相同。

对那些被广为接受的同音异义词,如 there/their,或者 four/for,或者 dear/deer,没有任何社会评判可言。可是,对其他一些同音异义词,社会评判有时和它们的使用者联系在了一起。视学生成长的地域而定,他们也可能没有下列组别的同音异义词:which/witch; death/deaf; cot/caught; pin/pen。像 which 和 witch 这样的单词的发音差别对英语的所有方言来说一度都是很正常的,但是一些方言不再作这样的区别。假如你区分它们有困难,试着按照 which 的原先拼写方式,也就是〈hwich〉来发音。这样的语言变化被称为合并:两个截然不同的声音变成了一个。在这种情况下,〈hw〉的发音和〈w〉的发音完全一样,其结果是,这几组词 which/witch,where/wear,whine/wine 成为同音异义词。当发现两个单词拼写有别但声音相似的时候,我们就能作出一个安全的猜测:在两个以前截然不同的声音之间出现了合并。这里有一个重要的附带教训,那就是,拼写保存了先前的单词形式。当我们在观察单词的拼写形式时,常常在探究它们的历史。如果拼写的历史背景是一个公开的问题,理解和践行拼写对所有参与此事的人都会容易些。

在美国西部相当一部分地区和密西西比河以东的一些地方,cot/caught 这两个单词很可能是同音异义词。对美国东南部的许多人而言,pin/pen 这一组单词也可能是同音异义词。请看表 2.1 中涉及声音合并的一些单词。

表 2.1　英语中声音合并的一些单词

cot/caught 合并		pin/pen 合并		在美国不存在合并,但在新西兰和澳大利亚有合并	
bot(robot)	bought	pin	pen	pit	pet
don	dawn	wind	wend	bid	bed
knot	naught	tin	ten	Jeff	gif
cot	caught	din	den	slipped	slept
hock	hawk	gin	Jen	pig	peg

对奉行 cot/caught 合并的人,那一列中每一对单词的发音都相同。但对

第二章
声音

奉行 pin/pen 合并的人，声音合并仅出现在某些类型的单词中：当其中的元音出现在＜n＞音之前，它们的发音相同；然而，当其中的元音出现在其他音之前，它们的发音则不同。对奉行这类合并的人，pin/pen 是同音异义词，而 pit/pet 则不是。对那些选择遵照美国南方奉行的 pin/pen 合并的人来说，他们有明确的发音规则，细述何时能出现合并，何时不能。不幸的是，对太多的人而言，pin/pen 合并被毁谤了，尽管它实际上是正常的、受规则约束的英语语言中的一部分。

两类相关的意义和声音

任何交流系统的基础是信号和意义的组合。不管是鼠海豚求偶还是一位妇女在集市卖篮子，信号和意义捆绑在一起。那么，什么样的意义能和声音联系在一起？两类意义和声音连在一起：**社会意义**和**指示意义**。

声音的社会意义涉及什么样的社会特征归因于声音。对有些社区而言，在发 wh-单词（例如，what, which, when）的音时，起先存在着是发[ʍ][1]音还是[w]音的区别。如果你发 which 和 witch 这两个单词的音是一样的，那么你对它们不作区别。早些时候，在英语当中像 which 这样的单词发成[ʍ]音是一件正常的事，但随着时间的推移，发成[w]音变得更为常态化。一旦存在这两种发音形式的区别，说话者便开始把社会特征附加到一种或另一种发音形式上。在一些社区，[w]音听上去或许有误，或者是年轻人才用的形式。在另一些社区，[ʍ]音的形式也许越来越和老派的言语联系在一起，或者显得有些装腔作势。我就听说过一个中学的班级嘲笑他们的老师发[ʍ]音。[ʍ]音和[w]音之间的变化本身并没有导致人们作出相关的社会评判，但是这种变化却让一些社会特征附加到变化不定的发音形式上。

当社会意义被附加在某些声音而不是另外一些声音上的时候，或许最容易受人关注。在这些情况下，问题就出现了：为何有些场合带有社会标记，而另外一些场合却没有？我们以 threat, three, throw 这三个单词的首音为例。这个音被称作 *theta*（也就是希腊语的第八个字母），发音为[θ]。这个音未必在所有的英语变体中都能用到，但在大部分的英语变体中会被用到。它可是一个奇怪的音,为发这个音,你得把舌头放在牙齿之间并在舌头周围吹起。就像其他不聪明的办法一般,把你的舌头伸出来放在牙齿之间同时移动上下齿并不是最安全的事。一部分是因为这些非同寻常的特性,它是辅音中稳定性较差的一个音。就现代英语而言,[θ]音在许多单词中正在经历着一些变化。最常见的是它被发成[f]音,像在 birfday 中。对于密歇根州的英语使用者,这一发音是和城市里社会底层的人联系在一起的。可在北卡罗来纳州的一些乡村地区,所有英语使用者——不管其社会阶层和种族——都使用这一发音。或许并不令人吃惊,从[θ]音转变为[f]音在美国北方饱受指责,而在北卡罗来纳州的乡村地区这一音变完全不被人注意。同样的一个发音,但是附加在上面的社会意义因使用者的看法不同而产生了差异。

指示意义源自一组声音和我们头脑中关于物体的概念、想法与行为建立的联系。对许多人而言,指示意义就是词典里解释的意义:如果你想知道某个单词的意义,查一下词典便知。英语有数以百计的不同词典,其中单词的意义会根据你查询的词典不同而有所变化。指示意义也可以被看作单词的本义。"衬衫"的指示意义最有可能包括"覆盖身体上部的衣料"这一起码的意义,但衬衫具体指什么得根据上下文和说话者与听众脑子里的已有知识。比如,你如何理解"请把那件衬衫递给我"这句短语,要看周围有几件衬衫和哪一件衬衫是所指的对象。

指示意义来自某些声音组合和某些意义的关联,这一点就像社会意义一样。但是,这两类意义之间有一个重要的区别。所有单词都有其指示意义,但并非所有单词都有将其区分的社会意义。例如,a [ei]和 eh [ei]这两个单词各有其指示意义。第一个单词的指示意义是"一",而第二个单词可以用在附加疑问句的句尾(比如,You want to leave, eh? 你想离开,是吗?)。第一个单词没有任何社会意义,而第二个单词可以被标记为"加拿大的",起码在北美是可以的。

在第四和第五章,我们将深入探讨指示意义和社会意义。

第二章
声音

> **文字游戏:随堂写作**
>
> 1. 为何元音没有辅音稳定?试对比两个元音和两个辅音以证明你的观点。
> 2. 哪些辅音更像元音?
> 3. 列举八个单词,其中四个听上去就像拼写的那样,另外四个听上去不像拼写的那样。假如要把这四个单词的发音发成和它们的拼写一样,那么它们听上去会怎样?

声 音 素 描

语言之声就在空气中。它们既不会思考,也没有感觉,也不会显示任何生命的迹象。然而,它们在运动着,在变更,在变化。像学者们研究的大部分对象那样,我们将声音分门别类。这些区分并不是绝对的,而是可以让某一个类别的声音有时具备临近类别的声音的特征。这里,我们梳理一下主要的类别。

语言科学家通过声音的对应面来认识声音。比如,[s]音之所以是[s]音,是因为它不是一个[t]音;[b]音之所以是[b]音,是因为它不是[p]音(或者任何其他的音)。在更高级的课程中,你将学到所有语言之声的特征是如何重叠的,它们又是如何不像本页上的符号和间隔所暗示的那样泾渭分明。就本书而言,我们还是按照常规的做法,即声音可以通过鲜明的语音符号得到精确的体现(例如,orthographic 这个单词可以用[ɔːθəgræfik]体现)。

语音学是对语音的科学研究。有几个主要的声音类别。这里讨论的类别以声音在口腔内的发音来区分。这个语音学的分支被称作**发音语音学**。

语言入门

最基本的类别是辅音和元音的区别。

辅音被分成三个类别:(1)它们在哪里发音,即**发音的位置**;(2)它们是如何发音的,即**发音的方式**;(3)声带是否振动,即**发音的声音**。

辅音和元音

元音和**辅音**因它们在**声带**受阻的程度而不同;声带包括口腔和喉头。元音在声带通道里受到的阻力较小,而辅音受到的阻力更大。在 knot 这个单词里,元音的发音是开放的,但结尾的[t]音则完全闭合。

试着大声发出下面单词的音:

  pie [pai]

  toe [təu]

  coy [kɔi]

上述每个单词的发音都是以空气在口腔中完全停止开始。然后嘴张开让空气自由流动。在下列单词中,口腔中的气流从完全停止到完全张开,然后再到停止。试着发出下列单词的音:

  pipe [paip]

  toke [təuk]

  cab [kæb]

不同的辅音在口腔中阻塞气流的程度不同。下列单词中的首音,也就是各个辅音,受阻塞的程度从上往下越来越低:

  tea [ti:]

  sea [si:]

  Lee [li:]

当你试着发这些辅音的时候,气流受阻的程度在造就每个辅音中发挥了作用。

既然气流受阻的程度在一个延续体上把元音和辅音分开,有些音更像辅音(受阻程度更高),而另一些音更像元音(受阻程度更低)。

最像辅音的音是下面这些音:[t],[d],[p],[b],[k],[g]。为发这些音,你应该将气流完全停止,然后释放出来。当你止住气流,口腔内的呼吸道百分之百阻塞。因此,这些音被称作**闭塞音**。

下面这些音最似元音:[ɔ],[i],[u],就像在如下单词中:<plot>、<bee>和<boo>。发这些音的时候口腔内的呼吸道都不是闭合的,这一特征使得它们被纳入元音的范畴。

有些声音在发音的时候在口腔内的受阻程度如此之低,以至于有的时候辅音变成了元音。为了解决什么是元音这个问题,在许多美国学校里,一个字母符咒是"A, E, I, O, U,有时还有 Y"。在另一些学校,"有时还有 W"也包括在上述字母符咒里。一个字母有时是元音,有时是辅音,这怎么可能呢?这都取决于上下文。记住,拼写出来的辅音字母和元音字母本身并不发出声音,它们只是代表声音。符号<y>代表<boy>和<yes>、<buy>和<young>这些单词中的声音。在<boy>和<buy>这两个单词中,字母<y>代表一个元音。在<yes>和<young>中,它代表一个辅音。在<boy>中的最后一个音是元音,由语音符号[ɔi]代表。语音符号[j]代表单词<yes>中的第一个音。

声音中另一个主要的区分是**响音**和**阻塞音**。两者之间声学上的一个区别是响音更具清脆响亮的特点。在法语歌曲《雅克兄弟》中,其中一行歌词是这样的:"*Sonnez les matines*",意思是"清晨钟声响起"。响亮的声音响起(*sonnez*),就像清晨的钟声。像[l],[n],[w],[e]这些音都更具清脆响亮之声。请注意,响音包括元音和辅音。

阻塞音是指语言世界里的非响音。它们没有清脆响亮的声音。这些音包括<tide>这个单词中的[t]音,<chide>中的[tʃ]音和<side>中的[s]音。响音和阻塞音以多种不同的方式组合在一起发声。大多数语言中的许多单词是响音和阻塞音的混合物。例如,＜buttons＞这个单词的一种发音可以是[bətnz],使得两个响音[ə n]镶嵌在三个阻塞音[b t z]之间。

下一个区分的层次要求我们将元音和辅音分开来讨论。因为它们的差异足够大,把它们放在同一个范畴无法最好地描述其特点。元音和辅音都可以通过它们在口腔中的发音位置进行归类。但是,元音因其在口腔中受阻小而更能自由移动,需要不同的坐标来定位。

辅　　音

发音的部位

> **拓展知识:语音研究**
>
> 　　语音学是对语音的科学研究。它的三个分支是发音语音学、声学语音学和听觉语音学。你应该把它们看作聚焦听、说过程的不同部分。发音语音学研究声音在口腔内是如何产生的。声学语音学研究声音在空气中的特质。听觉语音学研究声音击中我们的耳膜后发生了什么。
>
> 　　本章只关注发音语音学,尽管其他两个分支已有激动人心的发现,并且在过去几十年有了长足的发展。如欲掌握声学语音学的工具,你可前往 www.praat.org 下载免费软件,试着用辅导手册去研究你自己声音的声学质量,如你的元音的精确坐标。

因在口腔内的空间更受限制,辅音的发音部位更为明确。英语中的辅音请参见表2.2。

表 2.2 英语中的辅音

	双唇音	唇齿音	齿间音	齿龈音	腭音	软腭音	喉音
闭塞音	p b			t d		k g	ʔ
塞擦音					tʃ dʒ		
摩擦音		f v	θ ð	s z	ʃ ʒ	x	h
鼻音	m			n		ŋ	
流音				l r			
滑音	ʍ w				j		

发音的部位显示在表 2.2 的第一行。从左开始,这些部位从口腔的前端往后端移动。我们从拉丁语借用了这些术语,它们基本上描述了每个音在口腔中的发音部位。**双唇音**要用到上下嘴唇,就像＜pat＞和＜bat＞这组单词中的第一个音。**唇齿音**涉及上齿和下唇,就像发＜fee＞和＜vee＞中的第一个音的情形。为验证这一发音部位,你不妨试着用下齿和上唇来发唇齿音,看看是否行得通。**齿间音**的发音有些怪,它需要将舌头放在上下牙齿之间,同时说话并在舌头上面吹气,就像发 thick 和 there 的音那样。

齿龈区域涉及几个音的发音部位,包括下列单词的首音:tea, dee, sea, zee, knee, Leigh, 或许还有 reef(后面还会细说)。就本书而言,齿龈区域从你的上牙后方一直到腭音区域,后者也就是发 she 和 chap 这两个单词的首音的部位。这个部位的具体位置并不太重要,它因人而异。更为重要的是,通过注意到齿龈音发生在腭音前面,你可以区分它们。

软腭音区域更在腭音区域的后面。key 和 guy 的首音是软腭音。ring 这个单词的最后一个音也是软腭音,或许对你来说 red 的首音也是一个软腭音。在英语的某些苏格兰方言中,软腭音[x]可以在诸如 right 和 light 这样的单词中听到。对英语而言,声带的最后一个区域是**声门区**。参见表 2.3 和本章末"练习"部分第 11 题的辅音关键词表。在语言变异和儿童语言中,相似的声音会被调换。在网上的这幅娜塔莉连环漫画中,[k]和[t]这两个音有哪些相似之处呢?(参见网址:www. nataliedee. com /082612)

表 2.3　喉音

喉音		可能的喉音	
<hot>	<how>	<Batman>	<kitten>
<uh-oh>	<hope>	<hatrack>	<button>

　　hot,how,hope 这三个单词中的字母<h>代表[h]音。试着发这几个单词的音并且尽可能拖长其中的首音。它是通过使劲强推**喉部**下声带之间的空气来完成的。这个下声带之间的空间被称作**声门**。

　　uh-oh 这个单词发音的时候声门突然在中间闭止。当声门关闭,气流骤然停止时,声门闭止就产生了,用符号[ʔ]表示。在表 2.3 的最后两列中,这些带双写<t>字母的单词通常以声门闭止的方式发音。不过,请注意像<truck>或<ton>或<toy>这些单词,在发音时<t>字母所在的位置从来不会出现声门闭止。在什么条件下,声门闭止会替代<t>字母的音呢?

方式

　　每个辅音都有其发音方式。方式指声音是如何发出来的,换言之,当你在发辅音的时候,你的舌头、下巴和咽喉在做什么?不同发音方式的名称已相当清楚。闭塞音的发音方式包括所有气流受阻的辅音的发音方式,像[t],[b],[k]这些辅音的发音。滑音的发音方式包括辅音发音时舌头从一点滑到另一点。英语中有两个滑音:[w]和[j]。辅音的发音方式参见表 2.2 的第一列。

　　在**闭塞音**范围内,我们可以数到七个音。这七个音的最后一个,也就是喉头闭塞音,实际上仅仅是名义上的闭塞音。正常发音时,最常见的情况是它像一小段嘎吱的声音。正如上面讨论的那样,最能代表这个音的或许就是发像 uh-oh 或 Batman 这两个单词的音时的中间音。其余的是气流完全闭塞的音,就像下列单词的第一个音:pea,bee,tea,dee,key,guy。

　　摩擦音这个名称需要作进一步的解释。它从摩擦这个单词而来,指的是两样东西在一起摩擦。在这里,摩擦不是在两个固体之间,而是涉及流动的空气。空气就像流动的水一样,水从小丘、大山流下,进入小溪、小河。

第二章
声音

从源头开始,水缓缓地流淌着,几乎不发出什么声音。在流动过程中,流水可能撞击礁石、树枝和河岸,这个时候发出了更多的声音,涡流和涟漪由此而生。如果一座山够大,而且溪流中藏有更大的礁石的话,当水流直冲而下,击中巨石,溅起白色的浪花,冲刷而过,这个时候便响起了各种声音。流水和礁石相撞,产生了摩擦和震荡。在口腔内,摩擦音的产生就像那白色的流水。气流撞击牙齿、舌头和嘴唇,从而产生了湍流。

在当今世界的语言里,摩擦是生成语音的最常见的方式,摩擦生成的语音数量总数多达 22 个,在国际音标全表上标出的每一个发音部位都有一对摩擦音(国际音标全表请参见以下网址: http: //www. langsci. ucl. ac. uk/ipa/fullchart. html)。大部分英语变体有 9 个摩擦音,但一些英语变体有 10 个。摩擦音可在下面单词的首音中找到:face [f], vase [v], thigh [θ], thy [ð], sue [s], zoo [z], shoe [ʃ], genre [ʒ], who [h]。有些英语变体会有一个软腭摩擦音,就像 right [raɪxt]这个单词的倒数第二个辅音。

塞擦音结合了闭塞音和摩擦音。因此,它带有两个合成的注音符号来代表清音的[tʃ]和浊音的[dʒ]。它们分别是 church [tʃəːtʃ]和 judge [dʒʌdʒ]这两个单词的首辅音和末辅音。学习和记住这个发音方式的最佳途径是通过几次慢慢地发这些音,然后在这些音的中间停止。当你慢慢发第一个音时,试着从＜tea＞这个词的首音[t]开始,然后到＜shoe＞这个词的首音[ʃ]。当你慢慢发第二个音时,试着从＜dog＞这个词的首音[d]开始,然后到＜genre＞这个词的首音[ʒ]。第一个音释放掉,迅速进入第二个音,速度如此之快以至于有动感,听起来就像是一个音。

辨认出下列英语单词中的塞擦音(以及什么字母代表那个音):

1. ＜joke＞
2. ＜bungee jumping＞
3. ＜gibberish＞
4. ＜Gerry＞
5. ＜juggle＞
6. ＜gym＞

7. <Jim>

8. <church>

9. <cheat>

10. <chattel>

11. <butch>

12. <budge>

英语中有多少种不同的方式拼写[dʒ]和[tʃ]？

下面三种发音方式在某些方面有差异：鼻音、流音和滑音都是响音。在此以前，所有的发音方式都涉及阻塞音。响音产生更多的声音，且更自由地从口腔流出。从技术上讲，响音更洪亮。阻塞音（闭塞音、摩擦音和塞擦音）比响音更加阻塞空气。

下一个发音方式是**鼻音**。鼻音发音方式的关键特征是空气从鼻腔而不是口腔出来。在口腔里，空气完全受阻（这些声音因此可以被视作口腔闭塞音），但是三个鼻音辅音的每一个音都不间断地从鼻腔发出来。三者的区别在于它们各自在口腔的哪个部位产生，即它们的发音位置。三个鼻音是下面三个单词中的最后一个音：bomb，ton 和 ring（参见表 2.4）。

大声朗读下列单词，识别它们中的鼻音是如何区分的：

表 2.4　英语中的鼻音

处于词首的鼻音	处于词中的鼻音	处于词尾的鼻音
<Moe>	<common>	<bomb>
<no>	<canon>	<ton>
	<ingot>	<ring>

你或许想私下里做这项练习。大声发每一个单词的音，然后捏住鼻子再发一遍。当鼻子被捏住的时候，每个单词听上去都很奇怪。

然后，试着捏住鼻子并同时发下面三个单词的音：<Poe>，<toe>，<go>。

这些单词听上去挺正常。表 2.4 中的单词受影响是因为它们含有鼻

第二章
声音

音。[m],[n]和[ŋ]这三个鼻音是通过气流从鼻腔释放出而形成的。

在表2.4的第一行,[m]音是通过上下嘴唇合拢,阻塞气流同时让空气从鼻子释放出来而生成。在第二行,你的舌头接触上腭的前端,也就是齿龈区域,与此同时气流从鼻腔而出。在第三行,你的舌头接触到上腭的后端,与此同时气流从鼻腔而出。你能想出一个以鼻音[ŋ]开头的英语单词吗?

下一个发音方式是**流音**。顾名思义,英语中的两个流音从舌头上流过,流出了口腔。两者的区别在于气流是如何游离于舌头上的。

大声发出表2.5中的每一个单词的音,同时注意[r]和[l]这两个音。

表 2.5 流音

处于词首的流音		处于词尾的流音	
<roe>	<low>	<bar>	<ball>
<rope>	<lope>	<par>	<pall>
<rip>	<lip>	<star>	<stall>
<rat>	<lat>	<gar>	<gall>

英语中的[r]和[l]在声音和发音方式上互相关联,但是发音时舌头的确有细微的动作区别。对英语使用者而言,表2.5中的单词互相对照,两个流音表示意义上的差别。

既然辅音在口腔内的受阻程度有区别,我们有必要指出,流音比阻塞音的受阻程度要低得多。带着这样更低的受阻程度,任何一个流音的发音将会呈现更为广泛的变化。考虑一下这两个单词:LOL(作为一个单词)和Roar。在大多数说英语的人眼里,处于词首的流音和处在词尾的流音在发音上有区别。而如此广泛的变化都囊括在[l]和[r]这两个语音符号里。

最后一种发音方式受阻程度最低。大声发出表2.6中单词的音,同时注意<w>和<y>这两个字母。

53

表 2.6 滑音

处在词首的滑音	处在词尾的滑音
＜well＞	＜tow＞
＜which＞～＜witch＞	
＜yo＞	＜toy＞

这两个辅音在发音过程中有滑动，因而被称作**滑音**。[w]这个音在英语中有两种味道：发声的[w]，犹如在＜wet＞这个单词中，和不发声的[w]，就像有些人对＜wh＞的发音，如 Cool Whip。[2] 许多美国人已经不再区分双唇滑音的清音和浊音，而是在所有场合下都使用[w]音。如前所述，这是一种合并，因为两个截然不同的音正在被并入一个音。

两个响亮的辅音滑音在＜wet＞和＜yet＞这两个单词的第一个音里都能听到。在许多教孩子阅读英语的课文里，元音通常被描写成"A, E, I, O, U, 有时还有 Y(有时还有 W)"。这个"有时"来自第三章将要探讨的变异，但作为一个暗示，想想 bow 和 bowing 中的不同的音。在第一个单词中，字母＜w＞代表的是一个元音；而在第二个单词中，字母＜w＞代表的是一个辅音滑音。同样的区别也适用于 toy 和 toying。滑音极具流动性，间或完全失去阻塞。

发声

辅音的最后一个区分也是最简单的。它是基于气管中的声音而成的正反两面区分。感觉一下你喉咙前部的软骨，当你下咽时它会上下移动。伸出手，把它放在喉部并下咽。那块软骨含有喉。在喉里，你控制着两瓣组织，它们被称作**声带**。声带的长度从半英寸到一英寸不等，取决于你的个头有多大。用最简单的方法来说，你指示你的声带做下面三件事中的一件：

1. 放松它们，以便让它们上下振动，制造声音。
2. 使它们绷紧发出低声细语，制造清音。
3. 关闭它们，就像在发 uh-oh 等单词的音那样。

第二章
声音

要了解声带,你不妨想想一件弦乐器,如吉他或小提琴,或者拿一根橡皮筋,套在两个手指间把它拉开。弦乐器的形状和大小直接影响产生的声音。要制造声音,不管是弹拨还是用弓拉,弦乐器必须振动。当弦紧绷着,振动更快,发出的声音的音高则更高。当弦松弛着,振动更慢,发出的声音的音高则更低。这里,乐器的尺寸大小确实至关重要。粗的弦制造出深沉的声音,而细的弦制造出尖细的声音。站立的低音提琴比大提琴的音高更低沉,而后者的音高比小提琴要低沉得多。

你的声带的工作机理也是这样,不同的是你能够快速地调节声带的紧绷程度,或绷得更紧或放得更松。现在不妨来试试你的声带:从 ba 开始,并保持住;然后,以你能找到的最低的音高试着发 ba 的音;接下来,试着发 ba 的音,逐渐抬高音高,直到你能在不关闭嗓音的情况下而达到的最高音高。当你在抬高嗓音的音高时,你实际上在调节你的声带,使它绷得更紧,振动得更快,从而产生更高的音高。

当你将声带完全绷紧,气流从上面穿过,进而产生高尖的白噪声。这是[h]中的基本音。你在低声细语时也是这样。试着大声地低语下面的句子:Those bold quail ran over our blueberry muffins。你的舌头和下巴运动正常,但是你的声带僵硬、紧张。现在试着不用低语,大声说出上述句子。许多声音你并不是用低语发出来的,声带振动给了你嗓音。

1. 大声说出表 2.7 第一列的每个单词,强调字母 <th> 的发音。在发 <th> 时你的喉咙振动吗?

2. 大声说出表 2.7 第二列的每个单词,强调字母 <th> 的发音。在发 <th> 时你的喉咙振动吗?

表 2.7　齿间摩擦音

[θ]	[ð]
bath	bathe
cloth	clothe
sheath	sheathing
think	that

字母＜th＞表示英语中两种不同的声音。第一种我们称为**清音**(例如 bath)，用音标符号[θ]代表。第二种是**浊音**(例如 bathe)，发音时喉部声带振动；这个浊音用音标[ð]表示。

对辅音而言，声带振动的范围被分成振动和非振动。浊音都有声带振动。清音没有声带振动，因为它们是被轻声说出来的。

在浊辅音中，如果你挑一个音，像[d]，[b]或者[g]，你能明显地感觉到振动。作为闭塞音，在发音的时候，你先阻塞气流，然后松开，就像发 doh，bow 和 go 这三个单词的音。为拿这些音做试验，你可以开始发音，但不要释放气流或完成这个单词的发音。试着尽可能地大声而又缓慢地发[b]音。你应该能感觉到喉部的振动，这种振动从你的下巴一直往上传到大脑两侧，最后到耳朵。这些振动构成了你的嗓音。

麦格克效应[3]

你所听到的有时也受制于你能看到的。设想一下，当两位科学家哈里·麦格克和约翰·麦克唐纳试图把分开录制的音频和视频拼凑在一块时是怎样的感受。看上去似乎很简单。假如你能把音频和嘴唇的移动在时间上校准，那么声音似乎来自视频中的嘴唇，尽管事实并非如此。这有点像巧妙的假唱。两人在英格兰萨里大学的实验室在 20 世纪 70 年代一度经历了一些窘迫时期。当时，他们试图把 ba 的音频录音和 ga 的视频录像嫁接在一起。他们和观众一样，听到的是 da。当时的情况就像见到了鬼似的，但是他们知道这世上没有鬼。两位科学家当时正在经历的是一种声音幻觉，颇有点像视觉上的幻觉。人类的感觉系统(包括听觉和视觉)中还没有任何进化经验可用来处理这样的错配，所以也只能尽其所能来纠正这样的场景。

网上有几个录像能用来说明这一点。不过，不是所有的视频都适用于所有的观众，特别是当你在看录像前就知道在发生什么。最好的办法或许就是让一些不知情的朋友来试试，然后把结果反馈给你。你不妨搜索一下麦格克效应。

第二章
声音

下面我们来总结一下本节的内容。辅音是语音世界里更为稳定的成员。它们分布在一个延续体上，那些受阻程度更高的辅音离元音就更远，而受阻程度更低的辅音则和元音靠得更近，如图 2.1 所示。换言之，阻塞音比辅音中的响音更受限制，而后者比元音更受限制。从辅音开始，试着一口气大声说出图 2.1 中的音标符号，中间不加停顿，然后再倒着从元音开始重新说一遍。在这个延续体上的声音差别很小，但细小的差别会产生巨大的效应。如此细微的区别使得一系列的语言变化成为可能，而这些变化支撑着 6900 多门语言。为了研究如此大范围的变化，语言学家将辅音的特点分成发音的部位、发音的方式和发音的音响。

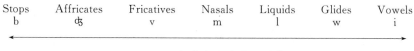

图 2.1　高清晰音响度延续体

元　　音

对大部分学生而言，记住辅音符号比记住元音符号容易。这里可能有两个原因。其一，英语辅音（声音）和辅音字母大致对应：[k]这个音和单词<kit>中的字母<k>很吻合，[w]音和单词<well>中的字母<w>也很吻合。真正出现麻烦的是那些不太熟悉的音标符号，如[ð]，[θ]，[ʒ]，[ŋ]，它们没有任何直接对应的字母来代表。其二，元音不像辅音那样有一个具体的发音部位，所以更难确定。

但是，元音确实有其发音方式，我们可以根据它们的不同特性对照着观察。语言学家把元音放在一张被称作**元音空间**的地图上。犹如一张世界地图，它有经度和纬度。有了这些坐标，我们可以精准地确定每一个元音在哪个位置产生。在更为高级的语言学课程里，你会动手测量这些坐标的精确位置，但在这门课里，我们将用简化的描述，这样仍然可以让我们描述每一个对英语而言有意义区别的元音。

我们这张简化的分布图基于口腔的侧面视图。元音是在口腔的不同位

语言入门

置产生的,这张二维口腔侧视图能够让我们描述这些差异。图 2.2 为我们提供了口腔侧视图和其中的英语元音。表 2.8 则为我们提供了作为元音符号提醒提示的关键词。这些关键词对许多但并不是所有的英语使用者适用;你得找到最适合于你的方言的关键词。图 2.2 中的元音被称作**单元音**,因为它们都处在口腔的一个(单个)位置。

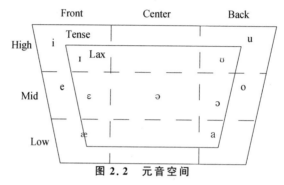

图 2.2 元音空间

表 2.8 元音关键词

关键词	元音	叙述词	音标
bee	[i:]	高、前、紧张	[bi:]
bit	[i]	高、前、松弛	[bit]
boo	[u:]	高、后、紧张	[bu:]
book	[u]	高、后、松弛	[buk]
bait	[ei]	中间、前、紧张	[beit]
bet	[e]	中间、前、松弛	[bet]
but	[ʌ]	中间、中部、松弛	[bʌt]
boat	[əu]	中间、后部、紧张	[bəut]
bought	[ɔ:]	中间、后部、松弛	[bɔ:t]
bat	[æ]	低、前、紧张或松弛	[bæt]
(ro)bot	[ɔ]	低、后部、松弛	[bɔt]
by	[ai]	低、后部、松弛上升到高、前、松弛	[bai]
boy	[ɔi]	中间、后部、紧张上升到高、前、松弛	[bɔi]
house	[au]	低、后部、松弛上升到高、后部、松弛	[haus]

第二章
声音

　　下一个我们需要学习的有关英语元音的知识是它们是如何在我们的脑海里包装起来的：也就是说，我们是如何听到一个元音然后知道把它和另一个元音加以区分的。本节余下的部分将阐述英语使用者用以区分元音的三个特征。其他语言会用到另一些特征，但是英语主要用三个（有时还有第四个）特征。不幸的是，大部分人用以叙述元音类别的一个特征并非现代英语的特征，因此我们得先解决这个问题，然后再作进一步的讨论。

　　长期以来，小学老师们会讲谈到长元音和短元音，大部分主流词典也是如此。在更为古老的英语变体中，大约在公元1500年前，英语元音确实支持基于元音长度的意义上的差别：像＜bet＞这样的单词有一个较短的元音，而像＜beet＞这样的单词有一个较长的元音。正如你所看到的，拼写反映了元音的区别：＜e＞表示短的元音，＜ee＞表示长的元音。许多元音以长短音配对的形式出现。例如，在＜bit＞这个单词中的短元音[i]在中古英语时期有一个长音搭档，也就是＜bite＞中的[ai]音。那个时候，英语中的元音经历了一场革命性的变化（史称"元音大迁移"）。元音配对被打破了，长元音和短元音之间的差别也随之烟消云散。可以这么说，从1600年以来，元音的长度（从发音时间看）并没有在英语单词之间的意义上造成差别。

　　今天，我们仍然有些元音在发音时间上长于其他元音，但是一个元音延续的毫秒数并不影响它的意义。在 bid/bead 和 bit/beat 这两组单词中，[i]和[i:]两个音区分了两组中的单词。bid/bead 这一组中的元音长于 bit/beat 这一组中的元音，但是人们把听到的 bid 和 bit 中的元音视作同一个元音，把 bead 和 beat 中的元音也视作同一个元音。所以，声音长度上的差别（以毫秒计）在元音中确实出现，但是现代英语并不依赖这样的差别来区分意义。大声朗读表2.9中的单词：

表 2.9　高、前元音

[i]	[iː]
<bid>	<bead>
<hid>	<heed>
<nit>	<neat>
<sit>	<seat>
<flit>	<fleet>
<it>	<eat>

在朗读这两列单词之时,你应该注意到有一个明显的元音模式。第一列是元音[i]。许多孩子从小就被告知这是一个短的[iː]。第二列是元音[iː]。许多学生学到,这是一个长的"e"。在现代英语里,这些元音既可长亦可短,但两者之间并没有一以贯之的对意义产生影响的时间差别。不过,假如你大声说出它们(在说的同时注意你的嘴巴),[i]的口型更为松弛,而[iː]的口型更为紧绷。较好的口头练习之一是在元音之间来回滑动,同时注意你的口腔在做什么。不妨从[i]开始,然后保持住这个音,接下来滑向[iː],然后再滑回[i]。另外,注意两个元音的对应拼写。

有些元音在口腔内处在更前的位置,另外一些则处在更后面的位置。这个特性被称作元音**推进**。我们先从 boo 音开始,在维持这个单词中的元音几秒钟后,移动到 bee 这个单词的[iː]音。你应该能注意到,你的舌头从口腔后部移到了前部。我们作的三个区分是后元音、中元音、前元音。在北美英语的众多方言中,后元音包括[u],[uː],[əu]和[ɔː]。中元音包括[ə]和[ɔ]。[4]前元音包括[iː],[i],[ei],[e]和[æ]。

第二个区别元音的特性是**高度**。对于北美英语,我们在高度上作三个区分。[5]高元音包括[iː],[i],[uː]和[u]。中元音包括[ei],[e],[ə],[əu]和[ɔː]。低元音包括[æ]和[ɑ]。练习和关注高度时一个重要的特性是,说话人之间就任何一个元音的绝对高度或低度并不重要,重要的是元音之间的关系:例如,你的[ei]音会比你的[iː]音低。

我们对北美英语中的元音作的第三个区分是靠近元音图中部的元音和

处在元音图边缘的元音。这个特性被称作**边缘性**。离元音图边缘更近的元音是**紧张**的元音,离中部更近的元音则是**松弛**的元音。紧张与松弛这一区分很大程度上替代了古英语和中古英语中的长短音区分。

紧张与松弛这一区分体系使得我们可以说英语中的每一个元音都有其特性。比如,在 meat 这个单词中有一个高的、处在前面且紧张的元音,而在 mitt 这个单词中有一个高的、处在前面且松弛的元音。在 loose 中有一个高的、处在后面、紧张的元音,在 look 中有一个高的、处在后面、松弛的元音。

大声发出表 2.10 中各个单词的音:

表 2.10 处在中间的前元音

[e]	[ei]
<bed>	<bade>
<med>	<made>
<fled>	<flayed>
<shed>	<shade>
<sled>	<Slade>
<bet>	<bait>
<net>	<Nate>

对美国的大部分英语使用者而言,第一列中的元音是处在中间和前面的松弛元音[e],传统上被称为短的"e"。第二列中的元音是处在中间和前面的紧张元音[ei],传统上被称为长的"a"。就像<bit>和<beat>中的这对元音,这两个元音之间的区别是:[e]是松弛的,而[ei]是紧张的。[e]音和[ei]音在单词中的拼写规则是什么呢?

有两点需要解释。第一,在学习元音符号时如果你有困惑,别感到吃惊。多年的正常拼写训练起先会绊倒你,但随着时间的推移,学习会变得越发容易。第二,这些元音并不能准确地描述所有英语使用者的发音情况。例如,对许多英国英语使用者而言,有一个元音[a],它在口腔中的位置比美国英语使用者发音的位置还要靠后面,比如 bath 这个单词(英式英语[ba:θ]对照美式英语[bæθ])。正如前面所述,许多美国西部的英语使用

语言入门

者合并[ɔ:]和[ɒ]这两个元音,就像他们在读 cot/caught 这组单词时,发音是一样的。如果你也是这样的合并者,在图 2.1 中你比别人少了一个元音。这一合并因它在元音图中所处的位置而被称作低后部合并。

大声读出下列单词并用音标辨认出英语中的低、前元音。A、B 两列单词中代表的元音是[æ]。对一些美国人而言,这个元音是紧张的,但对另一些人而言是松弛的。对一些美国人来说,这个元音的发音位置处在口腔前面的中部区域,而对另一些人来说它处在前面的低区。大声读出 A、B 两列单词。两列单词中的[æ]音有差别吗?当我们纵览英语方言、观察方言变迁的时候,会注意到这些单词中的元音[æ]的不同发音。试着看看在你的班里是否有人的[æ]音比其他人的[æ]音更高、处在口腔内更为边缘的位置。

A	B
<hat>	<ham>
<bag>	<ban>
<slap>	<Sam>
<Alex>	<fan>

大声读出下列单词并用音标辨认出英语中的高、后元音:

A	B
<look>	<Luke>
<nook>	<nuke>
<put>	<boot>
<foot>	<shoot>
<stood>	<food>
<good>	<mood>

这些单词中的元音对你来说很可能是交替进行的。高、后、松弛的元音[u]处在 A 列,它的对等物,即高、后、紧张的元音[u:]处在 B 列。

就这两个元音而言,它们在两列单词中的拼写有何奇怪之处吗?和这些例词中的常规字母拼写相比,音标标注有什么好处吗?

第二章
声音

此外，还有一组英语使用者运用的元音，这是更为复杂的一类元音。在发这些元音的时候，会涉及舌头和口腔的移动。在 my, boy, house 这三个单词中，元音从口腔内的一个位置滑到了另一个位置。这些元音被称作**二合元音**（或**双元音**），因为它们包含两部分。它们的音标是由另外两个元音音标组合而成，但是它们仍然是单个元音：my 的元音是[ai]；boy 的元音是[ɔi]；house 的元音是[au]。单个部件组成的元音俗称单元音，和这里讨论的两个部件组成的双元音之间差别很大。例如，一些英语使用者在发 day 这个单词时是双元音[ei]，在发 boat 的时候是双元音[əu]。

现在我们来总结一下这一小节。元音有三个区别性的特点，辅音也有三个区别性的特点。辅音通过声音、发音的位置和方式来区别。元音通过高度、推移和紧张度来区别。元音可以进一步区分为那些发音较为稳定的单元音与发音涉及口腔和舌头移动的双元音。英语使用者根据这些特性区分意义上的差别。

所有的语言之声对所有语言都重要吗？

在讨论元音和辅音的时候，有些声音可以在世界上的许多语言中找到。这些基本声音，如[a]，[t]，[f]，在数以千计的语言中都能找到。

有些则不常见到，如[θ]，[ð]，还有这个英语中没有的声音：[ʕ]，它是个咽喉摩擦音或滑音的浊音。很少语言中有这个音。在车臣共和国有着150万使用者的车臣语中有一个词，意思是"冬天"，发[ʕan]这个音，而在美国和加拿大有着3.3万使用者的苏族语中有一个单词发成[maʕazud]音，意思是"雨"。要发[ʕ]音，把你的舌头紧贴着喉头的后面然后松开，同时发元音[ɔ]。如果一开始觉得不太对劲，先试试这个连续音[aŋa]，然后把你的舌头尽可能往后移动。在口腔的软腭音区域和喉音区域之间是小舌区，而小舌就是悬挂在口腔后部的那个"吊袋"（小舌往往容易和扁桃体混淆，但是后者在侧面）。

有些音非常罕见。吸气音作为辅音在非洲语言中可以找到，但非洲以

语言入门

外的语言中罕见此音。就像其他辅音那样,吸气音也有不同的发音位置。其中两个和英语使用者在某些场合发的音相似,但这两个吸气音的工作原理相同,那就是:不像发[b]音时把气流往口腔外推,吸气音是通过把空气往嘴里送而产生的。吸气音的爆破声是通过舌头释放前产生的气流压力差而生成的。其中的一个爆破声是一个由舌头侧面和牙齿共同作用而生成的吸气音,就像有些人呼唤一条狗或一匹马那样。在南非有着1000多万使用者的祖鲁语中,表达"聊天、交谈"的动词是 xoxa(发成[ǁɔːǁa]音)。你得用慢速度试着发这个音几次,然后用正常语速发音。这个音类似于[tɔːtɔ],但用侧面的吸气音替代[t]音。

另一个吸气音是通过舌头的前端和牙齿的后面来完成的,就像一些人对某事表示不赞成时的举动(把气吸进来)。这些齿尖吸气音也出现在其他一些非洲语言中,包括在纳米比亚、博茨瓦纳和南非有着大约27万使用者的科伊科伊语。在这里,"雨"这个单词是!nanub,其发音是[ǀnanup],在[n]音前面有一个齿尖吸气音。练习发音时你或许要把它发成[tnanup],然后再试着把气吸进来生成这个吸气音(有关这个发音的视频请参见:http://www.youtube.com/watch?v=NKEiUHoSAtU)。

区别对待:以最小配对比较声音差别

细读下列表中的单词,注意哪些声音是相同的,哪些是不同的。

	A	B
1	<pad>	<bad>
2	<tad>	<dad>
3	<could>	<good>
4	<lobe>	<lope>
5	<mad>	<mat>
6	<buck>	<bug>

它们之间的区别在于闭塞音。再听一遍A列中1—3的首音和A列中

第二章
声音

4—6 的尾音:
- 每一对中哪三个音作了对比?
- 比较一下 1A 和 1B 呢?两个首音有什么区别?
- 接下来比较一下两列中 2—6 的单词。每一对中两个不同的音是如何区分的?

每一对中有两个不同的单词。这两个单词的区别在于一个音。作为说英语的人你知道这一点。但你是如何知道这一点的,却是一个重要的问题。因一个音不同而产生区别的两个单词被称作**最小配对**。下表中的单词有多少是最小配对?最小配对的重要性在于它突显了一门语言的母语使用者用来区分一个声音和另一个声音的对照。通过建立最小配对,我们可以弄清楚什么声音对意义有影响,什么声音没有。

在下表中,窗框记号[˥](即那个窗框的右上角)的意思是在此记号之前的那个音并没有完成。像[bət˥]中的[t˥]音,舌头触到了牙槽嵴但并不弹出去,发像＜tea＞中的爆破音[t]。接下来看一下下表中的发音。

A	B
[kitin]	[kiʔin]
[bətin]	[bəʔin]
[bætmæn]	[bæʔmæn]
[sit]	[sit˥]
[bək]	[bək˥]
[sip]	[sip˥]

大声朗读前三行中的单词。每一对应该有一个音不同,这个不同的音使得每一对成为最小配对吗?接下来试试下面三行的单词:在 A 列中有一个清音的闭塞音,但在 B 列中是一个没有被释放的清音闭塞音(不管是什么在阻塞气流,这个音并没有马上释放)。第四到第六行中的任何一组单词是最小配对吗?

最小配对要求两个不同的发音和不同的意义联系在一起。[bəgiŋ]和[bəkiŋ]这两种形式体现的是不同的单词,因为英语使用者已经辨认出[g]

和[k]为不同的声音并把它们储存在大脑词典里。而[kitin]和[kiʔin]这两种形式的区别也在于一个声音,但它们并不表示不同的单词。[t]和[ʔ]是不同的声音,但是英语使用者并没有学会把它们分别储存在大脑词典里用以表达不同的意义。

把玩发声

在这一节,你将学习到嗓音的特质,特别是如何把＜pat＞和＜bat＞中的首音变成介于二者之间的某一种音。

为了弄清楚"不同声音"之间的区别和"产生意义区别的声音",想想[t]～[d]的声音过渡。两者的一个区别是[t]为清音,而[d]为浊音。朗读下列单词,倾听它们之间的区别:

A	B
[pʰæt]	[pʰæd]
[sit]	[sid]
[tʰʌn]	[dʌn]
[tʰim]	[dim]

在第一对单词中,区别两个齿龈音的关键声音特质是声带是否振动。在最后两排中,对所有英语使用者而言正在发生不同的情形。清音的齿龈阻塞音[t]带有一些气息,好像＜hit＞中的[h]音黏附在[t]音上面。如果你大声说出[tʰʌn]和[tʰim],同时把手放在嘴巴前面大约六英寸的地方,你就能感觉到气息。这个气息被称作**送气**。当你在大声说出[dʌn]和[dim]的时候,喷出来的气息量就少了许多。对大部分人而言,送气是他们在区分＜dill＞和＜hill＞时静心倾听的关键特质。你不妨在不送气的情况下试着发[tʌn]和[tim]音。为此,你得略微关闭你的声门或者在发[t]音时把舌头往回缩,其结果是发出的音听上去像一个[d]音。下次你在公共场合时,试着在不送气的情况下说一些单词,然后看看周围人有什么反应。送气也适用于[k]和[p]音出现在单词开头位置时,在会话中你可以嵌入这两句话:It

第二章
声音

is really a [kəuld] day 和 It is about [pilz]。然后看看是否有人把它们听成了 gold 和 bills。

跨时空的变化：英语起初有多少音？

与古英语使用者(生活在大约公元 450 年到公元 1100 年)相比，现代英语使用者的词汇库里多了几个辅音。许多相同的音在那个年代就已经产生了，但是人们并未以此来区分意义上的差别。例如，*heofon* 和 *efen* 这两个单词是 heaven 和 even 的古英语单词。在那个年代，每个单词中间的那个辅音可能是浊音，但是在古英语里没有能以此构成最小配对。像 face/vase 这样的最小配对在当时是不存在的，因为我们还得从法语中借用 vase 到英语里来。可以放心地说，在古英语里，三个摩擦音 [z]，[v]，[ð] 并不产生意义上的区别，但它们是三个摩擦清音 [s]，[f]，[θ] 的搭档。

另外两个音被独立地引入了英语。第一个是＜ring＞尾部的 [ŋ] 音，是土生土长的。第二个是＜genre＞开端的 [ʒ] 音，它是从法语中引进的。作为英语中用得最少的鼻音，[ŋ] 音的演变经历了数百年时间，这期间齿龈音 [n] 出现在软腭阻塞音 [k]，[g] 之前，就像在＜ring＞和＜sink＞这两个单词中那样(起初这两个单词发成 [rinɡ] 和 [sink]，而不是 [riŋ] 和 [siŋk])。随着岁月的流逝，这两个鼻音变得越发不像齿龈音，而是越来越像软腭音，类似于它们的后续音。

语音从一门语言被引入另一门语言的现象并不常见；即使到了新的语言里，它们要站稳脚跟也可谓困难重重。这个浊的齿龈—腭音—摩擦音 [ʒ] 在英语里从来就没有什么追随者。这个音常见于像 genre, measure, vision 这样的单词中，而这些单词都源于法语的多种变体。对于一些英语使用者，garage 和 beige 这样的单词也含有 [ʒ] 音，但是其他的英语使用者就把这两个单词发成含有塞擦音 [ʤ] 的音。应该很少有市场营销公司会研发带 [ʒ] 音的产品，除非他们要给新产品营造一种法式魅力，比如：Check out the new zuom-zuom; it will zuom your place clean in no time(快来瞧瞧我们的新款吸尘器,它会把你的地盘瞬间打扫得一干二净)。* 总之,[ʒ]音在英语的语音库里仍然是个局外者。

大部分现代英语使用者不再发出古英语使用者的全部语音。当辅音发生变化时,它的变化很缓慢,长达几个世纪,而不是几十年。古英语使用者有一个[x]音,用在像 right 和 night 这样的单词里,其中的<gh>字母对大部分现代英语使用者而言都是不发音的,可在我们的语言先祖那里却是发音的。这个摩擦音[x]是在[k],[g]音所在的软腭音区域。代之以齿龈脊的一个[s]音,你在上腭的软腭部分有一个[x]音。这个[x]音已延续了1500多年,在苏格兰的一些地方仍然能够听到。对于母语是英语的人而言,这个辅音是一个幸存者。

R 音的故事:第一部分

在英语的书写中,字母<r>代表几个不同的音。大声朗读下列句子,并注意发每一个 R 音时你的舌头在口腔中的最高位置:The horse ran through the worst puddle(马穿过了最糟糕的水塘)。对一些学生而言,在发 R 音的过程中他们的舌头或许隆起在软腭区域,就在我们发 kick 这个单词中的[k]音的区域周围:这样就形成了隆起的 R 音。对其他学生来说,他们的舌头(除舌尖以外)处在更加扁平的状态,略微蜷缩在口腔的前端:这样就形成了蜷缩的 R 音。检测你是发隆起的 R 音还是发蜷缩的 R 音,一个方法就是通过发 horse 和 worst 这两个单词。如果你的<s>字母的发音听上去更像一个[ʃ]音,就像在发 harsh 或者 marsh 那样,那么你发的或许就是蜷缩的 R 音。

如你所知,不同的英语变体和不同的语言有不同种类的 R 音。尽管颤动的苏格兰 R 音和蜷缩的英国 R 音在社会意义上有所不同,不同种类的美国 R 音似乎并没有附带任何社会价值。受 R 音周围的语音环境的影响,有

---

* 没有一家公司会选 zuom 来做吸尘器的产品名称,尽管它很容易让人联想到吸尘器工作时的嗡嗡作响声,原文作者意在表达[ʒ]音在英语中不受欢迎的程度。——译者注

第二章
声音

些学生可能在隆起的 R 音和蜷缩的 R 音之间摇摆。蜷缩的 R 音更可能在诸如 rat，read，pry 或者 try 这样的单词中听到，而隆起的 R 音则更可能在诸如 bark，large，poor 或者 fair 这样的单词中听到。许多英国英语、澳大利亚英语和新西兰英语的使用者在字母＜r＞所在的位置发的是一个元音，这种情况出现在诸如 soar，beer 和 perk 这些单词中。这么多不同的声音由同一个字母代表，难怪在学习阅读时人们有许多困惑。这也是一个很好的示范，说明我们的拼写系统是一个历史产物，维系着数个世纪以前发音的拼写。

有些学生在发各类 R 音时从来不会有什么变化。但是，对于下一个音变，几乎所有的英语使用者都会遇到。在人类语言中，有些声音互相关联，犹如手足一般，有时它们的表现完全一致：R 音和 L 音就是这样的一对兄弟。就像 R 音那样，L 音也可以在口腔更靠前的部位或者更靠后的部位发出，取决于 L 音所处的语音环境。大声说出这两个单词：＜leaves fall＞。就 leaves 而言，L 音或许在口腔的前部，称之为轻音 L，用[l]表示。对 fall 而言，L 音或许在口腔的后部，称之为暗音 L，用[ɫ]表示。当你在读下列单词时，检查一下 L 音落在口腔的哪个部位。哪一个有轻音[l]，哪一个有暗音[ɫ]？

不同味道的 L 音：

1. Leak
2. Laugh
3. Probably
4. Lift
5. Left
6. Bowl
7. Cool
8. Stall
9. Pull
10. Control

对于多数英语使用者，轻音[l]处在1—5中，暗音[ɫ]处在6—10中。当L处在一个单词的某个部位，可以被发成暗音的时候，有些方言不仅把它变成了暗音，而且把它转变成一个元音。就像字母＜r＞一样，拼写的字母＜l＞也能代表元音。在整个英语世界，尤其是美国的阿巴拉契亚地区和澳大利亚的一些地区，说话者发像 doll 和 vowel 这样的单词的音时，以元音结尾。换句话说，对于字母＜l＞，因为语言规范在历经几个世纪后发生了变化，英语使用者在是否发 L 音的问题上分歧很大（例如，看看这些单词就明白了：palm, calm, balm, psalm, salmon, wolf, golf, chalk, stalk）。

在覆盖宾西法尼亚州的费城、俄亥俄州的哥伦布城和田纳西州的诺克斯维尔城的三角地带，许多英语使用者把在诸如 fold, bill, vowel 和 school 等单词中的 L 音变成了元音。我曾经收到过一份随堂测试，在这份测试中有一位来自这个地区的学生写下了这么几个字：含有"元音和辅音"的音节（其中引号部分的原文是 vows and consonants 而不是 vowels and consonants）。作为一个响音，无论出现在单词的哪个部位，它都有回响的特性。舌头的一部分接触上腭，但其大部分和上腭没有接触。要让[l]音变成一个元音，只需放低舌头，使其和上腭脱离接触。记住：元音和辅音的区别在于受阻塞的程度。当声音失去阻塞，就变得更像元音。对于视 L 音为元音的多数社区，这一变化并没有引起社会大众的注意。从历史上看，这一情形曾经发生在好几个单词上，它们起先都有一个[l]音，包括 walk, psalm 和 folk。

本 章 总 结

本章详述了人类语言中的元音和辅音是如何生成的。这些最小的部件本身就复杂，每一个都是动态生成的，有几个不同的发音特性。辅音的发音语音学涉及发音的位置、方式和嗓音。辅音发音的位置指音在哪儿产生，比如说双唇音[b p]是通过上下嘴唇而生成的。发音的方式指声音是如何生成的，比如这两个闭塞音[d t]是通过阻塞气流而产生的。发音的音量

第二章
声音

取决于在发音过程中声带是否振动,比如[k]是清辅音而[g]是浊辅音。元音的发音语音学涉及发音过程中元音在口腔内的位置,包括音高,发音是在口腔的前部还是后部,是在元音图的中央还是边缘地带,而元音图指的是元音在口腔中生成的区域。在口腔内,有些元音(如[i])比另一些元音(如[a])要高。有些元音(如[e])比另外一些元音(如[ə])更靠近元音图的边缘。辅音和元音的生成都因人、因地而异,而且每次都不一样。我们用其中的一些变化来表达社会意义,另外一些变化则完全不为人所注意。

主 要 概 念

- 推进
- 塞擦音
- 齿龈的;齿龈音
- 发音语音学
- 发送气音
- 双唇音的;双唇音
- 辅音
- 二合元音;复合元音
- 摩擦的;摩擦音
- 滑音
- 喉音的;
- 声门区域
- 喉塞音;声门闭塞音
- 声门
- 高度
- 同音异义词
- 嵌入(音)
- 齿间的;齿间音

- 喉部
- 松弛的;松元音
- 流音的;流音
- 发音方式
- 最小配对
- 单元音
- 带鼻音的;鼻音
- 阻塞音
- 拼写符号
- 边缘
- 语音学
- 语音符号
- 发音位置
- 指示意义
- 社会意义
- 响音
- 闭塞音
- 绷紧的;时态

- 软腭音的；软腭音
- 声带
- 声道
- 发音的声音
- 浊音的
- 清音的
- 元音
- 元音图

注　释

1. [ʍ]符号代表[w]的清音。
2. 资料来源：http：//www.youtube.com/watch? v＝lich59xsjik。
3. 资料来源：http：//www.haskins.yale.edu/featured/heads/mcgurk.html。
4. 元音[ɔ]在国际音标体系中被列为前元音。世界各地的英语使用者在这个元音的发音上变化不定，介于前元音的[ɔ]和后低元音的[a:]之间。在许多美国人对英国标准英语的模仿秀中，得到介绍的是后元音，犹如在＜bath＞中的元音[a:]。
5. 国际音标体系以发音者下巴的位置来表述元音。发高元音时下巴闭合着，发低元音时下巴张开着。

参 考 文 献

纪录片《难以忽视的真相》于2009年公映，以引起人们对气候变化的关注(参见网址：www.climatecrisis.net/)。

http：//www.haskins.yale.edu/featured/heads/mcgurk.html。

http：//www.nataliedee.com/082612。

http：//www.youtube.com/watch? v＝lich59xsjik。

http：//www.youtube.com/watch? v＝NKEiUHoSAtU。

www.praat.org。

延 伸 阅 读

A Course in Phonetics (6th ed.). Peter Ladefoged and Keith Johnson. 2010. Wadsworth Publishing.

第二章
声音

这本书对语言的科学分析提供了直截了当的描述,包括声波理论、分析的类型和声音的声波语音特性。该书附有需要分析的声音光盘。正如你看到的,这本书已经出到了第六版,说明它是语音研究的经典之作。

Sounds of the World's Languages. Peter Ladefoged and Ian Maddieson. 1996. Blackwell.

这本书的目标很简单,但也雄心勃勃:从语音学的角度描述人类语言的声音范围。书中运用了来自近400门语言的数据。全书引领读者涉猎了发音部位、闭塞音、鼻音、摩擦音、边音、r音、吸气音、元音和多个发音姿势。表格和图的广泛使用也使得这本书成为一本极其有价值的参考书。

Sociophonetics: An Introduction. Erik R. Thomas. 2011. Palgrave Macmillan.

托马斯的这本书是介绍社会语音学这一领域的通俗入门读物。这个领域运用声学的和视觉的分析去回答社会语言学的问题。因其很强的实证基础和尖端的方法,社会语音学是社会语言学领域里发展最快的一个分支。这本书涵盖了对声音产生和被感知的可能的各种研究,还有对辅音、元音、韵律和声音特征的具体分析的技巧。托马斯也探讨了语音变化和如何把社会分析融进社会语音学的话题。

练 习

个人练习

1. ＜f＞和＜v＞,以及诸如此类的发音:

A	B
gift	give
life	live
calf	calves
half	halves
wolf	wolves
loaf	loaves
shift	shriven
press	present

■ 语言入门

                posse   pose

                house（N）   house（V）

  a. 检查一下你喉部的声带，看看有多少＜f＞是清音，有多少＜v＞是浊音。

  b. 然后，辨认一下哪些＜s＞是清音，哪些＜s＞是浊音。

  c. 给上面的单词注上音标。

2. 关于＜th＞：

A	B
three	that
thought	there
throw	though
thigh	thy
bath	bathe
teeth	teethe
cloth	clothe
oath	loathe

  a. 检查一下你喉部的声带，辨认一下有多少＜th＞是清音（即[θ]），有多少＜th＞是浊音（即[ð]）。

  b. 把这些单词用音标标注出来。

  c. 弄明白[θ]和[ð]的区别要比弄明白[f]，[v]或者[s]，[z]之间的区别更难。原因何在？

3. 摩擦：

	A	B
1)	＜fat＞	＜vat＞
2)	＜sue＞	＜zoo＞
3)	＜thistle＞	＜this＞
4)	＜waif＞	＜wave＞
5)	＜bus＞	＜buzz＞
6)	＜teeth＞	＜teethe＞

第二章
声音

7) 〈ether〉　　　〈either〉
8) 〈mesher〉　　〈measure〉
9) 〈shoe〉

（Mesher＝One who meshes！）

a. 大声说出 A 列中第 1—3 行单词首字母的发音。这三个音有何共同之处？

b. 大声说出 B 列中第 1—3 行单词首字母的发音。这三个音有何共同之处？

c. 观察 A、B 列中第 4—6 组单词，每一组有何差别？

d. A、B 列第 7 组单词中的第一个辅音的发音有什么关系？

e. A、B 列第 8、9 两组单词中包括一些所有英语变体中并不常见的音。8A 和 9 中的音是清音，而 8B 中的音是浊音。就像 8B 中的浊音那样，你能想出一个以这样的浊音开头的英语单词吗？

4. 从国际音标到书写：

将以下音标转写为单词（正规拼写）。

1) [bəu]
2) [nəu]
3) [gəu]
4) [fləu]
5) [stəu]
6) [strəu]
7) [strəub]
8) [strəubiŋ]
9) [təum]
10) [məut]
11) [pəun]
12) [nəup]
13) [sləup]
14) [straip]
15) [ɔːlsəu]
16) [flæpiŋ]
17) [ʌðər]
18) [kəːrk]
19) [kəːrd]
20) [eləfænt]
21) [tʃaim]
22) [briːtʃ]
23) [kriːtʃər]
24) [squid]
25) [skjuːd]
26) [sʌdz]

■■
■ 语言入门

27) [haiwei]   48) [mædəlin]
28) [həwaii:]   49) [estər]
29) [sɔkit]   50) [i:stər]
30) [bildiŋ]   51) [mæri]
31) [bɔtl]   52) [bijansei]
32) [bætl]   53) [ʤeiləu]
33) [meʒər]   54) [ʤeləu]
34) [flʌfi]   55) [kʌnʤ]
35) [sta:rtld] 56) [eminen]
36) [ʌndərwɔ:tər] 57) [dænjəl]
37) [aireit]   58) [ʃailəu]
38) [pɔzətiv]   59) [naunz]
39) [væskjulər] 60) [liŋgwistiks]
40) [ireiz]   61) [bəults]
41) [æktʃuəli] 62) [pu:lteiblz]
42) [pleʒər]   63) [puləuvər]
43) [ikstri:m] 64) [θɔ:ts]
44) [neimz]   65) [əuts]
45) [ʤækli:n]   66) [fræktlz]
46) [ʤəuzif]   67) [greis]
47) [lili]   68) [gri:s]

小组练习

5. 跟国际音标对话：

大声朗读下列正常拼写的单词，然后把别人的发音用国际音标记录下来：

1) prescribe   3) bribery
2) percolate   4) become

第二章
声音

5) science
6) centrifuge
7) messenger
8) number
9) development
10) shoe
11) cycles
12) phone
13) glasses
14) bag
15) hallway
16) orangutan
17) organ
18) Oregon
19) NSF
20) NATO
21) DVD
22) MBA
23) NBA
24) FIFA
25) USC
26) UofM
27) refrigerator
28) exaggeration
29) university
30) desk
31) lava lamp
32) thermometer
33) bathroom
34) mother
35) moth
36) Halloween
37) Thanksgiving
38) Christmas
39) Fourth of July
40) kitty-cat
41) purr
42) bird
43) world
44) zappos
45) zebras
46) wifi
47) tissue paper
48) leather
49) bushes
50) garages
51) mazes
52) confounded
53) amazed
54) tricked
55) Paris
56) Appalachia
57) share
58) suffer
59) cheeses
60) vacuumed

61）couch 　　　　　　　63）roughest

62）music 　　　　　　　64）clothes

6. 声音的分布：

   1）哪些音能出现在一个单词的任何部位（开头、中间、结尾）？举例说明每一种情况。

   2）哪些音不能出现在一个单词的任何部位（词首、词中、词尾）？

   3）你认为哪些音最常见？

   4）在英语中，哪些音更为罕见？

   5）哪些音最容易构成最小配对？

   6）哪些音（在哪个位置）最难构成最小配对？

7. 上网搜索语音：

   有几个不错的网址，可以让人听到不同英语声音的录音，包括下列网址：

   英语口音：http://accent.gmu.edu/；

   IDEA：http://www.dialectsarchive.com/；

   英国广播公司之声：http://www.bbc.co.uk/voices/。

   利用这些网址，收集五个来自其他方言的英语单词，这些单词的元音和你的元音不同。请标注每个单词的元音的发音是如何不同的，用音标描述。

8. 元音的差别：

A	B
<bought>	<boat>
<fought>	<float>
<naught>	<note>
<sought>	<soak>
<caught>	<quote>
<hawk>	<hoax>

   对于大部分美国人来说，A列中的元音和B列中的元音发音不同。在A列中，传统上这个元音发成[ɔː]，是一个中间、靠后的松元音；而B列中的元音发成[əu]，是一个中间、靠后的紧元音。

在这个数据集中有多少对最小配对？为何其他单词不是最小配对？

9. 合并：

A	B
<caught>	<cot>
<talk>	<tock>
<hawk>	<hock>
<Dawn>	<Don>
<Salk>	<sock>

大声读出 A、B 两列中的单词。假如你的发音没有区别两列中的元音，请向你的授课老师自报家门，老师会给你安排特别的座位。经过适当的训练，到学期末你的老师应该能够帮你克服你那可怕的言语障碍。或许培育你那腐朽语言的病态文化在即将来临的语言辅导课上也会从你的语言系统中得以根除。

实际上，你没什么不正常的。假如这些单词在你的发音中听上去完全一样，说明你来自美国国内元音合并最广的地区之一。这是全球众多元音合并当中的一个变化。这一元音合并有趣的地方是，这样的合并并没有给这些语言使用者带来社会耻辱（这能解释为什么上述颇具讽刺意味的段落奏效了：没有人对此抱有强烈的负面感情色彩）。很少有人意识到这样的合并，相对而言很少有人因此而被找茬。那么，为什么践行这样的元音合并的人在社会上没有受到指责呢？

10. 拼写与发音：

从左至右读出下面的每一列单词。对美国的许多英语使用者而言，第一列单词中的元音是[u:]，正是<boot>这个单词中的元音。第二列单词中的元音可以是第一列单词中的元音[u:]，也可以是第三列单词中的元音[u]。第三列单词中的元音就是<nook>这个单词中的元音[u]，第四列单词中的元音是[ʌ]，就像<bud>里的元音。

下面展示的是英语中以<oo>拼写形式出现的单词的元音区别：

语言入门

[u:]	[u:]~[u]	[u]	[ə]
groom, boom, gloom, loom, bloom	room, broom		
aloof, hoof, groove	hoof, roof, behoove		
shoot	soot		soot
moot, boot, loot	root		
food, brood, mood		stood, wood, good, hood	flood, blood
loon, boon, soon, spoon, noon			
loop, stoop	whoop, hoop		
spook		book, cook, look, hook, shook	

- 你的发音和上述各列中单词的发音是否匹配？
- 英语的历史告诉我们，所有以＜oo＞拼写形式出现的单词在中古英语阶段起先都发为长的[ɔu]音，也就是现代英语中的[əu]音。从1500年左右开始，由于我们将在第三章所要探讨的元音大迁移的缘故，这些元音开始漂移。就元音图看，你认为这些元音在这些年经历了什么样的迁移路径？

11. 辅音关键词表：

下面是每一个辅音的推荐关键词。你的理想关键词可能和表中的关键词有出入。

关键词	辅音	解说符	音标
pat	p	清音的、双唇的闭塞音	[pæt]
bat	b	浊音的、双唇的闭塞音	[bæt]
tight	t	清音的、齿龈的闭塞音	[tait]
dad	d	浊音的、齿龈的闭塞音	[dæd]

（续表）

关键词	辅音	解说符	音标
keep，cut	k	清音的、软腭音的闭塞音	[ki:p]，[kʌt]
gate	g	浊音的、软腭音的闭塞音	[geit]
uh-oh	ʔ	清音的、声门的闭塞音	[əʔou]
church	tʃ	清音的、腭音的塞擦音	[tʃə:rtʃ]
joke	dʒ	浊音的、腭音的塞擦音	[dʒouk]
thigh	θ	清音的、齿间的摩擦音	[θai]
thy，father	ð	浊音的、齿间的摩擦音	[ðai]，[fa:ðər]
fee	f	清音的、唇齿间的摩擦音	[fi:]
vote	v	浊音的、唇齿间的摩擦音	[vout]
sea，soft，pass	s	清音的、齿龈的摩擦音	[si:]，[sɔft]，[pæs]
zit	z	浊音的、齿龈的摩擦音	[zit]
sheep，bush	ʃ	清音的、腭音的摩擦音	[ʃi:p]，[buʃ]
measure，vision	ʒ	浊音的、腭音的摩擦音	[meʒər]，[viʒin]
Bach，van Gogh	x	清音的、软腭音的摩擦音	[ba:x]，[va:ŋɔx]
house，hot	h	清音的、声门的摩擦音	[haus]，[hɔt]
yum，mat	m	浊音的、双唇的鼻音	[jʌm]，[mæt]
tan，name	n	浊音的、齿龈的鼻音	[tæn]，[neim]
ring	ŋ	浊音的、软腭音的鼻音	[riŋ]
lake	l	浊音的、齿龈的～软腭的流音	[leik]
river	r	浊音的、齿龈的～软腭的流音	[rivər]
whip	w	清音的、双唇的滑音	[wip]
wish	w	浊音的、双唇的滑音	[wiʃ]
yes，yuck	j	浊音的、腭音的滑音	[jes]，[jʌk]

■■ 语言入门

学 习 问 题

1. 语言和书写哪个更早出现？
2. 书写是人类的发明吗？
3. 什么是拼写符号？它们如何得以体现？
4. 拼写系统为何跟不上时代发展？
5. 什么是语音符号？它们如何得以体现？
6. 什么是声音符号体系？
7. 元音和辅音哪个更容易发生变化？
8. 什么是元音合并？
9. 什么是社会意义？
10. 什么是语音学？
11. 什么是发音语音学？
12. 元音和辅音的区别是什么？
13. 辅音的三个特性是什么？
14. 响音和阻塞音的区别是什么？
15. 发音的方式是什么？
16. 响音的发音方式是什么？
17. 声带是干什么的？
18. 清音和浊音的区别是什么？
19. 元音图代表什么？
20. 当年消除长元音和短元音之间区分的变化是指什么？
21. 是什么特性将英语中的元音区分开来？
22. 低—后部合并指什么？
23. 什么是单元音？
24. 每一门语言都具备人类语言的每一个声音吗？
25. 哪一个声音在英语中找不到？

第二章
声音

26. 什么是最小配对？其用途是什么？
27. 所有的声音差别都引发意义上的差别吗？
28. 什么是发送气音？
29. 字母<r>有哪些不同的发音？
30. 轻的<l>音和暗的<l>音之间的区别是什么？

 了解更多与本章有关的资源，请登录本书的配套网站：http://www.wiley.com/go/hazen/introlanguage。

第三章 语音模式

本章概览

本章概述

可预见的差别

最小配对的意义

一些和社会意义关联的语音模式

结构

  自然组

  音节

  可能的和不可能的组合

语音模式

  一个辅音样品模式

  一个元音样品模式

schwa 规则

删除和插入

同化

  鼻音化

  闪音化

  清音化

  腭音化

R 音(和 L 音)的故事:第二部分

各类英语和其他语言

第三章
语音模式

- 送气
- 语调
- 穿越时空的变异
- 当今的变异
  - 首音互换现象
  - 在词尾：辅音消失
  - yod 变异
  - [t]音的喉音化
- 本章总结
- 主要概念
- 注释
- 参考文献
- 延伸阅读
- 练习
  - 个人练习
  - 小组练习
- 学习问题

本 章 概 述

  这一章探讨由语音编织的声音模式。从最简单的组词开始，语音的对比特性揭示了人们如何运用带有意义——指示意义和社会意义——的语音模式。我们加入了自然类别和音节的概念，试图找到隐藏在我们语言中的结构。然后本章把注意力投向我们常用的但学生往往不太会注意到是他们日常言语一部分的不同英语语音模式。从熟悉的声音开始，我们继续前行，进入其他语言，在那里它们的语音模式运用了同样的机理，但结果却不一样。无论是在当下还是时间长河中,这些语音模式在人与人之间都有变化。在考察语音模式的历史变化时,我们着力解决诸如为什么 gift/give 这对单词分开了＜f/v＞这对音的问题。语音模式今天仍然处在变动中,在本章结尾处我们将讨论方言的差别。

可预见的差别

通过观察语音的差别和相似之处,前一章介绍了语音的性质。这一章也将涉及差别,但重点在语音模式的可预见差别上。一个像[t]这样的单独音本身并不产生意义。在 stick [stik]这个单词中,它的作用就大了,因为它区分了 sick [sik]和 stick [stik]这两个单词。对于语言,声音的对比有标示意义的作用。这些模式是有组织和系统的。

最小配对的意义

在 pick [pik]和 pit [pit]这组单词中,唯一的区别是[k]音和[t]音。对于一个正在获取一门语言的孩子或者是正在习得第二语言的学习者,[k]音和[t]音是不可预见的。对于 choose 这个单词,根本无从知道它的最后一个辅音会是一个清音的、软腭的闭塞音[k]。这是语言的任意性所致,对所有语言皆适用。

所以,对于所有那些无法预见的语音组合都得死记硬背。这看上去是一项艰巨的工作,尤其是考虑到像英语这样一门语言,大部分人起码知道三万个单词。语音必须作为心理词汇中单词的部件储存起来,但请注意我们并没有三万个不同的语音,只是用不同的组合来代表那么多单词。在本书中,我们用前斜杠 /k/ 而不是方括号 [k] 标示语音的心理符号。这样很容易(也很直观地)让我们辨认出作为心理词汇储存起来的单词的心理形式(例如 /kin/)和它经大声读出来的形式(例如 [kʰĩn]),后者是美国英语中 kin 的正常读法。

在像 /pik/＜pick＞和 /pit/＜pit＞或者 /pil/＜pill＞和 /kil/＜kill＞这两组音中，/k/和/p/互相对照以区别这些单词的意义。这些几乎匹配的单词被称作**最小配对**。最小配对指一组中两个分开的单词，它们通过一个对照的音而区分开来。

在下面的练习中，给下列组别语音的场景想出一组最小配对。请记住，为形成一组最小配对，单词中被谈及的两个语音必须互相对照而其他任何语音都不能对照。语音本身，如它们的声音、所处的位置或者发音的方式都不构成对照，但是给母语使用者带来的心理差别却构成了对照。

举例如下：

[b，f]
词首　　　　　[bʌn]　　　　　　　[fʌn]
词尾　　　　　[læb]　　　　　　　[læf]

[s，l]
词首　　　　　_____　　　　_____
词尾　　　　　_____　　　　_____

[g，t]
词首　　　　　_____　　　　_____
词尾　　　　　_____　　　　_____

[e，i]
词首　　　　　_____　　　　_____
词尾　　　　　_____　　　　_____

上述（来自美国英语的）例子显然通过一个以音标形式展示的音形成了对照，但是有时更难通过单词的形式，如 bun/fun 和 lab/laugh 来想出这样的对照。与 lab 相比，单词 laugh 看上去有三个字母不一样，但字母不是我们关注的重点。最小配对告诉了我们一门语言的语音系统的结构。因为能通过[g，t]找到最小配对，我们知道这两个音对于像[bæg]和[bæt]这样的单词一定储存在心理词汇库里。

语言入门

英语中的有些音更难和其他音组成最小配对。试一试用齿间摩擦音[θ, ð]来构成一组最小配对。作为另一个挑战,英语中有没有一组最小配对,它们的区别仅仅是因为元音是否鼻音化?

接下来考虑一下以下的形式:三个音表达的是英语中三个不同的单词吗?

[kitin]　　　　　[kiʔin]　　　　　[kitʃin]

第一个和最后一个是一组最小配对,但是中间那个只是 kitten 的另一种形式。尽管[kitin]和[kiʔin]是不同的形式,它们并不是一组最小配对,因为这两种形式表达同样的意义(而且它们不被视作同义词)。那么,有关[t]和[ʔ]是如何储存在词汇里的问题,[kitin]和[kiʔin]又能告诉我们什么呢?那么两个音没有必要在词汇库里区分开来,因为它们并不引发意义上的差别。英语中绝对没有一组以[t]和[ʔ]对照的最小配对。那么 kitten 这个单词是如何储存在我们的心理词汇库里的呢?最具区别性的储存方式是以[kitin]的形式。然后,心理语法中有一条规则在有需要的时候把[t]转变为[ʔ]。

词汇库里的语音在心理上的代表被称作**音素**。音素是语言中区分意义差别的最小单位。[t]和[k]是英语中两个有区别性的音,这是因为它们对英语使用者促发了意义上的差别,因此它们可以分开的音素/t/和/k/来代表。[t]和[ʔ]不是英语中具有区别性的两个音,因为它们对于英语使用者并不触发意义上的差别,因此在英语词汇库里它们可以音素/t/代表。

为了弄明白音素和心理语法对语音的转换功能,考虑一下下列单词中元音经历的变化(根据美国英语的发音):

1. [bĩn]　　　<bin>　　　[bɪd]　　　<bid>
2. [rʌ̃ŋ]　　　<rung>　　　[rʌg]　　　<rug>
3. [kræ̃m]　　　<cram>　　　[kræb]　　　<crab>

试着发出每对单词的音。倾听(并感觉)第一和第二组中单词元音的差别。如果听出差别对你而言有困难,捏住鼻子发音。每一组单词中的第一个元音鼻音化了,当你捏住鼻子发音时听上去应该很滑稽。第二个元音没有鼻音化。

你或许能够看出,第一列中的每一个元音都出现在一个带鼻音的辅音前。在第二章的辅音表上,鼻音落在表的后面,紧邻其他响音。作为响音,鼻音比像[k]和[s]这样的音更接近元音,后者是阻塞音。因为这个特性,鼻音渗入了前面的元音,影响了它自身的发音。注意,这种情况只对前面的元音产生作用:在[no] no,[nɔlidʒ] knowledge 和[nʌt] nut 这些单词中,后续元音没有被鼻音化。

在既有鼻音化又有非鼻音化的情况下,英语中的这些元音如何在心理词汇中以音素的形式得以体现呢?在心理词汇库里,像[i]这样的元音是否应该和像[ĩ]这样的鼻音化了的元音分开,以音素的形式体现呢?此问题的标准答案可以在最小配对中找到。在英语中是否有任何一组最小配对仅以其中的元音是否鼻音化而得以区别?答案是否定的,因为要得到一个鼻音化的元音,其后面必须紧跟着一个带鼻音的辅音。bin, rung, cram 这三个单词的音位形式如下:

词素	/bin/	/rʌŋ/	/cræm/
音系规则		鼻音化	
发音(美式)	[bĩn]	[rʌ̃ŋ]	[cræ̃m]

心理语法中处理外界语言表达的部分被称作**音系学**。[1]对于英语这样的口语,一个说话者的音系学从音素(原始材料)生成语音,然后调整它们以适应语言的模式。应用于音素的具体模式可以被视作规则。音素是对规则的输入,而语音是你听到的产出。

> **拓展知识：鼻音的物理特性**
>
> 如果你明白鼻音是如何生成的，鼻音化就不是一个神秘的过程。在口腔内，上腭有各种不同的名称。产生[g]音的区域被称为软腭。如果你用手指感觉它，你会注意到它比你的口腔前端生成[ʤ]音的骨性结构更软。硬腭无法挪动，但软腭可以，当人吞咽进食的时候，它将往鼻腔内的通道覆盖住了（没人会愿意让食物进入鼻腔）。当说话时，软腭上下升降，覆盖了一些声音的鼻腔通道，但没有盖住其他声音的鼻腔通道。对一些口头音（例如[b][s][r][j]），软腭盖住了鼻腔通道，只让气流从口腔流过。而对鼻音（例如[m][ŋ][ein][əun]），软腭是放下的，气流从鼻腔逃出。对于带鼻音的辅音[m][n][ŋ]，气流只从鼻腔出来；对于带鼻音的元音（例如[ɛ̃]），气流从口腔和鼻腔出来。

一些和社会意义关联的语音模式

鼻音化的和非鼻音化的元音之间的区别对母语是英语的人而言并不触发意义上的差别。然而，对于像法语这样的语言，鼻音化能产生意义上的差别。像 beau [bəu]和 bon [bɔn]仅仅因是否鼻音化而区别，这两个单词因此成为法语中的一组最小配对。重要的一点是，语音的质量（是否鼻音化）并不触发意义上的差别。音系中的对照是通过把词汇中的单词连同它们的语音储存起来而建立的。我们运用语音模式来区分单词。因为这些区别，法语的音系有着和英语不同的语音模式。因这些不同的音系，你可以在英语中听到法语的口音，在法语中听到英语的口音。在聆听其他语言的时候，听不懂的一部分原因在于音系模式上的差别。

英语中一些无辨义作用的语音模式确实能触发社会意义。**社会意义**指

第三章
语音模式

语言与社会群体的关联,而这些关联是人类做的事情中的常规部分。例如,在单词层面,rock 'n' roll 在进入主流社会前最初是和非洲裔美国人联系在一起的。如第二章所述,在语音层面,某些语音模式和某些群体联系在一起。在美国北方,把 with 发成[wif]或者把 birthday 发成[bə:rfdei]是和社会低阶层联系在一起的。这样的语音变化可以被视作**社会意义上的最小配对**。在美国北方,[bə:rfdei]和[bə:rθdei]的互换触发社会意义上的差别,就像[fin]和[θin]的互换触发指示意义上的差别一样。在美国南方的一些乡村地区,用[f]替换[θ]完全不为人所注意,因为这样的替换不和任何社会群体挂钩,而且这两个音在那些地区不构成社会意义上的最小配对。把某些语音模式和具体的社会团体联系起来的能力似乎是人类的一种自然特性,而且很可能是我们的进化历史的一部分。分布最广泛的例子是和某些语音模式联系在一起的地区性附属关系。在美国,后置的英国英语音,如 bath 这个单词中的[a:]通常和更高的社会地位联系在一起,甚至表达一种自负的态度,不管说话者本人是否真的有此态度。一个紧张的 /i/,如在[piət]<pit>这个单词中,常常被视作美国南方的特征。

一个语音的语言学特性和任何具体的社会意义没有天然的联系。如果要争辩说美国的北方人总体上讨厌[f]这个音,那简直太可笑了,尽管一个吵闹着反对清音的唇齿摩擦音团体(简称 VLF)的想法听上去很有趣(打倒 VLF 成员!这些人在腐蚀我们的孩子!)。对一些语音模式,一个地区会把它们视为卑贱的,而另一个地区会把它们视作有声望的。最好的例子是 R 音脱落。这个语音模式涉及把[r]音转变成元音——当其出现在音节的尾部时,犹如在 soar [sɔ:]或者 hard [ha:d]这样的单词中。随着 R 音的脱落,单词中的元音变得更长了,因为[r]音成了元音的一部分。[2] 自二战以来,据说在美国南方 R 音脱落一直被视为"乡土气的""红脖子的"或者说是"穷人的"特征。R 音脱落在该地区可以被用作构成社会意义上的最小配对。在英格兰、澳大利亚和新西兰,R 音脱落是一种有声望的形式。从语言学的角度看,R 音脱落的语音模式在这些地区都一样,但是它和不同的社会群体联系在了一起,因此它们的社会意义也是不同的。

结　构

自然组

一个人心理语法中的音系学并不任意性地决定采用何种语音模式。**音系学的规则**不是这样工作的,即"这三个音[ŋ, e, s]都变为[d]"。以语言进行的交流不会按照这样任意的规则运作。取而代之的是,音系学规则通过被称为**自然组**的语音组运作。这些自然组以语音的特性来划分,在第二章中你学到了许多这样的语音组。按照发音部位划分的,如双唇音、齿龈音和软腭音,都是自然组。换言之,我们可以把齿龈音视作一组音来讨论。同样,我们可以按发音方式将语音分成自然组,如我们可以描述阻塞音、摩擦音和滑音等组别的语音模式。浊音和清音之间的划分也是一个自然组。这样的描述对于理解共同的音系学过程如鼻音化意义重大,在这里鼻音自然组影响着元音自然组。

在以发音部位、方式和声音划分的辅音自然组之外,元音也有其自然组。元音的自然组按我们对其区别的维度而分布:具体说,按音高、推进和边缘性等分组。语音音系有时和前元音起作用或者和紧元音发生作用。本书后面将要讨论的一些语音变化以不同的方式影响着前面的松元音和前面的紧元音。

元音和辅音的主要划分之后,还有三个自然组的音是音系规则聚焦的对象,它们是**咝音**、阻塞音和响音。

(1) 咝音指发出嘶嘶声音的那些音。哈利·波特世界里的语言"爬说语"大部分是由咝音组成的。有六个咝音:Sue 中的[s]音,zoo 中的[z]音,shoe 中的[ʃ]音,genre 中的[ʒ]音,chew 中的[tʃ]音和 Jew 中的[ʤ]音。当你把这些咝音凑在一起,会得到一连串的咝音:[s][z][ʃ][ʒ][tʃ][ʤ],这种情况在正常的言语中从来不会出现。

(2) 阻塞音就是阻塞的音。很多声音中的气流常被阻塞。阻塞音包括闭塞音([p][b][t][d][k][g][ʔ])、摩擦音([f][v][θ][ð][s][z][ʃ]

[ʒ] [h])和塞擦音([tʃ] [ʤ])。这些音通过阻塞气流或产生许多乱流阻碍气流自由流动。

(3) 响音指有回响的声音。响音包括流音([l] [r])、鼻音([n] [m] [ŋ])、滑音([w] [j])和元音([i:] [i] [e] [ei] [æ] [a] [ə] [əu] [ɔ] [u:] [u] [ai] [ɔi] [au])。这些音在口腔内所遇到的阻塞更少,更易发出来。

下列各组音属于哪些自然组?

[əu, u, ɔ] _____
[t, s, f] _____
[d, z] _____
[k, g] _____
[i, e, æ] _____

阻塞音构成所有语音的一半,另一半是响音。浊音和清音也把所有的语音分成了两组,然而这样的分组和前者是不一样的。为查验自然组,我们来看看能有浊音的阻塞音吗?能有清音的响音吗?

在下面的几节中,自然组在声音的音系模式中发挥了作用。

音节

音系学运用了许多方法把语音纳入了各种模式。其中一种方法涉及把声音按**音节**编组。音节是语音的模板。就像被用来挤压生面团的饼干模型切割刀一样,音节模板把原材料切分成了不同的形状。不同的语言有不同种类的音节,但所有语言都有一些基本的音节,比如辅音—元音音节(用CV 代表,例如 CV=[ma])。尽管有许多不同的模型来描述音节是如何工作的,这里提供的一个模型足够直观地展示音节的"饼干"是如何从语音的"生面团"做成的。

音节是讨论**等级**的第一步。等级指一些单位叠加在另一些单位中,犹如把一些碗和另一些碗堆在一起。在讨论等级的时候,不用一些碗套住另一些碗的表述,语言学家用一些节点统领另一些节点(如图 3.1 所示)。对于音节而言,顶层是抓住整个音节的节点,用希腊语中的第十八个字母西

■■
■ 语言入门

格玛的小写形式 σ 来代表。和这个节点相连接的是两个分支：**音节首**（onset，下文以 O 代指）和**韵基**（rhyme，下文以 R 代指）。在每一个音节中，音节首总是出现在韵基之前。韵基则在音节图的第三个层面上被进一步拆分成两个子分支：**音节核**（nucleus，下文以 R 代指）和**音节尾**（coda，下文以 C 代指）。

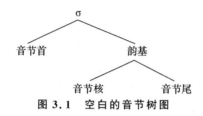
图 3.1　空白的音节树图

音节的三个层面让我们看到语音是如何被心理语法的音系组织起来的。在下面这个模板中，音节首和音节尾都是非必需的，只有音节核是必需的。所以，一个音节可以只是单个元音，犹如 a book 中的 a：

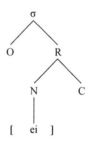

音节核是平衡音节的支点。就像一块跷跷板，音节首和音节尾通过两个连接点和这个核心联系起来。在人类的所有语言中，音节首比音节尾更受青睐，也使用得更为频繁。

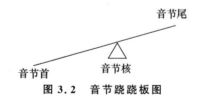
图 3.2　音节跷跷板图

像＜bay＞，＜flay＞和＜stray＞这些单词中的音节代表了英语中音节首的多样性。英语允许在音节首有多达三个辅音,但如后文所述,可能的选择是高度严谨的。大部分语言不允许有如此宽泛的音节首。请看下面三个音节首的示例图。

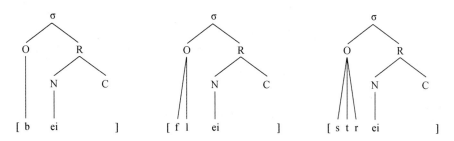

音节尾总体来说更受限制。有些语言根本不允许有音节尾(例如,新加坡人说的华语,夏威夷语)。因其日耳曼语词根的缘故,英语在这点上不同寻常,因为它允许一个、两个,乃至三个辅音在音节尾,尽管大部分人把三个辅音的音节尾缩减到只有两个辅音的音节尾。看一下下面只有一个音节却有着三种不同复杂性音节尾的单词:＜len＞,＜lens＞,＜lengths＞。

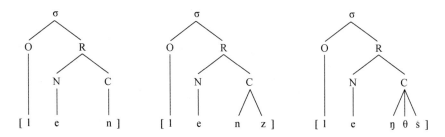

对于多音节的单词,音节节点一个接着一个,犹如下图展示的＜biting＞这个单词。

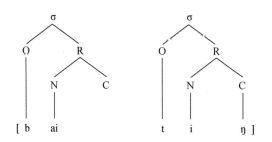

95

■ 语言入门

你可能会问一个问题:为什么[tiŋ]中的[t]音不是第一个音节节点的音节尾?尽管对一些英语使用者而言,有的时候它可以作为前一个音节节点的音节尾,大部分英语使用者倾向于把它放在音节首。这一倾向被称作**音节首最大化**。这一倾向是如此强烈以至于我们在语言中的许多地方都能发现它的印记。首先,当婴儿咿呀学语的时候,他们都是以辅音—元音(CV)这样的音节形式开始的(如,mama,dada),而不以元音—辅音(VC)这样的音节形式开始(如,am,am;ad,ad)。其次,在全世界的所有语言中,最普遍的音节结构是CV形式。没有一门有VC音节模板的语言不具备CV结构,尽管其中许多语言有CV音节但不允许有VC音节。虽然音节首最大化在允许音节尾的语言中是可变的,但是为画音节树图起见,最简单的做法还是按照这个顺序来画:1.音节核;2.音节首;3.音节尾。试看下例:

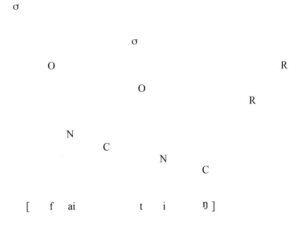

请把下列单词的语音形式转换成音节模板。

单音节单词:

a   tribe

ab   strike

row   ant

robe   strengths

多音节单词：

straighten	shrapnel
bowling	buying
Mississippi	bilking

拓展知识：语言中的音节多样性

音节是人类语言的一个基本部件，但是它们的结构有很大的不同。有些语言仅有可能的最简单的音节。布莱文斯（Blevins，1995：217）引用了比如在博茨瓦纳使用的语言 Hua，说明有些语言只有一种音节：每一个音节必须是 CV 的组合。这一情况并不限制这门语言的词汇量，也不妨碍人们用 Hua 来交流。这仅仅说明它是一门与众不同的语言。相形之下，英语有超过十个音节模板，尽管一些如 CCCVCCC 音节模板用于比基本的 CV 音节模板少得多的单词。

不同的语言也允许不同的语音作为其音节中的音节核。一门语言，如爱沙尼亚语，作为爱沙尼亚国内主要的语言，并在全球有着一百多万使用者，允许多达三个元音作为同一音节核的音，从而形成了 CVVVC 的音节模板。塔马齐格特语是摩洛哥柏柏尔人语言的一个分支，它可以有阻塞音如[s]和[f]作为音节核的音，允许像"t-fk-t＝stt"（意为"你给它的"）这样的单词出现。

可能的和不可能的组合

英语中的音节首可以有多达三个辅音，但是这并不意味着一场语音之间的无序竞争。音节不是胡乱冲撞的，其中有各种限制。对于只有一个辅音的音节首，竞争是完全敞开的，不够格充当音节首的只有[ŋ]和[ʔ]。这一资格取消叫作**音位结构限制**。用[ŋ]和[ʔ]作为单个音节的音节首并非生物学上的绝对不可能,但是以英语为母语的孩子从小吸纳的正常语音模式并不包括诸如[ŋa]和[ʔa]这样的形式。比较不同的语言可以看出不同的音节模式。例如,非洲的沃洛夫语允许以软腭的鼻音[ŋ]开始某些单词,比如第二人称代词你:*Degg nga* [ŋa] *Wolof*?(你懂沃洛夫语吗?)比较一下从其他语言借来的单词的发音也能说明不同的音位结构限制。比如 psychology 这个单词是从希腊语借来的,现在已成为英语和法语的词汇。在英语中,第一个音节的音节首是[s],但在法语里第一个音节的音节首是[ps],后者不是英语中可能的音节首。

对于两个辅音的音节首,选择因音位结构的限制而显得更为有限。只有大部分的闭塞音和摩擦音能和接下来的滑音组合起来(参见表 3.1)。唯一的例外是多产的[s],它能和清音的闭塞音以及[l]音组合:[stɔp]或[slɔp]。因为[s]和[r]很接近,它们发现局促的音节首空间太小而无法挤在一块,因此英语中没有[sr]这样的音节首。

对于三个辅音的音节首,可供选择的余地就更有限了。只有一种可能的首音,也就是多产的[s];只有一个狭窄的自然组在第二个音的位置,即清音的闭塞音[p, t, k];流音[r]在第三个位置。[s]音对三个辅音连在一起的音节首也有特权,因为它能提供[spl]三个辅音的组合,犹如在 splay 和 splice 这样的单词中。对英语中大部分三个辅音的音节首,只有四个音才可行。表 3.1 展示了英语中可能的音节首组合的详细情况。

表 3.1 英语中可能的音节首组合

音节首种类	一个辅音(C)	两个辅音(CC)	三个辅音(CCC)
自然组	辅音(除[ŋ]和[ʔ])	闭塞音(除[ʔ]),摩擦音(除[ʒ]和[h]),流音[l, r]	[s]清音的闭塞音[p][t][k]和[r]
例外		[s]音和清音闭塞音的组合,如在 sky 这个单词中	[spl]和少量[skl]的组合,如在 sklent 和 sclerosis 中

(续表)

音节首种类	一个辅音(C)	两个辅音(CC)	三个辅音(CCC)
例子	[bəu] <bow>	[prəu] <pro>	[strei] <stray>
	[ðəu] <though>	[bləu] <blow>	[sprei] <spray>
	[nəu] <no>	[θruː] <through>	[skreip] <scrape>
	[ʃəu] <show>	[truː] <true>	[splei] <splay>
	[jəu] <yo>	[sləu] <slow>	[splæʃ] <splash>
	[həu] <hoe>	[ʃræpnəl] <shrapnel>	

有些组合更为罕见,它们来自其他语言:除 vroom 以外,英语中 vr 组合的单词大多来自法语(如 *vraisemblance*)。英语中软腭鼻音在音节首位置是不可能的,除非出现在来自其他语言并且允许这种音节首的人名中。例如,Ngg̃gĩ wa Thiong'o 是一位来自肯尼亚的作家,其班图语 Gĩkg̃yg̃允许软腭鼻音出现在音节首。喉塞音并非完全的闭塞音(更像是一阵短暂的吱吱嘎嘎作响的声音),母语是英语的说话者不会把它们放在音节首发音。

有些音节首比其他的更为罕见。[s]和[t]音在英语里很常见,但[ʒ]音就比较罕见了(例如,genre 这个词是在 18 世纪末从法语引入的)。在古英语中,[h]和[r, l, n]音在音节首的组合是可能的,出现了 *hrōc* "rook"、*hlūd* "loud"、*hnutu* "nut"这些单词。在相当长的一段时间里,[hw]组合是英语中的规范形式,古英语中有 *hwelp* "whelp"、*hwīl* "while"和 *hwǣr* "where"作为例子。对英语中的一些方言,如 *which* [ʍitʃ]和 *witch* [witʃ]这样的单词仍有发音区别。

在所有语言中,音节模式遵循简单的洪亮度(响亮度)计划。**洪亮度**指响音的质量;响音的洪亮度更高,而阻塞音的更低。它是一个声音的回响数量,或者说得更专业一点就是声波的振幅(以同样的能量发音来计算)。第二章表 2.2 中的辅音**发音方式**是按声音的洪亮度从低到高排的。顶端的闭塞音洪亮度最低,而底端的滑音是洪亮度最高的辅音。在诸如 Bob [bɔb]这样的单词中,洪亮度从音节首不断上升至音节核,然后开始滑落,直至音节尾。这一规律对 trench [trentʃ]这样的音节也适用:

■ 语言入门

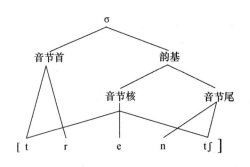

语音模式

一个辅音样品模式

我们是匹配模式的机器。我们在天空中的云里发现兔子,在烤面包上找到宗教人物。作为人类,我们早年的相当一部分生存史建立在辨认模式的基础上。辨认来自风的树叶声和来自食肉动物的树叶声可以保命。我们的语言也是一个很大的相互交织而成的模式集。在这一小节中,我们研究几个语音模式,其中一些会触发社会意义,一些则不会。

一个模式涉及[l]音。视周围语音环境而定,[l]音有几种不同的意味。请看下列数据:

不同意味的<l>

1. a. Leak   b. Bowl
2. a. Laugh   b. Cool
3. a. Probably   b. Control
4. a. Lift   b. Stall
5. a. Left   b. Pull
6. a. Leaf   b. Fall

在 A 列中,[l]音是在靠舌头的前端发出的,更靠近[iː]音的高、前区域。在 B 列中,[ɫ]音处在更靠口腔后面的位置,在软腭音[g]的区域附近。当它被朝着口腔后部拉的时候,它已不是什么辅音,而更像是元音。也就是说,它和舌头前端的受压感就少了。口腔前端的 L 音是亮的[l]音,而在软腭音区域的 L 音被称作暗的[ɫ]音。这两个音分别出现的环境是怎样的呢? 亮的[l]音在音节首,有的时候出现在高、前元音后面的音节尾中(例如,[bil] bill,[biːl] Beale)。暗的[ɫ]音最明显出现在音节尾,在后元音之后(例如,[bɔːɫ] ball,[fəuɫ] foal)。威尔士人说的威尔士英语以其清晰的 L 音著称,即使出现在音节尾也是如此(例如,[skuːl] school)。

一个元音样品模式

元音有着不一样的模式。当两个分开的音素之间的区别消失时,元音合并就发生了。如第二章所讨论的,对许多美国和加拿大的英语使用者而言,cot 和 caught 这两个单词的发音相同。从它们的拼写形式看,以前它们被所有英语使用者发成不同的元音,而且在美国东北部地区和美国南方的部分地区两者继续保持着区别。对合并者而言,不同的音[aː]和[ɔ]不再和分开的单词联系在一起,例如 caught 可以是[kʰaːt]或者[kʰɔt],在合并者的社区没人会听出差别。

这个合并被称作**低—后合并**,因为它牵涉到来自元音图低—后区域的两个元音。当说话者有这一合并时,他们仅有一个而不是两个元音音素。这不是一个缺陷,而是词汇库里一种不同的组织。

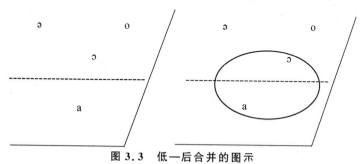

图 3.3 低—后合并的图示

在下面的单词中,许多美国英语使用者都有低—后合并。在俄亥俄州的部分地区,说话者仅在 /t/ 或 /n/ 前有这样的合并。

低—后合并:

1. don   dawn
2. hock   hawk
3. cot   caught
4. bot（robot） bought
5. knot   naught

下列单词表中呈现的是另外一种常见的合并，称作**前—松合并**。在这一音系过程中，其中的 /i/ 和 /e/ 两个元音有时发成同样的音。从下列单词中，你能辨认出在何种条件下这两个元音发成同样的音吗？

发音相同：

1. Jim   gem
2. tin   ten
3. bin   Ben
4. Tim's   Thames（带一个元音 /e/）
5. ping   penguin

发音相异：

1. pit   pet
2. nick   neck
3. bid   bed
4. pig   peg
5. bliss   bless
6. crypt   crept

对美国的许多南方人而言，第一张单词表中的元音在鼻音前发成[i]。和上面讨论的低—后合并不同的是，前—松合并在美国是**有条件的合并**。这一合并的**外围条件**是它必须在鼻音前。在其他说英语的地区，比如澳大利亚，元音 /i/ 和 /e/ 不仅仅在鼻音前，而是在更宽泛的环境里合并。澳大利亚有一个著名的儿童音乐团，即"摇摆乐团"，[3] 其中的一位表演家取名为 Jeff（就是穿着紫色衬衫的那位花花公子，现已退休）。澳大利亚以外的许多孩子听他自报家门说自己的名字叫"Jiff"时不禁疑惑：他的父母难道是以一种花生酱给他命名的？

考虑到有条件的前—松合并从音系学的角度没有无条件的低—后合并那么广泛，假如前—松合并更少被人注意的话，那是讲得通的。然而，在美国情况并非如此。前—松合并在美国南方以外的地方饱受诟病，它的践行者更遭人说三道四。低—后合并和任何社会群体都没有关联，而前—松合并通常和非洲裔美国人和美国南方的大部分人联系在一起。多年来，这两个群体的人都遭受了过多的羞辱。前—松合并因此广受指责。

schwa 规则

下一个音系过程可以被称作 **schwa 规则**。schwa 这个元音在口腔中央已经消亡，它是松元音中最松的一个。在语言魔术把戏里，只要条件合适，这一音系过程可以将任何一个元音转变成一个 schwa 音。看一下下列单词表，试着弄明白何时产生 schwa 音：

1. about/eibaut/ → [əbaut]
2. because/bikəz/ → [bəkəz]
3. the/ði/ → [ðə]
4. pencil/pensil/ → [pensəl]
5. elocution/eləukju:ʃin/ → [eləku:ʃən]

在这些单词中，schwa 音出现在非重读音节。想想 elocution 这个词。如果你以同样的重音读这个词，就好像你在检测每个发音，最终得到的发音就是 /eləukju:ʃin/。在正常的会话中，第一和第三个音节（分别是 /el/ 和 /kju:/）获得重音，但是第二和第四个音节没有。当一个元音不重读时，它能转变为一个 schwa 音。定冠词 the 在句中可以获得主重音，就像在 I want THE drink 这句话中，这个时候，其中的元音是[i]。大部分情况下，the 在句中不会获得主重音，因此其中的元音就是一个 schwa 音。[4] 作为英语中最常见的规则之一，schwa 规则每天都在改变着许多元音。

语言入门

删除和插入

在随意的会话中，本可以有的音会被删除，这是很正常的。**删除**是一个音系过程，指单词中的某些音没有发出来。前面提到的音系过程产生的 schwa 音往往会被删除。想想 about 和 because，这两个单词经常被发成 [baut] 和 [kəz]。删除音节尾部的辅音也很正常。大声说出下面几个词：west side; lived there; park grill。

west side	[wes said] 还是 [west said]?
lived there	[liv ðɛər] 还是 [livd ðɛər]?
park grill	[pɑ:r gril] 还是 [pɑ:rk gril]?

你会发第一个单词中最后的辅音吗？

接下来，大声读出这几个单词：west over; lived on; park out。

west over	[wes əuvər] 还是 [west əuvər]?
lived on	[livɔn] 还是 [livdɔn]?
park out	[pɑ:r aut] 还是 [pɑ:rk aut]

两组相比，你更有可能删除前一组中的辅音。在第一组中，west, lived, park 在辅音前面，而在后一组中它们出现在元音前面。当辅音在一起的时候，更有可能被删除。

相形之下，**插入**更为罕见。在说话者和听众的较量中，双方都想得到更多。说话者想让他们的语言变得更简单。听众则希望他们听到的语言最大限度地清晰，这样单词和意义都容易分辨出来。既然我们都是听众和说话者，我们都参与到了这场较量中。删除帮助说话者说出形式更简单的单词。插入并不总能帮助听众更容易地分辨单词，听众根本就没有相同水平的心理支撑。

插入既可以和辅音一起出现，也可以和元音一起出现。下列情况下我们可以插入辅音 [p]：

Clemson	[klempsən]
hamster	[hæmpstər]
Chomsky	[tʃɔmpski]

对于这些例子，[p]出现在哪些音之间呢？你在第二章中了解到，辅音[m]是浊音，辅音[s]则是清音。另外，尽管[m]是一个鼻音延续，气流自由地从鼻腔流出，它在口腔内也是一个闭塞辅音。当这个双唇闭塞音被释放进清音[s]的时候，创造清音的双唇闭塞音[p]的条件都具备了。

同　　化

通过**同化**，说话者把一些声音变得更像另一些声音。假如你把单词比作一盘食物，同化是指一种食物的味道被盘中其他的食物吸收。我们来假设盘中有猪肉、土豆和带醋的卷心菜。因为醋是液体，气味强烈，渗进了猪肉和土豆。至于这个结果是好是坏，得看你是否喜欢醋。

对于声音而言，它们的相似程度有差异，其结果是变化后的音可能和另一个音更为相似抑或完全一样。看一下下面作为（历史上）同化例子的单词：

1. inevitable　inoperable　inexpensive
2. insufficient　intolerant　independence
3. impractical　immature　imbalance
4. illegal　illicit　illiterate
5. irresponsible　irregardless[5]　irregular

前缀"in"表达"否定"的意思，附在了许多英语单词上。在语言演变的历史长河中，这个前缀中的[n]音使得它的发音位置和紧随其后的辅音更为相似。在第一组中，[n]音保持不变，因为接下来的音是一个元音。在第二组中，前缀后面的音是个辅音，但是[s] [t] [d]都是同一自然组中的齿龈音。既然[n]音已经是一个齿龈音，它和后续音的发音位置完全相同。在第三组中，[p][m][b]同属相同自然组中的双唇音，所以齿龈音[n]转变成一个双唇音[m]。在第四和第五组中，[n]音在发音位置和发音方式上完全被同化。那么，[r]和[l]两个音有些什么共同的特征呢？它们都是流音，既然同化是指一个音流入另一个音的过程，这两个音在这方面特别在行。

同化是所有语言中最为常见的音系过程之一。辅音和元音都会发生同化。下面列举的是七种类型的同化，作为语音模式它们已是司空见惯，因而各有其名。

鼻音化

前面我们已经研究了英语中元音鼻音化的过程。和其他一些语言(如法语)不一样的是，英语使用者需要一个紧接着的鼻音辅音来造就一个鼻音化的元音。在[bĩn]~[bid]和[rʌŋ]~[rʌg]这些例子中，鼻音化所需的外部环境是很清楚的。就像其他类型的同化，音系环境触发鼻音化。这一音系环境被称作调节性的外部环境。

闪音化

闪音化所需的调节性环境比鼻音化的更为复杂。**闪音**是与齿龈音[t]和[d]同属一个自然组的音，唯一不同的是，在发这个闪音时，你不完全闭塞气流，你只是几乎闭塞气流。对大部分美国人而言，闪音可在诸如 butter[bʌɾər]和 rider[raiɾər]这样的单词中听到。在更加正式的发音中，美国人或许会发出[bʌtər]和[raidər]的音，但大部分情况下，他们会发成闪音。[6]它有点像同化，因为齿龈闭塞音像周围的音那样变得不那么受约束。闪音的调节性外部环境也包括单词中的相对重音：闪音后的音节必须是非重读的。

清音化

清音化，一个直截了当的名称，指让声音变得透明的过程。在 crypt, clean, trip 和 tread 这些单词中，许多英语使用者能够把[r]和[l]这两个流音发成清音。变成清音的音用一个小圆点下标来表示：[r̥]和[l̥]。关于清音化何时发生,对一些人来说它是一个"有时"会出现的特征,以至于同一个人有时把 trip 发作 [tʰrip],而另一些时候发作 [tʰr̥ip]。就我们所知,清音化何时出现,何时不会出现,其背后没有任何社会因素在起作用。(或许你可以开创先河,使得你圈内所有很酷的朋友任何时候都把流音清音化。)就其发生的时候看,我们可以更好地了解两个像 [r] 和 [l] 的超响音是如何变成清音的。这一清音化发生在一个送气音出现在 [r] 和 [l] 之前时。这个送气音本身是个清音,渗入了流音,把后者的音"漂白",使其也成为清音(例如,creep [kʰr̥iːp])。

腭音化

在这类同化中,在齿龈音遇到腭音滑音 [j] 时,说话者把它们变得更像腭音。在下列美国英语的组合中,齿龈闭塞音 [t] 和 [d] 通过吸收 [j] 音变成了腭音塞擦音 [tʃ] 和 [ʤ]。

  It hit you. [ithitjuː] → [ithitʃuː]
  Did you? [didjuː] → [diʤuː]

腭音化也能发生在单个词中,但在这种情况下英语使用者之间的差异很大:

  OSU [əuesjuː] → [əueʃuː]
  Tuesday [tʰjuːzdei] → [tʃuːzdei]

在上述单词中,[t] 和 [d] 的发音位置和方式都改变了,但对于齿龈音 [s],只有发音位置发生了变化。

下面两类同化在语言学上是关联的,但就其社会意义而言两者有着天壤之别。大部分英语使用者对 R 音浊化持尖锐的社会评价(褒贬皆有)。而对于 L 音浊化,则几乎无人注意到。

R 音(和 L 音)的故事:第二部分

R 音脱落和 L 音脱落是两个通俗的术语,指的就是语言学家所称的**浊**

音化。对于 R 音和 L 音的浊音化,浊音化这个术语的意思是把一个辅音转变成元音(使之具有元音性)。此外,在两个音的浊音化中,该辅音不是被删除,而是被转变成一个元音,犹如在 bar [baː] 和 ball [bɔː] 中。[7] 一般来说,带有流音浊音化的单词和不带流音浊音化的单词的发音时间是一样的(例如,bar [baː] 对 [baːr])。

那么,R 音浊音化和 L 音浊音化产生的语言环境在哪里呢?请看下列单词:

horse	[hɔːs]	rose	[rəuz]
cord	[kɔːd]	rod	[rɔd]
beer	[biə]	read	[riːd]
help	[heːp]	leap	[liːp]
coal	[kəuː]	lock	[lɔk]
bail	[bɛə]	lewd	[luːd]

对左列中的单词,[r] 和 [l] 变为(不同类型的)元音(视具体方言的规则而定)。对于右列的单词,[r] 和 [l] 仍然是元音。左列中的单词以流音结尾,而右列中的单词以流音开头。接下来请看下列单词:

peel	[piə]	peeling	[piːliŋ]
pare	[pɛː]	paring	[pɛəriŋ]
sole	[səu]	soling	[səuliŋ]
soar	[sɔː]	soaring	[sɔriŋ]

尽管 [r] 音或 [l] 音并不在上面这些单词的词首位置,左列单词有 R 音和 L 音的浊化,而右列没有。这里有什么规律呢?回想一下我们在前面对音节的讨论,然后重新评估这些信息。右列单词中 [r] 和 [l] 音在音节首,左列单词中它们处在音节尾。这类的同化由单词音节的结构来协调。

R 音的浊化在英国英语和包括澳大利亚英语、新西兰英语在内的其他相关英语变体中可谓司空见惯。一些美国英语使用者也表现出这一特征,特别是在美国南方、新英格兰地区(例如波士顿)和纽约市的一些地方。从社会意义的角度看,R音的浊化在美国英语和英国英语变体之间产生了较大的鸿沟。在美国,一般而言,R音的浊音化是一个受到指责的方言特征(唯一的例外可能是波士顿地区)。在英国英语中,R音的浊音化是有声望的表征。

L音的浊音化对全球的英语使用者而言是很常见的。在英格兰的大部分地区、澳大利亚、新西兰和美国东部地区,它是一个普遍的特征,但在社会意义上它是隐匿的。

各类英语和其他语言

送气

在第二章,我们研究了语音的一个特征叫作送气,一点气息因此而被黏附在一些语音上。对于英语,送气仅限于处在重读音节开端的清音闭塞音。对于下面的英语单词,送气出现在左列单词中,而右列单词中却没有。

A	B
[tʰæn] tan	[dæn] Dan
[tʰʌk] tuck	[stʌk] stuck
[pʰəun] pone	[bəun] bone
[pʰit] pit	[spit] spit
[kʰəut] coat	[gəut] goat
[kʰit] kit	[skit] skit

送气在有着2200万使用者的巴基斯坦信德语中扮演着不同于在英语中的角色。对信德语使用者而言,[p]或者[pʰ]用来表示单词间意义上的区别。看看下面两个信德语单词:

/peru/　　"脚"或"脚印"

语言入门

/pʰru/   "差别"

在这里,唯一的区别是送气。对于正在学习信德语的孩子而言,根本无从预测究竟是[p]还是[pʰ]会出现在某些单词中。就像正在学习英语的孩子不得不记住[b]和[p]出现在哪里,学习信德语的孩子也不得不记住[p]和[pʰ]的区别。

语调

不管你的声音低于或高于正常,它的音高都在复杂的参数范围内运作。像所有有声语言一样,英语运用不同的音高来表达意义上的某些差别。有些语言运用音高表达有限范围内的意义。对于英语,这些意义包括怀疑、询问和吃惊。例如,通过改变声音的音高,你能从下面这句话里拼凑出多少层不同的意思:You are going out tonight(你今晚出去)?最起码,你可以把它表达为一个陈述句,或者一个问题,或者也可能隐含不相信的意思。

其他一些语言,又称声调语言,运用音高来表达词与词之间的区别。在埃塞俄比亚,亚非语系的奥摩语分支有一门称作板凳语的语言,这门语言起码有五种不同的起区分作用的声调。这意味着在同样的辅音和元音上面不同的音高将生成不同的单词。不同种类的汉语方言是世界上使用人口最多的声调语言。对于这些语言的使用者而言,音高的相对高低很重要,音节中声调是降还是升也很重要。例如,在汉语的普通话里,同样的辅音和元音组合可以有五种不同的声调,从而生成五个不同的单词。比如,"马"/mǎ/这个词从中等音高的水平上升到高的音调(而且是在同一个元音上!),但另外一个词"妈"/mā/有着高的声调。考虑到说汉语普通话的孩子和其他孩子一样不想惹上什么麻烦,区别"马"和"妈"显得很重要。这样的音调系统是作为音系学的一部分来学习的。

穿越时空的变异

就语音而言,语言变化是说话者每日生成的微小变异累积而成的。语言在某一时刻的变异被称作**共时变异**。随着时间的推移而发生的语言变异被称为**历时变异**。chronograph 和 chronicle 这两个单词中的"chron"是其同一词根。上面讨论的音系过程改变了单词从古英语(450—1100年)到现代英语的发音。例如,chicken 在古英语里的形式是 kiken,或许发音成[kiken]。通过腭音化,它演变成现代英语的发音形式[tʃikin]。这一腭音同化也允许 church 这个单词从 kirkja 演变而成。后者另外单独给了我们 kirk 这个单词。请注意,对于这些单词,软腭音朝着腭音区域的方向被往前拉向口腔的前端,这一情形有别于我们前面所举的例子。

说话者每天的音系变化能够积少成多,最终给一门语言的语音系统带来巨变。经常性的同化最终导致英语在中古英语(1100—1500年)的初期阶段发生了天翻地覆的变化。直到那个时候,英语中能够引发意义差别的摩擦音还比较少。当时有一个唇齿的、清音的摩擦音[f],但是没有[v](例如,*yfel* "evil")。那个时候有一个清音的、齿龈的摩擦音[s],但是没有[z](例如,*risan* "to rise")。那时没有诸如 vase 或 zoo 这样的古英语单词和 face 或 sue 这样的单词形成对照。摩擦音[f]和[s]的同化发生在两个浊音之间。浊音渗入了摩擦音,将它们变成了[v]和[z]。一旦法语在英格兰成为具有影响力的语言(1066—1348年),英语开始获得一些以前未曾有过的带浊音的摩擦音的单词,比如 *veal*(到1386年)和 *zodiac*(到1390年)。古英语带来的一个影响是,今天我们以[v]和[z]音开始的单词要少于以[f]和[s]音开始的单词。

古英语发音和现代注释

[gift] "gift"	[giovan] "to give"
[wulf] "wolf"	[wulvaz] "wolves"
[half] "half"	[halvəz] "halves"
[bɑ:θ] "bath"	[bɑ.ðɑn] "bathe"
[hus] "house" (N)	[huzian] "to house" (V)

假如你大声读出下面几组单词,也可以听出音系变化给语言变化带来的影响:

语言入门

1. gift　　　　　give
2. half　　　　　halves
3. wolf　　　　　wolves
4. leaf　　　　　leaves
5. loss　　　　　lose
6. house（N）　　house（V）

在右列单词中,最后的辅音后面原先跟着一个元音(这个元音最终脱落了,尽管它的字母仍保留着)。注意,即使在[f]音前面有一个[l]音,它仍然是一个浊音,助推同化。同样的过程很可能也发生在两个齿间摩擦音[θ]和[ð]身上。看一下 bath/bathe 和 teeth/teethe 这两组单词最后的辅音,你就更清楚了。

当今的变异

首音互换现象

语音模式有时会偏离轨道。在某一时间点,几乎人人都有把一个声音和另一个声音交换的经历。当我们实际上想说"table leg"(桌腿)却说成"lable teg"的时候,我们知道这情形看上去一团糟,但这样的差错并非个例,而是有其本身的模式。这样的语音互换被称作"斯本内现象"(Spoonerism)。这个术语因威廉·斯本内(1844—1930年)而得名,此公乃是牛津学院的院长和讲师。他也犯过诸多口误并因此逗乐了听众,其中包括下面这些据说属于他的"杰作":"queer old dean"(实际上为 dear old queen),"fighting a lire"(实际上为 lighting a fire),"shoving leopard"(实际上为 loving shepherd),"blushing crow"(实际上为 crushing blow)。在这些单词中,是什么被互换了呢?

/laitiŋ ə faiər/　　　[faitiŋ ə laiə]

/lʌviŋ ʃepərd/　　　[ʃʌviŋ lepəd]

/diər əuld kwi:n/　　[kwiə əuld di:n]

/krʌʃiŋ bləu/　　　　[blʌʃiŋ krəu]

在前面的两组单词中,两个单词开头的辅音被互换了,而在后面的两组单词中,别的什么东西似乎在起作用。你能说出什么单位的语音组织被用上了吗？在每种情况下,音节首被互换了。把音节首作为互换的单位适用于所有这些例子。

在词尾：辅音消失

随着首节音互换,单词原本的意义被模糊了。不管出于何种进化的、心理的原因,单词的开端比结尾对于语言的交流更为重要。因为这个特性,音节和单词的结尾往往在尾声处被缩短。尾声越复杂,它被缩短的可能性就越大。

想一下你对下列短语的正常发音：

Consider your strength tonight

The front door fell down

A broken flask gasket

Went around a blind curve

在许多英语使用者的发音中,几个辅音的声音很可能不会被发出来,包括 strengths 中的[θ],front 中的[t],flask 中的[k]和 blind 中的[d]。试试下面这些短语的发音：

Strength on the floor

The front edge

Leave the flask open

A blind alley

对这些词,更少的人会在发音的时候把 strength, front, flask,或 blind 中的辅音去掉。看一下下面的音标,设法弄明白其中的原委。

■ 语言入门

更可能删除	不太可能删除
[streŋθ tənait]	[streŋθ ɔn]
[frʌnt dɔːr]	[frʌnt eʤ]
[flæsk gæskət]	[flæsk əupən]
[blaind kəːrv]	[blaind æli]

[θ]在 strength 中的情况跟其他辅音有些不同。首先,它在所有语言中都是一个罕见的音,它在英语中的应用频率(比其他辅音)更低,更易发生变化。[t],[k],[d]这几个音可没有这样的借口。促使它们被省略的音系环境是什么?紧接着的音是辅音还是元音,似乎对省略与否有着重大的影响。紧接着的元音不会像紧接着的辅音那样"吞掉"前一个单词的尾音。[8]

每一个英语变体在下个辅音前都会删除闭塞音和摩擦音。这种情况并不会在社会上引起注意。然而,有些方言,包括阿巴拉契亚山区的英语和非洲裔美国英语的变体,在接下来的元音前出现更多的辅音消失。

yod 变异

英语中有些语音变异是新生事物,而另一些则早就发生,然后又消失了。接下来的这个就是时断时续地发生变化已有很长时间的一个音。在 Tuesday(星期二)这个单词中,在介于有[j]音和无[j]音之间的发音变异从中古英语以来一直持续到今天:[tjuːzdei]和[tuːzdei]。最初,用以表述星期一之后那个日子的单词是一个复合名词,由日耳曼的一个天神的名字 Tiw 和表示日子的词 day 组合而成。自那以后,星期二的发音当然变了。在牛津英语词典中可发现,英国英语使用者用[tjuːzdei]的版本,而美国英语使用者用[tjuːzdei]或[tuːzdei]。这个过程被称为 yod 变异。[j]音有一个名称,叫 yod(从希伯来语而来,指的是希伯来语中的第十个字母)。这个 yod 变异通常被称作 yod 脱落,尽管像 coupon 这样的单词的发音应该被叫作 yod 插入:最初的[kuːpɔn]和后来的[kjuːpɔn](创新的发音)。

在全世界说英语的地区,下面的单词都曾经历过 yod 变异:suit, educate, dew, tune, assume, Houston。就发音而言,这些发音时而合乎时尚,时而不合乎时尚。suit 的发音形式[sjuːt],即不含 yod 脱落的形式[suːt],在英语中作为非标准发音已有一段时间了,但在美国,前者已成为标准发音。这些发音变化极少反映在拼写中。唯一的例外或许出现在全美大学体育联盟的篮球赛季。当杜克大学(Duke University)的篮球队在比赛时,他们的对手会举起各种各样写有"Dook"标记的牌子。

[t]音的喉音化

尽管闪音已成为美国英语中的一个常规部分,许多英国的方言在对待单词中的[t]音时仍采用一种不同的音系过程。喉音化指声门的闭塞音[ʔ]替代单词中的[t]音,如 kitten, water 和 bottle。这三个单词共享什么样的音系环境呢?在每一种情况下,[t]音都处在非重读音节前(如果你对此有怀疑,试着大声读出上述每一个单词,把重音落在最后一个音节,然后听听是什么样的音)。北美人的发音中也有喉音化,但不如英国人那么频繁。在北美,喉音化和闪音竞相登场。

下列发音能说明闪音和喉音化的区别:

	闪音	喉音化
Kitten	[kʰiɾin]	[kʰiʔin]
bottle	[bɑɾl]	[bɑʔl]
water	[wʌɾr]	[wʌʔr]

本 章 总 结

本章介绍了人类创造的复杂的语音模式。语音本身被编入不同的自然组。我们的心理语法利用这些自然组来改变某些语音,而不是另外一些语音。另一个组织语音的结构是音节。音节的功能是作为模板按照声音的响亮程度整理语音,最响亮的音在音节的中央,最不响亮的音处在边缘。还有一个结构特征是对不可能的语音组合的一套限制规则,称作音位配列制约。有了这些结构,心理语法生成各种各样的模式,如 schwa 规则、删除和同化。声调是语音的另一个特征,英语使用者运用声调构成问句,但是其他语言利用声调区分词汇。语言与语言之间,甚至同一语言的不同方言之间在这些语音模式上都有差别。这些语音模式也因岁月的流逝而改变。这些历时变异来源于语音的共时变异。

主 要 概 念

- 同化
- 音节尾
- 调节性环境
- 有条件的合并
- 删除
- 清音化
- 历时变化
- 闪音
- 闪音化
- 前—松合并
- 等级
- 低—后合并
- 最小配对
- 鼻音化
- 自然组
- 节点
- 音节核
- 音节首
- 音节首最大化
- 腭音化
- 音素
- 音系规则
- 音系学
- 音位结构限制
- 韵基
- schwa 规则
- 咝音
- 社会意义
- 社会意义上的最小配对
- 洪亮度
- 音节
- 共时变异
- 元音化;浊音化
- 元音空间

第三章
语音模式

注　释

1. 音系学也处理肢体语言的输入,不管是视觉的还是听觉的。人们生成语音的同一模式也过滤他们听到的声音。本章仅限于探究语音的产生。

2. 从第二章中我们得知[r]是一个流音,就像[l],两者在音节尾部均可成为元音。

3. 资料来源:http://en.wikipedia.org/wiki/The_Wiggles。

4. 我也听说过英语中的一些方言形成了这样一个体系,即 the 的非重读音[ðə]出现在元音前,而同样地,非重读音[ði]出现在辅音前。

5. 北卡罗来纳州罗利市的一家餐馆的名字;它也是一个常用的词,意思是"without regard"(毫不关心的;无论如何)。

6. 不错,它看上去不太像<r>的符号,但闪音和带卷舌音的发音有关。

7. 对于一些英语使用者而言,元音会移动,但这些移动在这里没有得到体现。

8. 如果最后的辅音作为下一个音节的音节首,那么清音的闭塞音会送气,但在这里情况并非如此。

参 考 文 献

Blevins, J. (1995) "The syllable in phonological theory." *The Handbook of Phonological Theory*, ed. J. A. Goldsmith. Blackwell.

http://en.wikipedia.org/wiki/The_Wiggles.

延 伸 阅 读

English Phonetics and Phonology. Philip Carr. 1999. Blackwell.

这本有趣且易读的书为初学者提供了音系过程的清晰解释。它从多个英语方言中选取例子,运用相对直截了当的音系假设分析数据。作者引领读者穿越了音素、音节结构、单词重音、节奏、声调和共时变化等多个语音学阵地。

The Handbook of Phonological Theory. 2nd edition. John A. Goldsmith, Jason Riggle, Alan C. L. Yu. 2011. Wiley Blackwell.

语言入门

这本书不适合心理承受能力差的人,但是如果你有决心读下去,定会收获颇丰。你将会了解到音系学家创造的用以解答各种问题的多种体系,这些问题包括各种语音系统是如何工作的,孩子们是如何学习它们的,以及人们如何多变地运用它们。这本工具书长达 23 章,呈现了 900 多页有关音系学的最新理论知识。而音系学乃是人类心灵深处一个迷人的角落。

A Handbook of Varieties of English: *Phonology*. Edgar W. Schneider, Kate Burridge, Bernd Kortmann, Rajend Mesthrie, and Clive Upton. 2004. Mouton de Gruyter.

这部鸿篇巨制收录了当今英语世界大部分主要英语变体的音系特征,包括英伦三岛、美洲地区、加勒比海地区、太平洋和澳大利亚、非洲和亚洲等地英语的音系特征。尽管规模很大,但本书的编者作出了努力,确保全书有一个统一的体系来讨论语音变异的范围。这使其成为一本易于把握的参考资料类著作,可以让读者比较许多音系特性。

练　　习

个人练习

1. 下列单词组中哪些是最小配对?对于不是最小配对的单词组,为何它们不是?要回答这些问题,你必须大声读出这些音标符号并判断你的心理语法是把它们解释为两个不同的单词,还是同一个单词的不同发音。

1	[bɔtl]	[bɔʔl]
2	[bʌsi]	[bʌzi]
3	[reinĩŋ]	[reiniŋ]
4	[bʌtər]	[bʌɾər]
5	[pɔp]	[pʰɔp]
6	[mʌŋk]	[mʌŋθ]

2. 对于下面的自然组,给出属于每一组的语音。你可以用整个带括号的一组音来回答这个问题(例如,鼻音=[n][m][ŋ]),或者以子类的音来回答(例如,元音=后元音、前元音和中元音)。无论用哪一种方法,你必须在答案中包括所有而且仅属于该自然组的语音。

摩擦音:

咝音：

阻塞音：

前元音：

3. 自然组：

请辨认出下列单词来自哪些自然组。没有哪一排的音涵盖整个自然组。选出最小的可能子类（例如，对于[d b g]是阻塞音，这个表述是准确的，但是不像"浊的闭塞音"那么具体）。

语音	自然组
[m p w]	
[h v θ]	
[n l j ɔ]	
[i u e]	
[t l z]	
[d b k]	
[ŋ k]	
[ɔ i u]	
[ð g r]	

4. 英语有着重音模式改变的历史。因此，在当今英语的不同方言中，一些单词的发音有些差异。在美国东南部，下列单词在发音的时候重音往往落在第一个元音上，但是在其他英语变体的发音中这些单词的重音落在第二个音节上。这两种不同的重音模式如何影响这些单词的元音？试着以不同的重音大声发出这些单词的音，听听其中的差别。用音标在相应的栏目里标注不同的发音。在每一个单词的两种发音之间是什么样的语音模式在起作用呢？

	重音在第一个音节	重音在第二个音节
\<police\>		
\<cement\>		
\<pecan\>		

(续表)

	重音在第一个音节	重音在第二个音节
<about>		
<because>		

第一个词<police>在北美有多种发音方式。很难说哪一种发音更常见,但是一些频率较高的发音是[pʰəlis]和[pʰl̩is]。在美国南方,你也会听到[pʰəulis]。

如果假设在词汇库里我们牢记的版本和[pʰəulis]最接近,我们需要问的问题是:通过什么规则我们得到了其他的发音?考虑一番下面这张发音派生表,确定一下出现了什么样的模式,需要什么样的规则。

	词汇及其派生音清单		
规则	/pəulis/	/pəulis/	/pəulis/
	pʰəulis	pʰəulis	pʰəulis
		pʰəlis	pʰəlis
			pʰlis
			pʰl̩is
发音	[pʰəulis]	[pʰəlis]	[pʰl̩is]

5. 元音/ai/的非滑移:

元音/ai/十分复杂,其复杂性可以让人们根据他们的社会需要而任意把它拉扯成许多不同的形状。如其音标所示,元音/ai/以中、低、松弛的元音开始,然后上升到一个高、前、松弛的结尾。第一部分被称为成阻(指发音器官形成发某个音的状态),第二部分被称为后流。因为元音没有稳定的发音部位,这个(复合)元音在成阻和后流两个环节都能发生变化。下面几个小练习引领你去观察一些数据以评估元音/ai/在北美不同的英语方言中的语音模式。

5.1 元音/ai/在美国东南部的非滑移情况:

考虑一番下面标注音标的数据(注意:在这些数据中其他的语言模式没有被标注出来)。请记住,这些发音可能有别于你自己的发音,但是它们是合情合理的形式,为母语是英语的使用者所用。让我们来考虑下面两种/ai/的形式:十足的双元音/ai/和没有滑移的/a:/。它之所以被称作非滑移的元音,是因为其中的后流完全消失了。在正常的言语中,没有滑移的/a:/或许实际上有一个更短的到/i/的过渡,但说话者对极端短促的后流作出的反应是好像后流完全缺失。对于这组数据,第一个需要问的问题是:何时出现/ai/,何时出现/a:/? 第二个问题是:引发/ai/形式的语音环境是什么样的?

[bait] \<bite\>	[fa:r] \<fire\>	[na:nθ] \<ninth\>
[taip] \<type\>	[ta:m] \<time\>	[laif] \<life\>
[rais] \<rice\>	[ba:] \<buy\>	[fait] \<fight\>
[ra:z] \<rise\>	[ra:d] \<ride\>	[ta:] \<tie\>
[fa:l] \<file\>	[rait] \<right\>	[baik] \<bike\>
[ba:d] \<bide\>	[tra:b] \<tribe\>	[ta:gər] \<tiger\>

一个有用的办法是把上述所有的数据排成两列,然后在每一列中搜索一个自然类。例如,你可以这样做:

[ai]　　　[a:]

[bait]　　[ra:d]

[taip]　　[tra:b]

············

5.2　闪音化

正如前面讨论的,北美英语中的一个常见规则是当齿龈闭塞音[t, d]出现在非重读音的音节首时将它们闪音化,这样 butter 这个单词就被发成一个浊音的闪音[bʌɾər]。在 writer 和 rider 这样的单词中,对于美国南方的英语使用者而言,/ai/非滑移规则(如你在 5.1 中学到的那样)和闪音规则都能出现。仔细研读下列数据,设法弄清楚两个规则如何作用于同一个单词上。哪一个规则

■ 语言入门

先起作用？请对你的答案作出解释。

[bairər] <biter>	[tairər] <tighter>
[rairər] <writer>	[ra:rər] <rider>
[slairər] <slighter>	[rairər] <righter>
[fairər] <fighter>	[sla:rər] <slider>
[gla:rər] <glider>	[kənfa:rər] <confider>

对于这个问题，试着把两个规则都用上，然后看看哪一个会产生正确的结果。

首猜	<writer>	<rider>
单词	/raitər/	/raidər/
闪音化		
/ai/非滑移		
发音	[ ]	[ ]

再猜	<writer>	<rider>
单词	/raitər/	/raidər/
/ai/非滑移		
闪音化		
发音	[ ]	[ ]

5.3 阿巴拉契亚山区和得克萨斯州的部分地区：

下列表格中的模式不一样，因为它仅在阿巴拉契亚山区和得克萨斯州的部分地区被发现。这个模式的不同点在哪里？

[ba:t] <bite>	[fa:r] <fire>	[na:nθ] <ninth>
[ta:p] <type>	[ta:m] <time>	[la:f] <life>
[ra:s] <rice>	[ba:] <buy>	[fa:t] <fight>
[ra:z] <rise>	[ra:d] <ride>	[ta:] <tie>
[fa:l] <file>	[ra:t] <right>	[ba:k] <bike>

第三章
语音模式

5.4 加拿大和美、加接壤的地区：

对于下面一批注上音标的加拿大英语的数据，试着找出[ai]和[əi]的关系以及[au]和[əu]的关系。在这一情况下，不同的读音使得元音的成阻抬高到中间、中央的松弛区域。尽管有几个互相竞争的观点来解释这些元音为何是如此工作的，或许最令人好奇的是自从元音大迁移以来，它们在元音图上没有掉落下来。这一交替作用被称作"加拿大式升调"。梳理下列数据并找出能够解释抬高的元音[əi]和[əu]何时出现的语音环境。如5.1那样，把不同的形式分成两列以寻找自然组中的趋势。

[bəit] \<bite\>	[fair] \<fire\>	[əbuet] \<about\>	[nain] \<ninth\>
[təip] \<type\>	[taim] \<time\>	[əbaund] \<abound\>	[ləif] \<life\>
[rəis] \<rice\>	[ʃauwr] \<shower\>	[həus] \<house\> (N)	[fəit] \<fight\>
[raiz] \<rise\>	[raid] \<ride\>	[hauz] \<house\> (V)	[tai] \<tie\>
[fail] \<file\>	[rəit] \<right\>	[ʃut] \<shout\>	[bəik] \<bike\>

6. 方言探索练习：

随着互联网的普及，许多不同的方言有幸得以展现。设法找到能演示本章中讨论的三个声音模式的互联网剪辑。其中起码有一个剪辑必须来自你所在地以外的国家。例如，你可以设法找到说话者用闪音、给清音的闭塞音送气、省略yod音或者把流音元音化等的例子。

小组练习

7. 画出音节（并且设法弄明白音节首最大化）：

这个练习的目标是通过音节结构找到正常的模式，同时了解音节首最大化的影响。在正常的言语中，音节首最大化因地而异，绝大部分时间都会出现，但并不总是出现。在这些练习中，音节首最大化绝对会出现。对于下面的单词，弄清楚辅音(C)和元音(V)的结构。每一行单词都带有同样的辅音—元音(CV)结构。例如，\<bee\>这个单词（发成[biː]）的结构是CV，但是\<bootstrap\>（发成[buːt.stræp]）的结构将会是CVC.

语言入门

CCCVC。

a. a, I
b. bee, new
c. bat, sag, tab, tack
d. flee, pray
e. stray, strew
f. trip, tripe
g. knight, rite
h. stripe, strip
i. bench, lunge, bunt
j. brunch, trucks, plucks
k. bunks, temps
l. bricks, crux
m. strengths

8. 对于下面的单词,画出音节树图来表示它们的语音结构的等级,用语音字母来绘制这些音节树。对于这项练习,你可以使用本章的音节树图模板:

a. Bat
b. Batter
c. Bolting
d. Backing
e. Ballpark
f. String
g. Strikeforce
h. Mississippi
i. Psychology
j. Strengths

9. 划分音节的区别:

在西弗吉尼亚州的摩根城外,有一个名叫＜Dellslow＞的小社区。当地人把这个社区的名字读成/delzlə/,许多外地来的人把这个社区的名字读成/delsləu/。对这同一名称的两个发音的音节结构你能得出什么样的结论?请用音节树图来解释你的答案。

10. 对于下面的单词,请找出它们的语音模式(也就是说,什么样的规则可以预测顶层和底层之间发音上的变动):

	＜hamster＞	＜polite＞	＜impossible＞
单词	/hæmster/	/pəulait/	/inpasibl/
规则			
发音	[hæmpstər]	[pʰlaːt]	[ĭmpasəbl]

第三章
语音模式

	⟨tuneful⟩	⟨nature⟩	⟨writer's cavalry⟩	⟨Tuesday's prizes⟩
单词	/tuːnful/	/neitjuːr/	/ɹaitɚs kævalɹi/	/tjuzdeis pɹaizs/
规则				
发音	[tʰʉnfḷ]	[neitʃɚ]	[ɹaiɾɚz kʰælvɚi]	[tʃuzdeizpʰɹaːzɪz]

11. 请考虑下列网址提供的建议，找出其中的十个"发错的音"：http://grammar.yourdictionary.com/style-and-usage/mispron.html。之所以称它们为"发错的音"，是按照本章所讨论的语音模式来判断的。哪些语音模式对这些发音最有说服力？

12. 在下一堂课开始前，就下列单词调查十个人。用音标记录每一个人答复中的首辅音。设计这个表格的目的是为了征得[w]和[ʍ]之间的潜在合并。

单词	发音	单词	发音
⟨witch⟩		⟨which⟩	
⟨weather⟩		⟨whether⟩	
⟨wear⟩		⟨where⟩	
⟨wail⟩		⟨whale⟩	
⟨wipe⟩		⟨whip⟩	
⟨wile⟩		⟨while⟩	

学 习 问 题

1. 什么是最小配对？
2. 语音的心理符号是如何得以体现的？
3. 音系学在心理语法中的作用是什么？
4. 什么是社会意义？
5. 什么是自然组？

语言入门

6. 什么样的自然组能把所有语音分成两个组？
7. 什么是音节？
8. 所有的语言都有同样的音节结构吗？
9. 什么是等级？
10. 什么是音节的结构？
11. 什么是音节首最大化？
12. 什么是音位制约？
13. 什么是洪亮度？
14. 两个 L 音的名称是什么？
15. 什么是低—后合并？
16. 前—松合并的模式是什么？
17. 什么是删除？
18. 什么是同化？
19. 促成鼻音化的外部环境是什么？
20. 清音化过程中发生了什么？
21. 什么是腭音化？
22. 美英两国在 R 音的元音化上的社会区别是什么？
23. 什么是送气？
24. 送气在英语以外的其他语言中是如何运用的？
25. 英语运用音高来标注意义上的差别吗？
26. 什么是共时变异？
27. 什么是历时变异？
28. 什么是首音互换？
29. 什么样的事情会发生在 yod 上？
30. 什么是喉音化？谁在用它？

了解更多与本章有关的资源，请登录本书的配套网站：http://www.wiley.com/go/hazen/introlanguage。

第四章　词汇中的简单词

本章概览

本章概述
词汇的歧义和任意性
我们的心理词典：在几个方面有别于纸质词典
词汇与同义词
结构
如何辨别词汇类别
实义词的类别
　　形容词
　　　　修饰整句的副词
　　　　定位
　　　　等级化
　　　　其他形容词形式
　　名词
　　　　规则名词的复数
　　　　不规则名词的复数
　　　　适用于所有名词的性与格
　　动词
　　　　变名词为动词，变动词为名词
　　　　及物性
　　　　时态

■■
■ 语言入门

> 动词的体
> > 进行体
> > 完成体
> > 中性体
> 语气
> > 陈述语气
> > 祈使语气
> > 疑问语气
> > 条件语气
> 功能词：砌墙的砂浆
> > 连接词
> > 作为限定成分的限定词
> > 代词
> > > 人称代词
> > > 指示代词
> > > 疑问代词
> > 介词
> 本章总结
> 主要概念
> 注释
> 参考文献
> 延伸阅读
> 练习
> > 个人练习
> > 小组练习
> 学习问题

第四章
词汇中的简单词

本章概述

  词汇是我们语言之旅的一个重要部分。在这里,我们抓住了生成会话的原材料,这些材料被存在词汇库里,就像书籍被存放在图书馆里那样。这一章聚焦我们如何整理书架,尤其是那些只有单个部件的词。我们从探究单词的形式和意义的关系开始,这是单词的基础。接下来我们转向单词所做的事情。大部分简单的词可以分为实义词和功能词两类,前者为造房子所用的砖头,后者为将砖头固定在一起的砂浆。实义词有这样一些类别,如形容词、名词和动词。功能词有这样一些类别,如限定词、代词和介词。每一个词汇类别都有具体的特性,据此我们可以生成短语:介词能够连接名词(如, in the house),但是不能连接形容词(如,* in smart)。动词的特性尤为具体,因而成为本章的一个特别关注点。

词汇的歧义和任意性

  把意义赋予某些声音集的能力或许是我们人类最基本的语言特征之一。这一点最为一般的语言使用者所忽视。单词本身是复杂的,但其基本原理颇为简单。单词的形式和意义之间的关系本质上是任意的,但由社会约定俗成。对于有声语言,形式就是声音,即声波的物理特性。对于符号语言,其形式就是符号,即手势的物理特性。单词的意义就是每一个体与那个形式建立的联系,不管那个联系是什么(意义在人与人之间会有差别)。两者的关系最终构成了一个单词,它由一个社会的全体成员创造和运用。对于任何一个词,形式与意义的关系都是约定俗成的。

  所有活语言可以观察到的一个事实是它们因时而变。但是,这怎么可能呢?即使是最基本的变化,一组声音怎么可能在某一天指某一样东西,而在来年指完全不同的东西?正如前两章讨论的语音,意义与形式之间的习惯上的关联每日都发生细小的变化,最终导致单词的细微变化。例如,

语言入门

bead 这个词现在通常指"小件珠宝",但在以前它指"祷告"。而早些时候,在英国,祷告时应该用念珠计数。公元 885 年的用法,如圣比德所说的">æt he sceolde ða bedu anescian"(他应该弱化祷告)和公元 1589 年的用法,如"About their necks great beades of glasse of diverse colours"(他们的脖子上挂着五颜六色的玻璃珠子),这两种用法可以被称作历时变化。[1] 我们是怎么得到这两种不同的意义的?一点一点地,共时变化积少成多,语言使用者微微地转变意义与形式的关系,使得 bead 最初指祷告,然后指祈祷所用的念珠,最后指这些小物件本身。

词汇是不是一场人人都可参加的自由争论?或许不是。词汇确实限制同义词,但是它似乎并不限制同形同音异义词。这些单词匹配说明了人类语言中生词的任意性基础。

文字游戏:古板守旧笑话中的同音异义词

辨认下面一则笑话中的同音异义词:

A mushroom walks into a bar and the bartender says, "We don't serve your kind here."(一只蘑菇走进了酒吧。招待说:"我们可不服务像你这样的。")

Then, the mushroom says—"Why not? I'm a *fun guy*."(然后,蘑菇说:"干吗不?我是个挺有趣的人。")

所有的幽默都建立在预期和意想不到的结果对比的基础上。在这则笑话中,有几件意想不到的事发生了,包括一只会走动会说话的蘑菇,但幽默不在蘑菇的人类特性上。

这则笑话的妙句藏在什么样的对比中?是声音、拼写、意义或者其他某些功能的对比?

同音异义词是指有着相同音系形式的不同单词,也就是说,它们听上去

第四章
词汇中的简单词

一个样。有时,它们的拼写也一样,像 bat(飞行的哺乳动物)和 bat(用以击打东西的棒子),或者它们可以拼写不同,像 air 和 heir。拼写相同的单词也可以被称为**同形异义词**,因为它们有着相同的书写形式。不是所有的同形异义词也同时是同音异义,因为像 bass [beis](一种乐器)和 bass [bæs](一种鱼)发音不同。既是同形异义又是同音异义的词,如 bat/bat,被称作**同形同音异义词**。(这些信息来自娜塔莉•迪的《同形异义词带来的惊愕》,http://www.nataliedee.com/index.php? date=071713。)

识别下面哪些单词是同音异义词,哪些是同形异义词,哪些是同形同音异义词:

bore(钻孔)	bore(导致疲倦)	
read(现在时)	read(过去时)	
cache	cash	
bye	buy	
cannon	canon	
tire(名词)	tire(动词)	
desert(干燥地区)	desert(抛弃)	dessert(甜品)
to	too	two
claws	clause	
pair	pare	
house(名词)	house(动词)	

既然我们能找到这么多同音异义词和这么少的同义词,对词汇的描写就应该把这个模式考虑进去。指示意义的位置似乎只能部分而不是全部匹配,词汇主要是通过其意义储存在大脑里。词的音位形式之间并不互相竞争,而且能够完全匹配。

在通常的词典里,意义是按单词的拼写列出来的,所以 bat 这个词的拼写包括对会飞行的哺乳动物和用来击打东西的棒子的描写。在语言词典里,这些信息将作为单列的词而分开储存。仔细想一想:bass(音乐术语)和 bass(一种鱼)是分开的词,table(名词)和 table(动词)也是如此。拼写并非统领一切。

■■ 语言入门

> **文字游戏：跨过同形同音异义词**
>
> 你知道多少种不同词性的同形同音异义词？例如，bat 可以是一个名词（如，the black bat）或者是一个动词（如，I bat in three runs）。大部分同形同音异义词属于同一词性还是不同的词性？

人类脑子里记忆的词汇块广泛而又多样。在第五和第六章里，我们将进一步探讨什么样的语言被储存在词汇库里，但在这里我们仅讨论完整和简单的词，像 gecko，love，grant，squid 和 Mississippi。很难精确地测算一个人对于一门具体的语言所拥有的词汇量。[2] 一个还算像样的推测是，中学毕业生大约有四万个单词的词汇量（See Steven Pinker, *The Language Instinct：How the Mind Creates Language*, 2007）。你越多地使用语言，语言的变化越多，你的词汇量或许就越大。这是否意味着人们可以把认识的单词一一列举出来呢？并非如此。语言知识是可以直接获取的，但这些知识的实质（我认识多少单词？在我的大脑里名词和动词感觉不同吗？）无法直接为我们所知。"认识"一个单词包括把它的形式和意义配对储存在你的词汇库里，并且能够通过认知和产出提取这些信息。

我们的心理词典：在几个方面有别于纸质词典

对于纸质词典，一套标准经历了过去数个世纪的演变。萨缪尔·约翰逊（1709—1784 年）开创了许多现代词典的惯例，包括用举例帮助释义。诺亚·韦伯斯特（1758—1843 年）于 1828 年出版了他的词典，尽管他的影响源自他的单词拼写课本，后者在 1783 到 1890 年间售出了 6000 万册。今天，在诸如《美国传统词典》和《韦氏大学词典》等标准词典中，单词按字母顺序编排。顺序基于单词的正字拼写法：在纸质词典中 coma 出现在 comb 之前，因为在字母表中 a 位列 b 的前面。[3] 与此同时，coma（昏迷）并不紧挨着

第四章
词汇中的简单词

trance(出神、发呆、昏睡状态)或者 unconscious(无意识)，comb(梳子)也不是紧邻着 brush(刷子)或者 hair(头发)，尽管这些单词的意义是更有关联的。注意，标准词典也选择以更保守的拼写而不是多变的发音为编排顺序。像 physical 这样的单词并没有紧挨着 fiscal 排列，psychology(心理学)也没有排在 science(科学)附近。

我们也会把单词储存在大脑里，只不过我们以不同于纸质词典的方式储存。不用担心拼写是否规范。记住，人类的大部分历史以及大部分语言根本就没有书写形式。书写是一项有用的技术，但书写不是语言。大脑中的词汇通过两条不同的线索联系起来。联系词汇的一条线索是相关联的意义。例如，car, automobile, wheels, ride 这个集合里的单词有时是近义词(带着不同的社会意义)。类属词典就是一本根据中心词和它们的相关意义组织的书。另一条线索是声音的相似性。请看下面的绕口令。

一口气大声读出下面十个单词。然后迅速大声回答紧随其后的问题：

十个单词：

coast, coast, coast, coast, coast, coast, coast, coast, coast, coast.

问题：What do you put in a toaster?（你把什么放进烤面包机里?）

答案：＿＿＿＿＿＿＿＿＿＿＿＿＿＿＿＿＿＿＿＿

通过让你大声重复这些单词，你的心理语法中的声音系统(即你的语音体系)得以建立起来，并进而提醒你相近似的单词。你为你的语音体系事先作好了准备去想起押韵的单词。当被问及上面这个问题时，大多数人给出的答案通常是 toast(面包)，当然这是从 toaster(烤面包机)里出来的东西。大多数人通常把面包放进烤面包机里。

单词通过声音联系起来，而上面的例子告诉我们，它们不是通过首音而是通过尾音联系在一起。

词汇与同义词

synonym 一词的前缀 syn- 的意思是"在一起""近似的""相像的"。它是

syllable 这个单词中的同一个前缀,只不过这里的 n 变成了 l。而 nym 表示名称,这就是为什么我们也有 antonyms(反义词)和 homonyms(同形同音异义词)。同义词在词汇里受到的待遇往往不一样。

词汇在某些方面具有限制性,实际上引导着什么是可能的单词,什么是不可能的单词。同义词体现了词汇的限制性。单词可以具备相近似的意义,所以像 skinny 和 scrawny 这样的单词都指"体重低于预期的人"。然而,scrawny 有额外的一层否定意义。这个词给人带来的印象是虚弱、无力,而 skinny 没有这一含义。有时,指示意义相近的单词有着不同的社会意义,尤其是身体部位的禁忌名称。以 penis 这个术语为例(这是一个在 1578 年首次进入英语的拉丁语术语)。这一男性生殖器官也用 cock 和 pee-pee 等术语来指称。但是,只是因为它们的所指相同,是否意味着这些单词可以互换着用呢?当然,任何一个人在一天中都可以用到这三个词,但是什么样的上下文对于其中一个比另外两个更为合适呢?

在下面的这个练习中,试着找出真正的同义词,它们的意义在各个方面都匹配。如果某些单词组在指示意义或社会意义方面很接近,请描述它们如何各自有别。

对于下面的话题,试着把指示意义相近的单词汇集在一起。

1. Visual light(可见光)
2. Clothing for the top half of the body(上身穿的衣服)
3. Kinds of people(各种各样的人)
4. Life at the beach(在海滩的生活)
5. Kinds of writing(各种各样的写作)
6. Objects in the kitchen(厨房里的物品)

即使某些单词最初是同义词,但随着岁月的流逝,它们的意义可能发生变化。如果我们回首英语的历史,skirt(裙子)和 shirt(衬衫)这两个词似乎来源于同一个古英语术语 scyrte,但它们与后者的意义早已分道扬镳。另两个词 skiff 和 ship 也经历了类似的分离。早些时候的拉丁语词 candle 和后来的法语词 chandelier 有同一来源,只是拉丁语词 candle 早在几个世纪前

第四章
词汇中的简单词

就被借入英语。还有 chaise-lounge(躺椅)这个单词,它的第一部分是 chair(椅子)的语音变异。这些词以相近的形式开始,但是它们的意义后来差异很大。针对巨大的意义鸿沟,我们来看下面两列单词。

A 列	B 列
cow	beef
pig	pork
calf	veal
sheep	mutton
chicken	poultry

A 列中的所有单词都出自盎格鲁-撒克逊词源,而 B 列中的单词都出自法兰西词源(特别是 1066 年以后的盎格鲁-法兰西词源)。当 B 列中的单词被引入英语的时候,它们和 A 列中的单词的意义是一样的(即它们是同义词)。这两列单词的意义如今怎么会不一样的?除了 poultry 这个词,B 列中的单词都指"盘中的食物",而 A 列中的词指(这些食物的来源)动物。在 1066 年的盎格鲁-诺曼征服后,说法语的英国统治者把他们的法语词带到了英国,指向他们想要的盘中食物。而这个时候,说英语的仆人在用泔水喂猪,在牧场上放羊,是他们饲养动物并提供了食物。他们的用语一开始便有一种社会区分。

到了近现代,看一下 hang 这个单词的过去时态。在许多社区和方言里,有两种形式:hanged 和 hung。在 hang 这个词的历史上,英国不同的地区有不同的形式。英格兰北部支持 hanged,而英格兰南部则偏好 hung。最终,hung 接管了这个单词的过去时态形式。然而,因为这两种形式是真正的同义词,它们的意义分道扬镳了。hanged 这个词被用来表示"用绞刑处决人"的及物动词的过去时态。查尔斯·狄更斯在 1838 年出版的《雾都孤儿》里写道:"To be hanged by the neck till he was dead—that was the end(用绳索套住脖子,吊了起来,直到咽气——那就是结局)"。这一特殊用法在当今许多说英语的社区里持续至今,它允许 hanged 和 hung 作为两个关联但非同义的词共存。

■ 语言入门

结 构

如上所述,单词是形式和意义配对的结合体,但正如我们在下面几章即将探讨的那样,单词的排列方式对其如何工作至关重要。我们需要通过另一种特征来定义单词如何在一定的背景下工作。下面两句中的单词 duck 在形式上有什么不同?

1. The ducks landed on the dock.
2. The swimmer ducked under the dock.

在第一句中,duck 出现在一个定冠词后面,并且加上了"s",表示它是复数。在第二句中,duck 出现在那位游泳者(the swimmer)后面,并且其尾部加上了"ed",显示它是过去时态。同一个形式的 duck 在上述两个句子中是两个意义不同的单词。第一个 duck 的意思是"某种水禽",第二个 duck 表示"低下头和上身以避免被齐头的物体击中"。能够变成复数并且出现在定冠词后面的单词被视为**名词**。和主语连在一起并且能变成过去时态的词被视作**动词**。这些被称作词汇类别。语言使用者每学习一个新词都将其标作某一词汇类别。现在来看看下面这个句子:

I saw her duck.

这是怎么回事?没有更多的上下文信息,我们不得而知。在正常的会话中,社会的或实物的场景(例如,有个小女孩拿着一个玩具鸭子)或者先前的语言场景(例如,我们刚才恰好谈到"低头走过一张排球网")会提供上下文。从语言的角度看,I saw her duck 这个句子给你提供两个选择。在第一个选择中,her duck 可能指一位女性拥有的水禽;在第二个选择中,saw her duck 可能指看到一位女性低头屈身以避免头部被碰到。这类不确定性和 The bat hit me in the face 这个句子所表达意思的不确定性相似。在这句中,名词 bat 起主语的作用,但凭仅有的一点信息,我们不知道它到底是一只哺乳动物还是一根棒子(哪个更吓人呢?)。不同的单词以同样的形式出现在一个短语中就会产生**词汇歧义**。这里有必要指出,词汇歧义出现在两个或更多的单词之间。在第八章,我们将介绍结构性歧义,那是由单词的组织所引发的意义差别。词汇的和结构的变异并非歧义产生的唯一原因。在网络漫画 xkcd 中(请参见网址:http://xkcd.com/1160/),歧义是如何产生的呢?

如何辨别词汇类别

在传统术语中,像名词和动词这些名称被称作词性(parts of speech)。词性这个术语不存在什么本质上的"邪恶"之处,但是词汇类别(lexical category)这个术语能够让我们立足于这一想法,即人类大脑中的语言是通过一个高度调节的过程创造的。这一调节过程的一个重要组成部分是单词的词汇类别在其中所扮演的角色。在本书中,没有鸿篇大论来确定词汇类别的具体数目或者证实它们的不可分割性(换言之,每一词汇类别是否由更小的单位组成,就像分子是由原子构成的那样)。我们的词汇类别只是让我们更好地了解语言是如何工作的工具。

那么,我们该如何确立词汇类别?词汇类别是否有一个终极名单?它们是否以不同的颜色或是不同的味道和气味出现,好比形容词的味道像柠檬水果硬糖,动词闻起来像肉桂?很显然,进化过程中没有发现在我们评价词汇类别时我们的器官也受到了刺激。我们没有任何自然手段可以用以确定哪些词属于哪种词汇类别。就像我们语言的许多活动那样,对词汇类别的评估是我们大脑迅速加工的一部分,但是我们并没有意识到这个评估。

所以,作为学习语言的学生,我们必须努力弄清楚"什么是什么"。庆幸的是,我们的确有心理语法帮忙,它可以尽可能多地创造我们想要的数据。我们并不缺少分析的素材。具体步骤是这样的:第一,你选择一个单词,然后把它放到不同的语境中试试;第二,在单词结合在一起的模式中寻找相似点。例如,想一下 yellow 这个词。我们如何把它归入一个词汇类别?首先,我们根据 yellow 的用法造一些短语:

The <u>yellow</u> car

A very <u>yellow</u> light

That bird is really <u>yellow</u>

接下来,我们用其他一些词替换这些短语中的 yellow,看看它们是否合适并作比较。并不需要意义匹配。词汇类别无关乎单词的意义,而是关乎单词根据语言的描写语法是如何运用的。试看下列短语:

The <u>old</u> car; The <u>small</u> car; The <u>cheap</u> car; The <u>imaginary</u> car; The <u>alien</u> car

A very <u>soft</u> light; A very <u>bright</u> light; A very <u>sharp</u> light; A very <u>glaring</u> light

That bird is really <u>rare</u>; That bird is really <u>smart</u>; That bird is really <u>beautiful</u>

所有这些画下划线的单词填进了 yellow 所在的位置。这个时候,我们可以断定它们都属于同一个词汇类别。正如你很可能已经猜到的,它们都作为形容词用在上述短语中。

这里有一点非常重要,那就是:形容词这个类别的实质不是通过其中的单词得以定义的,而是通过这个单词和短语中的其他部件的关系来确定的。我们将在第七和第八章拓展这个概念。到那时,我们将通过句法来研究短语的构造。

在下面的几节中我们逐步推进对词汇类别的描述,包括对形容词的描述。

这些词汇类别被分成两个更大的群体。当我们把这两个群体里的单词编织成短语时,它们并不以同样的方式工作。其中,一个群体称作**实义词**类别,承载了语言的大部分指示意义;另一个群体称为**功能词**类别,在词与词之间建立关系以便于我们能弄明白不同的部件如何连接在一起。首先介绍的是实义词的范畴。

第四章
词汇中的简单词

实义词的类别

形容词

第一个实义词类别是**形容词**。这些词修饰名词或动词。没错,或动词。那些修饰动词的词习惯上被称作副词,但把形容词视作更大的类别似乎更加合理,它们中的一些修饰动词,另一些修饰名词。

在 the quick sniper 和 the sniper is quick 这两个短语中, quick 这个词是作为形容词的。加上后缀-ly,形容词 quick 能够修饰动词,比如, She ran quickly。再来看看 fast 这个词 the fast sniper 和 the sniper is fast。在这两个短语中, fast 是一个形容词,修饰名词。关于 she ran fast 这个短语,你怎么看呢? 在这里, fast 后加后缀-ly 对大部分人来说并不是一个正常的副词形式。大部分人不会说出 she ran fastly 这样的句子。然而形容词 fast 确实是一个修饰动词 ran 的形容词!

是不是每个以-ly 结尾的词只能修饰动词? 现在的答案是,有些以-ly 结尾的词修饰动词,但毫无疑问并非所有的以-ly 结尾的词都修饰动词。早些时期的英语,如早期现代英语(1500—1700 年)中有更多以-ly 结尾的词被当作形容词。后缀-ly 附在了名词和修饰动词的形容词上。再来看看 friendly 这个词。在我们目前使用的这个框架内,这个词似乎没有任何问题,如:the friendly sniper; the sniper is friendly。所以,这个以-ly 结尾的词是个形容词,在语法意义上不修饰动词,就像你不能说 she spoke friendly。创造像 friendly 这样的词的公式是名词＋ly＝形容词。所以我们有了像 man-ly, coward-ly, king-ly, scholar-ly, dai-ly, year-ly, week-ly 这样的词。对另外一些词,-ly 形式是由形容词构成的,其结果是它们既可以作为形容词又可以作为副词,例如, kindly(The council hopes that he will <u>kindly</u> accept the position; She was a <u>kindly</u> queen. 前者修饰动词,后者修饰名词)。

英语中的一些形容词也可以修饰其他形容词。看一下像 deadly 这样的词。在 deadly disease(致命的疾病)这个短语中, deadly 修饰名词 disease。

语言入门

而在另一个短语 a deadly serious proposition(一项非常严肃的倡议)中，deadly 修饰另一个形容词 serious。传统上，这样的形容词被称作副词性质的形容词，但是这样的安排和动词没有任何关系。

按照传统的分类法，以下是哪一类词修饰哪一类词的具体划分：

形容词　　副词
名词　　　动词
　　　　　形容词
　　　　　句子

修饰整句的副词

另一类形容词修饰语是**修饰整句的副词**。虽然它不修饰动词，但却修饰所在的整个句子。在 Ideally, this rope will save us before the waterfall 这个句子中，ideally 这个词并不描述"绳子如何拯救我们"，而是"提供一个最佳方案"。这里，我们再一次看到以-ly 后缀结尾的词并不总是修饰动词。有一个修饰整句的副词这么多年来承受了莫大的悲哀，但是，希望未来人们对它会好一点。这个修饰整句的副词 hopefully 在过去的一个世纪里被诟病、吐口水、踩在脚下，让其自生自灭。对于一个和 ideally, ironically, thankfully 和 clearly 这些单词发挥着同样作用的单词，hopefully 遭受这样的厄运着实让人感到奇怪。在 Hopefully, we can put out the fire 这个句子中，说话者丝毫没有意图通过"希望"来灭掉火焰，而是为了表达得到想要的结果。

定位

在英语里，形容词往往处在被修饰词的前面。一个例外是形容词处在一个动词短语中修饰主语里的名词。例如，在 The elephant is thirsty 这一句中，形容词 thirsty 通过动词 is 修饰(处在主语位置的) elephant。在 This beer seems flat(这啤酒走气了)这句话中，形容词 flat 通过动词 seems 修饰(处在主语位置的) beer。这个形容词位置被称作**谓语性的**(表语的)，因为形容词处在**谓语的位置**，这是动词短语的旧称谓。当形容词处在被修饰词的前面，它被称为**定语的**，例如 a wicked smile(恶意的微笑)。在其他许多语言中,形容词跟在被修饰的名词后面。比如在西班牙语中:*el chico alto*(高高的男孩)和 *la chica alta*(高高的女孩)。

等级化

英语中的形容词通常可以分成等级,意思是它们可在不同的层面上区分开,并且有三种形式帮助它们描写所修饰的内容。在 the black dog(那条黑色的狗)中,形容词(black)处在**原始**的状态。在 the blacker dog(那条更黑的狗)中,形容词(blacker)处在**比较级**的状态。在 the blackest dog(那条最黑的狗)中,形容词(blackest)处在**最高级**的状态(那是最棒的!)。比较级和最高级的结尾形式-er 和-est 是来自盎格鲁-撒克逊的日耳曼语后缀,它们促成被修饰的名词和别的东西之间的比较,即便这样的比较没有言明。最高级别的形式-est 不仅作了比较,而且声称被修饰的名词具备形容词特性中的最高级别。

并非所有的英语形容词都可以被分成等级。例如,像 phonetic 和 federal 这样的形容词,不能按照一个刻度表包装。phonetic symbol(语音符号)不能通过比较生成 the more phonetic symbol(更加语音的符号),好像有什么语音的延续体似的。如果按照你的经验,某个形容词具备一系列的品级(如,红的,更红的,最红的),那么它对你来说就是一个可以分成等级的形容词。

英语的形容词选择了不同的路径表达比较级和最高级的形式。许多来自盎格鲁-撒克逊的形容词选择了-er 和-est 的后缀形式。来自拉丁语、法语和希腊语的形容词则通常选择用 more 和 most 来表达。后一类形容词往往已经有好多个音节了,再加上-er 和-est 后缀就会显得笨重。请看:

<u>盎格鲁-撒克逊来源的形容词</u>	<u>拉丁语或法语来源的形容词</u>
pretty, prettier, prettiest	beautiful, more beautiful, most beautiful(古法语)
hard, harder, hardest	resilient, more resilient, most resilient(拉丁语)
narrow, narrower, narrowest	tangential, more tangential,

语言入门

  round, rounder, roundest   most tangential（拉丁语）
              spherical, more spherical, most spherical（拉丁语和希腊语）

  有些词在这两种表达比较级和最高级的方法之间摇摆不定。例如，fun 这个词似乎是一个英国英语中的单词，但其词源并不明朗：它的名词形式 fun 好像来自 fun 这个动词，意思是"欺骗或捉弄别人"。就其形容词状态，在诸如 fun times（快乐时刻）这样的短语中，对大多数人而言可以分成等级，但是以什么形式分级呢？我们是选择 more fun 和 most fun 的形式，还是干脆就用带有后缀的形式 funner 和 funnest？鉴于博客圈普遍存在对于 funner 和 funnest 这两个表达形式的不安，我们至少可以说这个问题还没有定论。你得先询问当地有关 fun 的用法的习俗，然后再用它作比较。

其他形容词形式

  市场上有各种各样的外壳和套子来装扮你的手机，以适应不同的场合。在早期的英语变体中，形容词因它们修饰的名词的种类不同而穿着不同的"外套"。像西班牙语、法语、意大利语和德语这些语言，它们的形容词因所修饰的名词而变化。对于这些语言，名词有不同的种类，如阴性、阳性和中性，还有单、复数之分。请看下面这组短语：

德语	法语	意大利语
Das gebrauchte Auto	la petite étoile	I divani rossi
（这辆二手车）	（那颗小星星）	（这套红色的长沙发）

  在古英语时期（450—1100 年），英语中的形容词就像这些现代语言中的形容词。在 to the good king 这个短语中，后缀被加到了形容词 gōd（good）的后面，产生了 gōdum cyninge 这样的短语。后缀 -um 用以代表现代英语中的"to the"部分和古英语中 cyninge 的语法阳性。从那以后，我们放弃了英语中的词性后缀。在古英语中，一个中性的名词像 sweord 在表示所有格的短语如 the good sword's strike 中，会用上一个带有不同后缀的形容词 gōdes。随着岁月的流逝，这些不同的后缀变得越来越难以区分，人们也

用得越来越少。因此，阴性、阳性和中性名词的分类在中古英语时期(1100—1500年)逐渐消失了。

名词

大部分学生对下一个词汇类别**名词**会感到很轻松。名词能有多难对付？答案是"并非那么难对付"，但是我们得出这一结论的路径或许不是你所想象的那样。

名词的定义通常基于其意义，以至于许多学校有这样的说法："名词就是人、地方、东西。"上网搜索"person, place, or thing"这一串短语，就会跳出超过500万条结果。对于一些人而言，这个短语是他们在学校学的语法知识中被记住得最多的内容，(从受欢迎程度看)它一定是最成功的语法短语。不幸的是，要作为名词的精确定义，它还不够广泛。考虑一下 fork 和 game 这两个名词。a fork(叉子)属于"东西"这个范畴，但是 a game(球赛)是运动员之间建立的一组关系。为打一场橄榄球赛，球员们必须按照一系列相似的目的在有协调的关系模式中参赛：谁进攻？谁防守？谁控制球？game 是一个常见的名词，在网上搜索通常会出现数以几百万计的结果。然而，它不是人、地方或者东西。[4]

的确，要理解语言中的名词是什么，我们得仔细观察名词是如何和周围的单词一起搭配使用的。请看下列句子中画线部分的单词：

The <u>game</u> fell flat today.

<u>A game of poker</u> would be nice.

We lost <u>the game</u>.

Could you drive us <u>to the game</u>?

在每一个句子中，game 这个词是主语或宾语的一部分。这个语境正是名词的去处。game 这个词的意义不是我们弄明白其词汇类别所需要的关键信息。我们需要知道的是名词在短语中的落脚之处。

规则名词的复数

名词的另外一个区分特征是它可以是单数或复数。每个阅读本书的人

语言入门

都会很容易地生成许多单数和复数的名词形式,但这里我们需要区分不同类型的单复数。从一开始,英语就有几种不同的生成复数的方法。这些从过去几个世纪传下来的不同方法到了今天变成了不规则的形式。

最为典型的一种复数形式就是以-s 结尾的复数形式,像 wombat, wombats。-s 这个后缀是盎格鲁-撒克逊时代的遗留产物,被直接附在了可数名词的后面。正如你所猜测的,你可以数这些名词:trenches(几条壕沟),rockets(几枚火箭),continents(几个大洲),stars(几颗星星)。在以-s 和-es 结尾的复数之间有一些变化,但这和名词的词汇类别没有任何关系,关于这方面的讨论我们将留到第六章。

与可数名词形成对照的是物质名词。这些名词的意义更容易通过容器的容积而不是可数的物件来量化。像 water, air, rice, gasoline 这些名词都是物质名词。然而,这些名词之所以是物质名词不是因为它们的意义,而是因为它们变成复数的场景。在 I bought three crickets for my crested gecko(我给我那带羽冠的壁虎买了三只蟋蟀)这句中,名词 cricket(蟋蟀)通过在词尾加上-s 变成了复数而且紧随数字 three 之后。现在来试着把物质名词 water 放到同一个句子中:I bought three waters for my crested gecko(我给我那带羽冠的壁虎买了三水)。对于大部分英语使用者来说,这不是可能的句子构造,肯定不合乎语法,除非你所说的 waters 是指"三瓶水"或(听上去怪怪的)"大片水域"。物质名词在变成复数前需要某些度量单位,如三品脱水、两杯米、三加仑汽油。啤酒这个名词通常需要一个度量衡单位来表示,如几箱啤酒、几小桶啤酒、几品脱啤酒。可是,在很多社交场合,告诉酒吧招待来 two beers(或 two waters)照样可以让你得到服务。为什么会这样?当一个人点啤酒或水的时候,他要的是盛在容器里而不是洒落在手里的啤酒或水,对此大家是心知肚明的。所以,杯子和瓶子被默认为交易的一部分。

不规则名词的复数

在可数名词和物质名词之外是不规则名词的领地。这是一个不幸的名称,因为这片领地过去可不是由一些奇形怪状的复数组成的不规则的类别。相反,不规则复数本是另一种生成复数的惯常方法。随着时间的推移,-s形式的复数接管了越来越多的复数形式,就像1958年公映的恐怖片《幽浮魔点》中的怪兽一般吞噬着它们。

第一个不规则名词的复数形式是**零复数形式**。通常包括非人类的动物,如deer,deer(鹿);sheep,sheep(羊)。这个类别的单词包括盎格鲁-撒克逊英语中表示"人们"的单词folc,今天folk这个表示"人们"的单词仍然以无标记的复数形式出现。这种类型的复数形式接纳了其他的一些单词,包括fish(鱼),elk(驼鹿),甚至moose(麋鹿,原本是来自北美土著印第安语族中的阿尔贡金语里的单词)。word(单词)这个词本身一度也是这群复数单词中的一分子,但是自那以后它也依从以-s结尾的复数形式而成了一个规则的可数名词。

对于一些名词,它们的复数形式的后缀是-en。[5]今天,很少有单词以-en结尾,尽管在过去它是把name和eye等词变成复数的常规方法。复数形式eyen的各种拼写方式一直持续到16世纪,然后被-s的复数形式取代了。今天我们有三个以-en结尾的复数形式,其中两个分别是oxen(公牛)和brethren(弟兄们),只不过现在都不经常用了。虽然brethren(弟兄们)限于正式的语域,通常是宗教语境,但这两个词作为复数形式似乎颇为稳定。

最常见的以-en结尾的复数形式着实有些奇怪,那就是children。这倒不是因为children这个词本身有什么奇怪,而是它的复数形式的历史很怪(没错,说的就是"复数")。它的单数形式child来自古英语时期,而它原本的复数就是child(两者都拼写成＜cild＞)。后来它被归入了另一类名词,这类名词的复数以-ru这一后缀结束。所以它的复数形式如在这句中:Cildru singa?(The children sing;孩子们唱歌)。childru这个复数形式延续到了中古英语时期,特别是在英格兰的北部。在这个地区的某些地方,child这个词在当地的正常复数形式仍然是childru。一个小小的名词后缀类别独自幸存上千年,这确实令人印象深刻。对于中古英语时期的英格兰南部,人们要么对以-ru结尾的复数感到厌倦了,要么认为这个复数形式逐渐从他们的词汇中消失。无论出于哪一种原因,他们在child这个词后面加上另外一

语言入门

个后缀-en。这个带有-ru后缀遗迹的双标记复数children成了全世界标准英语的正常复数形式。

其他一些不规则的复数形式往往让现代英语使用者感到困惑。一组相当常见的名词复数通过改变其中的元音来表示它们的复数状态。请看下列单词：

单数	复数
foot	feet
goose	geese
louse	lice
mouse	mice
tooth	teeth
man	men
woman	women

这些复数似乎有一定的模式，但是同一个模式并非体现在所有这些单词中，而且注意，并非所有类似的单词都以同样的方式变成复数。英语中没有spouse, spice或者moose, meese这样的单复数配对。这些元音变更的复数来自一个古老的模式，它通过在词尾加上一个元音后缀来完成。举例说，foot这个词会获得一个-i后缀使得它变为复数，最后得到复数footi。这一后缀影响了前面的元音。如果你记得第三章的内容，同化是一个音变得更像另一个音的过程。在这种情况下，foot中的长元音[u]被移到了口腔的前部，使得它更像前元音[i]。这一同化给了我们中长元音[e]，得到[fet]（然后它在元音大迁移中被抬高到现代英语[fi:t]的位置）。最终，犹如许多词尾元音一样，这个后缀也脱落了，只剩下元音的区分来表示单复数的差别。这一小群单词是人们最终放弃的有规律的语言过程的产物。其结果是一个貌似不规则的模式。

一组不同的不规则复数来自用不同的规则过程生成复数名词的语言。在接受这些名词的时候，我们也接受了它们生成复数的模式。请看：

第四章
词汇中的简单词

alumna	alumni
basis	bases（和 base 的复数形式同形异义，但不同音异义）
hypothesis	hypotheses
stratum	strata
datum	data
focus	foci（几何学术语，现在也用 focuses）
fungus	fungi（现在也用 funguses）

其中一些单词的复数形式正以不同的方式变化着。例如，像 fungus 这样的单词可以用原先的拉丁语模式变成复数 fungi，或者用盎格鲁-撒克逊英语的模式，生成复数 funguses。像 data 这样的单词现在可以变化着用，既可以作为单数名词（如，the data shows...），也可以作为复数名词（如，the data show...）。

另外一种情况是，当一个可数名词被用作形容词修饰一个名词时，意想不到的复数形式出现了，如 We went for a three-mile walk。大部分讲英语的人也会说 We walked three miles。为什么它在另外一个名词前作为修饰词的时候它的复数形式不带后缀呢？答案和这个构造的历史有关。在古英语中，有一个表达复数状态的后缀:-a。在英语的语音体系中，有些音得到的"待遇"优于另一些音，或许最常被撇在一边的音是处在词尾的元音（想想英语中所有"无声的-e"吧）。就像其他众多的词尾元音一样，这个后缀也遭到抛弃，而采取了零后缀的形式来体现复数。在某种意义上，它现在是一个"幽灵后缀"。

适用于所有名词的性与格

现代德语、荷兰语、法语、意大利语和西班牙语都有不同的表示名词类别的系统。英语以前也有这样的系统，但是这些系统现已消失，除了语法中一个微小的角落，即性与格这个角落。不幸的是，在这个角落有一些术语令人感到困惑，具体来说就是阴性、阳性和中性。[6] 古英语规定名词有**语法上的性**，意思是每一个名词要么是阴性，要么是阳性，要么是中性。古英语使用者并没有以这样的方式给名词贴上标签；他们只是有三类不同的名

147

词。表示"女人"的这个单词 wif 是个中性词。表示"有价值的玉"的单词 sincgim 是阳性。这个语法系统已经不再被使用了,所以今天人们想起名词的性时,指的往往是文化概念上的性。古英语中表示"船只"的这个词 scip 是个中性词(语法上的中性),但是今天大部分的船只都被视作阴性(指自然意义上的阴性)。

另一个古英语中用以标示名词的系统称作**格**。为了标示语言中的格,语言使用者需要某种标记,如词缀,和对名词在句中作用的下意识理解,不管它的作用是主语还是宾语。在古英语中,格是通过在名词上加后缀来标记的。如果 bāt(船)在句中用作主语,那么它还是 bāt。如果它是复数,在句中作为介词的宾语,如 to the boats(向着那些船只),那么它将是 bātum。如果它是单数,标记为所属关系,如 the boat's mast(船的桅杆),那么它将以 bātes mæst 的形式出现。这里 bāt 最后的后缀正是现代英语表示 boat's 或 ship's 或 eye's 或 earth's 等所有格的来源。

因为单词的主重音不落在后缀上,大部分后缀都消失在时间的长河里了。有了它们,英语使用者能够展示哪一个词是主语,哪一个词是宾语。没有它们,英语使用者得找到其他渠道弄清楚句子中的成分(第八章将介绍这些解决问题的方案)。

现代英语语法中的格标记唯一幸存下来的是人称代词。我们来看看下面的句子:

I shot him.　　　He shot me.
I shot her.　　　She shot me.
We shot you.　　You shot us.
I shot them.　　They shot me.

主语有一种形式,宾语有一种不同的形式(第二人称代词 you 除外)。这些不同的形式表示格标记。从单词的形式我们可以弄明白 her(她)是句子的宾语,she(她)是主语。The officer shot the suspect(警官向嫌疑犯开了枪)这个句子没有按照这样能辨认的方式标记宾语和主语。

所有关系在现代英语中也显示在人称代词上。请考虑人称代词 our 在

第四章
词汇中的简单词

下列句中表示什么:Julia read our cookbook(朱莉娅读了我们的食谱)。这里,our不是动词read的宾语。它是对名词cookbook的一个修饰词。如果把our换成其他人称代词,如my,your,her或者their,那我们将替换拥有这本食谱的人。

动词

"至尊戒驭众戒",在词汇中,动词就是那只至尊戒。在托尔金的《魔戒》中,一只魔戒控制着其他戒指和那些戴着它们的人。有诗为证:

> ... One for the Dark Lord on his dark throne
> In the Land of Mordor where the Shadows lie.
> One Ring to rule them all, One Ring to find them,
> One Ring to bring them all and in the darkness bind them
> In the Land of Mordor where the Shadows lie.
> 一只戒指属于在黑暗宝座上的黑暗君主
> 在那阴影笼罩的魔多大地上。
> 一只戒指统治他们所有,一只戒指,找到他们,
> 一只戒指给他们带来一切,并在黑暗中约束他们
> 在那阴影笼罩的魔多大地上。

动词或许并不是什么凶神恶煞(或许),但是它的确控制着周围的其他词汇类别。出于这个原因,史蒂文·平克在《语言本能》一书中写道:"在一个短语中,动词就是个小小的霸主……"本节将展示动词如何控制其他成分的细节。

像名词类别那样,动词也不是通过意义来定义的。行动不是关键。在She runs fast(她跑得快)和She seems fast(她看上去很快)两句中,第一句有行动,而第二句没有。在这两句中seem和run都是动词,但是前者描述的是状态,后者描述的是动作。那么,是什么使得动词成为动词呢?

和名词一样,一个单词在句中的功用提供了它属于哪个词汇类别的线

索。名词作为动词的主语和宾语。在英语中,动词需要主语,即使这个主语是充数的。在 The book hit the table 和 It is raining 这两句中,作为主语的 book 和 it 分别与动词 hit 和 is 联系在一起。单词 it 本身是一个占位符,这样句子有一个主语,不至于指任何东西。动词周围的成分安排将在本节介绍。

请考虑下列形式:dog, collar, rope, table。它们是名词还是动词?没有上下文的情况下,在现代英语中两者皆有可能。

  That sales rep will <u>dog</u> me all day.
  They eventually should <u>collar</u> the stray.
  The cowboy could <u>rope</u> the horse in the pasture.
  The representative should <u>table</u> the proposal.

在这些句子中,画线部分的词是动词。没有任何后缀告诉我们这个信息,但它相对于其他词的位置告诉了我们它确实是个动词。作为一个用法说明,有些人不喜欢把名词动词化。把名词当作动词和从名词中造出一个动词,这二者在他们看来都有些低级趣味。像 She verbed the word "book" 这样的句子,颠覆了一些人的审美。

变名词为动词,变动词为名词

在现代英语中,没有多少后缀从事语法工作。实际上也没有任何前缀从事语法工作。因此,我们没有明确的方法把一个动词标注为动词,或者把一个名词标注为名词(对此第七和第八章将作进一步的讨论)。在其他语言中,每个词都会举着一面小旗子骄傲地呐喊:"我们和名词王国保持团结",或者"我们和动词部落保持一致"!在法语中,动词有一定的后缀。以-er 结尾的动词组成一个组,以-ir 结尾的动词组成另一个不同的组。在英语中,我们的名词和动词相对而言比较简单。

所以,我们的动词形式可以变成名词。或许 talk, run, hit 这几个单词的最常见用法是作为动词,而且这肯定是大部分人对它们的词汇类别的猜测。可是,需要根据上下文才能够弄明白它们是如何使用的,进而确认它们属于哪个词汇类别：单词 run 的词汇类别在 a run 和 to run 这两个短语里是不同的。在下面的句子中，画线部分的单词是名词。

She gave a really good <u>talk</u> today.
He went on his longest <u>run</u> last night.
Bruce has had many <u>hits</u>.

及物性

动词的及物性是一个棘手的问题，对于应该有多少种及物性学者们没有定论。在本书中，我们通过两种方法将事情简化。第一，我们只谈三类及物性：**不及物动词、及物动词、双及物动词**（又称**双宾语动词**）。第二，我们规定每个动词都有词汇上指定的及物性。换言之，当你试图记住一个单词如 kiss 的时候，你记住它的形式、意义、词汇类别和（既然它是个动词）需要的主语和宾语（也就是说它是及物的）。在 She <u>kisses</u> him all the time（她一直在亲吻他）和 she <u>kisses</u> all the time（她一直在亲吻）这两个句子中，动词 kisses 在两种情况下都是及物的。第二句中的宾语只是没有表达出来。

不及物动词：　主语→动词|
及物动词：　　主语→动词→宾语
双宾语动词：　主语→动词→宾语→宾语

对于及物性，什么是"及物"？"及"是什么意思？对于动词，我们讲的是主语是否跨过动词。

不及物动词最为简单。逻辑上，它们不需要宾语：如，I fell（我跌倒了）。即使动词后面跟着词语，这些词语并非不及物动词的宾语。在 I fell down the steps（我跌下了台阶）这句中，down the steps 是跌倒的位置，不是跌倒的宾语。请注意它和下面一句的差别：I felled the tree（我砍倒了那棵树），这里动词 fell 的分量压在了名词短语 the tree（那棵树）上。看一下下面的区别：

语言入门

不及物动词

She <u>runs</u> three days a week.

We <u>sleep</u> all night.

He <u>walks</u> downtown every afternoon.

及物动词

She <u>runs</u> her dog three days a week

We <u>sleep</u> the computer each night.

He <u>walks</u> the dog every morning.

上面句子中的三个动词 walk，run，sleep，怎么会既是不及物动词又是及物动词呢？好吧，考虑一下，每一行有两个动词，而不是一个：walk 作为不及物动词的意思是"走动"，而它作为及物动词的意思是"促使某物走动"。意思不同，它在词汇类别中的位置也不同。记得吧，单词是形式和意义的配对。

下面的句子也包括不及物动词：

The clock <u>is ticking</u> in the kitchen.（厨房里的时钟在嘀嗒作响。）

I <u>laughed</u>; he <u>cried</u>.（我笑了；他哭了。）

再来看这些及物动词：

The big fish <u>ate</u> the little fish.（大鱼吃了小鱼。）

The cat <u>chased</u> the squirrel out of the yard.（那只猫追着松鼠，把它赶出了院子。）

The teacher <u>threw</u> the book.（老师扔了那本书。）

在及物动词的情况下，宾语处在动词的接收端。动词把每一句中的主语和宾语拴在一起。

双及物动词则更进了一步。双及物动词有两个宾语。确实，及物动词可以被称作"单及物动词"，但即便是语言学家，对愚蠢名字的承受力也有限度。下面是几个从逻辑结构上看常常被视为双及物动词的例子。

The child <u>gave</u> the chicken to the cat.（那孩子把鸡肉给了猫咪。）

They <u>exchanged</u> the vacuum for a blender.（他们用吸尘器换了一个食品搅拌器。）

第四章
词汇中的简单词

You should put the pen on my desk.（你应该把笔放在我的课桌上。）

I passed the ball to her.（我把球传给了她。）

She read him a book.（她给他读了一本书。）

在这些句子中,主语跨过了(画线部分的)动词到达两个宾语(双及物动词的名称由此而来)。

主语→动词→宾语→宾语

child→gave→chicken→cat

对于所有动词,它们的及物性特点和动词本身一起储存在词汇中。所以,像 jump(跳跃)这样的不及物动词属于动词的范畴并且具备"_____ jump"这样的结构。像 kiss(亲吻)这样的及物动词会有这样的结构"_____ kiss _____",画线部分空出来的地方是主语和宾语。

时态

时态是动词形式的一种功能。在现代英语里,我们只有两种时态:过去时和非过去时。这两个时态并非指时空延续体上的安置,对于学生们(还有当今许多教师)来说,我们没有将来时态是件令人遗憾的事情。英语能表达将来的时间,但是我们用非过去时来做这件事。

非过去时动词形式：The squid slaps me in the face every morning.
（每天早晨鱿鱼打在我脸上。）

过去时动词形式： The squid slapped me in the face every morning.
（每天早晨鱿鱼打在我脸上。）

非过去时包括每一个非过去时态的结构。既然我们指的是"动词形式",每当我们用过去时和非过去时这两个专业术语的时候,得记住过去时态形式可以用来指尚未完成的事情。看一看下面两个句子：

指将来时间：I thought the school year began next month.
（我以为学年从下个月开始。）

■ 语言入门

　　假想的情况：I would make him dinner if the squid <u>slapped</u> me.
　　（如果鱿鱼打在我脸上,我将给他做晚饭。）

在第一句中,过去时形式用来表达声明的假设性。同样的功能体现在第二句中。现在来考虑指向将来时间,犹如下面三句：

　　They <u>should</u> eat at 7:00 tonight.（他们应该今晚七点吃晚饭。）
　　They <u>will</u> eat at 7:00 tonight.（他们将在今晚七点吃晚饭。）
　　They <u>are</u> going to eat at 7:00 tonight.（他们将在今晚七点吃晚饭。）

在上述句子中,三个变位的动词都处在非过去时,但是这三句都指将来的时间。动词的变位可以和说话的时间框架分开。在 We play cards every evening during the summer(夏天我们每晚打牌)这样的句子中,所指时间既可以是过去也可以是将来,但动词变位是非过去时。

在英语里,动词变位的过去式往往呈现一种特殊的形式。像名词的复数那样,说话者起初生成了广泛的过去式的模式。现代英语中的不规则模式是从以往的英语中留下来的"化石"。这些化石本身一度也是规则的模式,但是其数量如此之少,以致最终它们成了"记忆中的词块"。

规则的过去式形式以后缀-ed结尾。犹如名词的复数后缀-s那样,动词的过去式-ed后缀形式也不总是规则的。在以前,它是众多标记过去时态方式中的一种,随着时间的推移,-ed形式开始扩大,接受新的成员。

不定式	过去式	过去分词
bake	baked	baked
stone	stoned	stoned
trip	tripped	tripped
bat	batted	batted

过去分词包括发挥其他各种各样功能的动词形式,这些形式将在下文和第八章中讨论。例如,过去分词形式能适用于像"She has _____"这样的框架,或许有必要的话还有某些宾语。

不规则的动词形成了一组任性的动词,先前它们有着自己独特的模式。

第四章
词汇中的简单词

对于它们当中的许多动词,你可以大致看出其变位模式。

不定式	过去式	过去分词
swim	swam	swum
ring	rang	rung
sing	sang	sung

在这组中,元音从非过去时态的<i>转换到过去时态的<a>。英语中有不同种类的通过改变其元音转变成过去式的动词,它们在现代英语中的分布将在第六章作进一步的探究。

动词的体

动词的**体**,就像它的及物性,是一个让学者们劳神费力的话题。它的基本定义是它具体指定了动词语义在时间尺度上的特性。在 I am walking 和 I was walking 这两句中,走路这个动作在时间尺度上继续前行。在 I have walked 和 I had walked 这两句中,不管动词 walk 的体,走路这个动作完成了。在 I walk 这句中,走路这个动作是否完成没有说明。至于 I walked 和 I have walked 之间的区别,要看说话者本人对过去事件的后果在此时此刻的认识。

总体而言,动词的体对于人类语言可以说是相当复杂的,有多达十个不同的类别。就英语动词的形式来说,本书中我们仅涉及三种。它们是**进行体**、**完成体**和**中性体**(即除了前面两种以外的包罗万象的动词体)。

进行体

进行体表示一个持续进行的事件,不管是发生在过去的事件还是由非过去时(例如未来或现在时)描述的事件。在英语中,进行体(有时又称未完成时)是通过一个助动词 be 和一个以-ing 结尾的非助动词一起建构的。[7]

进行体	中性体
We are getting out of the pool.	We get out of the pool.
We were falling off the raft.	We fell off the raft.
We could be jumping off the boat.	We could jump off the boat.

语言入门

第一个句子处在非过去时态(变位后的动词是 are)。第二个句子处在过去时态(变位后的动词是 were),第三个句子又处在非过去时态,只是用了情态动词 could。这些例子表明,be 动词的形式无关紧要,重要的是 be 加动词-ing 的组合。

完成体

完成体和动词工作的绩效没有任何关系,不管所讲述的话题是建筑还是爱情。对于大多数动词,完成体表示动作已经完成。在英语里,完成体通过助动词 have 和主动词的过去分词得以实现。

完成时态	中性时态
We have eaten the ice cream.	We eat the ice cream.
We have fallen off the noodles.	We fell off the noodles.
We had jumped off the boat …	We jumped off the boat.
If he had had the binoculars …	If he owned the binoculars …

第一句中的完成体处在非过去时态,描述吃冰激凌的动作已经完成。同样的意思出自第二句:动作也已经完成。在第三句中,变位后的动词处在过去时态。这里,动作也完成了,但是它表达了在过去某一个时间的动作完成前已经完成的动作(例如,We had jumped off the boat before it explored,在爆炸前我们跳下了小船)。这一时态和体的组合因此被称作过去完成时态。在第四个短语中,表示拥有的动词 have 已经以过去分词的形式变成了完成体。巧的是,have 的过去分词形式和它的过去式完全相同,所以我们碰到了一个难得的情况,两个一样的形式比肩相邻。在最初的两个短语中,动词的过去分词由动词后加-en 后缀生成,而第三个是通过在动词后加-ed 后缀变位而得,最后一个短语中的过去分词是该动词特有的变位。

任何一个动词的过去分词最终呈何种形态得根据该动词本身的具体情况而定,而过去分词经历了众多的变化。像 work 这个动词,它以前的形式是 work, wrought, wrought,但在现代英语中,它的形式是 work, worked, worked。其他动词保留了以前的形式,只不过现在被视为不规则的形式:

第四章
词汇中的简单词

swim，swam，swum；eat，ate，eaten；drink，drank，drunk。因为这些形式是经年累月变化的结果，一些英语使用者用一种形式，而其他一些英语使用者用另一种不同的形式。先前我们讨论过 hanged 和 hung 这两种不同的形式；有些社群用 sank 而不是 sunk 作为 sink 的过去分词；一些方言中用 growed 而不是 grew 作为 grow 的过去式。第六章有一份这类形式的调查表。

中性体

进行体和完成体通过具体的助动词和具体的助动词(变位)形式来表达其意义：用 be+动词-ing 形式表示进行体，用 have+过去分词表示完成体。我们把所有其他形式全部归入中性体。这是个庞大的范畴，可以被分成更小的次范畴，但是这样的分割显得颇为凌乱，我们需要尽量避免。上面几节用作比较的中性例子显示了其他两种体之间的对照。

语气

语气表达的是说话者和听众的关系，这一关系由动词来体现。句子的语气独立于它的时态和体。这里我们只讨论四种语气：**陈述语气**、**祈使语气**、**疑问语气**和**条件语气**。

陈述语气

陈述语气是最为基本也是最常用的语气。对于英语中的大部分陈述句，主语出现在动词前面。在造陈述句的过程中，说话者给了听众一个声明。陈述语气有点像动词的中性体，这一部分是因为它不包含其他任何语气。一个陈述句不是祈使句或疑问句或者条件句。请看下列句子：

The bear fell off the table.（熊从桌上摔下来了。）

The girl in pigtails walked through the puddles.（梳着辫子的姑娘走过了水坑。）

I still believe in the US constitution.（我依然坚信美国宪法。）

祈使语气

祈使语气是英语中的一项特殊构造。并非所有引导听众去做某件事的

语言入门

句子都能被称作祈使句,还必须满足其他条件:动词不能处于过去时态,主语必须是指第二人称(单数或复数都行)。请比较:

祈使句	非祈使句
Please, go home.	We should go home.
Run!	Why don't we run?
Dance like a fiend.	I'm going to dance like a fiend.

有了这些特殊的细节,祈使语气比较容易分辨。

疑问语气

疑问动词结构用于提问。英语中的祈使语气主要通过两种形式表达,两者都把一个陈述的声明变成一个问句。在下面的两句中,第一句是陈述句,第二句是疑问句。

陈述句:We are leaving.

疑问句:Are we leaving?

对于不作为助动词的动词,如 run, sleep 和 counterfeit 等,需要助动词 do 帮它们变成疑问语气。请看:

陈述句	疑问句
We run today.	Do we run today?
We sleep late every Saturday.	Do we sleep late every Saturday?
They forged those signatures.	Did they forge those signatures?

注意,助动词 do 采用了所在句子的时态,因为它是一个主动变位的动词。在英语发展史的早些时候,甚至直到 17 世纪初,助动词 do 仍然没有参与协助制造疑问句。当时,主要动词和主语换位构成了疑问句:Run we this afternoon? 任何一个上过莎士比亚作品课的人都知道,这个差别能够解释莎翁作品中的一些句法,例如:"What say you of this gentlewoman?"(参见《皆大欢喜》,第一幕,第三场)

即使是动词 have 和 do,也需要助动词 do 来帮助制造出倒装的疑问句,

第四章
词汇中的简单词

请看：

Did you do it earlier?

Did you have it earlier?

在这个典型的形式里,主语和动词从它们正常的陈述句顺序中倒过来了。作为助动词,have,be 和情态动词确实和主语换位了。这些词表明了句子的时态,因此无须 do 来帮忙。例如：

H̲ave we left yet?

A̲re we leaving?

W̲ere we leaving?

W̲ill we leave?

M̲ay we leave?

C̲an we leave?

英语中的疑问句也可以通过陈述句句尾的升调来表示：We are leaving? 但是对于本节讨论的内容,疑问语气这个标签仅仅用于指倒装的句子结构。

拓展知识:shall 和 will

shall 和 will 这两个词之间有着错综复杂的关系。对一些规范语法人士,shall 只用于标记主语为第一人称的意图：I shall go；We shall go。因此,will 仅用于其他可能的主语。

在现代英语中 shall 还有其他用法。看一下这句：You shall not pass! 这里 shall 的意义不是简单地指将来时间。用了 shall,说话者把自己的意志强加给了听众,它的意思和 You will not pass 的意思大不同。

另外,shall 被认为比 will 在情感上更为强烈。对于"Will you eat this chocolate cake?"(你会吃这块巧克力蛋糕吗?)这个问题的回答,I shall not 比 I will not 给人的感觉更为强烈(尽管回答都是"我不会")。

■ 语言入门

条件语气

最后一种语气是条件语气。对于说话者和听众,条件语气突显可能性。看一下下面短语中的一些情态动词:

can	They can yell
could	They could yell
will	They will yell
would	They would yell
shall	I shall yell
should	They should yell
may	They may yell
might	They might yell

情态动词是动词的一种特殊的子类,其功能是作为助动词并且有不同的变位模式。这些情态动词没有第三人称单数的形式,也就是说没有以-s 结尾的后缀,并且没有过去时态形式。请比较:She can sing 和 She sings。

早些时候,英语中的情态动词确实有过去形式,如 can 的过去式是 could,will 的过去式是 would,shall 的过去式是 should。随着岁月的流逝,这些先前的过去时形式失去了它们的作用。所有情态动词都标示着独立于时态的条件语气。They will yell 这句的语气不同于陈述句 They yell 的语气,尽管两者都处于非过去时态。

英语中的条件语气也可以通过由 if 引导的从句来创造,就像在接下来的这句中:If we take the left path, we will get there sooner(如果我们走左边的这条道,我们将会早点到那儿)。就像一个情态动词那样,由 if 从句创造的条件语气和短语 we take the left path 创造的条件语气是一样的。

对动词更多的讨论将在第六章进行,到那时我们会转向过去式的构造。

第四章
词汇中的简单词

功能词：砌墙的砂浆

名词、形容词和动词这些词汇类别只包括实义词。它们的主要作用是在读者或听众心中引发意义。功能词帮助那些实义词履行自己的职责。例如，在 The chair with the broken seat fell off the porch 这一句中，the, with 和 off 是功能词。在这里，我们仅触及它们的一些特性，第七和第八章中将对此作深入探究，看看它们是如何用来生成短语的。

有一个比喻很能说明实义词和功能词这两个词汇类别的关系，那就是砖块和砂浆。一栋砖房是用砖造起来的，但是砖块由砂浆黏合在一起。就像砖房里的砂浆不为人所注意一样，大多数人也没有注意到短语中的功能词，但它们是必不可少的。

多年来，有一封电子邮件在网上被疯转，突显了功能词的伪装性。邮件中有这么一段，要求读者去数字母＜f＞出现了多少次。你不妨也一试身手，把下面的句子只读一遍，你数到了多少个 f 字母？

  Finished files are the result of years of scientific study combined with the experience of years of work.

大多数人找到的字母＜f＞要比实际存在的少。字母＜f＞在 finished 和 files 中最容易被选出来，另外 scientific 这个词中的 f 也挺容易被发现，这样找到了三个 f。可是，句子中实际上有七个 f。很少有人注意到 of 这个词里的 f，起码在第一遍读的时候没有发现。of 是一个功能词，把它周围的词黏合在一起。它并不华丽，但是对英语来说不可或缺。

这里我们简单梳理一下四个功能词汇类别。有些对你来说会很简单，另外一些则显得朦胧和神秘。如果你试着在不同的语法场景中去生成这些功能词，应该会注意到你实际上已经掌握它们。现在你只需正式认识它们在句中的功用。

■ 语言入门

连接词

连接词或许是功能词中最简单的一类。像 and 这样的连接词连接两个相似的短语。例如:

  I petted both the tiger and the lion.（我摸了老虎和狮子。）

  I photographed the giraffe, and I videoed the zebra.（我给长颈鹿拍了照,给斑马录了视频。）

  The bat flew at Julia and me.（蝙蝠飞向茱莉亚和我。）

像 I 和 lion 这些词可充当短语,这点我们会在第七和第八章讨论。另外,or 和 but 也是连接词,就像在 He is old but not wise(他年纪大了,但并不睿智)和 She either dropped it or threw it down(她要么遗失了它,要么把它扔掉了)这两句中。

作为限定成分的限定词[8]

限定词是一类词,但是限定成分指的是限定名词的功能。限定词是名词短语的一部分,限定整个名词短语,包括其中的形容词和介词。最常见的限定词是冠词(包括 the, a/an)。例如:

The pasta	The dry pasta	The dry pasta in the box
（这份面食）	（这份干面）	（那个盒子里的干面）
A box	A flattened box	A flattened box in the bin
（一个盒子）	（一个踩扁的盒子）	（垃圾箱里的一个踩扁的盒子）

其他作为确定的限定成分的单词是指示代词,如 this, that, these 和 those。例如:

| This pasta | That box | These sharks | Those alligators |
| （这份面食） | （那个盒子） | （这些鲨鱼） | （那些鳄鱼） |

不确定的限定成分的单词包括像 each, every 和 some 这些单词。例如:

Get me some boxes out of the attic.（从阁楼给我拿几个盒子。）

上面这个例句中的 some 并不具体指任何一个确定的盒子，它只是限制盒子的个数。

并不是所有的英语变体都以同样的方式使用甚至是最为常见的限定词。像 He is going to _____ college this fall（他今年秋天将上大学）这样的短语，college 一词前可以有也可以没有限定词。在美国英语中没有限定词。对于一些英国英语的变体，university 前没有限定词，hospital 前也不带限定词，如 She is going to _____ university（她将上大学）；We went to _____ hospital after the accident（事故后我们去了医院）。英语中存在相当多的限定词变体。对于大多数古英语，没有定冠词 the 也照样行。

代词

代词有许多形状和型号，但它们都有替代其他项目的特性。像 I 这样的代词并非总是指威廉王子或者威廉·夏特纳，但它确实指代说话的那个人。在 These are the ones I shot 这句中，these 这个指示代词替代某一样可以被用枪打下来的以复数呈现的东西。在 What topping do you like 这句中，what 这个疑问代词替代像 hot fudge（乳脂软糖）这样的短语。

替代其他词需要指示功能。注意，代词的意义是受限制的：人称代词 I 指代那个说话的人，指示代词 these 指远处的一些东西。指示功能允许代词的具体所指根据单词所在的上下文而改变。

人称代词

人称代词包括主格、宾格和它们的所有格形式。这些形式的区别是第六章要讨论的内容的一部分。

主格	单数	复数
第一人称	I	we
第二人称	you	you
第三人称	she, he, it	they

语言入门

宾格	单数	复数
第一人称	me	us
第二人称	you	you
第三人称	her, him, it	them

所有格	单数	复数
第一人称	my(mine)	our
第二人称	your	your
第三人称	her, his, its	their

指示代词

对大部分而言,**指示代词**呈现出下列模式:

	单数	复数
近的	this	these
远的	that[9]	those

This parrot(这只鹦鹉)和 that parrot(那只鹦鹉)的区别是所谓的距离远近,this 代表(离说话者)距离近的那个,而 that 代表远的那个。在真正的会话中,近和远的区分有时演变成喜欢和讨厌的区分。例如,these tax cuts will really help(这些减税真的会有帮助)和those tax hikes will ruin the economy(那些增税会破坏经济)。在另外一些时候,近和远的区分标志着讨论过的话题有多近。如果两个人正在讨论狼獾,然后又进入关于河马的讨论,在结束时其中一个人可能会说,"those wolverines are dangerous, but these hippos are more dangerous"(那些狼獾很危险,但是这些河马更危险),两人都意识到狼獾和河马均不在场。

在英语的发展史上,这个指示代词系统一直不稳定,其波动一直持续到今天。自 16 世纪以来,them 被用作指示代词,通常替代 those,但有时也替代 these(例如,them puppies are for sale)。在美国,them 这一形式在 20 世纪被视作方言,已较少使用。在英格兰的一些地方,如伦敦,指示代词 them 在青少年中用得最广泛。

疑问代词

最后一类代词是**疑问代词**。疑问代词主要用于提问,每一个都有指代功能,但是每一个疑问代词都带有不同类型的指称。

疑问句	带升调的陈述句	疑问代词
What do you want?	You want what?	What＝e. g. an egg, a chair, a win
Whose do you want?	You want whose?	Whose＝e. g. hers, his, mine
To whom would you like to speak?	You would like to speak to whom?	Whom＝e. g. your mom, him, them
Who wants it?	You want whom?	Who＝e. g. he/him; she/her

在非倒装的疑问句中,注意 what 替代了 want 的宾语,但是其他的疑问代词修饰句子中的其他成分。像大多数代词一样,这些疑问代词的历史可以追溯到古英语时期。

介词

代词相对来说较容易理解,因为除了语法功能以外,它们还有自己的意义。介词也有一些意义,但有时它们看上去纯粹在履行语法功能。至于意义,**介词**表示时空关系。就其背景,许多介词从古英语和中古英语发展而来,因为语言越来越仰仗它们来参与造句。像 on 这样的介词用于造句时,它聚焦的是空间,如 Put the book on the desk(把书放在课桌上),或者说它聚焦的是时间,如 Get yourself home on time(你得准时到家)。介词 on 的性质在这两个功能之间没有改变。

介词后可以带名词短语或从句,或什么都不带。

介词补语

名词短语:Throw the cat out the door.(把猫扔到门外去。)

从句:　　I will flip the steaks after you opened the wine.
　　　　　(你打开酒后,我会翻转牛排。)

不带任何词:Let me know when you come in?(你进来时告诉我一下?)

■ 语言入门

本 章 总 结

本章介绍了用以分析单词的词汇。单词都储存在我们的词汇库,是我们个人的心理词典。这个词汇库在结构安排上不同于纸质词典,因为它把意义和声音相近的词联系在一起,同时大体上阻止真正的同义词。两个词汇类别可以囊括所有的单词。第一类是实义词子集:形容词、名词、动词。第二类是功能词子集:连接词、限定词、代词、介词。实义词是建构语言的"砖块",而功能词是人们用以黏合砖块的砂浆。这两类词汇都有自己的特性。例如,名词作为宾语和主语,但是动词操控宾语和主语,并且动词有时态、语体和语气的特征。在每一个词汇类别中,特殊的性能指引单词的运用。对于动词,可以是陈述语气、疑问语气、祈使语气或者条件语气。这些语气操控着我们如何建构短语。

主 要 概 念

- 动词的体
- 用作定语的;定语
- 格
- 比较的
- 条件的;条件语气
- 实义
- 可数名词
- 陈述的;陈述语气
- 指示功能;指示词
- 指示代词
- 限定成分
- 双及物的;双宾语动词

- 功能
- 语法的性
- 祈使的;祈使语气
- 疑问的;疑问语气
- 疑问代词
- 不及物的;不及物动词
- 词汇歧义
- 词汇类别
- 物质名词
- 情态动词
- 语气
- 中性的;中性体

第四章
词汇中的简单词

- 名词
- 完成的；完成时态
- 人称代词
- 谓语
- 表语的；谓语性的；表语
- 介词
- 进行的；进行时
- 代词
- 修饰整句的副词
- 最高级的；最高级
- 及物的
- 动词
- 零形式

注 释

1. 单词的历史都来自网上的牛津英语词典：www.oed.com/。

2. 请参见这里的语言日志的讨论：http://languagelog.ldc.upenn.edu/nll/?p=2363。

3. 字母表的词源与希腊字母体系中的前两个字母有关，它们是 Alpha 和 Beta。

4. 如果把"想法"也投入到定义中，那情况就会一团糟了。把"想法"加入"人、地方、东西"这样的名词定义，把可能的选择也扩大到了大部分动词。

5. 这个后缀中的元音视情况而变，依相伴名词的语音特性而定。

6. 像我这样的语言学家，希望从我们的仙女教母那里满足一个心愿：我们希望开创语法先河的人选用了另一类型的标签而不是语法的性。用褐色、绿色和红色来代表如何？或者不妨用岩石，像花岗岩、砂岩和大理石，或者甚至是火成岩、沉积岩和变质岩。那些语法学家只是在为不同种类寻找名称而已。这些名称是否需要承载文化内涵而造成这样的混乱？

7. 在印刷机出现以前，这个后缀是-ende，时至今日，许多人仍然以一个[n]作为表示进行时的最后一个辅音。从大约1500年开始，这个进行体后缀就一直拼写成<ing>。

8. 这个词和对它的相关讨论承袭了哈德斯顿和普鲁姆所著书中的观点（Huddleston and Pullum, 2002：368）。

9. that 这个形式有几种不同的功用。要弄清楚它们得了解这个词所在的语境。作为指示代词的 that 和 the cookie that I like 中的 that 是不一样的。

参考文献

Huddleston, R. and Pullum, G. K. (2002) *The Cambridge Grammar of the English Language*. Cambridge: Cambridge University Press.

Pinker, S. (2010) *The Language Instinct: How the Mind Creates Language*. Harper Collins.

延伸阅读

English Words. Heidi Harley. 2006. Oxford: Blackwell.

这本书通俗易懂地介绍了英语词汇的学习。作者以广泛的语言学方法来帮助学生获取分析的技能。该书涉及英语词汇的结构,包括它的音系、形态、语法和语义。

Words in the Mind: An Introduction to the Mental Lexicon. 3rd edition. Jean Aitchison. 2003. Oxford: Blackwell.

这本书引导读者去理解词汇的语言学模型,而没有将他们淹没在过于专业的术语和学术争论中。作为一本可读性很强的书,它是关于心理词汇作用的极佳入门之作,涵盖了词的意义、原型理论、语义原语、词性、动词的作用、词的结构、新词、词的习得和心理词汇的整体结构。

Theories of Lexical Semantics. Dirk Geeraerts. 2010. Oxford: Oxford University Press.

这本书引领读者浏览了研究词汇意义的主要传统。在以往的几十年里,词汇研究成了构建语言理论的更为重要的部分,本书则覆盖了这一发展的历程和19世纪以来的词汇语义学根源。

练 习

个人练习

1. 辨认下列句子中的实义词类别(这些句子是从互联网上的帖子和电子邮

第四章
词汇中的简单词

件中选取的）。

a. The bandage was wound around the wound.

b. The farm was used to produce produce.

c. The dump was so full that it had to refuse more refuse.

d. We must polish the Polish furniture.

e. He could lead if he would get the lead out.

f. The soldier decided to desert his dessert in the desert.

g. As there is no time like the present, he thought it was time to present the present.

h. A bass was painted on the head of the bass drum.

i. When shot at, the dove dove into the bushes.

j. I did not object to the object.

k. The insurance was invalid for the invalid.

l. There was a row among the oarsmen about how to row.

m. They were to close to the door to close it.

n. The buck does funny things when the does are present.

o. A seamstress and a sewer fell down into a sewer line.

p. To help with planting, the farmer taught his sow to sow.

q. The wind was too strong to wind the sail.

r. After a number of injections, my jaw got number.

s. Upon seeing the tear in the painting, I shed a tear.

t. I had to subject the subject to a series of tests.

u. How can I intimate this to my most intimate friend?

2. 在上述句子中，找出潜在的有歧义的单词（例如，intimate 作为动词和 intimate 作为形容词）。哪些只是同形异义词，哪些只是同音异义词，哪些是同形同音异义词？

小组练习

3. 时态？放松点……

语言入门

给下列每个句子标出时态、动词体和语气。

a. In the bow of the boat, the elf stood tall with bow in hand.

b. Was the swan really skating on thin ice?

c. The ogre has gorged on the goat.

d. Were the Tigers a winning team this year?

e. After the party, the manager had left the house in a huff.

f. Won't thirty days be enough to recover the gold idol?

g. Syntax trees are running through my head even now.

4. 针对下面组别中单词的时态、体和语气,给每一个单词提供一个句子以准确地描述它们。

   a. past, progressive, interrogative

   b. past, perfect, indicative

   c. non-past, perfect, conditional

   d. non-past, neutral, imperative

   e. past, neutral, indicative

   f. past, perfect, interrogative

   g. non-past, perfect, progressive, conditional, interrogative

5. 请以实义词或功能词的标签标出下列单词的词汇类别。

   a. This gecko can catch that cricket.

   b. What did they lose?

   c. The asteroid created a tremendous hit on those economies.

   d. Who wants to wear which pair of socks?

6. 形容词:要弄明白单词是如何工作的,一个重要的步骤是创造短语来说出单词。发挥你们小组的创造力,编造短语来把下面的形容词放进去,然后回答接下来的问题。

   alone   previous

   tired   navy

   past   responsible

第四章
词汇中的简单词

  afraid   pretty
  smart   asleep

  哪些形容词只能作定语？哪些只能作表语？有多少两者皆可？在两种皆可的形容词中，是否有些更有可能作为定语或是表语？

7. 识别下列句子中画线部分单词的词汇类别。如果是个功能词，它在句中起何作用？

    a. The thirteen small <u>boats</u> sailed <u>around</u> the pond in the park while the sun <u>rose</u> over the trees.

    b. I really <u>like</u> <u>that</u> book.

    c. It was small <u>like</u> a grain <u>of</u> sand.

    d. The eagle <u>had</u> landed before <u>I</u> saw <u>this</u> sign.

    e. Despite <u>her</u> determined gait, she never <u>looked</u> at <u>these</u> cabinets again.

    f. That pug <u>leapt</u> <u>into</u> the chair.

8. 你能列举多少有歧义的名词、动词或形容词？所有这些类别有相同数量的有歧义的单词，还是有些实义词有更多的有歧义的单词配对？

9. 何时形式与意义的组合成了单词？这里进行一个小组练习，让你拓展新的英语单词。收集十个可能变为单词的形式。这些形式可以是校园中某一个地点的新名称，或者一个用来表达宴会之后打扫现场的新词。这些新发明需要具备什么样的条件才能成为单词？

10. 雷·杰肯道夫在他的著作《语言结构》中认为，yes 和 no 有意义和形式，但没有词汇类别。写出十个包含 yes 或 no 的句子，然后评估它们的词汇属性状态。它们有自己的词汇类别吗？

11. 这是一个发现真正的同义词的练习。每个小组写出二十对单词，每一对的意义必须尽可能接近。其他小组的学生投票表决它们的意义是否足够接近因而可以被看作同义词。获最多真正的同义词配对的小组胜出。

12. 喜剧演员布莱恩·里根在其专辑《布莱恩·里根现场》中谈到了"在学校的那些傻事"。认真阅读下面的文字记录（并倾听音频剪辑——如果

语言入门

你能上网的话。太搞笑了！不过，被一位大学老师在一本教科书里力挺，对任何一位喜剧演员来说都可能是"丧钟"）。这个滑稽小品讲的是小布莱恩正在参加一场拼写比赛。搞清楚年轻的布莱恩是在遵循什么样的复数模式来组建他的名词复数。

Monologue：Plurals were hard too.

Teacher Voice："Brian, how do you make a word a plural?"

Young Brian："You put a 's'... put a 's' at the end of it."

Teacher Voice："When?"

Young Brian：(sigh) "On weekends and holidays!!!"

Teacher Voice："No, Brian. Let me show you." So she asked this kid who knew everything. "Irwin, what's the plural for ox?"

Irwin："Oxen. The farmer used his oxen."

Teacher Voice："Brian?"

Young Brian：(chuckling) "What?"

Teacher Voice："Brian, what's the plural for box?"

Young Brian："Boxen. I bought 2 boxen of doughnuts."

Teacher Voice："No, Brian, no. Let's try another one. Irwin, what's the plural for goose?"

Irwin："Geese. I saw a flock... of geese."

Teacher Voice："Brian!"

Young Brian：(chuckling) "Wha-at?"

Teacher Voice："Brian, what's the plural for moose?"

Young Brian："MOOSEN!! I saw a flock of moosen! There were many of 'em. Many much moosen. Out in the woods—in the woodes—in the woodsen. The meese want the food. The food is to eatenesen. The meese want the food in the woodyesen! In the, food in the woodenesen!"

Teacher Voice："Brain! Brain. You're an imbecile."

Young Brian："Imbecilen."

第四章
词汇中的简单词

学习问题

1. 形式与意义的自然关系是什么?
2. 词汇是否限制同义词或同形同音异义词?
3. 同音异义词、同形异义词和同形同音异义词之间是什么关系?
4. 心理词典的安排和纸质词典有何不同?
5. 一个单词的意义以何种方式随着时间的推移而变化?
6. 什么是词汇歧义?
7. 实义词的词汇类别和功能词的词汇类别有何区别?
8. 什么是名词?
9. 形容词的作用是什么?
10. 可数名词和物质名词有何区别?
11. 标记格意味着什么?在现代英语中还有哪些地方存在格标记?
12. 是什么使得一个动词成为动词?
13. 及物性的三个范畴是什么?
14. 现代英语的两个时态是什么?
15. 完成体和进行体代表什么?
16. do-形式的助动词是什么?英语中这个助动词存在多久了?
17. 什么是情态动词?它们之间有什么区别?
18. 为什么连接词属于功能词类别?
19. 限定词和限定成分有何区别?
20. 什么是指示代词?
21. 代词的作用是什么?
22. 什么是指示功能?
23. 介词的作用是什么?

了解更多与本章有关的资源,请登录本书的配套网站:http://www.wiley.com/go/hazen/introlanguage。

第五章 习语、俚语和英语词汇

本章概览

本章概述
意义变化
英语词汇
词汇的语义变化和语言的任意性
如何创造新词
特定场合的词
习语
行话
俚语
本章总结
主要概念
参考文献
延伸阅读
练习
　　个人练习
　　小组练习
学习问题

第五章
习语、俚语和英语词汇

本章概述

在这一章,我们探究心理词汇的更多特性和我们储存在那里的各种类型的语言。我们的词汇不仅包含一个个单词,也包含习语,如 pain in the neck(讨厌的人或事)和俚语,如 weed(大麻烟、香烟或雪茄)。我们一生中能学到许多新词,而这一章提供诸多例子来展示人们是如何创造新词的,包括青少年用来把自己和父母这一代区分开来的俚语,如 cray-cray(疯狂的)和 sick(很棒的,出类拔萃的)。我们将考察习语和俚语如何因时而变,就像 literally(确实地,不夸张地)这个词如今表示强烈的"比喻性地"(意思接近"简直")的意思。俚语本身一部分是由其高度的流动性来定义的,展现了它的大幅度变化,如表达 excellent(优秀的,非常棒的)这个意思可由 cool、bitching、wicked、legit 和数以百计的其他单词来实现。在考察词汇变化的同时,我们重新审视共时和历时变化,也就是语言在某一时刻和穿越时空的变化。我们也将拐个弯去行话的世界,以更好地了解我们每天需要应对的不同词语的集合。

意 义 变 化

习语随时间而变化。确实如此。习语已成为我们生活的一部分。我们也为习语和俚语创造新的含义,就像我们创造新的词汇一样。至于人们对这些变化的反应如何,那是另一回事了。这里以人们对 literally 这个词的反应为例。在 2013 年,艾德·佩恩(Ed Payne)和多里恩·门多萨(Dorine Mendoza)给美国有线新闻网络版(CNN.com)写了一篇文章,开头是这样的:"这将令语法学家头疼,使教条主义者偏头痛,让语言迷精神崩溃。'literally'的含义已经不再是'literally'的确切含义。"这里的关注点是,literally(确实地)这个词的形式逐渐地被赋予不同于其形容词形式 literal 加后缀-ly

语言入门

以后的意义。很可能的情况是,大部分采用这一变化后的含义的人已把 literally 这个词作为词汇库中一个独立的词块记在脑子里了。这一意义上的变化类似于 breakfast 在意义上的变化,人们已经把 breakfast 当作"一天中的第一顿餐",而不是原先指的"开斋餐"。有线新闻网的那篇文章之所以发表是因为有些人不喜欢语言变化,把它视为社会衰败的迹象,包括像俚语这样的语言变化。作为语法学家的语言学家认为,这一切再正常不过了,不会令人头疼。本章探究的正是英语词汇中的这类变化,包括习语和俚语这两个为我们展示意义上的变化如何产生的领域。

英 语 词 汇

谈论英语词汇有些怪异。"英语词汇"这个名词短语似乎是个单一实体,好似我们可以走进一家图书馆,找到它,翻页浏览。这样倒是便利,只可惜这不是真的。当谈论英语词汇的时候,我们为每个英语使用者脑海里所有的单词和其他记忆中的词块建立了一个抽象的概念。当我们谈论英语词汇的历史时,我们指的是每个在世界上生活过的英语使用者的词汇的集合。那是许许多多的人(远超 10 亿人)和许许多多的单词(起码有 50 万个,取决于你如何定义一个"单词")。你在本章读到的单词说明了不同时期历史的影响,它们旨在描绘一幅画,以展示我们所用的现代英语词汇如何演化出当今的神韵。

英语词汇来自日耳曼语系。它最基本的词根来自生活在欧洲北部的各日耳曼部落,有盎格鲁人、撒克逊人、朱特人和后来入侵不列颠的弗里斯兰人。这些部落的人最终来到了大不列颠岛。这些人是英语的创造者。所以,如果有一天你被问起英语是哪一种语言,一个最基本的回答是:日耳曼语。英语使用者最常用的单词来自日耳曼语:man, woman, folk, I, we, water, land, and, was, what, when 和其他许多单词。

在这些日耳曼语词汇上,其他几门语言也留下了自己的印记,其中一些

第五章
习语、俚语和英语词汇

语言留下的印记比较深刻。一个长期的影响来自拉丁语,它以 belt(皮带)、cheese(奶酪)和 pole(杆子)等单词影响了多个日耳曼方言。那些入侵不列颠岛的部落早些时候吸收了一些拉丁词汇,像 beer, cheap, mile, stop, wine。从一门语言被引入另一门语言的单词被称作借来的词或**外来词**。这是个奇怪的术语,因为这些词没有允许被借走,也从来没有"归还"。从那以后,拉丁词在每个世纪都被借入英语。有些是学科术语:从公元 597 年开始,天主教会派遣传教士去改变盎格鲁-撒克逊部落的宗教信仰,随着这些传教活动英语又吸纳了与宗教事务有关的词汇,如 altar(祭坛)、mass(弥撒)、verse(诗节)、candle(蜡烛)。然而,日耳曼异教对一些词的影响仍然占据主导地位。例如,一周中的几天,如 Tuesday, Wednesday, Thursday 和 Friday 是以日耳曼诸神的名字 Tiw, Woden, Thor 和 Frig 来命名的。甚至像 Easter(复活节)这样的节假日,也取自表示"黎明"的日耳曼女神的名字。但是拉丁语的影响一直持续到我们这个时代,它为我们提供了许多医学和法律术语(例如 laceration,伤口;legal,法律的)。

拓展知识:转换的词汇

在语言学领域,人们以前对词汇的认识跟今天大不相同。从 1957 年诺姆·乔姆斯基出版《句法结构》一书到 20 世纪 70 年代中期,词汇是一个存储架,在那里存储着有意义的语言部件。词汇本身并不做什么,它只是收藏着语言部件,由心理语法的其他系统构建成实际的语言。当时语言学的主要目标是遵循"奥卡姆剃刀"的原理使语言最大限度地经济化,这样建立的语言系统将最可能地简约。

从那以后,研究人员意识到,生物系统(包括语言系统)经常有一层层的冗余,而且词汇是心理语法中一个更为活跃、有着丰富质感的领域。像霍安·拜比,简·爱切生和德克·吉拉兹等学者发展了词汇理论,使得它成为心理语法中生成语言的一个活跃的部分。

语言入门

北欧语言也是日耳曼语言的一支,但它不同于日耳曼部落的盎格鲁人、撒克逊人、朱特人和弗里斯兰人的语言。从 9 世纪开始,古北欧语言对英语有了影响。一些完整的词被借入英语,例如 sky 和 egg,还有一些后缀,就像在 he walks 这样的短语中附在动词后面的-s。或许从古北欧语借来的一组最重要的单词是 they, them 和 their。借用代词是一件罕见的事,但是古英语使用者显然集体放弃了他们自己原先的代词——hīe, hīe, hīera——而接受了新的代词 they, them, their,这一切都是源于和古北欧语使用者的接触。

再后来的一次入侵给英语带来了又一不同的词汇集,即 1066 年开始的法语。法语对英语的影响是广泛而深远的,涉及军事、艺术、食物、娱乐和时尚等多个领域。今天,这些外来词不再被视作"舶来品",而是作为英语词汇中的常规部分。从政府法规到烹饪美食,传统上的法语词已经成为寻常的英语词,包括下面这些:tax, government, rent, poor, flower, chef, dinner, supper, art, judge, faith, battle 和 uncle。

再来看一下英国作家乔叟(1343—1400 年)写的几行英文。这些文字来自他的《坎特伯雷故事集》的前言(资料来源:www.canterburytales.org)。

35	But nathelees, whil I have tyme and space,	"But nonetheless, while I have time and space"
36	Er that I ferther in this tale pace,	"Before I further in this story walk"
37	Me thynketh it acordaunt to resoun	"It seems to me reasonable"
38	To telle yow al the condicioun	"To tell you all the conditions"
39	Of ech of hem, so as it semed me,	"Of each of them, so as it seemed to me"
40	And whiche they weren, and of what degree,	"And which they were, and to what degree"

像 I 和 while 这样的单词是盎格鲁-撒克逊词汇,但像 space 和 pace 这样的词是法语词。借助一本词源词典(即含有词汇历史的词典),找找看上面

第五章
习语、俚语和英语词汇

几行英语中还有哪些词是法语词,哪些词是盎格鲁-撒克逊词。

后来,英语使用者从更多的语言中借了词汇。西班牙语为英语贡献了诸如 anchovy(凤尾鱼)、armadillo(犰狳)、barbecue(烧烤)、bonanza(富矿)、canoe(独木舟)、hurricane(飓风)和 plaza(广场)等词汇。现代德语也借给它的"表弟"英语许多词汇,包括 Lager(拉格啤酒)、hamburger(汉堡)、Rottweiler(罗威纳犬)和 kitsch(矫揉造作;媚俗)。英语使用者也从北美土著语言如阿尔贡金语那里借来了词汇。从阿尔贡金语借来的词包括动物的名称词,如 chipmunk(花栗鼠)、moose(驼鹿)和 caribou(驯鹿),还有食物的名称词,如 pecan(山核桃)和 persimmon(柿子)。总之,英语词汇犹如一条色彩斑斓的被子,其面料来自广泛而又多样的语言。

词汇的语义变化和语言的任意性

单词的形式和其指示意义或者社会意义的关系是由社会习俗决定的。这一任意性特点允许各种方言对于同样的东西有不同的表现形式。在美国,hero、hoagie 和 sub 都是表达三明治的词语:同样的指示意义在不同的地区有三个不同的名称。加上任意性,我们可以用同一形式表达不同的意义。hero 可以指一块三明治,或者一个勇气可嘉的人;sub 可以指一块三明治,或者一艘潜水艇。

既然形式与意义的关系是由每个社会的习俗规定的,那么这个关系可以被一而再再而三地重新设置。不过,这种形式与意义之间关系的重置并不总是很快完成的。试想一下,如果每天早上醒来,你生活中一百种不同的东西一夜之间都获得了新名称,那会怎么样。某些日子,你的宠物或者是一条狗,或者是一盒冰镇牛奶,或者是一棵仙人掌,或者是一粒质子,而在这期间,它实际上都是同一只动物。对朱丽叶来说这或许是真的,不管我们管一朵玫瑰叫什么,它闻起来还是一样芳香:

语言入门

Juliet：

"What's in a name? That which we call a rose
By any other name would smell as sweet."

Romeo and Juliet（II，ii，1-2）

但是，每日重新学习生词将是一件非常困难的事情。值得庆幸的是，单词变化的节奏足够慢，让我们能够在它们变化的同时学习它们。我们有许多理由开发新词汇，我们语言技能的丰富特质，如任意性，让我们改变单词来适应我们的需求。在这一节中，我们将研究词汇改变的几种方式。

文字游戏：最

人们总为了那些"最××"的东西而兴奋不已，如最古老的、最大的、最强壮的和任何其他可能的最极端的类别。词语也不例外，在这类比拼中，定义"最"的意思可谓极为费力的。考虑一下最长的单词这一类别：你是应该接受医学术语，还是新造出来只是为了比别的词更长的词？

许多语言学者认为，英语中最长的、非专业的、非生造出来的单词是 antidisestablishmentarianism，即"opposition to the disestablishment of the Church of England"（反对废除英国国教），尽管这一术语极少用到。它通常作为最长单词的例子而被提及。有一个被一本重要词典收录且就是为了长而杜撰出来的专业术语，是一个表示一种肺病、由一组希腊词成分组成的单词：Pneumonoultramicroscopicsilicovolcanoconiosis。

对你而言，真正的问题是：你经常用到的最长的单词是什么？就你收集到的几个对象，描述一下你是怎么考虑单词长度的，是指构成单词的字母数量，还是声音的长短，或音节的多少？

有些词汇问题乍看上去似乎很傻，因为你被问及一个如此平常、普通的

第五章
习语、俚语和英语词汇

单词,你以前从没想过要仔细研究它。这一章的目标之一是帮助你学会如何仔细研究所谓简单的词汇,并且找出其构成部分。我们希望你不仅学会本章中呈现的单词,而且能够培养终身需要的研究词汇的能力。

下面以 weed(杂草)为例来说明问题。何为杂草?对许多人而言,dandelion(蒲公英)是杂草;有些人种植蒲公英做色拉;有些人将蒲公英用于葡萄酒中;有些人从蒲公英中炼药;还有些人将它的根用作咖啡豆的替代品。显然,杂草的负面意义并不是蒲公英这种植物的自然部分。换个口味,我们来看一下 mint(薄荷,作为植物)。人们对是否喜欢薄荷味的冰激凌、口香糖或糖果有着比较明确的想法。"薄荷巧克力片冰淇淋"是一个受欢迎的组合。有些人喜欢把薄荷放在茶里。薄荷既然在食物中有这么广泛的用途,它能被视作一种杂草吗?如果你打算在花园里种上植物,并且将薄荷也作为花园里的植物,你一定会发现"大肆入侵"是什么样子。薄荷会蔓延到它能到达的任何地方。当它蔓延过西葫芦和番茄地进而穿过花坛时,你得给花园除草,把不需要的薄荷清除掉。杂草的这个意义,即"不需要的植物",是其现代意义。所以,某一具体植物是否为杂草,要看它是否在需要的地方生长。杂草丛生(weediness)这一现象,出现在旁观者的眼里。

这种对不想要的植物的现代定义在古英语中并不成立。在那个时期(450—1100 年),weed 这个词通常是指"青草"或"药草"。我们来看下面这行诗:

Is a writen   ðæt hē sewe   ðæt wēod on ða   gōdan æceras.
is a-written that he sewed that weed on that good acres
"It is written that he sewed the grass on the good acres."
(据说他将青草缝在了足足好几亩地上。)

(出自盎格鲁-撒克逊版本的格雷戈瑞田园诗;
参见 Bosworth and Toller,1190)

weeds 在古英语中表达"植物"这一更为普遍的意思,可见于 seaweed(海藻)和 ragweed(豚草)这些复合名词中。为获得否定效果,古英语单词 wēod 由 evil(邪恶的)这样的单词来修饰。在现代,weed 这个形式被用来指烟草和大麻。到了1606年，weed开始被用来指烟草。到了1929年，weed也被用来指大麻。有了这些用法，一些英语使用者或许会说weed这个词完全堕落了，但这类词不断变化的意义对于人类语言来说是正常的。

语义学是研究语言意义的一个学术领域。对于词汇语义，即单词的意思，人们可以不同的方式变更它们的指示意义或社会意义。没有任何一个委员会来调控这些变化，没有任何一个个人能促成所有词的变化，但在几十年乃至几个世纪的时间里，词语的意义确实发生了变化。下面要展示的主要变化方式是组合、缩小、扩大、褒义化、贬义化、弱化和本义转变。

如何创造新词

既然单词是形式和意义的组合，当其中一个发生变化，我们就有了一个新词。记住，每个词都有几个部分。在大多数标准的纸质词典中，"单词"仅仅是字母的集合，而其意义就堆积在这组字母下面。正如第四章中讨论的，我们的词汇和单词通过多个方式联系，包括通过声音，通过意义，有文字的语言通过书写的表达形式。在人类的进化过程中，专注声音和意义的词汇关联有了更多的时间去发展，因此这些联系最强大。

最常用的一种创造方法是把语言中已有的成分组合起来，即组合法而最罕见的方法则是凭空创造新词（即形式与意义全新的单词）。通过组合法创造的新词为我们提供了许多细究的范例。

有两种把英语的单词形式组合起来的常用方法，即复合法和词缀法。复合就是把两个分开的单词黏合在一起，组成一个更长的单词。就像在其他日耳曼语言中，复合是英语中的一个生产过程。

我们来看看下面的单词：

1. football
2. breakwater
3. undercut
4. wallpaper

5. mother-in-law
6. distance learning

前面四个复合词是闭合的,中间没有空格或连字符。第五个有连字符,第六个有空格。这些词都算作复合词,因为它们的特殊形式和具体的意义拴在一起。在 The distance learning classes end a week earlier than other classes(远程教学课比其他课早一周结束)这句中,组合形式 distance learning 是和某一具体意义关联的,它指的是一种有别于所有其他课型的课程。拼写惯例允许一些复合词拧在一块,而另一些复合词的书写则需要连字符或空格。但是,这些拼写惯例并不影响 mother-in-law 或者 distance learning 这些单词成为复合词。

对于下面画线部分的单词,试着弄明白哪些是复合词,哪些不是。你把其中一些归为复合词的理由是什么?

1. The demon of the underworld rose up against the dwarfs.
2. After the party, the intern threw up on the office manager.
3. The memo from the White House left us baffled.
4. The bird flew over the white house.
5. The broken piano was the last thing to get repaired.
6. The player piano earned a big price at the auction.

远在古英语的发端时期,英语只是日耳曼方言的集合,但在那时,复合词就已成了英语的一部分。打那以后,类似下面的这些单词成了英语中的新词:afternoon, backbone, chestnut, downfall, eggshell, fingernail, grasshopper, hardcore, infield, jailbird, knockout, ladybug, mailbox, nutcracker, oatmeal, pancake, quicksand, rainbow, scarecrow, toothache, underground, vineyard, waterfall, X-ray, yardstick, zebrafish。英语中有成千上万个复合词,这在维基词典的英语复合词网页上可见一斑(参见:http://en.wiktionary.org/wiki/Category:English_compound_words)。

另外一种常用的组合构词法是加词缀。通过加上前缀 anti-,我们能够

语言入门

生成 antigravity(反引力)和 antibiotic(抗生素)。通过加上后缀-ness,我们能够生成 uniqueness(独特性),通过加上表示施动者的后缀-er,我们能够生成 scrobbler(指把有关听音乐的习惯的信息发布到网站上的人)。关于这些后缀和前缀是如何被附着上去的,将是第六章讨论的内容,但了解这些词缀是如何被用来生成这么多新的单词形式的也是很重要的。

看一下下面这些前缀与后缀,给每一个词缀生成五个单词。

前缀	后缀
un-	-ish
non-	-hood
dis-	-ful
mid-	-ly
pre-	-able
ultra-	-less

作为额外的挑战,你不妨试着用每一行的前缀与后缀一起来造词。它们中的一些将是极不可能的,或者可能对你来说是不合语法的组合。另外一些或许还说得过去,像 ultrashameless(极端无耻的)。

就像复合法,通过加上词缀来创造新词在英语中由来已久,而这一创造过程没有任何衰落的迹象。接下来要讨论的俚语,也是用这两种方法创造新词。

其他创造新词的方法不如复合法和词缀法常见。据估计,采用组合法创造的新词占据 20 世纪后半叶创造的所有英语新词的一半。其他创造新词的方法的确也赢得很多关注度,部分是因为这些方法比较少见。

总体而言,现有词汇发生变化的方法有两个,两者都可以被视为一种转移。其一是转移词义,其二是转移词汇类别。转移词义的词汇包括像 net 这样的词,现在它更多的时候指互联网而不是渔网。转移的词汇类别包括像 table(桌子)这样的词,这个词一开始是个名词,但现在可以作为动词,意为"把一项提议搁置起来,实际上是扼杀它",如 She tabled the bill(她搁置了这个提案)。第二种变化被称作**功能转移**。

第五章
习语、俚语和英语词汇

拓展知识：模仿是最真诚的恭维形式

由于发音随着时间的推移而改变，有时尽管两个单词的功能不同，但它们最终听上去很相似。看一下下面两句中画线部分的单词：

I really like him.

You are like your mother.

大多数人认为，这两句中的 like 是同一个词，但听上去相同且拼写相同并不表示它们是同一个词。它们的意义不同，甚至词性也不同。它们并非同一个单词。

在第一句中，like（喜欢）是个及物动词，就像在 13 世纪的时候那样。这个及物动词一开始却是个不及物动词，在古英语中叫作 *lician*，意思是 to be pleasing（令人愉悦的），到了中古英语时期转换成及物动词。在第二句中，like（像）作为一个形容词和介词（相当于 similar to，相似的）。这个形容词在中古英语中演变为 *liche*（意思是"有同样的特征"）。这两种形式到了中古英语时期结束时就开始相似了。

随着时间的推移，单词的意义会以多种方式改变，这里仅探究几种。前两种为**缩小**和**扩大**，它们都涉及跟形式有关的意义变化。缩小牵涉到一种从更宽泛的所指变更到更狭窄的所指的变化。在古英语中，deer 指任何一种猎物，但在现代英语中，deer 这个词专指一种反刍哺乳动物。deer 这个术语所覆盖的范围缩小了，我们称这样的词义变化为缩小。从早期的用法至今，weed 这个词的语义范围从最初指的所有植物缩减到更受限制的语义范围（指没人要的植物）。

扩大是与缩小同一类型但方向相反的词义变化方式。通过扩大，单词所指的语义范围随着时间的推移不断变大。比如，barn 这个词以前指农场上的储藏建筑,但仅用于储存大麦。毕竟,barn 以前就是 bere-ern,也就是 "barley place"(储存大麦的地方)。从《林迪斯法恩福音书》(《路加福音》第十二章,二十四节),我们看到了下面一行:

Ðæm ne   is hordern   ne bere-ern
It   not is hord-place nor barley-place
"It is neither hoard-place nor barley-place."

(它既非储藏间,也非大麦屋。)

如今,许多不同种类的谷物可以和农具、动物(但通常不包括鹿)一起存放在谷仓里。

对于单词,其指示意义常常有两部分:**本义**和**隐含的意义**。不妨考虑一下 April 这个词。它的本义是"西方格利高里年历所指的第四个月",但心中首先闪过的一些景象是倾盆大雨、植物开花和春天的到来,或者也许是花粉、过敏和常见的身体不适。那些附带的想法就是 April 的隐含意义。本义是 April 一词最直接的所指。隐含的意义是和 April 一词相关的附带所指,它可以是积极的,也可以是消极的,取决于每一个人对这个单词的联想。不是每个单词本身都会有很强的隐含意义,但每个单词对个体或社区而言都有潜在的隐含意义。

就两种语义变化而言,本义朝着相反的方向变化。**褒义化**和**贬义化**颇有些像缩小和扩大,因为它们也是同一尺度上的两个不同方向。对于褒义化和贬义化,其尺度是一种总体感觉,指一个词的意思是好的还是坏的:更像是赞誉还是更像羞辱。贬义化的一个例子是 silly 这个词的语义变化。如果有人在古英语时代说你 silly,你会感到很高兴,因为这个词在那个时代表示"快乐的和兴旺的"。我们来看下面这句诗,它来自阿尔弗雷德国王翻译的波爱修斯作品:

To hwon sceoldan la mine friend seggan ic gesælig mon wære?

To hwon sceoldan la mine friend seggan ic gesælig mon wære?

To when should   oh my   friend say   I silly   man were?

第五章
习语、俚语和英语词汇

"For what did my friend tell me I was a happy man?"
(是什么原因令我的朋友告诉我,我是一个快乐的人?)

在现代英语中,silly 的意思是"意志薄弱的",更近一段时期用来指"可笑的"。如果今天你听到有人说,"You are silly to take that loan"(贷那笔款,你太傻了),说明有人认为你傻。从"快乐的"到"傻的",silly 这个单词的意义转向了贬义。这倒不是因为 silly 这个词本身不再那么有用,而是因为它的内涵更加消极了。

褒义化是朝着更加鼓舞人心的方向发生意义上的变化。例如,随着褒义化,古英语中的单词 prættige(意思是"狡猾的、诡诈的、诡计多端的")在今天发生了积极的变化。我们先来看下面这句出自 *Aelfric's Colloquy* 一书的诗(引自《牛津英语词典》):

wille ge beon prættige oþþe þusenthiwe on leasungum, lytige on spræcum?
will you be pretty or shifty in lying crafty in speaking?
"Will you be sly or shifty in lying, crafty in speaking?"
(在撒谎时你是否会躲躲闪闪或者随机应变,而在说话时诡计多端?)

prættige 在古英语时代被人描述为"得引起重视了",因为这个词在那时指"狡诈的行为"。这个词从原先消极的隐含意义转移到更为积极的意义,更接近现代意义上的 cunning(狡猾的;灵巧的),然后再转移到现代意义上的形容词 pretty,形容身体和外表的美。有了这一不同的隐含意义后,现代的修饰词 pretty 出现了,以至于 a pretty hardy fellow 这样的短语于 1565 年亮相了(引自《牛津英语词典》)。在这两种情况下,"狡诈的和诡计多端的"这些否定域在现代意义中被规避了。在现代英语中,人们用 pretty 来描述一件加工精美的珠宝或令人心旷神怡的夕阳,而丝毫不带任何"欺骗或虚假"的意思。在此变化中,pretty 这个词经历了褒义化的词义变更过程。

另外两种变化是**弱化**和**本义转移**。弱化指一个单词随着岁月的流逝其影响力或修辞的力度被削弱了。我们来看一下现代的 quell 这个词。它在古英语中的先祖是 cwellan。请看下面从古英语的一首长诗《贝尔武夫》(1333—1334 行)中选取的例子：

    Hēo þā fæhðe wræc þē þū gystran niht Grendel cwealdest

    She that feud   wrecked that thou yester night Grendel quelled

    "She has taken up the feud because of last night when you killed Grendel"

（她跟你有仇了，因为昨晚你杀死了格伦德尔）

现代英语中 quell 的种子就是古英语中的 cwellan，但后者在那个时候是个更具活力的词，因为它涵盖通过杀戮来达到镇压的目的。在现代意义上，quell 这个词和"制服"或者"压制"的意义更近，犹如在下面这句中：The police quelled the riot before major vandalism took place（在大规模的打砸抢爆发之前，警察镇压了那次骚乱）。弱化是意义上的改变，但它是朝着冲淡意义的力度的方向改变的。

与之形成对照的是隐含意义的转移，即对一个单词的基本所指对象的完全替代。一个至今未解的疑团是古英语中的单词 clūd 的语义变化，其意思是"岩石或山丘"。鉴于在英格兰和其他许多地方都有岩石或小山丘，它看上去像个很稳定的单词。再说，这个词的发音也没什么异样。

    Cludas feollon of muntum

    Clouds fell   of mountain

    "Rocks fell off a mountain"

    （岩石滚下了山丘）

        （选自奥罗修斯的《历史》(vi，ii)，转引自《牛津英语词典》）

然而，clūd 这个古英语词却带给我们两个现代英语单词：clod（泥块、泥土）和 cloud（天上的云）。clod 的意思和古英语中 clūd 的意思有些相似，尽管它肯定不表示岩石或山丘。现代英语中的 cloud 所指的对象则完全不同，因而被视作隐含意义的变更。或许一团团的云朵让说中古英语的英国人想到了(远处隐约可见的)岩石和山丘，这个术语转变为一个原创的隐喻延伸。虽然对于它产生变化的详情我们今天不得而知,但是我们可以将它归入一类语义变化,以示和其他类别的区分。

特定场合的词

还有一种创造新词的方法。如前所述,单词的意义无关乎对其词汇类别的辨认,重要的是它如何用在更长的短语中。你甚至应该能够看出新造单词的词汇类别。这些**特定场合的词**是杜撰出来的,只有单词形式,没有常规意义。

请读完下列句子:

The kepbleeg fell of the back of the truck.

We dropped three of the kepbleegs off the bridge.

Considering what we paid, this kepbleeg is wicked fun.

在这些句子中,kepbleeg 是作为名词的。在其中两个句子中它作为主语,在另一个句子中它作为宾语。它可以通过加上后缀 -s 变成复数。我们是否确切知道 kepbleeg 在英语中的意思? 不见得。我们能看得出,它是指一个物体,能滚落下来,而且显然它很好玩,但除此以外,我们对它的意思一无所知。但是,根据上下文,我们可以确定这个词的词汇类别是名词。

习　　语

设想一下这个场景:你从当地的"超大型自己动手做五金店"给自己买了一套带椅背的酒吧搁脚凳。你把所有的零部件摊开摆在了地板上,四周到处是撒落的聚苯乙烯泡沫塑料碎片。你已经安装好了搁脚凳的腿和坐垫,这个时候你要求你的安装搭档把椅背递给你。你的搭档回答说:"I've got your back",一边说一边把椅背递给你。

"I've got your back"指"我拿着椅背"的时候和指"我来给你提供支持"时有什么区别呢? 前者的意思是"说话人手里拿着椅子上垂直连接的一块

语言入门

零部件"。后者的意思是"如果你需要帮助,我会在那儿帮你的"。同样的单词,以同样的顺序排列,起的作用却不同,这是怎么回事?"椅子部件"这组词是常规句子;"需要帮助"这个单词集合是**习语**。

到目前为止,我们探究了个体单词,每一个单词都有它的形式和有时不断变化的意义。所有这些单词都有它们的词汇类别,不管是名词还是动词,或是形容词。有些词汇大于个体单词,但仍然作为单个个体词汇。这些更大的词汇叫作习语。习语是语言中不遵守常规地把一个单词的意义加到另一个单词的意义上的表达方法。

以动词 kick 为例,它是个及物动词,带主语和宾语。它是个适宜的动词,多年来一直被用在体育领域,并且在科幻冒险影片中经历了功能转移,例如在影片《盗梦空间》中(在这部电影里,剧中人物设下了 kick,即意外转折,把他们从一个梦境中惊醒又投入另一个梦境中)。带上主语和宾语,我们便有了 She kicked the ball(她踢了球)这样的句子。整个句子的意思是通过动词托护着主语和宾语而成的。这个动词的两个补语是可以被其他许多词替代的:例如,The elephant kicked the termite mound(大象踢了蚂蚁窝)。现在来看一下 kick the bucket 这个习语在下列句子中的用法。

> Which celebrity is going to kick the bucket next year?
> Your first car will probably kick the bucket when you are 20.
> Fred kicked the bucket last Tuesday.
> As a phoenix, she kicks the bucket every once in a while, but always comes back strong.

kick the bucket 这个习语的指示意义是"去世"。正如下面俚语一节中将要讨论的那样,不同社会群体的人都会找一些词替代感情色彩强烈的词。在上述例句中,本可以用动词 die 来替代整个习语。例如,上述第一个例句可以替换成:Which celebrity is going to die next year(明年哪一个名人会去世)?在第三个例句中,动词 kick 有一个表示过去时态的后缀。在第四句中,动词 kick 也有一个标记非过去式的后缀。从这些例子中我们可以看出,kick 仍然是个动词,但是习语的性质阻止了短语的意义通过正常的途

190

第五章
习语、俚语和英语词汇

径来建构。对于这个习语的使用者,kick the bucket 跟实际的"踢水桶"毫无关系。整个词块 kick the bucket 以表示"死掉"的含义被储存在心理词汇库里,而 kick 这个单词仍然可以看得出是动词。

还有一个孩子们常玩的游戏,取名为 kick the can(躲猫猫)。如果你只知道 kick the bucket 这个习语的含义,给孩子们的游戏取名为 kick the can(直译为"踢罐子")似乎显得有点病态。在游戏中,一群孩子试图抓住另一群孩子,而在此期间根本没有什么"踢罐子"的动作。可是,游戏的名称仍然是那三个词的习语:kick the can。

习语要比人们最初想象的更为常见。正如雷·杰肯道夫教授指出的,电视游戏节目《命运之轮》(*The Wheel of Fortune*)就是利用了现存的习语来为自己造势。参赛者必须在他们部分拼写出的单词形式的基础上猜出短语。

这里,我们来看几个意义大相径庭的习语:dead as a doornail, don't give a damn, willy-nilly, eat my shorts, lipstick on a pig。

从 1362 年开始,dead as a doornail(意思是"真的死了")即作为习语存在。很可能是,[d]这个音的头韵关系使得这个习语的生命力远远超出了它用以表示"完全死了"的最初示范。现代的门极少是用大头钉做的。当年用大头钉做门时,木头门板以交叉或对角的方式拼在一起。那时没有带螺母的螺栓或其他方法来紧固门板,为了用手工锻造的钉子固定住双层的木板,钉子尖的一端必须被钉进木板,然后弯过来,使得钉子被钉死了(即无法再用了)。

don't give a damn 这个习语首次亮相于 1939 年的电影《飘》中。影片中的男主角白瑞德对女主角郝思嘉那充满哀怨的问题"我去哪儿?我接下来做什么?"作了这样的回答:"Frankly, my dear, I don't give a damn"(说真的,亲爱的,我才不在乎呢)。这在当时引起了不小的社会骚动。这样的表达从何而来?在 19 世纪,有许多穷困潦倒、无家可归的男人,其中一些四处流浪,尽其所能打点临工。这些人中的一部分被称为 tinkers(白铁匠),他们可不是以文明礼貌著称的一群人,所以社会地位极低。to be not worth a tinker's curse(不值得白铁匠的咒骂)，或者 a tinker's straw(白铁匠的干草)，又或者 a tinker's damn(白铁匠的一丝一毫)，意思就是"不值得什么"。这最后的短语后来成了许多人的常用表达法，最终缩简为上面白瑞德的用语。

willy-nilly 是个有着悠久历史并且押韵的短语。这个习语要么指"杂乱地"，要么指"不管愿不愿意，毫无选择"，它是现代英语中为数不多的几个仍然保留古英语遗风的短语，即将动词的否定式放在动词前面。在古英语中，否定放在动词的前面，而不是像现代英语中放在动词的后面(例如，It not is, 而不是 It is not)。这个习语始于表示意愿(而不是情态)动词的 will，就像在 I willed the door shut (我要门关着)。其否定式是 ne will，缩写成 n'wille。于是它的复合形式有点像"be it so, or be it not so"(要么是这样，要么不是这样)。如今，这个短语有了新的意思，变成了一个习语。

不是所有的习语都有一个倡导者，一个把它们推到崇高地位(或者最起码全世界都认可)的代言人。但是，eat my shorts 这个习语却有一个不太可能的推手，他就是电视剧《辛普森一家》中的儿子巴特·辛普森。在这部电视剧的较早一集中，当时巴特刚刚在学校的运动场认识了他未来的朋友们，他用一种不被老师们认可的方式逗乐他的小伙伴。斯金纳校长让他去思考自己的未来和他正在作出的选择。巴特对校长的回应是"eat my shorts"(意思是"你去死吧，这绝无可能，我决不"等粗俗的咒语)。就所期望获得的修辞效果而言，这句习语和 go fly a kite, go jump off a bridge, take a long walk off a short pier 等其他许多更具煽动性的习语比较一致。创造巴特这个人物的编剧们并没有从零开始(这个习语似乎来自 20 世纪 70 年代)，但他们确实使这个习语在许多粉丝中成了吸人眼球的短语。

像 dead as a doornail 或者 willy-nilly 这样的词语，因其声音容易识记，一路走来得到了不少支持。另一些表达因其意义的形象性而存留了下来，lipstick on a pig 就是其中之一。对比给予这个短语幽默的形象。它的意思是，一个糟糕的情况就是糟糕的情况，不管某人如何试图去粉饰它。这个习语通常针对某个政客或某个领导人，因为他试图用言辞来修饰某一形势以改善听众对它的接受度。这个短语是新近造出来的,最早一次使用出现在 1985 年,但是 pig 作为习语中的负面成分已有很长的历史了。You can't make a silk purse from a sow's ear(劣材难成器)这个表达早在 16 世纪就有人用了。

　　一些短语并非固化不变的,而是留有空缺的位置。那些空缺位置特地留给了某些词汇类别,如名词。在 flying by the seat of _____ pants 这个短语中,表示裤子所属的人称代词得到了一个空缺位,所以它既可以是 her 或者 his,也可以是 my 或者 our,还可以是 your 或者 their,等等。另一个带空缺位的习语是 pull a(n) _____,空缺的地方是留给某人的名字或一个更常见的名词。To pull a Jo(h)n 意思是以 John 的方式做了件(聪明或愚蠢)的事,而这个 John 或许是晚间脱口秀主持人 Jon Stewart,或者是好莱坞明星 John Travolta。还有一些习语包括几个空缺位,例如 to slap _____ with a _____ 这个短语就有两个留给名词的空缺位,就像 The judge slapped her with a fine(法官以罚款的方式打了她一记耳光)或者 The officer slapped Kayode with a citation(警察给了卡约德一张传票来处罚他)。在这个短语中没有身体上的处罚,只有制度上的惩罚。

　　有些习语不是因为名词而是因为介词发生变化。在 I feel sick _____ my stomach 这个短语中,考虑一下 at, to, on 这几个介词,它们在不同的英语方言里都在那个框架内起作用。功能词的主要任务是连接其他词,在扮演这个角色时它们即使有什么实义也被压制了。不同的方言用不同的介词来完成任务。这些介词是作为占位符和短语的安排者,这一点很重要。在 I feel sick _____ my stomach 中用哪一个介词都没错,但一些英语的方言大大地偏好其中的一个介词而不是另一个。同样的偏好对涉及时间的表达和排队的问题也是如此。表达时间时,可以是 It's a quarter(of, to, till) five;表达排队时,可以是 standing (in, on) line。

行　　话

　　尽管**行话**这个术语有几种不同的用法,在这里它指用于一个行业中的

■ 语言入门

一组词,其意义为这个行业所特有。医疗行业有它的行话,像 a.c.(饭前吃药),FX(骨折),成千上万来自拉丁语和希腊语的非缩写词,如 dyspnea(呼吸困难)。法律行业有法律术语,像 damages(损害赔偿金),mistrial(无效审判)和 remittitur(法官对陪审团授予的赔偿金的削减)。学术行话是一个广泛收集而来的不同学术行话子集的汇总,因为学术界囊括了好几百个行业,生物学界和工程界或语言学界是不一样的。使用相同术语的人都有一个共同的目的。

许多行业都有首字母缩合词。**首字母缩合词**是一个由其他单词的词头组成的单词(acro 是希腊语中的"尖端、顶端")。对于需要用许多词作专业定义的有文化的社会群体,首字母缩合词是一个便捷的创造新词的方法。大多数政府更擅长创造首字母缩合词,而不是解决实际问题。政府部门从来不缺首字母缩合词,如 NATO(北大西洋公约组织),DOD(美国国防部)和 DHS(美国国土安全部),这些机构建立后又创造了其他的首字母缩合词。最后两个不同于第一个,因为它们在大多数人看来是**字母词**。字母词是根据一个一个字母发音(即按字母的名称发音而不是按字母代表的单词发音)而成的首字母缩合词。虽然你可以尽力试,但很难保持一致地把 DHS 说成[dhs],中间不带任何响音来缓解其间的音节(请注意,前面括号里的发音一点也不像 Dee-eyH-eS,这个音恰好是下面括号里的发音)。因为那个音不好发,所以我们选择了一个一个字母来发音,使得它成为一个字母词[diːeitʃes]。首字母缩合词包括体育组织,如 NBA(美国全国篮球协会),MLS(美国棒球大联盟)和 NFL(美国全国橄榄球联合会),还有音乐团体,如 REM 摇滚乐队和爱尔兰都柏林的 U2 摇滚乐队,另外还有娱乐角色,如 DJ(音乐节目主持人),MC(主持人)。

一些先前的首字母缩合词已经完全过渡为常规的单词,因为很少有人真正意识到这些首字母原先代表什么单词。我们不妨看一下这个句子:The laser shot past our Navy SEAL scuba tanks, letting us know that their radar had found our boat. 上面哪些词开始是作为首字母缩合词出现的?最明显的选择是 SEAL,因为它仍然以全部大写的形式出现。SEAL 是 SEa,

第五章
习语、俚语和英语词汇

文字游戏:行话城

体育运动和游戏中有许多行话和俚语,让运动员和玩家能够快速识别出正在发生的事,并在社会上相互认同。成为一项体育运动或游戏的常客意味着要学习这行的行话,但这个圈子以外的人很难猜出许多术语的意思。看下面的术语并试着猜猜它们的意思(如果你还不知道的话)。

橄榄球(足球)行话:booked, set piece, selling a dummy, touchline, through-ball, juggle, onion bag, tackle。

攀爬行话:barn-dooring, whipper, wired, vapor lock, smearing, heel hooking, Elvis, cheese grater。

自行车赛行话:bonk, bunny hop, bring home a Christmas tree, corndog, dab, endo, hardtail, wang chung, stoned, LBS, Granny Gear。

扑克牌戏行话:angle, wheel, wake up, to go, stand pat, snow, river, rainbow, purse, rock, cow, action。

象棋行话:en passant, rank, file, fork, Greek gift, pin, zugzwang, fish, check。

Air, Land 的首字母缩写,代表美国军队的特种作战部队。其他的单词就更难分辨了,因为它们已经成为英语词汇中的常规部分。我们来看看 laser(激光)这个词,它起源于 1959 年,表示 light amplification by stimulated emission of radiation(由辐射刺激的光线扩张)。即使是物理学家和科幻迷也不会在每次使用这个词的时候把它转换成全称。另外两个词是 scuba 和 radar,分别代表 self-contained underwater breathing apparatus(自携式水下呼吸器;水肺)和 radio detection and ranging(无线电探测和定位装置;雷达)。

首字母缩合词的确会产生形式上的混淆。大多数首字母缩合词是作为

语言入门

行话在具体的行业中创建的。当不止一个行业用相同的一组字母创建首字母缩合词的时候,这些词相互碰撞,确实会把人搞糊涂。我们来看一下商界的 NP(净利润)和语言学界的 NP(名词短语)。从机构技术的世界,我们得到了 SLA(服务层面协议),语言学界也有 SLA(第二语言习得)。或者,我们来一个四向相撞怎么样?出版界的 HO(切换),天主教的 HO(圣职),商界的 HO(总公司),和化学界的 HO(钬)。这么多首字母缩合词都是出于各个行业的具体需求在形式与意义之间建立了联系。不管怎么说,把形式与意义联系起来这一基本能力是人类共有的。

俚 语

有关俚语这个词应该指什么,许多学者都发表了看法。如果你对俚语有兴趣,有好几本有关这个话题的书,它们都极尽所能地给俚语作出了完整的定义。这里,我们一切从简。

首先,俚语不是一个词汇类别的名称。语言学家没有指出,有一种词汇空缺只有俚语才能充当。它不像名词。对于名词,我们能检测到它们在何处出现。我们能够评估它们的语境:在 The squid snipped at the cow(鱿鱼咬了一口奶牛)和 The cow snipped at the squid(奶牛咬了一口鱿鱼)中,我们能说出 squid 和 cow 是名词,因为它们前面有像定冠词 the 这样的限定词和它们在句中作主语和宾语的功能。(年代有点久的)俚语 fox,指"性感的女人",是个名词,但是也有一些俚语是动词(如,hang tough,表示"停留,保持下去"),还有一些是形容词(如,plastered,表示"喝醉的;陶醉的,欣喜若狂的")。

其次,俚语也不是一个语义类别,像"烹饪术语"(如,抹刀、煎锅、蛋奶酥)或者"金融术语"(如,年化收益率、可变利率贷款、依限买卖指令)。可以有俚语的分类,像餐馆俚语(如,blender tender:忙得不可开交,忙得难以招架;不懂规矩的就餐者),但不是所有的俚语都来自一个语义类别。俚语术语并不需要任何具体的实义。看看下面几句中的 poop 一词:

第五章
习语、俚语和英语词汇

1. He was pooped after the race.　　　　"疲劳的；累的"（形容词）
2. He pooped out before the work was done.　　"放弃"（动词）
3. After his tenth shot of tequila, he was so pooped.　　"醉酒的"（形容词）
4. Do you know the poop on how my bumper got dented?　　"细节知识"（名词）
5. Your Shih Tzu just pooped on my karastan rug!　　"排粪"（动词）

除了航海俚语 poop deck（舺楼甲板，即最靠近船尾的部分），有五个不同的意义和上面提到的 poop 有关。总共六个意义，三个词汇类别，一个形式。正如 poop 一词的宽泛语义告诉我们，人们并不把俚语局限于某一语义类别。不过，得先警告你，如果你去寻找俚语，很多俚语都与禁忌话题有关，如性和毒品：搜寻俚语会让你讨论那些事情，尽管并不一定就是那些事情本身。

俚语和听众有关。对于上述 poop 这个俚语的不同意义，应该很少有人用过所有这些意义，其中的几个大多数人可能不认为是俚语。对于一些人，可能只知其中的一两个意义。人们常常用俚语把自己人和外人区分开来。有了这个功能，俚语不仅针对听众，而且区分听众：你是否知道 Mary Jane will be at the party 是什么意思多半可以决定你是否应该在那个晚会场所（因为 Jane 是以前学校里用来暗指"大麻"的俚语）。

俚语词和为特定听众服务的态度息息相关。俚语术语既有指示意义又有社会意义，但对俚语而言，使用俚语本身往往是最重要的事。俚语几乎是某个社会群体为了把他们和更大的社会区分开来而所用的同义词。通常，俚语为年纪较轻的语言使用者所用，目的是把他们和更加年长的语言使用者区分开来。所以，如果年长的人感觉俚语在某些方面让他们不快或者气恼（例如，他们觉得俚语无礼、奇怪、荒谬、令人困惑），这说明俚语正在起作用。

语言入门

在充满机智的《俚语:百姓的诗歌》一书中,作者迈克·亚当斯(Michael Adams)引领读者踏上了丰富多彩的英语俚语之旅。他讴歌俚语和人类为此付出的不懈创造力。在这次旅途中,亚当斯阐明了俚语的决定性要素。对亚当斯(2009:6)而言,俚语在口语中最为鲜活,而俚语是"……根植于社会需求的语言实践,大部分是出于融入和标新立异的补充需求。另外,当我们操纵单词的声音、形态和效果时,俚语向世人展示了我们日常的诗歌才能;我们从所说和所听到的俚语中收获的快感起码有的时候是一种美的享受"。

语言任意性的基础在俚语中得到了强化,而俚语不过是在我们日常的言语中经过千锤百炼后突显社会意义的近义词。这种稳定性的缺乏可以把我们中的老夫子逼疯,但语言的任意性为持续不断的创新提供了可能。下面我们来细究一下近几十年来进入主流社会的两个俚语词:cool(绝妙的,酷的)和 rock 'n' roll(摇滚乐)。

cool 这个词的定义应该包括由非官方给出的积极评价。如果当权者说某事物是好的,那就不算 cool 了。cool 这个术语最风光的时候是在 20 世纪 50 年代的美国,当时的青年亚文化正试图在二战后的成功人士面前确立自己的地位。和其他几乎所有的俚语不同的是,它以轻松的姿态勇往直前,闯过了 20 世纪 60 和 70 年代。每个时代的青年为 cool 这个词注入了自己的解读。20 世纪 80 年代产生过 rad(从 radical 来,表示"激进的"),tubular(管状的)和 gnarly(多节的、乖僻的)几个替代词,但没有一个能完全代替 cool。某种程度上,与其说 cool 是个俚语词,倒不如说在一些社区里它是个常规的词。20 世纪 50 年代广泛使用这个词的青年如今已是七十出头的老人了。

bones 表示 dice(骰子)可追溯到 14 世纪。与之相比,rock 'n' roll 是个历史相对较短的术语,但它是个以俚语起家、现已融入主流的词。换言之,rock 'n' roll(对于一种音乐体裁和相关的事件)最终成了一个常规词。根据《牛津英语词典》,这个词首次被提到是在 1938 年,作为一首歌里表达强力的节奏和韵律,后来在 20 世纪 30 年代的后期作为一个舞蹈术语被沿用。

第五章
习语、俚语和英语词汇

这个词在世界范围内的"不可一世"出现在20世纪50年代,当时rock 'n' roll成了二战后手里有着大把钞票的年轻人热捧的音乐轰动。尽管当时大部分的rock 'n'roll歌手如今会被视为节奏布鲁斯乐手,这种形式的音乐从rock 'n'roll坚实的基础上演变而来。早期这个术语和性有关,或许在最初作为性交的俚语词(而这正是它在过去的六十多年里如何被成千上万次用在歌词里)。到了1958年,《纽约时报》也愿意把它放在新闻的标题里(如,"Rock 'n'roll musical shows in public auditoriums were banned," May 6, 21/4)。今天,这个术语在互联网上能产生几百万甚至上千万的点击量,它已是比较主流的一种音乐形式。

nifty(时髦的、极好的)是另一个在20世纪50年代受到热捧的术语,但它几经起落才到今天。以前它总是被那些希望寻求公开声望的年轻人使用。不管是在有组织的体育活动中,还是像女童子军这样的社会俱乐部或者是在辩论队中,那些年轻人希望通过得到来自体制内的权威对他们佳绩的肯定和赞许来分享公开的声望。**隐蔽的声望**不是来自成人,而是来自同龄人,而且这样的声望通常和制度权威背道而驰。人们创造俚语以寻求隐蔽的声望,一旦这一愿望不能满足,他们就抛弃俚语。

俚语方面的专家康妮·艾伯尔(Connie Eble, 1996)写了一本名为《俚语和社交》的书。在书中,她指出俚语时而出现,时而消失,往往是昙花一现。偶尔也有这种情况发生:几个词凑在一块,成了一个俚语,而且长期存在。她注意到,"bones(骨头)作为表示dice(骰子)的俚语早在14世纪的时候英国作家乔叟就用了,而且到了今天它仍然是一个俚语"。至于nifty这个词,它几经起落,从开始时处在俚语的边缘地带到后来被人耻笑进而完全退出使用,再到如今用来形容"自我标榜的怪人"的伪俚语,这群怪人通过用nifty这个词来标榜他们对怪异的认识。

英语中有成千上万的俚语,在地球上的6900多门语言中还有更多的俚语。以下是从美国大学的俚语中选出的一小部分俚语术语。艾伯尔书中的众多词汇宝藏之一是一份排名前40的大学俚语榜单(取自1972—1993年间北卡罗来纳大学本部教堂山校区师生的使用情况)。这里列举了其中的

语言入门

五个：

1. sweet—"excellent, superb"（很棒，超好）;
   clueless—"unaware"（未察觉到的）
2. cool—"completely acceptable"（完全可以接受的）
3. flag—"fail"（失败）;
   Sorority Sue—"sorority member"（大学女生联谊会成员）

这些俚语在你所在的学校流行程度如何？

有些意义领域比别的意义领域有更多的单词可以表达。有哪些意义范围在大学校园里可以由多个俚语同义词表达？用艾伯尔的书作为指南，我们发现"很好的、超好的"这个意思似乎有许多同义词追随者，如 awesome, killer, bad, solid, bitchin', sweet, cool, tough, fresh, wicked 和 key。有一个话题的追随者要少得多，那就是超好的反面——表达最坏状况的词，包括 bummer 和 (the) pits。

几个更为陈旧的术语来自 19 世纪末和 20 世纪初(Eble, 1996: 150—3)。今天的大部分学生很难想象它们是俚语，因为这些术语太普通了，但在那个年代它们的确是俚语。这些术语有：

cram—"to attempt to store a great number of facts in the mind hastily, particularly before an examination"（尤指考前临时抱佛脚）

crush—"to have an infatuation for someone"（迷恋某人）

exam—"examination"（考试）

flunk—"to fail in academic work; a failure"（学校功课不及格；考试失败）

frat—"a fraternity"; "a member of a fraternity"（大学男生联谊会成员）

gym—"gymnasium"（体育馆，健身房）

josh—"to make fun by teasing"（无恶意地戏弄）

swipe—"to steal"（偷窃）

第五章
习语、俚语和英语词汇

这些词中有没有今天仍然算俚语的？重要的是，为什么其他的词今天已不是俚语？

然而，下列单词并没有按同样的形式熬过20世纪，它们基本上已被淹没在历史的长河里(一个例外是 fiend)。有一点需要说清楚，在此标出的形式与意义的组合在这些单词上已经脱钩，尽管其中的一些形式(如 whale)我们今天仍在用。

yap—"a contemptible person"（卑鄙小人）

whale—"a phenomenal scholar"（一个杰出的学者）

tumble—"to understand"（理解；懂得）

souped—"unsuccessful in a recitation or examination"（朗诵或考试失利）

plunker—"a dollar"（一美元）

hen-medic—"a woman studying medicine"（一位学医的女子）

fiend—"one who excels in something"（能手，奇才）

bum—"a pleasurable excursion"（令人愉快的远足）

正如我们从这些以前的俚语中能够感觉到的，一个词的俚语性是一个转瞬即逝的特性。正如亚当斯在书中所写的，"俚语并非'时髦词'；俚语是其用途的一个外部特征，经说话者改动以适应非常精确的人类社会和审美的需要和愿望。"俚语可能是好玩的、奢侈的、活泼的、生动的。俚语绝对是一种有腔调的非正式语言。创造俚语就是卖弄一种语言独创技巧。这里有关语言任意性话题的重要一点是，某个俚语具体指什么并不重要，重要的是它起到了把局内人和局外人区分开来的作用。

作为一个例子，让我们来看看同一个俚语是如何起到团结和分化的作用的。考虑到大多数俚语的隐含意义对不同的人群有很大的差异，我们将选择一个完全是编造出来但依然合乎情理的俚语词：sleek(表示"在公众场所闲逛和炫耀，一般为了吸引一个重要的异性")。现在我们假想两个不同的场景，在此假设的场景下，俚语词 to sleek 出现了。

语言入门

场景1：三个高中男生课间出现在教室外的走廊里。

花花公子1：We playing gears of war later?（咱们下面接着玩《战争机器》（一款动作类射击游戏——译者注）?）

花花公子2：Too much fake destruction sets us up for eternal geekdom.（玩太多这类虚假的摧毁游戏会让咱们变成怪人的。）

花花公子3：We ought to grab our boards and sleek around the front of the mall.（咱们应该拿起滑板到商场大门口去晃晃。）

花花公子1：Yeah, I need a better audience than you two.（说的是，我需要更好的观众，不只是你俩。）

在上面这个场景中，sleek对于这三个人来说并非什么出彩的词，因为这是他们文化的一部分。他们可以造出这样的词，而且把它理解为他们会做但权威人士不会做的事。sleek这个俚语词成了强化团体凝聚力的工具。在下面的第二个场景中，它起同样的作用，但并非每个听众都能感受到这点。

场景2：还是这三个高中生从商场里的一个朋友身边走过；两位老人坐在一张长凳上。

朋友：What are you three gamers doing out in the light?（你们三个游戏玩家在光天化日下干啥呢?）

花花公子1：Out to sleek.（出来晃晃。）

老人1：What are they doing?（他们在干吗?）

老人2：I have no idea. I can't understand half what these kids say today.（我哪儿知道。这年头这些孩子们说的话我连一半都听不懂。）

像sleek这样的词有人知道，有人不知道，因此它对一些人有意义，而对另一些人则没有意义。对于场景2中的两位老人，这个词的社会意义和年轻人联系在一起。这种同时存在的包含和排斥解释了为什么俚语是一个经久不衰的语言过程和文化产物。俚语承载着其他词通常无法做到的社会意义。人类在长期的演化过程中练就了关注社会意义的本领。

本 章 总 结

在这一章中,我们梳理了词汇库及其储存的更大的语言部件。心理词汇储存的是形式和意义的配对,而且正如本章所阐述的,词汇的形式可以是比传统的单个词更大的单位。习语可以指整个短语,但仍然被视作只有一个意义。词汇本身对于人类而言并不是天生的,尽管人类把它们拾起并储存的能力是与生俱来的。人们通过改变单词的形式(如第三章所讨论的)或者改变单词的意义(如本章所讨论的)创造新的词汇。人们可以通过把已有的部件以新的方式组合起来创造新的词汇,包括用复合和首字母缩合的方式。从人们创造新词的多种方式看,某些类别的词汇用于特别的目的。行话用于人们一起工作的环境,不管是在专业的场合,如会计行话或者机械术语,还是在非专业的场合,如模特儿训练的行话。作为一个群体的态度的同义词,俚语用于表达社会意义,借以确立某些群体的认同感。词汇获得新生的许多方法,可以使语言保持鲜活并对语言使用者的需求及时响应。

主 要 概 念

- 首字母缩合词
- 字母词
- 褒义化
- 外来的;借来的
- 复合词
- 隐含意义
- 隐蔽的声望
- 词的本义
- 词的本义转移
- 功能转移
- 习语
- 行话

- 缩减
- 公开的声望
- 贬义化
- 语义学
- 俚语
- 弱化
- 扩大

参 考 文 献

Adams, M.（2009）*Slang, the People's Poetry*. New York：Oxford University Press.

Eble, C.（1996）*Slang & Sociability：In-Group Language among College Students*. University of North Carolina Press.

New York Times（1958）"Rock 'n' roll musical shows in public auditoriums were banned"（May 6, 21/4）.

Payne, E., and Mendoza, D.（2013）"Dictionaries change：this is literally the end of the English language." An article for CNN.com：http：//www.cnn.com/2013/08/15/living/literally-definition/.

延 伸 阅 读

Slang, the People's Poetry. Michael Adams. 2009. Oxford University Press.

亚当斯引领读者踏上英语俚语之旅,让他们更直观地感受俚语的作用和魅力。他号召人们扩大对俚语的欣赏范围,包括粗俗的和嬉皮士的。在这次旅途中,他深入研究了俚语的社会动态、俚语的美学维度,以及俚语的认知方面。

Spoken Soul. John Rickford and Russell Rickford. 2000. John Wiley & Sons.

这是一本关于美国黑人英语故事的有趣的书。两位作者描述了许多人的语言,包括作家、牧师、喜剧演员、电影演员和说唱歌手。他们也为广大读者讲解了黑人英语的词汇、发音、语法和历史。对于学习英语的学生,这是一本资料丰富的书。

The Dictionary of American Regional English. Volumes 1-5. Frederic G. Cassidy and Joan Houston Hall（eds.）.

这部五卷本词典是美国英语的重要工具书之一。和标准大学英语词典不同的是,

第五章
习语、俚语和英语词汇

它代表用在某些地区但不是别的地区的非标准词语。词典附有大量的地图和引用,读者会发现美国英语巨大的多样性及其文化史。

练 习

个人练习

1. 给俚语打分(以便发现是什么使得俚语成为俚语):
   给下列15个词打分,看看每一个词对你来说有多像俚语。以五分制计,1表示最不像俚语,而5表示最像俚语。在15个词全部打分完成后,根据打分结果在右边一栏将它们排序。对你来说,是什么特性使得一个词成为俚语?为什么其他词不是俚语?

词汇	打分	重新排序的词汇	分类打分
Take care of _____ "kill"			
sick "really good"			
make the fur fly "start an argument"			
down with that "in agreement with"			
24/7 "always available"			
Ace (verb) "perform well"			
knuckle sandwich "a fist to hit with"			
uptight "anxious"			
dope "awesome"			

(续表)

词汇	打分	重新排序的词汇	分类打分
wicked "really good"			
jock "athlete"			
chiptease "a bag of chips that faked you out because you thought they were full before you opened them"			
man cave "space for man designed by a man for a man"			
time vampire "someone who sucks away your time like a vampire would suck away your blood"			
clueless "unaware"			
burned "caught, in trouble"			

2. 请看下列倒装的祈使习语：

"Hang that up" → "I'll hang you up"

"Take out the trash" → "I'll take you out"

"Could you write up the report" → "I'll write you up"

"Please turn in your homework" → "I'll turn you in"

"Flip the burgers" → "I'll flip you"

"Would you finish your essay please?" → "I'll finish you!"

a. 什么样的词汇类别从左边被转到右边？

b. 这个习语中的什么会被储存在词汇里？

c. 新的形式又有什么意义呢？

3. 习语、用法和关联：

对于下面的习语，你是否用它们？如果你不用，什么样的人会用？他们是比你年长还是年轻？那些人是否还有其他特征（如，霸道、受欢迎、腼腆……）？

习语	你使用它吗？	谁会使用它？
A little hard work never hurt anyone "one should expect and want to work hard"		
Get a rise out of _____ "draw a reaction from someone"		
run off at the mouth "talk excessively"		
take a whack at _____ "try something"		
to beat the band "very much or very fast"		
Make a killing "have great financial success"		
Make a face "wrenching up one's face to show dislike"		
Catch _____ red-handed "apprehend someone in the act of wrong doing"		

4. 访问下面的网址：http://sportsillustrated.cnn.com/2011/writers/steve_rushin/11/16/sports.words/（或者搜索"special language just for sports"）。哪些体育术语最有可能经得起时间的考验而被广泛运用？

小组练习

5. 收集俚语：

显然，第一项练习中的词已经过时，和你平常用的俚语的酷炫程度无法相比。这个小组练习是你展示俚语技能的机会（或者你可以从你所在小组的同学的讲话中记下一些）。每个小组整理一个俚语清单，然后根据最不像俚语到最像俚语排序。最像俚语的十个词构成你们小组的十大俚语。在你们小组的同学贡献出俚语词的时候，对每一俚语属于哪个话题领域作好统计，即使它们没有登上十大俚语的宝座（对于哪些话题可以考虑，哪些话题不适合，可以咨询授课老师）。用下表记录你们的俚语

语言入门

所属的话题领域。作好准备与全班分享你们的十大俚语。

	有多少俚语术语？	有多少属于十大俚语？
性		
酒		
药物		
教育		
食品		
音乐		
评价（好～坏）		
其他		

6. 在五分钟内，你们小组能回忆起多少首字母缩合词（没有互联网帮助的情况下）？在这些缩合词中，哪些是更为普遍的字母词或通常的首字母缩合词？哪些最频繁出现在你们的首字母缩合词中：政府类话题？体育？技术类术语？或是音乐团体？

7. 拓展习语：

以小组为单位，创造一些你们自己的习语。这项任务比初看上去要难。一组词需要具备什么样的特点才能作为整体被称作一个习语？把你们列出的习语分成两组：一组是更可能流行起来的，另一组是不太可能流行的。不妨考虑将第三项练习中的内容作为素材。

8. This isn't my first rodeo 这句话的意思是"这事我做过好多遍了，完全在我掌控的范围"，这个习语出自一项承载了很多社会压力的美国重大事件。还有哪些习语最初是用以嘲弄像牧马骑术表演这样众所周知的活动？

9. 下面这段文字中有多少习语？哪些词处在习语和常规单词的交集内？

In a Nutshell

by Delhi Lucas & Courey DeGeorge

In a nutshell, she caught him running around, even robbing the cradle (the whole nine yards!), and he thought for sure he'd be in the doghouse.

"Oh, well, there's plenty of fish in the sea," he thought to himself. Fortunately, she was head over heels, and she let him off the hook. He finally got all his ducks in a row, and they started back at square one. It wasn't long before they were on the road again when he popped the question and they made plans to get hitched. At the last minute, he got cold feet, and thought, "Why buy the cow, when I can get the milk for free?" But she told him to just hold his horses and he'd get his two cents worth. He thought to himself, "All right, let's take a shot in the dark. I guess I need to get my feet wet." Eventually they tied the knot, and not much later they had a bun in the oven. At first they were up the creek and without a paddle, but soon they learned the ropes. They got cooking with gas, and she just seemed to be popping them out. It was one special delivery after another, and most people said they had lost their marbles. They took the criticism with a grain of salt and turned a blind eye to the teasing. Like sand in a hourglass, they were soon over the hill and even farther out in left field. "Let's cut to the chase," she'd say to him, "you're off your rocker!" He smiled, knowing he'd gone off the deep end, but it was a good ride. He had crossed all his T's and dotted his I's. "How about them apples?" he thought to himself. Eventually, he was ready to kick the bucket, and he finally croaked.

学 习 问 题

1. 英语词汇这个术语指什么?
2. 英语词汇的根是什么?
3. 英语从哪些语言借用了词汇?
4. 什么是词源词典?
5. 为什么不同的方言用不同的词表达同样的意思?
6. 什么是语义学?

7. 什么是复合？

8. 语义扩大和语义缩小的区别是什么？

9. 什么是本义？

10. 什么是隐含的意义？

11. 什么是语义弱化？

12. 习语和句子的区别是什么？

13. 行话的一些类别是什么？

14. 是什么使得一个单词成为首字母缩合词？

15. 字母词和首字母缩合词之间有什么区别？

16. 什么是俚语？

17. 哪些人，出于什么目的用俚语？

18. 公开的声望和隐蔽的声望之间有什么区别？

19. 隐蔽的声望和俚语之间有何关系？

 了解更多与本章有关的资源，请登录本书的配套网站：http://www.wiley.com/go/hazen/introlanguage。

第六章 由多个部件组成的单词

本章概览

本章概述
组合部件
词素
词缀
　　前缀
　　后缀
　　英语和其他语言里的中缀
实义词素和功能词素
　　实义词缀
　　功能词缀
后缀同音现象
字树
　　等级制
　　结构
　　单词中的结构性歧义
词素和其他系统
　　添加词素使声音相配
　　一个单词中有多少词素：一个考验每门语言的问题
穿越时空的变异
　　从规则到例外

语言入门

不规则？时态？尽量放松点
当今的变异
　g 脱落的故事
　带词缀的俚语
本章总结
关键词
注释
参考文献
延伸阅读
练习
　个人练习
　小组练习
学习问题

本 章 概 述

　　第四章介绍了单个的词，第五章探讨了像习语这样非同寻常的词条。本章将结束我们的词汇之旅，在此期间我们将专注于如何从最基本的词汇单位——词素构建复杂的单词。本章介绍的词素包括前缀、后缀，还有人们不太熟悉的中缀。有了这些部件，心理词汇可以把它们组合起来，在有组织的结构中生成更为复杂的单词，如 dehumidifiers（去湿机）和 deinstitutionalization（去制度化）这两个词。在本章的后面部分，像用解剖刀解剖青蛙一样，我们用字树"解剖"这类词的工作原理。对构建多词素单词的需求因语言而异。有些语言将其单词限制在只有一个或两个词素。另一些语言的单词则有多达十个甚至十个以上的词素（如格陵兰语中的一个单词有十二个

第六章
由多个部件组成的单词

词素：Aliikusersuillammassuaanerartassagaluarpaalli）。这些极端的差异影响更大的短语是如何建构的。最后，我们的词汇剖析揭示了在你每天参与的语言变异中英语的发展史。

组 合 部 件

像 snugly（贴身地）和 ugly（丑陋的）这样的单词是如何区分的？在 I put the gun snugly in the ugly holster（我把枪贴身地插在了丑陋的皮套里）这个句子中，这两个词的差别远远不只是意义和声音。它们的确押韵，从第三章我们也了解到这两个词有相同的音节韵。我们还知道 snugly 的音节开端是[sn]，两个词的指示意义不同。判别 ugly 的词汇类别也很简单。我们可以用其他词如 pretty，smart，shiny 或者 black 等词来替代 ugly，据此我们知道它的词汇类别是形容词。那么 snugly 是什么词性呢？它是单个词吗？如果它不是词汇中的单个词条，那它是什么？

有两个方法可以帮我们找到答案。第一个方法是，认为我们生成的每一个词作为单独的词块储存在词汇库里。如果是那样的话，snugly 会找到自己的位置。第二个方法是，检查一下这个词里是否有有意义的部件。在 snugly 中，我们有 snug 和 -ly 这个后缀。根据第二个方法，词汇库分开储存这两个部件。学者们写了许多关于这两个方法的文章，目前的共识是两者在某种程度上都对。换言之，我们可以继续保持像 direction 这样的高频词在词汇库里同时给 direct 和 -tion 分别留出位置。

这一章聚焦如何把单词的部件组合起来构建更大的单词。为说明心理语法这个角落的工作机制，我们在本章中假设上述第二个方法是真的。换言之，当有人说 government 这个词，我们假设这个人的心理语法把 govern 和 -ment 从词汇库里截获，然后重新组合构成了 government。任何听到 government 这个词的人会经历相反的过程，即把 government 拆分，然后将 govern 和 -ment 逐个在词汇库里查验。如果你继续选修语言课程，你应该认识到这个过程比上面的假设要复杂得多。不过，就本章而言，我们维持这个**组合假设**，以解释不同的部件如何组合在一起。

<h1 style="text-align:center">词　　素</h1>

词的这些不同的组成部分作为储存在词汇里的单位，要通过一个名词来识别它们。我们用的术语是**词素**。词素是一门语言中具有意义或语法功能的最小的单位。这一定义读来很简单，但用它分析语言却需要多加练习。

我们来看下面这些词：

snugly	ugly
Mississippi	Miss
behave	have
system	stem
Saturn	sat

右边的每个单词中都有一组字母在左边也能找到。字母＜u-g-l-y＞是＜snugly＞的一部分。在一些配对中，左右两边的音相同，但在另一些配对单词中，它们的音则不尽相同。比如，在单词 behave 中的字母＜h-a-v-e＞并不代表句子 I have a gun 中＜h-a-v-e＞的音。最重要的是意义与形式的匹配。词素 sat 不是单词 Saturn 的一部分，因为 sat 的意义不属于单词 Saturn 的一部分。事实上，单词 Saturn 只有一个有意义的部分。单词 snugly 有两部分，但 ugly 不是其中之一。为什么？因为 snugly 的意义不是由 sn ＋ ug-ly 的意义组成的，而是在 snug ＋ ly 的意义基础上构建的。注意，ugly 本身是一个词素。没人会用词根 ug 和词缀-ly 造出 ugly 一词。

有些词素很长。对大多数人来说，Mississippi 或许有四个音节和八个音：[misəsipi]。可是，在这些音中有几个词素？只有一个。有些词素很短。在 A chipmunk landed on me 这句中，非限定词 a 是个单音节和单音，但它和 Mississippi 的词素一样多。词素的整个长度不是由音节规定的。对于这一章，记住形式/意义的组合很重要。词素是最小的具有意义或语法功能的语言片断，这一定义确立了与音节不同的单位。

第六章
由多个部件组成的单词

有时,单词的分界线和词素的分界线会重合。自由词素如 squid, pipe, wave 和 Massachusetts 在句中独立成词。**自由词素**无须黏附在另一个词素上才能成为更大短语的一部分。

黏附词素是不自由的。它们不能在短语中单独存在。像 pre-, un-, -ness 和 -y 等黏附词素需要倚靠在一个自由词素上。在 The pregame left me unfazed despite its geeky happiness 这句中,每一个黏附词素都找到一个自由词素倚靠。英语中的大部分词条是自由词素,但是一些黏附词素在英语史上发挥了重要作用,下面将作详述。

第四章介绍了实义词和功能词。我们也给词素贴上实义和功能的标签。实义词素承载了语言的大部分意义。与之形成对照,功能词素在词与词之间建立关系以便于我们能明白其中的一切是如何连接在一起的。在 ladies of the lake 这个短语中,lady 和 lake 这两个词是自由的实义词素,of 和 the 都是自由的功能词素,黏附的复数后缀 -s 也是一个功能词素。

词　　缀

在划分词的过程中有三个主要的单位我们需要思忖:词根、词干、词缀。考虑一下 the governmental policy 这个短语。你能看得出,governmental 这个词很长,其中有几个词素:govern ＋ -ment ＋ -al。起初在这堆词素最底部的被称作**词根**。这里的词根是 govern,它是单词其余部分存在的基础。词素 -ment 是一个**词缀**。词缀是黏附词素,全套词缀包括前缀、后缀和中缀。**词干**是词根加上词缀。在这个例子中,government 是后缀 -al 的词干。词干可以更长,包括多个词素。对于 governmental 这个词,后缀 -ly 的词干是 governmental。就语法术语而言,两类词缀颇为有名:前缀和后缀。

前缀

前缀是放置于自由词素前面的黏附词素。在英语中,前缀的范围从 agnostic(不可知的)中的 a- 到 zootoxin(来自动物的毒素)中的 zoo。另外,英

■ 语言入门

语中的前缀极少改变单词的词性。最常用的前缀参见表 6.1。

表 6.1 最常用的前缀

re-	in-	un-	dis-
inter-	mis-	de-	non-
anti-	super-	sub-	under-

资料来源：*Teaching Reading Sourcebook: For Kindergarten Through Eighth Grade*, Bill Honig, Linda Diamond, and Linda Gutlohn, 2000, by CORE.

根据霍尼格、戴蒙德和古特恩(Honig, Diamond, Gutlohn, 2000)的统计,最常用的四个前缀在第一行：dis-、in-、un-和 re-。这四个构成了学校英语印刷读物中 97% 的前缀。考虑到其中的三个前缀都是用于否定词根,学校的英语读物显然是个充满否定的王国。甚至这四个最常用的前缀也有变化：前缀 in-实际上有多个不同的形式,如下面将讨论的 im-和 il-。

后缀

后缀是附在词根后面的黏附词素。英语中后缀多于前缀,但是它们的数量无关紧要。大部分时间只有少数几个后缀常被用到。这些常用的后缀包括下面几个：

表 6.2 最常用的后缀

-ed（过去时）	-ing（进行时）	-s（复数）	-ly
-able	-er（比较级）	-est（最高级）	-tion
-less	-ness	-y	-ful

在英语中,后缀是比前缀更加多样化的词素组,它们的成员在下一节中被分成实义词素和功能词素。你或许会想,为什么一个像-able 这样的后缀居然是个后缀而不只是一个自由词素,就像在 The beaver was able to slow the unstoppable truck 这句中的自由词素 able。难道它们不是相同的词？两者的意义是关联的,因为 able 有一连串的意义,从"有能力"到"足够强大",再到"体面的财富",而作为后缀的-able 意为"有能力做它所黏附的动词做的事情"。两者都是公元 1300 年左右从诺曼底法语中借来的外来词,从那

以后就一直是英语词。差别在于它们的功用。我们来看一下两个短语：the able nurse(能干的护士)和 The miner was able to work(矿工能干活)。这里的自由词素 able 独立于其他词，在短语中作为形容词。在 the breakable vase(易碎的花瓶)或者 a winnable game(可以赢的比赛)这样的短语中，黏附后缀-able 被附加在动词的后面从而生成了形容词。这两种不同的任务要求用不同的词汇标签来加以区分。另外，这两个形式的历史互不相同。尽管两者都是中古英语时期从诺曼底法语借来的词，它们从那以后一直是分开的词素。

英语和其他语言里的中缀

一个**中缀**进入另一个词素的内部，而不是它的词首或词尾。英语中没几个中缀，但其他语言中确实有一些。阿拉伯语将中缀-t-用在像 *iktataba*(复印某样东西，被录下来)这样的单词中(来自动词 kataba，"写")。在南太平洋岛屿语系的他加禄语(Tagalog，发音为 [tə'ga:lɔg]，菲律宾国语，有 2150 万使用者)中，主动动词形式是通过加中缀-um-生成。他加禄语中表示"写"的动词是 *sulat*，加了中缀-um-之后，他加禄语使用者能生成这样的句子：*Sumulat ako*(我写了)。

英语使用者也试图拓展中缀，尽管这些中缀主要是为修辞效果服务。三个最出名的英语中缀是-bloody-，-fucking-，-iz-。形容词形式 bloody 可以追溯到公元 1000 年，但它作为一个强调成分在英格兰被人使用是从 1660 年开始。一些权威人士认为，这是一个社会中下层人的标记，但它仍然为大众所使用。形容词形式 fucking 可以追溯到 1528 年，所以如果你是年轻人并且认为这个形式是年轻一代的产物，你落后了差不多 500 年。它纯粹作为强调成分的用法始于 19 世纪中叶。这两个强调成分的形式可以用来分开多音节单词，如：

Absolutely	Abso-bloody-lutely	Abso-fucking-lutely
Irresponsible	Irre-bloody-sponsible	Irre-fucking-sponsible
Saskatchewan	Sas-bloody-katchewan	Sas-fucking-katchewan

语言入门

中缀-iz-有过短暂的"辉煌",第一次在 20 世纪 80 年代,后来又在 20 世纪 90 年代。在 1981 年,Frankie Smith 发布了他的新歌 *Double Dutch Bus*,在歌里他把有趣的俚语中缀-iz-用在了诸如 *Hizey gizirls*("Hey, girls",喂,姑娘们)和 *Yizall bizetter mizove*("Y'all better move",你们最好都走开)等短语中。说唱歌手 Snoop Dogg 通过他的专辑 *Doggystyle* 重新推广了中缀-iz-。尽管它可用在任何一个单词的开端之后,但它似乎从来没有一个指示意义。它的社会意义是关键点,它的使用者可以借此展示自己的可信度。就像许多俚语形式一样,随着这个中缀变得如此众所周知和被人模仿,它迅速褪去了往日的光环,原来的社会意义也在不那么地道的使用者嘴里丢尽了。

实义词素和功能词素

既然我们已经让基本概念各就各位,下面来探究词素如何被分成实义词素和功能词素。当我们把单词编织成短语时,实义词素和功能词素各司其职。实义词素承载大部分的指示意义。在像 unshakable 这个单词中,有三个实义词素,每个都提供自己的意义:

    un-   "not"(不)
    shake   "vibrate irregularly"(不规则振动、抖动)
    -able   "ability to do"(有能力做)

值得庆幸的是,我们无须逐个弄清楚哪个是实义词素或者功能词素。单词会按照不同的词汇类别落入一个篮子或另一个篮子。shake 是动词,所有动词都是实义词素。名词和形容词也都是实义词素。

功能词素履行不同的职责。它们在单词之间建立联系以显示各个成分是如何连接的。下面的短语中有六个功能词素。

Sentence	<u>The</u>	wombats	<u>of</u>	Australia	mated	successfully			<u>for</u>	years
Content		wombat		Australia	mate	success	-ful	-ly		year
Function	**The**	**-s**	**of**		**-ed**				**for**	**-s**

218

其中的一些功能词素是自由词素，其他的是黏附词素。这个短语中有七个实义词素，即使在没有功能词素疏导的情况下，我们依然能够弄明白短语想表达的意思。wombat Australia mate successfully year 这个单词集合听上去像是一则新闻标题，除了 wombat 和 Australia 配对带来的(或许有些幽默的)困惑。对于任何一位通情达理的编辑来说，这个标题的解决方案意味着在短语中再加进一个实义词素并改变词序：Australian wombats mate successfully。在这里，-ian 后缀带来了"从某处来的"这个实义，它同时把一个词从名词变为形容词。功能词素展示了实义词素该作如何诠释。下面我们细述功能词素所做的工作。

为明确词素世界的界限，我们不妨来考虑一下黏附/自由词素的区分和实义/功能词素的区分之间的交叉切割。在英语中，最终结果是下面这样的划分：

	自由词素	黏附词素
实义词素	名词 动词 形容词	所有前缀 派生词 后缀
功能词素	介词 代词 并列连接词 限定词	曲折成分 后缀

对于其他的语言，划分是不同的。许多语言把名词作为自由词素，但像切诺基语(Cherokee)这样的美洲土著人语言把代词作为黏附的前缀：*ge:ga*（我将去），这里表示"我"的前缀是 g-。像拉丁语这样的语言会用后缀而不是用介词来显示谁在接受某样东西，如 *Mercator feminae stolam tradit*，即"The merchant hands over the dress to the woman"（那个商人把套裙给了那位女子）。

自由功能词素在第四章讨论过。像它们在自由词素世界的近亲实义词素一样，单词发挥的作用是判别它究竟是实义词素还是功能词素的关键因素。正如我们在第八章将要看到的结构性歧义，像 up 这样的形式是 He might throw up the biscuit 这个句子中动词的一部分，但它是 He might walk up the ramp 中的介词。

更为棘手的区域在黏附词素的王国里。英语中的前缀很容易，因为它们是百分之百的实义词素。表6.1里的每一个前缀都承载着意义。前缀 sub-的意思是"在下面"，如 subcutaneous（位于皮下的）或者 submarine（水下发生的），而前缀 inter-表示"之间"，如 interstate（州际的）和 intertextual（文本间的）。没有哪个前缀用来安排句子中成分的关系。

英语里的后缀情况则不同。有些后缀给它们黏附的词干带来意义，而另一些则建立关系。带实义的黏附后缀是**派生的**。功能性的黏附后缀是**屈折形式的**后缀。仔细研读下列短语，看看它们到底是什么：

> The quickest runner
> A gangster lifted the lid
> Canadian tourists

每个画线的部分都是黏附词缀。哪个是实义的，哪个是功能的？

实义词缀

> runner 中的-er 意思是"做某件事的人"。
> gangster 中的-ster 表示"属于那个团体的人"。
> Canadian 中的-ian 意思是"从某地来的人"。

注意，有时后缀碰巧会改变它所造词的词性。后缀-er 把动词 run 改变成一个名词，但是 gangster 中的后缀-ster 并没有把名词 gang 改变成别的词性。派生词这个名称来自这个词汇范畴，它有时能发挥改变整个单词词性的作用。

功能词缀

> 后缀-est 标记它的形容词为"最_____"。
> 后缀-ed 标记所在的句子为"过去时"。

第六章
由多个部件组成的单词

后缀-s 标记名词为"复数"。

这些屈折形式的后缀建立了关系并因此影响语法。后缀-est 是个最高级形式，它使得形容词 quick 把这个跑步者和考虑范围之内的其他跑步者作比较，然后评价这位跑步者跑得最快。就像它的搭档——比较级形式 -er 一样，最高级形式后缀-est 把它的形容词和伴随的名词与同一组的其他形容词和名词关联起来。后缀-ed 标志着动词是过去时态，这一关系对整个短语都适用。单词 tourists 中的后缀-s 标记这个词为复数，但它并不给 tourist 这个概念增加任何意义。所有黏附的功能后缀都是屈折后缀，现代英语中有九个这样的后缀。

前面三个有相同的发音，都是咝音[s]。表示复数的后缀-s 附在名词后面；表示动词时态的后缀-s 附在动词后面；表示所有格的后缀-s 附在名词后面。接下来的两个后缀-er 和-est，是比较级形式和最高级形式，它们只对形容词起作用。表示进行时的-ing，表示过去时的-ed 和表示完成体的两个分词形式(-ed 和-en)仅附在动词上。最后一个后缀-n't 在业界没有得到许多关注。它或许是英语中最不为人所知的屈折后缀，[1] 但它的作用很重要。后缀-n't 否定了动词，于是也否定了动词短语。请看下列两句的比较：

The principal was unhappy vs. *The principal wasn't happy.*

在每一句中，是什么词素做了否定的工作？对于第一句，是前缀-un。对于第二句，是后缀-n't。作为黏附的实义词素，前缀 un-仅仅否定了附着的词。作为黏附的功能词素，后缀-n't 否定了整个句子。那么，后缀-n't 是否一视同仁地附在所有动词后面呢？

形式	功能	例子
-s	复数	birds
-s	第三人称单数	She walks
-s<'s>	所有格	The bird's stick
-er	比较级	The taller tower
-est	最高级	The highest rope

221

（续表）

形式	功能	例子
-ing	进行时分词	She is walking
-ed	过去时	She walked
-en, -ed	完成时分词	She has walked She has eaten
-n't	动词短语否定	They haven't walked

请记住，每一个词素都是形式与意义的组合。这些是英语中仅有的九个黏附功能的词缀。它们都是后缀。英语中所有其他的后缀都是派生的实义词素。

后缀同音现象

正如你可以从屈折后缀表中看出的，有几个后缀拼写相同。在屈折词素和派生词素之间有更多的形式重叠，即不同的词素拼写相同。庆幸的是，你知道，要成为分开的词素必须考虑形式与功能的组合。和第四章中的讨论相似，有些黏附词素和另一些为同音异义词。由于历史的巧合，英语中只有后缀具有同音现象。

看一下下面这个句子，并设法弄清楚有多少种不同的后缀在里面：

The teacher went for a run after all the chatter from the smarter students.

首要任务是弄清楚哪些是后缀，哪些不是。只是用眼睛看一下这个句子中的单词拼写不会给你什么启发。这里先后有四个-er。它们是否有可能都是词素？这取决于它们在句中发挥什么作用。对于 teacher 中的-er，它把动词 teach 变成了名词，意思是"一个教书的人"。对于 after 中的-er，它做什么了没有？单词 after 是否能分解成不同的部件 aft 和-er？尽管英语中有 aft 这个词，它可不是 after 的词干，after 本来就是盎格鲁-撒克逊英语中以 er 结尾的完整单词。单词 chatter 中的-er 不同于前面两个-er。尽管英语中

第六章
由多个部件组成的单词

有一个动词叫 chat, 意思是"聊天", 所以如果 chatter 中的-er 和 teacher 中的-er 属于同一个后缀, 那么最终形成的名词表示"参与聊天的人"。但是, 那不是 chatter 在这里的意思。在这里, chatter 的意思是"细小、重复且令人厌烦的闲谈"。为得到 chatter 中-er 的确切意思, 我们不妨来看一下 patter 和 shimmer 这两个词。作为名词, 这两个词都表示一个行为动作得到了重复(即发出急速的轻拍声和闪闪发光)。所以, chatter 中的-er 是表示"重复"的-er。到此, 四个-er 中的三个已得到解释, 那么 smarter 中的-er 又是做什么用的呢? 这个-er 在句子中的学生和其他人之间建立了关系, 不过这个-er 并不改变单词 smart 的意义, 只是改变了 smart 的程度。因为这一关系, smarter 中的-er 是一个屈折词素。总之, 这句中的四个-er 实际上表示三个不同的词素, 还有一个根本不是什么单独的词素。

同样的后缀同音现象也出现在⟨ing⟩这一形式中。下面句子中的⟨ing⟩形式发挥什么作用? 代表几个单独的词素?

  The San Francisco fire department is racing through traffic to the building.

这里, 我们有两个词: racing 和 building, 两者都含-ing 后缀。其中的-ing 对于每个单词是否起同样的作用? 在 racing 一词中, -ing 后缀在概念上和动词 be 相连接, 造就了进行体。试比较 I raced 和 I was racing 这两句。与之相对照的是, building 这个词由动词 build 而来, 通过派生后缀-ing 把动词变成了名词。同样的过程能发生在其他大部分的动词上, 如 walk, eat out 和 think。

  Walking is still healthy.
  Eating out is my favorite.
  Thinking is not a privilege.

所有这些带-ing 后缀的词都作为名词, 因为这个-ing 后缀把动词转变成了名词。building 中的-ing 是个派生的后缀, racing 中的表示进行体的-ing 是个屈折后缀。

语言入门

文字游戏：新词的乐趣

《华盛顿邮报》将举办定期的语言竞赛作为其风格版的一部分。一场于1998举办的比赛在互联网上被反复报道多年。在这场比赛中，参赛者必须切换一个字母，造出一个新的单词形式，并提供一个幽默的定义。由此产生的单词是新的词素组合，这些组合暗示其预期的意义（尤其是在把原来的形式考虑进去的时候）。

对于这些新词，试着揣摩一下旧词中什么样的意思被带进了新词，新词中又能看出什么样的词素。

下面是选出的一些较好的新词。

Sarchasm：说话既尖刻又机智者与怎么也听不明白的人之间的鸿沟。

Giraffiti：喷画得很高，很高，很高的涂鸦作品。

Doltergeist：专爱去某个蠢地方作祟的幽灵。

Tatyr：好色之徒（这里你得知道 satyr 是什么以及"tater"怎么和土豆搭上关系）。

Foreploy：为获得性服务而作出的有关自己的任何不实表述。

Cashtration：使购房者经济上无限期"阳痿"的购房行为。

资料来源：http://www.washingtonpost.com/wp－srv/style/invitational/invit980802.htm。

字　　树

等级制

大自然中的生命以几种不同的方式组织起来。了解各个成分是如何安排的有效方法之一是通过等级结构。等级制度涉及将组织结构的不同层次之间的各个部分连接起来。看一下一家公司的简单等级结构。

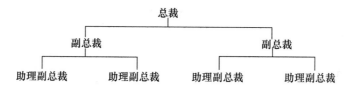

在最顶层是公司总裁,这个职位和下一层级的副总裁相连接。助理副总裁只是通过副总裁和总裁相连接。在这个等级制上,每一个位置被称作节点,不同层面的节点通过直线相连。这样的层次结构图为一个组织提供了一张示意图。在第三章,我们曾用过音节等级树图:

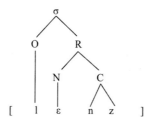

有了等级树,音节的节处在顶层,直接控制它的音节首和韵基。韵基依次控制音节核和音节尾。

在多词素的单词中,我们能看到类似的组织结构。通过等级树结构来考察多词素单词,我们能更好地理解它们是如何构成的。

来看看 glassy 这个词,首先设法找出它的词素和词性。这里有几个短语可以帮助你:

  He had a glassy stare.

  Her grin was glassy.

在这些短语中,glassy 是个形容词。它也有两个词素:glass(名词)和后缀-y(从名词到形容词)。这里,后缀-y 本身没有词汇类别,如动词或形容词,它包含把名词转化为形容词的词汇列表信息。其他带-y 后缀的组合词包括 velvety, grassy 和 watery。这些双词素单词如何在等级树上得以体现呢？

这幅图显示形容词的节在顶层，因为它代表整个词的词性。[2]

很多单词有超过两个词素。我们来考察一番 widenings 这个词。其中有几个词素？它还不算是特别长的一个单词，但是想想看它的词根是形容词 wide。接下来它通过后缀-en 被转化为一个动词(widen)，然后又通过派生后缀-ing 转变回去，成为一个名词(widening)。它的最后一个词素是屈折复数后缀 -s。四个词素全部被装进了一个三音节的单词。它的等级树图如下：

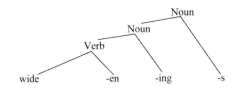

上面 widenings 一词的等级树图还不算那么麻烦，因为它从词根 wide 开始，然后一直往右倾斜至结束。

对于有更多词素的单词，有的时候你必须作出选择。我们来看看 redivision 这个词。自由词素 divide 是它的词根，是个动词。黏附前缀 re-附加在这个词根上，但就像(英语里)大部分前缀一样，它不改变整个单词的词性：divide 和 redivide 均是动词(例如，You have to divide and redivide until you get the right answer；你得分割再分割，直到找到正确的答案)。后缀-ion 有时拼写成 tion，有时拼写成-sion。不少单词在拼写时都会有小的变化，对于 division 一词，当两个词素合起来的时候，最后的-d 脱落了。

为理解字树图，对首个连接必须作出选择：是朝左还是往右？我们为什么要作这样的选择呢？为了尽可能使得我们的模型像人脑那样，我们以一个假设开始，那就是，字树上(以及后面几章的短语树上)的树枝只能有一两根，而不能更多。这些都是**二叉树**，只有两个树枝，我们无法用单一的节来连接三个或更多的词素。

那么,该走哪条路呢?我们首先应该把 divide 附在哪个字树节上?我们必须考虑词素的性质,然后作决定。下面是词汇里给每个词素列举出来的信息:

re-:黏附的派生前缀,附在动词上,使它们成为动词(V→V)

divide:自由词素,动词

-sion:黏附的派生后缀,附在动词上,使它们成为名词(V→N)

为弄明白多词素单词的这类词汇信息,选取词缀,然后把它们放在其他语境以确定其在句中的角色。像 re-这样的前缀可附在像 make, do, heat 这些词干上构成 remake, redo, reheat。前缀 re-似乎可以附在动词上并且不管它们的词汇类别,如:They remade *Godzilla* yet again(他们又重拍了电影《哥斯拉》)(名词 remake 是从动词 remake 通过功能转移得来的)。像-sion 这样的后缀可以附在像 correct, inflate 和 institutionalize 等动词上。这个后缀能改变词性,以至于动词在加上-sion 之后整个单词变成了一个名词,如在句子 Institutionalization would be the best choice(制度化会是最好的选择)中。注意,这个后缀对词根像 inflate(inflation)和多词素词干像 institutionalize (institutionalization)作出同样的改变。被附着的单词的动词词性是后缀-sion 所唯一关注的事情。

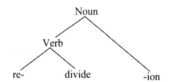

有了那样的信息,究竟选择哪一条路径去连接第一个字树节的问题就解决了。假如我们先附上后缀-sion,单词 division 就成了一个名词,但前缀 re-并不附在名词上,而是附在动词上。所以唯一的选项是先把前缀 re-附在动词 divide 上,生成(动词)redivide,然后再附加后缀-sion,生成最后的单词:redivision。这一过程向我们展示了词素连接的等级制度、词汇中词素的性

语言入门

质和人类语言组合的复杂性。这是一种双赢的分析。

结构

正如音节树和字树所表明的,结构对语言很重要。各个部分不能胡乱地在心理语法里组装起来。它们必须按照语言的模式来排序,孩子们学会了那些模式,并在常规语法蓝图的基础上构建他们自己的心理语法。就像词汇的形式与意义的配对一样,有的时候语言的表面形式允许多种解释。多种解释的可能性通过结构予以解决,但是当语言产生时结构本身并没有实实在在的体现。我们看不到音节树,也看不到字树。我们有意识地体验到口语的声音,手语的手势,以及这两种语言的意义。大部分的工作因为我们的意识而不为人所注意。

单词中的结构性歧义

在第四章中,我们讨论了词汇歧义。在英语中,单词的结构性歧义也是可能的。作为复习,我们来回顾一下,词汇歧义出现在同一个形式与多个不同的意义相关联上:如 round 这个词可以表示 a set of drinks(一组饮料)或者 a game of golf(一场高尔夫球赛)或者 a single piece of ammunition(一颗弹药)。对于单词,结构上的歧义牵涉到字树上可能的不同的等级制。

我们来看一下 unwrappable 这个词。它是什么意思?它的词干 wrap 的意思是"完全盖住某物",如 We wrapped the present(我们包装好了礼品)。前缀 un-使意义颠倒过来,所以 unwrap 的意思是把包装的过程反过来(即打开包装),如, The pug unwrapped the present(那位拳击运动员打开了礼品)。请注意,加上前缀 un-仍然让单词保持肯定意义;打开礼品的包装有别于不包装礼品,如, The pug did not wrap the present(那位拳击运动员没有包装礼品)。从结构上看,unwrap 一词没有任何意义上的不确定性。

在另一端,后缀-able 附在动词后面,把它们转变成形容词。对于生成的形容词 wrappable,其意思是"能被包装的",如 The chocolates are wrappable(这些巧克力是可包装的)。wrappable 没有结构性歧义。

然而,当三个词素汇聚在一起,心理语法必须作出选择。哪两个词素首先连接起来,哪个词素最后被连上? 你最终会得到什么样的意义,取决于作出的决定是什么。如果 un-和 wrap 首先被连起来,"把包装拿掉"这个意思通过加上后缀-able 被转换成形容词,如下图所示。它的意思可以从下面这句中看出:All of the crates in the zone are unwrappable and should be fully unpacked by 11:00 (这个区域所有的板条箱都不能包装,应该在 11 点前全部从箱子里拿出来)。

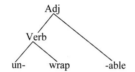

It is able to be unwrapped. [Adj [Verb un-[Verb wrap]]-able]
(它能被打开包装)

另一个选择是,如果后缀-able 首先被连接到动词 wrap 上,然后形成的单词 wrappable 意思是"能被包装的"。前缀 un-否定了那个意思。当 un-加到形容词上,它增加了"不,没有"的意思(例如,uncontrollable,不能被控制的;unfriendly,不友善的),但当它被附加到动词上,增加了颠倒上述过程的意思(如,uncork, unpack)。然后前缀 un-把这个词的意思变成"不能被包起来"。例如,With all those jagged edges sticking out, this broken-glass sculpture is unwrappable (这么多参差不齐的边突出在外面,这件破碎玻璃雕塑不能被包裹起来)。这个意义可以从下列字树图看出。

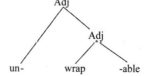

It is not wrappable. [Adj un-[Adj [Verb wrap] [able]]]

还有一些结构性歧义的单词在练习中可以看到,但总体而言,英语中词汇歧义的单词比结构性歧义的单词多。词汇歧义暴露了人类语言的最基本特性之一,即形式与意义之间的任意关联。结构性歧义是出于词汇成分的等级制,在这里指词素的等级制。不同的等级制生成不同的结果。等级制对组织信息有用,但是单词结构的等级制在正常的会话声音中无法听到。如有需要,加上合适的范围是可能的(如,I said un...wrappable),但是没有一个声音表示"语言的下一个节"。字树让我们调查并清楚地说明我们对多词素单词工作机制的了解情况。

词素和其他系统

词素拼接在一起构成单词,但这些组合的词素必须与其他系统相互作用。在这一节中,我们将举例说明形态学如何和音系学及词汇共同作用,以揭示人类语言的复杂性。

添加词素使声音相配

到目前为止,我们把词素看作可以单独包装的曲奇饼,每一个都被裹得紧紧的。词素经组合后不再是分开的,而是构成了更大的词。这些更大的词需要在外部得以实现,这就是音系学要做的事。在这一小节中,我们讨论一个例子,看看英语是如何调和形态学和音系学的。

除了老师要求后缀得加上,英语动词过去式的规则形式在大多数学校里没有受到多少关注。看完这一章前面的内容,你已经知道,后缀-ed 是一个黏附的屈折词素。很少有人停下来认真思考过,这个后缀附在动词上以后发生了什么。就像其他许多语言一样,英语的语音模式适用于所有单词,像 walked 这样的形式也是被作为单独的单位处理。

第六章
由多个部件组成的单词

文字游戏：有魔力的词素

人类寻找不同的方法去控制环境已经有十多万年了，其中最为自然但最没有效果的方法是通过语言。它只在其他人身上起作用。在岩石、大风或者水浪上它不起任何作用。猫、鱼儿或鸟儿或许会注意我们的声音，但它们听不懂我们说的话。它们的交流系统不是我们的交流系统。

然而，那也没有能够阻止我们用具有魔力的词语去控制这个世界。在现代，这些有魔力的词由能给出预期结果提示的语素组合而成。

在1964年发行的迪士尼影片《欢乐满人间》中，和魔力联系在一起的最长单词之一是 Supercalifragilisticexpialidocious，其形态构造来自一些英语部件。虽然它的意思可以被大致翻译为"通过外表精致的打扮来弥补没有受过教育的缺憾"，影片中的人物可是用它来指"当你无话可说的时候的一个填充词"。

在"哈利·波特"系列丛书中，拉丁词素被用来生成具有魔力的单词。像accio这样的单词与用拉丁语传唤有关系，它是召唤物品的咒语。incantation（咒语）这个词本身就是从拉丁语来的，它的意思是就某些主题进行吟唱。从wingardium leviosa这个词里你能找出多少个词素？或者从serpensortia这个词里你又能找出几个词素？

你附在动词上的过去式标记有三种不同的形式[t]、[d]，或[id]。这里，我们的注意力在-ed的发音上，而不是它的拼写。对所有规则动词的过去式，它的拼写都是＜ed＞。然而，这个＜ed＞拼写形式代表三种不同的发音，所有这些发音或许在你五岁的时候都掌握了。像你的心理语法生成的大多数模式那样，你根本没有意识到自己拥有对这种模式了如指掌的能力。如果你像大多数受过教育的英语使用者一样，那么以前从来没有人告

语言入门

诉过你这件事。学校或你的老师也没有理由要花任何时间在这个话题上。这个后缀的哪一种发音形式将被分配到哪个动词上,这是你的心理语法(具体说是你的音系知识)会在无须任何帮助的情况下处理得很好的事情。对于下面的 12 个单词,大声说出它们的过去时形式。把这些词都当作规则动词(没错,这些拼写形式与其他词汇类别里的词也有关系,但这项练习是有关动词的)。

1. slap
2. knit
3. kick
4. score
5. stretch
6. bag
7. bat
8. explain
9. need
10. cry
11. side
12. flex

请注意每一个过去时标记的语音。如有需要,把每一个词放在一个句子里,以便你能自然地说出这个词(尽管慢了点)。观察你自己的发音不总是那么容易,所以你会想听听你的搭档的发音。根据哪一个过去时态标记被附在动词上,将上述 12 个动词分别放入以下三列中的一列:

[t]	[d]	[id]
___	___	___
___	___	___
___	___	___
___	___	___

动词分类后,你面临的问题是:你的心理语法是如何知道哪种发音的词尾应该加在哪个动词后面的?

三列分类后的动词可以为我们找到答案,因为每一列中的动词都有一些共同的特点。我们应该寻找什么样的标准呢?既然我们是在处理不同的语音,动词的语义或及物性帮不上忙。取而代之的是,我们应该观察动词

第六章
由多个部件组成的单词

的发音。对于第一列中的动词,找出动词最后音的特点(在过去式词缀-ed附上以前)。然后,如法炮制第二列的动词。一定要聚焦它们的声音:你或许得把每个动词的音标记下来以帮助你思考它们的语音(如,[fleks]),而不是它们的拼写。最后,第三列动词的发音有什么共同的特性?

你所发现的语音模式可以用两条规则来描述,这里我们首先来讨论覆盖面最广的一条规则。对于第一列,动词词尾的音包括[p],[k],[tʃ]和[s]。这些音有什么共同的特性?显然不是它们的发音部位,因为这里有从双唇音到齿龈音到腭音再到软腭音的一系列发音部位。也不是统一的发音方式,因为这里有闭塞音和摩擦音。因为这些都是辅音,这样留给我们的唯一共同点是它们是否发声,而这些音都是清音。现在再来考察第二列中动词的尾音:[r],[g],[n]和[ai]。这些音又有什么共同之处?这里,音的宽度更广了,因为我们既有辅音又有元音。对于其中的三个辅音,我们没有单一的发音部位,而发音的方式当然也不是一个选项(因为元音的发音比滑音更响亮)。那么这些音是否发声呢?这些辅音和元音都是浊音,而这正是它们的共同特性。

于是,我们的第一列是清音,第二列是浊音。这两个特性和屈折后缀词素-ed的发音[t]和[d]有何关联呢?[t]音是留给以清音结尾的动词,而[d]音是留给以浊音结尾的动词。至此,我们还没有提到这个过去时态词素的可能的词汇表征,但在这个时间点,我们可以认为它是无标记的发声,或者是浊音或者是清音。不管怎么说,这里的音系过程是同化,即最后的词素和在它前面的音同化。

同化现象是否也适用于第三列呢?我们需要看了动词的尾音才能知道。这些音是[t]和[d]。第一条规则对我们来说似乎有点问题,因为这两个音的发声不同。它们究竟有何共同之处?实际上它们之间的共同点多于和其他两列的共同点。除了发声之外,两者另外的一个主要辅音特征都相同。两者都是齿龈闭塞音。为了应对这一情况,词汇和音系协力设计了一个过去时形式,即以元音—辅音组合的屈折词素音[id]。这个后缀的最后辅音必须是个浊音,因为它的元音是浊音。其结果是一个容易被理解的音位约束模式(CVC)。否则,将很难在像动词 bat 和 need 的词尾发出[tt]和[dd]的音。

　　就像英语中的过去时态词素一样,口头语言中的每一个词素也是如此。它们不仅需要被加到词干上,而且它们的声音必须和周围词素的音以某种方式组合起来。至于如何组合,那是音系学要解决的问题。词素也与心理语法中的其他系统相互作用,最明显的是与语义系统相作用,而后者决定单词的意义。对于黏附的派生词素,它们的意义和词干的意义加在一起,然后我们的语义系统构建整个单词的意义。例如,unteacherliness 这个单词对你来说可能是全新的,但鉴于你已知道 un-,teach,-er,-ly 和-ness 这些词素的意义,你通过心理语法的语义部分能够估计出 unteacherliness 的意思是"不属于作为教师的人的品质"。

　　任何一门语言的词素系统都与句法系统紧密相关。记住,形态构造单词,**句法**构造短语。心理语法的这两个系统以等级模式把各个部分放在一起。把它们视作在同一块跷跷板上玩耍,当一个上来,另外那个就下去。当一个在语言中变得重要了,另外那个就显得不那么重要。下面一小节介绍形态和句法如何协作,再下面一小节解释讲英语的人如何改变那块跷跷板的平衡。

一个单词中有多少词素:一个考验每门语言的问题

　　不同语言中方言之间的差别大于同一语言中方言间的差别。对于同一语言中的方言,语音和一些词汇是造成差别的原因。在英格兰北部和苏格兰的一些方言中,历史上的那场元音大迁移从来就没有对后元音产生过什么大的影响,所以像[dʌn]作为 down 的发音这样的独特单词发音在今天依然能够听到。不同语言的方言之间的差别不仅体现在许多单词上,而且以更加鲜明的方式表现出来。这些差别有时颇为抽象,初看不容易分类。最为微妙但也最为重要的区别之一,是在以词素组建单词和以单词构建短语之间寻求平衡。

　　有些语言在单个词里有多个词素。像西班牙语,以动词的后缀如此鲜

第六章
由多个部件组成的单词

明地标注动词,以至于单单从动词形式本身我们就能看出主语是什么:例如,*comemos*(我们吃)和*como*(我吃)。这类语言是以借助词尾变化表示句法关系为特征的,俗称综合型的语言。它们把词素综合成更大的单词。综合型语言依靠形态来完成语法功能。最为极端的综合型语言是那些一个单词里藏有许多词素的语言,被贴切地称为多式综合语。例如,加拿大西北部和阿拉斯加地区的土著人说的阿萨巴斯卡语支的各种语言在一个单词里有许多词素:如阿拉斯加的上库斯科克威语中的一个词 *hodit* 就能表达"他们在一起散步"的意思。和英语比较一下有多么不同:一句话的意思包含在一个单词里!

有些语言每个单词里的词素都很少。中国的官方语言普通话就没有词缀这一现象。这些语言更加注重分析,因为它们通过每个单词中更少的词素来解析意义。中文里的名词没有屈折变形:这里我们来看一下下面两个汉语名词,不管是"一艘船"还是"三艘船",名词"船"没有复数的屈折变化。复数这一概念是通过数字来传递的,这样数字在短语中的安排就显得尤为重要。

在更为综合型的语言,如俄语(这里用罗马字体书写)中,后缀随着名词的复数化而变化。请看:

Odna lodka zatonula   "One boat sank"
Dve lodki zatonuli   "Tow boats sank"

另外,请注意,动词 *zatonul* 的过去时态形式变位出现单数-a 和复数-i 两种形式。在英语中,我们的动词过去时态形式在数量上和主语并不一致,这里再次说明俄语是比英语更为综合型的语言。

既然世界上有6900多门语言,在综合型语言和分析型语言之间自然有很宽泛的范围。最好是把这两类语言看作一个延续体的两端,我们的许多语言都介于这两端之间。大多数语言既有综合型的特性,也有分析型的特性。对于英语在这个综合型—分析型延续体上的旅程,将在第七章中作进一步的探究。

不管一门语言落在这个延续体的何处,形态差别的结果都可以通过短语的安排方式体现出来。每个单词的词素更少的语言依靠句法来安排句子成分在句中的关系和功用。如果词素起不到标记词与词之间关系的句法作用，那么句法就要负责收拾残局了。

当每个单词都有更多的词素时，形态肩负起安排成分和意义的重任。对于像西班牙语和意大利语这样明确标记动词的语言，说话者没有必要在句中总是加上作为主语的人称代词，因为这个信息已经在动词上标记清楚了。对于像阿萨巴斯卡语族中的多式综合语，整个句子的意义可以包含在一个单词中。

穿越时空的变异

从规则到例外

到目前为止，我们探讨了意义与语法功能在每个单位都整齐配对的词素。例如，unhappiness 这个词有三个词素，每一个都各司其职。在接下来的两小节中，我们讨论许多语言中的一个常规特征：含不止一个词素的形式。第一小节介绍由先前分开的词素塑造而成的特殊形式。第二小节介绍英语中的不规则动词以及它们随着时间推移而发生的变化。目的是帮助你理解人类语言的形式与意义的复杂关系。从这两节中我们看到，英语的变化经历了漫长的历史。我们现代的词汇和形态是以往各个时期英语的回声。

20 世纪文法学校的口号之一是"Good, better, best, never let it rest, till your Good is Better, and your Better Best"（好，更好，最好，永不休止，直到好变成更好，更好成为最好）。尽管它听上去像一则热情洋溢的励志广告，其目的是提醒学生，形容词 good 并不接受正常的比较级和最高级的屈折后缀（比如，gooder, goodest）。这类建议其实是一种社会礼仪，是正式教育应该提供的一部分。与此同时，它也彰显了 better 和 best 的古怪。假如我们有 smart, smarter 和 smartest，为何我们得用 good, better 和 best？

反之亦然，我们为何有 bad, worse, worst（坏，更坏，最坏）这个系列？如

第六章
由多个部件组成的单词

果我们有 mad, madder, maddest, 这当然不是对可能的音采取限制而有了上述不规则的形式。即使是音的问题，是什么样的音系规则改变了一个单词中的所有音呢？上述问题的答案在一个被称作"**异干互补**"的语言事件中。至于异干互补这个术语，我们不妨想一想一个补充物，某样被加进去的东西：维生素补充剂是你添加到饮食中的东西。有了语言中的异干互补，一个单独的词如 bad 被融合进了同一词条的不同形式，即成了 worse。

异干互补是个历史过程，并非只是发生在一个说话者的心理语法中。随着时间的推移，不同的自由词素被掺和进说话者的词汇中。至于 good 和 better，它们最初是不同的词。光阴荏苒，说话者开始把它们视作同一单词的不同版本。异干互补在统计意义上是一个罕见的过程。它只发生在少数几个词上。它也是个缓慢的过程，起码得花一个世纪或更长的时间才能把不同的词掺和在一起。然而，今天我们就有几个常见的词是从异干互补现象中诞生的。

来看一下这几个词：

形容词：

good better best
bad   worse   worst

动词：

be   is, am was
go   went

动词 go 这个形式是从古英语动词 gan 来的，而 go 的过去式从古英语的动词 wendan 而来，后者的意思是"to follow a trail"（跟随着足迹）。作为单独的一个词，wend 作为"离去"的意思到了 19 世纪末最终退出了一般使用（例如，《牛津英语词典》中有这么一句：thou mayst wend to the ship joyful in spirit, 1879）。但是，went 作为动词 go 的过去式从 15 世纪末就一直存在了。同样的变迁故事也发生在 good 和 bad 的比较级和最高级形式上，尽管就 better 而言，它和 good 的组合早在古英语以前就出现了。这两个形式

237

badder 和 baddest 在古英语中就已经使用了，但到了中古英语晚期，worse 和 worst 开始替代它们。

不规则？时态？尽量放松点

英语中的异干互补现象多半发生在动词而不是名词上。其中的一个理由或许是因为动词比名词要复杂。尽管我们在前面几节看到了字树有序的介绍和派生与屈折词素的分裂性，多成分单词的形态还是几经变化。下面我们梳理一下可供选择的标记英语时态的方法，以展示现代英语过去时态的形式是如何发展到今天的，词素在现代英语词汇中又是何等的复杂。

在下面的一项调查中，在空白处填上动词的过去时形式。这些过去时形式是配对的，以突显它们的多样性。如果你加入小组做这项练习，会发现不是每个人都有同样的答案。像所有活语言一样，英语的使用者会产生语言变化，这一变化把一些方言推向一个方向，把另一些方言推向不同的方向。

电视迷动词和类固醇上的动词：

A. *Find*：I don't know where he lost it, but he *found* it by the sofa.

　　Mind：I don't *mind* if it makes noise, but last night I certainly _____ all the noise it made.

B. *Teach*：A teacher who _____.

　　Preach：A preacher who _____.

C. *Sink*：The boat was about to *sink* when she fell off; it eventually _____.

　　Think：The professor had a lot to *think* about. Eventually, he _____ about all of it.

　　Wink：She thought about *winking* at him, and eventually, he _____ at her.

D. *Speak*：Yesterday, she _____ to me.

第六章
由多个部件组成的单词

  Leak：Yesterday, the pipe _____.

  Seek：For years, I _____ the desires of my heart.

  像 teach 这样的动词的变化模式一度是古英语的一部分，当时动词通过变更其中的元音来改变它的时态：例如 speak＞spoke。这个过程被称作**元音交替**。像 taught 这样的过去时形式实际上是双词素的。这类动词叫作**强动词**。每个强动词包含两个词素：像动词 teach 和它的过去时词素（只不过它不是一个单独的后缀）。

  英语的动词系统是个大杂烩。为得到过去时的形式，有时我们在动词后面附加屈折的后缀-ed。有时我们通过元音交替改变动词来显示过去式。一些不规则的动词像 be 通过异干互补得到其过去时形式。在漫长的英语发展史中我们积累了这些不同的动词变位模式。

  对于这些不规则的形式我们不得不死记硬背。teach 的过去式只能是以 taught 的形式储存在词汇中，否者说话者会自动生成 teached。当孩子们学习语言的时候，他们会经历一个阶段，首先他们学习-ed 规则，以为所有动词的过去式都以-ed 形式为标记，他们因此学到了 speaked, teached 和 thinked。只有过了这个时间点，他们才会去学习（或者说重学）-ed 规则的例外。

  像 teach 这样的动词是个强动词，因为它有元音交替来标记它的过去式。像 walk 这样的动词是个**弱动词**（我可没有特别挑拣这些名称，事实上我不喜欢它们，因为这些名称奇怪地暗示了动词的心理状态。我或许会用"褐色动词"和"蓝色动词"。），因为它只是接受了-ed 后缀来变位。

  这里还有一些从过去遗留下来的"波动"：

  E. *Steal*：Last week, I _____ second base.

   Kneel：In the garden yesterday, I _____ for hours.

   Feel：This is the best I have ever _____.

  但是像 feel 这样的动词怎么样呢？它的过去式得到了一个略为不同的元音，但其词尾也有一个-t。同样的道理也适用于 sweep（swept）和 deal

语言入门

(dealt)。这些是**半弱动词**(又一个不咋样的名字),因为它们既有弱动词的特性又有强动词的特性。(我想假如它们被称作半强动词,它们的自我感觉会好很多,但很难改变约定俗成的传统。)起先作为半弱动词的动词,如 kneel,有时变成规则动词,获得像 kneeled 的过去时态形式。

再来看另外一些弱和强的变更:

  F. *Catch*: Yesterday, I _____ the ball.

  G. *Drag*: Yesterday, I _____ the body to the grave.

  H. *Sneak*: Yesterday, I _____ into the game.

  I. *Strive*: By the end of the game, she _____ to score a goal.

  J. *Hang*: Last month, Texas _____ three men.

  K. *Dive*: At the pool, she _____ five times in a minute.

从 F 到 K 的六个动词的过去式在以往的几个世纪里都被生成不同的形式。最初,动词 catch 在 1300 年的时候从古法语借来,但它的现代意义"抓住"却是从另一个英语单词转变过来的(具体说是从 *lacchen* 而来,像在这个句子里:he will latch on to you,他会缠着你不放)。强的形式 caught 和弱的形式 catched 在整个 19 世纪都在同时使用,只是后来强的形式 caught 在大众的使用中占了上风。毫无疑问,catched 后来还有人在用,不过这一形式越来越与受教育程度低的说话者联系在一起。动词 drag(最初从 draw 而来)的过去式和过去分词都是 drug,但 dragged 这一形式在美国的许多地方使用更为普遍。动词 sneak 有两个过去时形式: sneaked 和 snuck。strive 有 strived 和 strove 两种形式。hang 也有 hanged 和 hung 两种形式。同样,dive 也有 dived 和 dove 两种形式。你或许注意到了,这六个动词都是弱动词/强动词的配对。

你如何决定用哪一种形式? 如果你是用于修辞,也就是说你的决定基于当地的听众期待听到的,那么你应该推迟使用,直到你和当地听众确定后再使用,因为答案可能大相径庭。

你是否通过哪一种是最原始的形式来决定? 大部分动词的过去式在岁

第六章
由多个部件组成的单词

月的流逝中都有改变。对于一些动词,很难说人们偏好哪一种过去式。在中古英语时期,strove 作为 strive 的过去式似乎早于 strived 出现,所以前者似乎有权利声称自己是原始的那个过去时形式。尽管如此,strived 这一形式从 14 世纪到 21 世纪一直出现。这是一个如此不寻常的词,许多人不知道它原来的过去时形式。考虑到有多少强动词在过去的一千年里变成了弱动词,现代的英语使用者生成 strived 这样的过去式也纯属正常。

化石:

L. *Work*: Last week, I _____ hard to learn to be a blacksmith; I made a *wrought* iron gate.

M. *Melt*: The ice _____ in the spring, and then the volcano threw *molten* lava everywhere.

work 和 melt 与当今许多规则动词相似。它们也采用 -ed 形式作为过去式,似乎简单明了。然而,和许多规则动词不同,它们原先的过去式为其他词汇范畴提供了新词。work 和 melt 先前都通过元音交替变位而成了强动词。wrought 和 molten 分别是 work 和 melt 原先的过去式。古英语里的 wrought 是 work 的过去式,但是古英语里 molten 是 melt 的过去分词。对于 melt,就好像 broken 作为形容词(如,the broken chair,损坏了的椅子)而不是作为动词(如,I have broken the chair,我打坏了椅子)幸存下来了。就像一大批古英语的强动词,它们最终成了弱动词,如今它们作为以 -ed 形式为过去式的弱动词似乎很正常。当然,有一段过渡期,在此期间旧的强动词过去式 wrought 和 molten 与弱动词过去式 worked 和 melted 都在用。

最后看一下这些潜在的将来变化:

N. *Know*: Before I took the test, I thought I _____ the answer.

O. *Grow*: With all the sunshine last spring, the lettuce really _____.

大多数英语使用者把 know 和 grow 视作强动词,但是一些英语使用者和英语变体把这两个动词转移到了弱动词的行列。这一举动把它们切换到

241

像 work 和 melt 那样的变位形式：knowed 和 growed。强动词被转换到弱动词类别没有什么了不起的。正如我们刚才见证了 work 和 melt，附加-ed 这样的语言过程对于新词根本没有问题。对 knowed 和 growed 的使用者的社会评判是这两个词的症结所在。从社会角度看，knowed 这个形式通常是为人所不齿的。不过，在密歇根州南部的一些地区，growed 甚至是标准形式。弱动词形式是否被接受取决于哪一群说话的人在使用它。假如被污名化的社会群体创造了新的以-ed 形式结尾的动词过去式 knowed 和 growed，那么这两种形式是受人指责的。

当今的变异

以其现代状态，英语并非词素丰富的语言，但英语使用者几个世纪以来作了一些创新，并且今天也在继续这么做。词素的模式有时承载社会意义，而当这种情况出现时，社会模式会成为最重要的模式。下面讨论的两个案例展示了我们如何运用语言变异模式为日常的社会工作服务。

g 脱落的故事

在英语中，有一个形态学的小小变异招致了诸多评议。在过去的几个世纪里，齿龈鼻音[n]和软腭鼻音[ŋ]在像 walking 这样的单词之间的交替引起了许多人的注意。这一交替经历了复杂的历时变异的路径，但它的现代模式却相当清晰。从共时变异的角度看，-ing 的变化以两种方式标志着社会变化。首先，社会地位较低的社区通常用[n]形式多于用[ŋ]形式。其次，在全世界几乎每一个说英语的社区，[n]形式通常更多地用在非正式语境，而[ŋ]形式更多地用在正式场合。我们或许会猜测，是周围的音把鼻音推向了一个或另一个方向，但这很少是真的。在我们所研究的几乎每一个社区，-ing 周围的音并不影响它到底是齿龈音还是软腭音。那么，是什么在起作用呢？是-ing 所附着的那个词的形态类别。看下面这些句子：

1. Chuck Norris was cussing a fan.

第六章
由多个部件组成的单词

2. You were <u>swimming</u> in that pond?
3. Why are you <u>looking</u> out there?
4. <u>Cussing</u> is totally different down South.
5. <u>Running</u> is still my favorite exercise.
6. <u>Watching</u> sports is not a sport itself.

  每一个画线部分的单词的词性是什么？从第四章我们知道，前面三个句子是进行体。在第四到第六句中，每个句子的第一个单词是动名词，即由动词转变而来的名词。每一个单词中的-ing 在做什么呢？对于前三句，它们和动词一起标记进行体。对于后三句，-ing 把它前面的动词标记为名词。正如前面在后缀同音现象这个话题中讨论过，第四句 cussing 中的-ing 是个派生后缀，但第一句的 cussing 中的进行体-ing 是个屈折后缀。

  重要的问题在这里：哪一种-ing 形式对你来说显得更自然？用正常的节奏大声说出每一个句子。把一些-ing 变成[n]形式，把另一些变成[ŋ]形式。哪一种形式适合前三句中的屈折进行体？哪一种形式适合第四到第六句中的派生动名词？

  如果你和大多数人一样，以往数个世纪的历史回声在你的语言里依然很响亮。古英语的现在分词后缀是-ende（例如，*wrīt-ende*），而动名词后缀是-inge（例如，*wrīt-ing*）。-ing 和-ind 这两种形式之间的交替给我们带来了软腭鼻音和齿龈鼻音在两个不同后缀中的现代用法。今天，大部分人更多的时候在进行体中用[n]，在动名词中用[ŋ]。到了印刷术被介绍到英国的时候，这两种形式的拼写变化不定，到了 15 世纪，-inge 的拼写形式在英国被广泛使用，尤其是在英国的南方。那个时期，拼写系统基本上已标准化并固定下来，通常是基于伦敦的标准，因为那里建有印刷厂。进行体后缀和动名词后缀的拼写到这个时候已趋同。然而，由于受更早期英语变体中的模式化影响，人们把语法差异用来为社会工作服务，比如标记正式和非正式语言，区分方言和更加正规的语言。

  所以，如果下次有人谈起"g 脱落"，随时给他们提供一点-ing 变化的历史。在英语中很少有 g 脱落的事情，但这两个-ing 形式为说话者做了许多

语言入门

社会工作。

带词缀的俚语

像 non-和-ed 这样的词缀在社会上扮演正直的角色,附在词干上,全然不被人注意。一些词缀,当它们被附加在词干上的时候,通过故意让人注意,"过着有点野的生活"。它们的社会地位几乎像俚语,-y 便是其中最多产的后缀之一。像 sleep 这样的单词,加后缀后形成 sleepy,是没什么大不了的事。但是,当一个像 linguistic 这样的单词通过加上后缀-y 而转变成 linguisticy [lɪŋgwɪstiki],这样的加词缀过程就格外引人注意。

迈克·亚当斯在《俚语:百姓的诗歌》和《杀手的俚语:一个吸血鬼猎人巴菲的词汇》中讨论了-y 后缀的崛起。从 2005 年开始,斯蒂芬·考伯特让 truthy 这个词连同其进一步派生的词 truthiness 变得大受欢迎。为说服你自己这一后缀有多么受欢迎,试着上网搜索一下你或许从来都没有指望带-y 后缀的单词,如 kitchen(厨房),baseball(棒球)或者 Google(谷歌)。[3]

本 章 总 结

词素是语言里有意义或语法功能的最小单位。一些词素是整个单词,一些是词缀。所有词素都是独立的单位。当人们使用语言的时候,他们的心理语法就把词素拿出来组装而形成语言,或者他们把传过来的词分解成词素来理解语言(例如,thickeners→thick|en|er|s)。一些词素是附在另外一些词素上的,无法独立存在,而另一些词素是自由的,可在没有外援的情况下在句子中移动。所有词素都相互协助,但它们的功能分为两类:实义词素承载意义(如,reader perspective),而功能词素在实义词素间建立关系(如,the perspective of the reader, the reader's perspective)。后缀同音现象指不同的词素听上去相同,只能通过其意义或功能才能得以区别的情况(例如,The building was exploding)。所有这些词素并非任意组合在一起(例如,nesshappyun),而是按等级制组织的(例如,unhappiness)。我们通过字树弄

第六章
由多个部件组成的单词

明白单词中前缀、词干和后缀之间的连接。不是所有的语言都是通过组合词素来构建更大的单词。更加侧重于分析型的语言,每个单词中只有少数的词素,而更加侧重于综合型的语言,每个单词中有更多的词素。现代英语处在那个延续体的中间,但古英语更接近综合型语言那一端。

关　键　词

- 元音交替
- 词缀
- 分析型语言
- 构成假设
- 二叉分枝树
- 黏附词素
- 派生的
- 自由词素
- 功能词素
- 中缀
- 屈折的

- 词素
- 前缀
- 词根
- 半弱动词
- 词干
- 强动词
- 后缀
- 异干互补
- 句法
- 综合型语言
- 弱动词

注　释

1. Zwicky and Pullman (1983): babel. ucsc. edu/~hank/mrg. readings/ZPCliticsInfl. pdf.

2. http://ironcreek.net/phpsyntaxtree/是一个帮你画树图的绝妙网站,通过练习你能更好地理解等级树图。

3. 迈克·亚当斯在他的语言日志中讨论了这个过程:http://languagelog.ldc.upenn.edu/nll/? p=1538。

4. 这些练习是受了沃尔特·沃尔弗拉姆的研究的启示。

参 考 文 献

Adams, M. (2004) *Slayer Slang: A Buffy the Vampire Slayer Lexicon*. New York: Oxford University Press.

Adams, M. (2009) *Slang, the People's Poetry*. New York: Oxford University Press.

Honig, B., Diamond, L., and Gutlohn, L. (2000) *Teaching Reading Sourcebook: For Kindergarten through Eighth Grade*, Core.

http://ironcreek.net/phpsyntaxtree/.

http://languagelog.ldc.upenn.edu/nll/?p=1538.

http://languagelog.ldc.upenn.edu/nll/?p=3290.

http://www.washingtonpost.com/wp-srv/style/invitational/invit980802.htm.

Zwicky, A. M., and Pullum, G. K. (1983) "Cliticization vs. inflection: English n't." *Language* 59, (no. 3): 502-513.

延 伸 阅 读

The Stories of English. David Crystal. 2005. Overlook TP.

大卫·克里斯特尔带着读者领略了有关英语语言最为有趣的一些故事。随着这次词汇探险的推进,克里斯特尔帮助读者理解英语如何从一个日耳曼方言的集合演变为一个遍布全球的广泛而又多样的语言变体。

What is Morphology? 2nd edition. Mark Aronoff and Kirsten Fudeman. 2010. Wiley Blackwell.

这本书是对形态学这一语言学领域的一个简明扼要的介绍。它包括语言的构词能力和心理词汇的信息,还有实验和计算方法。基本概念得到了很好的解释,但不仅如此,作者还展示了研究人员能用形态学知识做什么。书中用于分析的数据来自广泛而又多样的语言。

The Handbook of Morphology (Blackwell Handbook in Linguistics). Andrew Spencer and Arnold M. Zwicky (eds.). 2001. Blackwell.

第六章
由多个部件组成的单词

如果你考虑选择语言学作为专业或未来的职业,不妨读一读这本书,看看形态学领域的研究范围。全书有三十二章,均由该领域的强手写成。这些章节讨论了形态学作为语言学的一个领域(如,屈折、派生、复合、生成)和形态学与语言学其他领域的联系(如,音系学、句法学和语义学)。作者们也描写了许多语言的形态变化,处理了来自诸如语言变化、心理语言学和语言习得等多个领域的问题。

练 习

个人练习

1. 广告创意总是有助于一个人的事业。一家油漆公司使用这条标识语:
 "We paint interiors, exteriors, any terior"。
 这则广告的圈套是什么?
 同样,下面这则笑话中的形态曲解是什么?
 Q:Did you hear about the kidnapping?
 A:It's ok, they woke him up.

2. 用斜线标识词缀和辨别词素:[4]
 为了使用词素,你必须能够识别词素是什么。在这第一项练习中,我们采取最基本的一步。把下列单词用斜线分成构词力强的词素(假设一个构词力强的词素是指能够用以生成不止一个词的词素)。有些词可能仅有一个词素。

 a. unbelievable
 b. crystallization
 c. forgetfulness
 d. restaurant
 e. runners
 f. satisfied
 g. sleepiness
 h. truthiness
 i. biannually
 j. antidefamation
 k. trimmings
 l. deformity
 m. friendlier
 n. designations
 o. malignancies
 p. bimonthly

q. strengthener
r. unsinkable
s. scapegoat's
t. teaspoonful
u. reconciliation
v. blackened
w. nonreality
x. reexaminations
y. deinstitutionalization
z. counterrevolutionaries
aa. anticreationisms
bb. kindness
cc. misplaced
dd. disabilities
ee. disagreement

3. 在接下来的一个练习中,给上述练习中你分辨出来的词素贴上自由词素或黏附词素的标签。然后,给每个词素贴上实义词素或者功能词素的标签。为了更容易地完成练习,尽管用缩略词:如F＝自由词素,B＝黏附词素;f＝功能词素,c＝实义词素。例如,像 unhappiness 这个词可以贴上 un-Bc, happy-Fc, ness-Bc 的标签。

4. 关于后缀同音,孤立的单词不能提供任何有关后缀状态的暗示。如果你只有 swimming 这个词,根本无法知道 -ing 形式是派生后缀还是屈折后缀。为拓展你的词素分析技能,根据其自然形态,具体说就是短语来观察词素是很重要的。对于下列句子,用第三个练习中的缩略标签标识每一个词素。记住,自由词素(F)可以是实义词素(c)或者是功能词素(f)。

a. Thirteen fish jumped out of the boat before we shut the lid to the cooler.

b. Under the bridge, a mall snail is slithering over a leaf.

c. Bacteria never throw wild parties, nor does the fallen tree host a gathering.

d. The quickest of the three country stars tripped into the vat of maggots on the really stupid TV show.

e. The Venus flytrap snapped shut on the unsuspecting moth which had flown from the prefabricated cabinets. Strangely enough, the running joke between the mothers was that when they were leaving the cabinets, the slower mother, who was also a writer, would not be able to shoo them towards the unobservant carnivorous plants.

f. Those quicker speakers worked out a deal with the CEO of North American operations. They arranged for recordings of their speeches to be stored on the company's web servers. Whether a speaker wanted to talk about antifungal medicine or the niceties of suburban compost piles, she or he would be able to preorder as much space as needed.

g. The environmentally friendly composting compound was constructed on the outskirts of the unurbanized town. It was running efficiently when the machinery was blown up by the atomic breath of the Space Godzilla, which had quickened its pace since the faster runner began to chase it. Thankfully, the youngster with the guns helped ease its concerns.

5. 英语过去时态再审视：

在本章早些时候，我们制定了规则以确定英语过去时态后缀的形式。这些规则涵盖了新的动词和许多目前在使用的动词。在下列每个特定场合的动词中，辨别哪些过去时态-ed 的形式（[d]，[t]，[id]）应该出现，并解释理由。尽管向你的心理语法寻求帮助。

a. blib
b. kleesh
c. zleet
d. tlog
e. stoval
f. kratch
g. noolod
h. shreelm
i. huiteelut

6. 否定前缀：

辨认下列单词所用的否定前缀（ir，il，im，in）。解释单词中的第一个音的自然类别如何影响否定前缀的形式。

a. relevant
b. logical
c. modest
d. equitable
e. adequate
f. movable
g. legal
h. regular

■ 语言入门

　　　i. possible
　　　j. admissible
　　　k. reversible
　　　l. literate

7. 通过加后缀的方式生成形容词：

像 thirsty, rainy, hairy 和 sunny 这样的形容词，我们能看出，每个形容词的词根是名词，后缀-y 被附加到每个名词上。像 falling 这样的形容词，如在短语 the falling leaf landed on my head 中，我们可以往回退，把-ing 拿掉，从而得到动词 fall。但是对 wicked 这样的词我们该怎么办？在短语 I am wicked 中，单词 wicked 有动词的迹象，但是我们不能得到 *I wicked 或者 I wick。wicked 肯定像个形容词，就像在短语 the wicked iguana 中。再说，它的所作所为也像个形容词，比如当我们把它变成副词以修饰动词的时候：They acted wickedly。细读下列例子来确定每个单词上的-ed 是什么种类的后缀。下列例子中的哪些以动词作为词根，哪些不是。你也许得查一下词典，看看像 dogged，wretched 和 peaked 这些单词以前通常是怎么用的。另外，在查词典的时候也请注意发音的差别，例如：beloved 一词是发成[bilʌvid]这个音。

-ed forms
accursed
aged
beloved
bended（knee）
blessed
crooked
cussed

dogged
jagged
learned
naked
ragged
wicked
wretched
peaked

做完了这项练习后，请去以下语言日志的网址查看有关-ed 形式及其历史的一些辩论：http://languagelog.ldc.upenn.edu/nll/? p=3290。

8. 字树：

给下列每个单词画一棵形态树（即字树），并给词根和以上的节贴上标签。

第六章
由多个部件组成的单词

　　a. antiindustrializations
　　b. unconstitutionality
　　c. untruthfulness
　　d. reatomizations
　　e. noncompositionality
　　f. renationalizations

9. 模棱两可的字树：
  给下列每个单词的每个意义画一棵形态树（即字树）（每个单词两个意义）。给词根和以上的节贴上标签。另外,给每棵树的意义贴上标签。
　　a. unlockable
　　b. uncoverable
　　c. unwrappable

小组练习

10. 创建最有形态负担的句子：
  小组成员合力造出一句你能想象的平均每个单词含最高词素量的句子。然后造出一句同样长的平均每个单词含最低词素量的句子。

11. 把复数放到显微镜下查看：
  下列单词都是常规的名词,但对许多人而言附在这些名词上的复数标记以三种形式出现：[s],[z]或者[iz]。

　　a. cap   j. fly
　　b. bus   k. maze
　　c. stick   l. judge
　　d. pole   m. garage
　　e. bet   n. shoe
　　f. bag   o. bowl
　　g. bench   p. cuff
　　h. cow   q. behemoth
　　i. bush   r. buck

  以常规复数名词的形式大声说出上述每一个名词。注意每个名词的复数标记的音。根据哪个复数标记被附加到它们上面,将上述名词归入

251

下面三列中的一个。

[s]	[z]	[iz]
___	___	___
___	___	___
___	___	___
___	___	___
___	___	___

从这个分类列表的前两列，确定名词的最后一个音本身是浊音还是清音。第三列中名词的最后一个音有何共同之处？

如果上面的练习没有给你帮助，试着大声读出下列名词。

a. runs, bums, rungs

b. kettles, shutters, girls

c. bows, boys

d. bees, bays, canoes, crows, laws

e. taps, bats, backs

f. tabs, lads, bags

g. laughs, waves

h. baths, lathes

i. bushes, garages (try it with the voiced palatal fricative sound [ʒ])

j. busses, mazes

k. churches, judges

12. 特殊案例：

语言犹如生活，总会有例外。下面的一些名词是英语中常规复数方式的例外。当复数形式被加上后，每个名词的形式如何改变？这些名词变成复数时有规律可循吗？这一变化折射的是音系规则还是形态规则的变化？

a. life   b. chief

c. loaf

d. thief

e. hoof

f. shelf

g. leaf

h. elf

i. wolf

j. knife

k. riff

l. dwarf

m. scarf

n. brief

o. belief

p. half

q. chief

13. 后缀-er 展示了英语中的后缀同音现象。这一后缀有三种不同的用途：(1) 作为比较级的后缀（如 bigger, fatter），(2) 作为施事后缀（如 singer, teacher），(3) 作为重复后缀（如 patter, chatter）。下列每一句中的-er 是作何用途的？

a. This is heavier than I thought.

b. The jabber of the students' voices was reassuring.

c. The fighter is a jerk.

d. The chatter of the people was irritating.

e. The runners collapsed after the endurance test.

f. The shimmer of the evening light was romantic.

后缀-ing 可以作为名词化标记（如 The trimmings are nice）、形容词化标记（如 The trimming master was at it again）和进行时标记（如 He was trimming the tree）。在下列句子中，辨别后缀-ing 的功用。

a. The machine was not functioning properly.

b. Running is great for cardiovascular fitness.

c. It was an appropriate ending for class.

d. The working man was too exhausted.

e. The bird was flying an airplane.

f. Do you like working with sentences?

g. The fascinating thing about grammar is its intricacy.

h. Grammar is fascinating.

14. 朗读卡德蒙的《在屋内》(*In the House*)，这首古英语诗的特点是后缀不受束缚。利用下面的这首古英语诗及其词汇表与翻译，试着辨别古英语中的后缀和它们的功用。

    a. Nū wē sculon herigean   heofonrīces Weard,
    b. Meotodes meahte   ond his mōdgetanc,
    c. weorc Wuldorfæder,   swā hē wundra gehwæs,
    d. ēce Drihten,   ōr onstealde.
    e. Hē ærest sceōp   eorðan bearnum
    f. heofon tō hrōfe,   hālig Scyppend.
    g. Þā middangeard   monncynnes Weard,
    h. ēce Drihten,   æfter tēode
    i. fīrum foldan,   Freāælmihtig.

带释义的词汇表

    a. Now we must praise   heaven-kingdom's Guardian (Ward)
    b. The Measurer's might   and his mind-plans
    c. the work of the Glory-Father,   so he wonders for each,
    d. eternal Lord,   a beginning established.
    e. He first created   for men's sons
    f. heaven as a roof,   holy Creator.
    g. Then middle-earth   mankind's Guardian,
    h. eternal Lord,   afterwards made-
    i. for men earth,   Master Almighty

带格和单复数标记的翻译

    a. Now we shall praise heaven's kingdom Protector (subject, singular),
    b. creator's power and his purpose (conception),
    c. work of the Father of Glory, as he wonder (genitive, plural) for each,

d. eternal Lord, established a beginning.

e. He firstly created earth (genitive, singular) son (dative, plural)

f. heaven as a roof, holy Creator.

g. the world (middle earth) (direct object, singular) mankind's Protector,

h. eternal Lord, after adorned

i. people (indirect object, plural) earth (object, singular) Lord (subject, singular) almighty.

流畅译文

Now we shall praise the Protector of heaven's kingdom,

The creator's power and his purpose,

The work of the Father of Glory, as he for each of the wonders,

Eternal Lord, established a beginning.

First, he created the earth's sons with

heaven as a roof, holy Creator.

The world, mankind's Protector,

Eternal Lord, the Lord almighty after adorned

The earth with people.

15. 下列表中的动词以三种形式出现：原形、过去式和过去分词。调查你们的小组成员，询问下列过去分词的形式对他们来说是否有任何变化（这一类别最常出现变化）或者过去时态形式是否有变化。另外，你们的任课教师或许会要求你们上网搜索变化的形式，并汇报是在什么语境中发现这些变化的。

■ 语言入门

原形	过去式	过去分词
drink	drank	drunk
sink	sank	sunk
stink	stank	stunk
ring	rang	rung
spring	sprang	sprung
shrink	shrank	shrunk
swim	swam	swum
blow	blew	blown
know	knew	known
grow	grew	grown
throw	threw	thrown
fly	flew	flown
slay	slew	slain (slayed)
break	broke	broken
catch	caught	caught
teach	taught	taught
sneak	snuck (sneaked)	snuck (sneaked)
stick	stuck	stuck
dig	dug	dug
drag	dragged (drug)	dragged (drug)
tell	told	told
eat	ate	eaten
make	made	made
sit	sat	sat
hit	hit	hit
hide	hid	hidden
slide	slid	slid

学 习 问 题

1. 什么样的信息存储在词汇中的每一个词素里？

第六章
由多个部件组成的单词

2. 自由词素有哪些类别？
3. 什么是黏附词素？
4. 什么样的词素是词缀？
5. 实义词素属于哪一类词汇？
6. 功能词素发挥什么作用？
7. 英语中的前缀是实义词素还是功能词素？
8. 什么是后缀同音现象？
9. 词汇歧义如何有别于结构性歧义？
10. 形态和语法有何区别？
11. 和英语相比，何以见得西班牙语是更为综合型的语言？
12. 和英语相比，何以见得汉语是更为分析型的语言？
13. 什么样的语言更加依赖句法，而不是形态？
14. 异干互补现象是如何发生的？
15. 强动词和弱动词有何区别？
16. 弱动词和半弱动词有何区别？
17. 和-ing变化相关联的社会特性是什么？
18. 字树代表什么？

了解更多与本章有关的资源，请登录本书的配套网站：http://www.wiley.com/go/hazen/introlanguage。

第七章 将零星碎片组成短语

本章概览

本章概述

意义与歧义

结构与等级层

歧义与构成要素

英语和其他语言

穿越时空的变异:从更加综合型向更加分析型转变

　第一步:失去我们的屈折

　对短语的影响

当今的变异

本章总结

主要概念

注释

参考文献

延伸阅读

练习

　个人练习

　小组练习

学习问题

第七章
将零星碎片组成短语

本章概述

在这一章,我们跨越词条和词素的组合,进入工厂的装配线,把所有的零部件按照具体的顺序焊接在一起。这里,我们探究单词是如何组建成更大的单位,就像把手、窗格、线路和玻璃最终如何组成一扇汽车门。为了起步稳健,我们把注意力局限于三类短语:名词短语、形容词短语和介词短语。我们首先会问,我们的心理语法这个工厂是如何构建这么大的短语的,然后我们会接着问,这么多部件是如何干净利落地拼凑在一起的。我们在大脑工厂搬动的大量语言部件可能会一团糟,就像一个杂乱的电脑桌面。然而,在音节和词素中发挥了重要作用的层次观念在短语的结构中再次起到了关键作用。本章所用的字树基于把单词塑造成型的简单模板,而这些相同的形状我们每到一处看到短语的时候都能见到。探究不同语言中的短语的组织是为了说明其中的一些基本模式。有了对短语组织的更进一步了解,学生们可以准备进入下一章去学习关于句子的组织。

意义与歧义

在第二章研究语音的时候,我们没有发现每个音都有意义。我们只是发现那些同时也是词条的语音才有意义,如在 a book 中的[ə]。单成分的单词有意义,因为它们的语音组合和一个或多个意义相关联,而那些音—义配对在心理词汇中被记住。当我们把可附加的成分从词汇中取出来并粘连起来,多成分单词便形成了。在这些情况下,词素的组合便构成了单词,而单词的整体意义是更小成分组合的意义:如 unstoppable 这个词的意义就是 un+stop+able 的结果。围绕这个构词法的假设是词汇对于许多组合有着惊人的学习新意义的能力。例如,collateral damage 现在用来指"军事冲突中死去的平民",不是因为 co+lateral+damage 这个组合里有什么东西指"平民"或"死亡的"。这样的短语就是第五章中所讲的习语。

语言入门

对于小的短语,组合意义仍然行得通。smart squid(聪明的鱿鱼)这个名词短语通常因这些词的具体组合而能够在听众心里触发意义。不管是否有多成分构成的单词,由此产生的意义仍然来自单个词意义的组合:如,unhelpful presidential policies(无益的总统政策)。同样的道理也适用于诸如very brown(深褐色的)或者 lightly fluffed(松软的)这样的形容词短语。请看 The very brown gecko stepped on my lightly fluffed pancakes(那只深褐色的壁虎踩着了我那松软的薄饼)这个句子,句中两个形容词短语的意义是其中各部分意义的总和,而它们依次又构成相应的名词短语意义的一部分。即使是介词短语——本章的第三个关注点,我们依然从更小的成分组合即单词获得意义。对于像 in the castle(在城堡里)和 at the winter solstice(在冬至)这样的介词短语,每个地点都与名词短语连在一起(这里,空间和时间被介词看作一回事)。例如,在 The ogre in the castle decided to open an omelet stand at the winter solstice(城堡中的那个吃人妖魔决定在冬至日开一个煎蛋饼摊)这个句子中,其中的两个介词短语传递了空间和时间的意义,两者都是某种形式的地点。

对于这三类短语,它们的意义显然是其成分的组合。不过,它们的结构却是隐形的。词与词连接在一起构成短语,但这些连接点丝毫没有声音。在这一章中,我们将揭示这三类短语是怎么组织起来的。就像音节和词素,等级制这个概念在人类语言的这个领域起了关键作用。等级制结构允许人类超越了两个单词短语的限制,使得想要多少单词组合就有多少单词组合成为可能,只要我们有时间和能够喘得过气来。

那么,这些短语能有多长呢?就通常的会话而言,所有这三类短语没有上限,只要说话者愿意和听众的注意力能够忍受。如果一个政治候选人所用的一个名词短语超过五个单词,一般人就开始丧失注意力了,例如:my extremely successful tenure as governor(我作为州长的非常成功的任期);the dimwitted and mean-spirited policies of my opponent(我对手的愚蠢卑鄙的政策)。至于写作,读者的记忆力会好些(因为可以回看),所以书面文字的短语通常会长一些。即使我们假设修辞限制短语的长度,语法是否也会呢?

第七章
将零星碎片组成短语

答案是否定的。让我们来看看有关 tree 的名词短语能发生什么。它可以增加一个限定词,如 a tree(一棵树)或 the tree(那棵树)。它可以增加一个形容词短语,如 the artificial tree(那棵人造树)和一个介词短语,如 the artificial tree beside the piano(钢琴边的那棵人造树)。这二者都可以继续扩张,如 the grossly artificial tree right beside the piano(就在钢琴旁边的那棵很假的人造树)。没有结构上的理由来阻止继续增加短语,包括在别的场合可以被视作完整句子的短语。例如,the grossly artificial tree beside the piano in the old house which sold last week(上周售出的那栋老房子里的那架钢琴边上放着的那棵很假的人造树)。我们把这个非凡的特性称作**扩展**。本章需要回答的一个问题是:扩展是如何得以实现的?

在俄罗斯,有一种玩具叫俄罗斯套娃。最大的玩偶里藏有第二大的玩偶,打开第二个玩偶,里面藏有第三大的玩偶。一个玩偶里嵌套另一个玩偶,直到那个最小的玩偶出现。这些俄罗斯套娃和短语共享一个特性:它们能包含彼此。短语能够把自己存放在别的短语里。形容词短语和介词短语能存放在名词短语里,如,the old murderer in the greenhouse(暖房里的那个年老的谋杀犯)。名词短语当然也是介词短语的一部分,如,in the greenhouse;形容词短语可以是那些名词短语的一部分,如,in the drafty greenhouse。英语中的形容词短语更受限制一些,但是它们可以通过修饰语来扩展。像 bright blue 或 deep blue 的形容词短语,在 blue 前带有修饰语。这种把一个短语**嵌套**在另一个短语的技巧正是允许人类扩展超出简单的表达式,并构造更大的、结构化的短语之所在。但是,嵌套又是如何发生的呢?和扩展一样,我们需要引入一些脚手架以建立这些短语的等级层。

对我们的句法小短语感兴趣的另外一个特性是意义的模糊性。在前面几章中,我们涉及了词汇的模糊性(或词汇歧义),在那里我们看到一种语音形式如[bæt]和两个甚至更多的意义相关联,形成了两个或两个以上的单词。在第六、第七和第八章中,意义的模糊性是不同的。它被称作**结构性歧义**。在这种模糊性中,和某个单词的语音形式连在一起的意义不必改变。取而代之的是,短语的句法结构可以有别样的安排。我们来看一下 the deep blue pool 这个短语的歧义。你看到了两种不同的意义吗？我意识到，如果我们用一个连字符把 deep 和 blue 连起来，我们得到一种颜色：deep-blue(深蓝色)。如果我们用一个逗号把它们分开：the deep, blue pool，我们得到一个"有相当深度的蓝色的水池"。然而，在口语中你既没有连字符也没有逗号。以这样的可能性我们能造出什么样的结构呢？一方面，我们可以有 the [deep][blue] pool，意思是 deep 和 blue 是 pool 分开的、单独的修饰语。另一方面，我们得到 the [deep blue] pool，其中 deep 修饰颜色 blue，然后整个形容词短语 deep blue 修饰名词 pool。作为句法分析机器，我们可以把这样的模糊性弄个水落石出(当然，除非我们无法从其他上下文获取意义)。**解析**(parse)的意思就是拆解短语以求更好地理解。因为模糊性是所有人类语言的一部分，它似乎也成了我们的一个部分。我们如何建立结构来选择？这里我们再次需要一些专门的术语来帮助我们弄清楚歧义是如何产生的。

在这一章，我们把名词短语、形容词短语和介词短语拆分并重新组装以便于更加透彻地解释以下三类句法特性：扩展、嵌套和歧义。人类语言的结构最好被理解为一个由互不关联的部分构成的组合系统，这一方法当然可以很好地用于短语(Pinker, 2007)。当我们用 discrete 这个词，我们不是指这些成分是彬彬有礼的或明察秋毫的，而是说，语言由可分离的词块结合在一起，好像它们是在一个工厂生产线上被组装起来，因而得到"由互不关联的部分构成的组合系统"这一美名。当我们把语言带进我们的生活，听到有声语言或者看到手势语言，我们的心理语法开始解读这些互不相干的组合物，把其中的部分和储存在我们词汇库中的语言部件作比对并组装意义。有关句法短语的工作比第三章所讲的组织声音或第五章所讲的词汇分类更为抽象。

扩展和嵌套也给我们带来了创造短语的能力，我们可以据此创造真正很长的短语和完全崭新的短语。我们可以理解和生成潜在的无限数量的短语。在我写本书的时候，those pesky dragons on her roof(她屋顶上的那些恼人的龙)这个短语和互联网上的任何搜索结果都没有匹配。它并不是什么异乎寻常的短语,但是因为人类组合词语的能力,作为一个单位的这个短语对大多数人而言是全新的。恰恰是人类语言的这一具体特性使得我们能够理解以前从未听到过的短语。

这一章的结构是无法听到的,没人会大声嚷嚷:"瞧,在那个角落有一棵句法树!"但是,请记住,从第一章开始,我们就在寻找这些树。我们想构建一个关于语言如何在人类大脑中工作的模型。为了给音节、复杂的词汇和短语构建一个这样的模型,我们必须谈谈不同的成分是如何连接的。这些连接是抽象的,因为它们是大脑中的机制。心智只不过是反映我们大脑中实际发生的事情的一个模型,而因为我们每天使用语言,建立一个反映我们所思所做的事情的模型就是我们的目标。

结构与等级层

对于音节,我们曾经有一个具体的模板填写,一个我们用于连接音段的模板。每一个节点都给贴上了标签,而且有不同的层级:

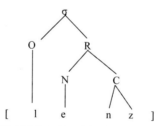

通过字树,我们经由等级层上的更高点把词素连接在一起,同时随着词性的改变给不同层面用词汇类别贴上标签,如:

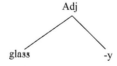

就像音节树和字树,短语树也会通过不同的层面显示句法中的等级。不过,它们的一个区别是短语树的每个节点可以有一个或两个分叉,但不能有三个或更多的分叉。这一限制被称为**二分叉**,它是有关信息如何在大

语言入门

脑得以加工的一个假设。你可以把它当作一个二进制代码,计算机在读指令时可以把它当作一组组的 1 和 0。这是对短语的一种限制:绝不允许三向连接(如下面两图所示)。

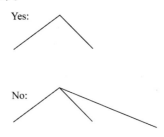

文字游戏:"碰撞开花"歧义

我们已经在这本书中追寻了几类歧义,包括词汇歧义和结构歧义。对于专业作家,你或许会认为通过适当的改写和调整上下文语境就可以避免产生歧义。但是有一个专业领域的写作,它的习俗似乎在鼓励各种类型的歧义(词汇歧义和结构歧义)。这个领域就是新闻的标题。标题写作有一个传统,要求把联系动词 be 去掉,这样往往创造一大堆名词、形容词和介词,强求读者作出解释。语言日志(其网址是 www.languagelog.ldc.upenn.edu/nll/)把这类杂乱堆起的词汇称作**碰撞开花**。

对大多数人而言,这些碰撞开花都是幽默的,因为它们展示了虚幻的情况和明显的混乱。所有幽默都基于人们的期望和经历所形成的对比。这一对比说明为什么粗俗滑稽剧的肢体幽默和滑稽说笑喜剧一样奏效:两种形式都能呈现非同寻常的效果,而这一对比让我们开怀大笑。下面的标题均来自语言日志,在这些标题中一堆词汇可以被解释为名词短语,但它们也可以被视作其他类型的短语。你能

第七章
将零星碎片组成短语

找出哪些潜在的短语组合和哪些意义匹配吗？每一个故事的网址就列在标题的下方，或者你可以通过每一个标题中的关键词搜索：

- "Mansell guilty of missing businessman's murder"
  http://languagelog.ldc.upenn.edu/nll/? p=3548
- "Sex quiz cricket ace in hotel suicide leap"
  http://languagelog.ldc.upenn.edu/nll/? p=3559
- "Virginia Beach man accused of decapitating son to stay in hospital"
  http://languagelog.ldc.upenn.edu/nll/? p=3454
- "Transgenic grass skirts regulators"
  http://languagelog.ldc.upenn.edu/nll/? p=3304
- "Police chase driver in hospital"
  http://languagelog.ldc.upenn.edu/nll/? p=2769

另外一个区别是短语树有一套基本的模板，这套基本模板会被反复使用。还有一些特殊的部分允许变化。在我们进入特殊部分之前，我们先来追寻记忆，回到更年轻的学生时代去重温一下代数。这或许不是人人都喜欢的课堂，但我想我们对其中的一些内容还是记忆犹新的。在代数里，我们都曾接触过这样的公式：$x+2=y$。我们都曾被要求：如果 $y=6$（然后是8，140 和 -3），算出 x 等于几。假如 $y=6$，那么 $x=4$。如果 $y=8$，那么我们可以把数字 8 代入公式，从而得到 $x+2=8$，所以 $x=6$。但在一本有关语言的书里，为什么我们需要记住这类带 x 和 y 的公式？你还记得 x 和 y 指的是什么吗？对了，它们是变量。它们是给公式中的其他数字占位置的。它们的数值随上下文的变化而变化（然后我们可以解决一个变量）。对于本章你将用到的短语树，基本的模板也有变量，其可能的数值是名词、形容词和介词。庆幸的是，你无须用短语树图求解任何数值。

就像音节树一样，短语树的顶层也以一个节点开始。这个顶层节点被贴上了 XP 的标签(其中的 P 代表短语),它进而分叉开形成另外两个节点,一个是留给限定词的,另一个是中间节点(用 $\overline{X}$ 来代表)。

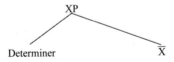

这个中间节点($\overline{X}$)很管用,因为你需要多少次它就可以被拷贝多少次。这里,我们仅拷贝一次。YP 代表的分叉是别的短语:

最底部的是短语 X 的头部,它最基本的词根是:

当组装后,最基本的带 X 和 Y 变量的短语树像这个样子:

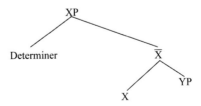

这些 X 意味着什么呢?短语树图底部的 X 是这个**短语的头**,它给这个特定的短语独特的风格。X(或 Y)是个变量,可以被一个名词(N)、一个形容词(A)或一个介词(P)代替。(在下一章我们再加上几个项目来替换 X。)顶层是 XP,其中 P 代表短语(如在名词短语、形容词短语和介词短语中的短语)。这幅树图的单行规则如下:XP→Determiner(限定词);$\overline{X}$ 两者之间的分号表示 Determiner 和 $\overline{X}$ 处在同一层面上,且彼此相邻。正如后面将要讨论的,它们的顺序可以调整,且取决于哪一种语言形式更受青睐:可以是

第七章
将零星碎片组成短语

Determiner; $\overline{X}$ 或者 $\overline{X}$; Determiner。

在这幅短语树图上,什么可以和限定词这个节点相连接?答案取决于短语的头,但是细想一下副词 very 对于形容词 awkward(尴尬的)所做的事情。形容词短语 very awkward(很尴尬)指定了一种尴尬。对于像 aardvark(土豚)这样的名词,限定词 the 选出了特定的土豚,而像 an 这样的限定词指某一只不确定的土豚。在英语中,介词在其限定词的浮夸程度上更受限制。我们只要比较一下 I spilled the ice cream by the fridge(我把冰激凌洒落在冰箱边上了)和 I spilled the ice cream only by the fridge, not on the rug(我只是把冰激凌洒落在冰箱边上,没有洒在地毯上)这两个短语,限定词 only 限定了冰激凌洒落的地方。

上方带有横线的字母 X 称作 X 阶标,它是介于短语树图顶层和底层之间的一个节点。这个中间节点提供了与其他树相连接的地方。这有点像一个可以满足你无限制地挂衣服的衣橱,因为你有一个不断扩大的钩子和横杆(或者也许是你的方言所称的"衣架")。有了这样的模板,一幅短语树图可以无限制地扩展。如果你需要十个额外的节点来挂"短语",你也可以画出来(下文我会展示给你看如何画)。

在任何一幅特定的树图上,不管树头是什么,在 XP 和树头之间的每一个 X 必须是同一个单位。所以,如果是个名词(N),那么中间节点将是 $\overline{N}$,顶层节点将是一个名词短语(NP),如下图所示:

这一类的模板会适用于像 the dog 这样的名词短语(NP),如下图所示:

267

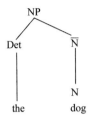

一个形容词短语会像下面的图所示,其中 A(代表形容词)作为树头,$\overline{A}$ 作为中间节点,AP 作为顶层节点:

一个像 really young 这样的短语会适合下面的短语树图:

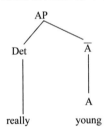

在介词短语中,我们看到了中间节点 $\overline{X}$ 的特殊性:它们连接其他短语的能力。为显示和名词短语的区别,我们把一个 Y 变量用在另外的短语 YPs 上。YPs 可以有和 XPs 相同的树头,如名词、形容词和介词。用一个不同的变量是为了显示短语 YP 有它自己的短语头,它是和短语 XP 的头分开的。看下面的介词树图:

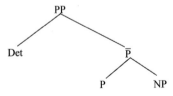

对于像 under the mountain 这样的介词短语(PP),带 YP 分支的结构图就像下面的树图:

第七章
将零星碎片组成短语

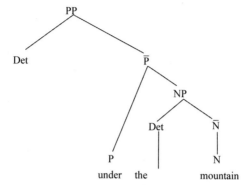

注意,这个介词短语里面的名词短语像其他名词短语一样扩展,无须额外的句法机器以不同于其他名词短语的方式处理这个名词短语。在 $\bar{P}$ 节点下面的名词短语成为自己的短语。这个模板的单行规则成为 $\bar{X}\rightarrow X;YP$。这里,X 为这个短语的头(在此情况下是一个 P),YP 是另外某一种短语(这里是个名词短语)。

还有一个条件需要说明。为了作说明,我们需要一个略为扩展的短语。考虑一下下面这个短语里发生的事情:a sharp bayonet in the basket(篮子里的一把锋利的刺刀)。有多少短语嵌在这一个名词短语里?既然每个短语的头都必须要有一个 XP(短语),我们可以弄清楚哪些词是头,然后就能知道需要多少 XPs(短语)。

A   sharp   bayonet   in   the   basket

basket 这个词是名词(N),所以我们有个名词短语(NP)。

sharp 是个形容词,所以我们有个形容词短语(AP)。

还有一个介词 in,所以我们有个介词短语(PP)。

最后,bayonet 是个名词,又给我们另一个名词短语(NP)。

这么多短语,它们会遵循什么样的等级秩序呢?回想一下我们在第四章中探讨的单成分单词。假如我们要用一个代词替换整个短语 a sharp bayonet in the basket,它会是什么呢?或许下面这个句子有助于我们找到答案:A sharp bayonet in the basket frightened the Chihuahua(篮子里的一把锋利的刺刀吓坏了那条吉娃娃狗)。然后它可以转换成 It frightened the

269

Chihuahua(它吓坏了那条吉娃娃狗)。我们在讨论的短语是个名词短语,因为它可以被代词 it 替代。这个名词短语的支撑点是什么?顶层名词短语的头是 bayonet。但是其他部分该放哪里?

在用短语树图代表整个短语之前,我们不妨考虑把这些词展开来,放在几个带括号的小组中,如:a [sharp] bayonet [in the basket]。这样,我们可以一目了然地看到形容词短语和介词短语都是由 bayonet 领头的名词短语的一部分。有三个部分和顶层的名词短语相连接。鉴于我们在每个节点最多只能有两个分叉,这些短语又该怎样安排呢?我们需要另外一种树图来完成这项任务:

这张 X 阶标图初看或许有些令人困惑,但它对于创造空间去挂上额外的短语很有用。这张图的意思是短语中的一个中间节点可以被拷贝在一个分支(即 $\overline{X}$)上,同时我们可以在另一分支上处理另外一个短语。记住,YP 就像我们前面涉及的 XPs 一样,它只是由不同于 XP 的另外一个词汇类别领头。这个短语的单行规则如下:* $\overline{X} \rightarrow \overline{X}$;YP。这个规则开头的星号(*)有个特殊的名字,叫**无限回归**。这个特性意味着,为扩展短语,这个单行规则可以视需要被多次重复。为了我们这个特定的名词短语,它允许我们同时照顾到介词短语、它的头(即 bayonet)和它的形容词短语,如下图所示:

这里,$\overline{N}$ 被多次重复,好让第一个分支和介词短语连接,第二个 $\overline{N}$ 和形容词短语以及整个名词短语的头相连接。注意,我们这里短语的头是最初在第四章讨论的词汇类别,这些词汇类别覆盖许多词。上面的短语树图也同样适用于 the dark cloud under the bridge(桥下的乌云)和 those broken bricks on the roof(屋顶上的那些碎砖块)这两个短语。

像 a glass of water 这样的短语,其中的第二个 NP(名词短语)没有限定词,我们该怎么办?

树图保持不变,但不是所有的空缺位置都被词条填满。在这个短语树

第七章
将零星碎片组成短语

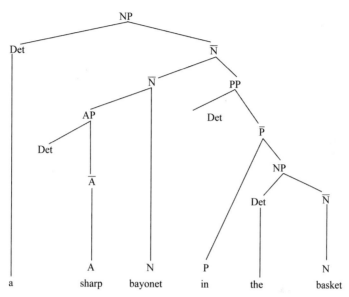

图中,介词短语中的限定词和第二个名词短语中的限定词都没有单词在这两个位置。在后面的章节中,在更加高级的句法分析中,你会被要求把没有填充的节点删去,但出于我们的目的,如果留着它们让你感觉更舒服一点,那么空的位置也无妨。

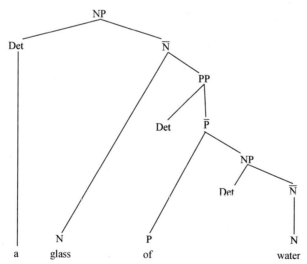

我们的三条规则需要重复一下,因为它们是我们在这一章和下一章构

■■ 语言入门

建短语时要用到的三条句法规则。这些规则是从短语树图的顶层到底部按顺序排列的,变量的位置也一并显示:

$$XP \rightarrow Det; \overline{X}$$
$$* \overline{X} \rightarrow \overline{X}; YP$$
$$\overline{X} \rightarrow X; YP$$

其中的一些规则是可选择的,意思是它们可用也可不用。

举个例子,在名词短语 my squid(我的鱿鱼)中,my 填充了限定词的位置,但在名词短语 I 中,限定词的位置没有任何词;因此,在短语树上没有必要画出来。假如所有可选的成分都用圆括号标出来,这些规则看上去就像下面这样:

$$XP \rightarrow (Det); \overline{X}$$
$$(* \overline{X} \rightarrow \overline{X}; YP)$$
$$\overline{X} \rightarrow X; (YP)$$

有几种不同的方法组织短语,但这三条规则展示了人类语言的重要特性。合在一起,它们能描述我们日常用的许多句子结构。以这些规则,你既能够展示我们的短语是如何扩展的,又能够体现这些短语如何得以一个嵌套在另一个里。树图上的线条告诉我们短语之间的关系。例如,在上文中的 a glass of water 的树图上,限定词这个节点是通过顶层的节点与短语的其他部分连接的,同时它修饰中间那个节点下面的整个单位,也就是 glass of water。在 under the mountain 那个介词短语中,介词 under 所在的节点统领整个名词短语 the mountain。即使这个名词短语扩展后包括形容词,如 the ancient, foreboding mountain(那座古老的、不祥的大山),介词 under 依然会支配整个名词短语。这种关系是一种意义的关系,通过连接的结构来传递。有了本书中我们使用的方法,短语树图允许那样的结构。如果我们用非等级制的方式画出单词之间的关系,你会得到如下的表述:

under—the—ancient—foreboding—mountain

第七章
将零星碎片组成短语

在这个线性表述中,介词 under 只会修饰限定词 the,而不是整个名词短语。这一扁平的结构对我们人类的语言不太行得通。人类语言的一个常见特征是我们可以用相似的短语互相替换。我们可以用这个特定的名词短语替代其他的短语,仍然得到描述性的语法短语,如 under my thumb(在我的支配下),under the ground(在地下),under her desk(在她的课桌下)和 under the bush(在灌木丛下)。这些名词短语每一个都能扩展开来,而 under 这个介词在每一个短语的等级制中都占支配地位。

在介词短语 under the ancient foreboding mountain 的树图上,每个形容词短语的限定词位置是空缺的,但是它们可以被诸如 very 和 really 这样的词填充。那些形容词短语可以像其他短语那样扩展,而同时仍然可以把自己置身于名词短语顶层节点的里面和下面。这是扩展和嵌套的本质所在。给介词短语限定词的位置也是空缺的,但它可以被像 only 或 deep 这样的单词填充。我们的 X 阶标树图通过等级制和组成要素阐明了单词之间的意义关系。名词短语 the ancient foreboding mountain 是介词 under 的组成要素。两个形容词短语 ancient 和 foreboding 都是名词短语 the mountain 的构成要素。这些语义关系更多地将在下一节讨论意义的模糊不清时用来区分

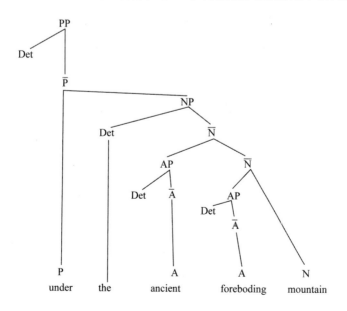

意义。研究单词之间和短语之间的关系将有助于你理解人类语言中句法的性质。

拓展知识：从介词到前缀

到罗马帝国终结的时候，拉丁语已是一门转型中的语言。它有介词，但传统上遵循主语—宾语—动词这样的语序。这种语序通常出现在带有后置词的语言中。罗曼诸语，如法语、西班牙语和意大利语，在其后来的形式中都将形成一种主语—动词—宾语的语序，而这一语序更典型的结构是和介词在一起。

英语继承了来自拉丁语的一些介词，尽管它们扮演了有别于最初在拉丁语中的角色。不妨看一下下面的英语单词：adjunct, advance, antecedent, antebellum, circumnavigate, circumlocution, contraceptive, contralateral, international, interact, postpone, postposition, transport, transponder。所有这些单词都以前缀开始，而这些前缀在拉丁语中曾是自由介词。比如 ad 表示"向着目的地的运动"；ante 代表"某物前的位置"；circum 和 contra 两者都是表示"周围"的介词；inter 也曾是个介词，表示"介于两者之间"；post 也是个介词，意思是"在后面"（丢脸的是它不是个后置词）；trans 涉及"跨过某物的运动"。英语曾有过机会把这些拉丁语介词借来作为自己的介词使用，不过功能词是封闭的词汇类别：新成员极少会被接纳。

在你阅读下一节之前，先花点时间给下列短语画出树图。就像你在第二章学习语音符号那样，通过自己画树图、斟酌等级层的组织、扩展和嵌套等各种选择，你学到短语是如何分层组织的。

下面的短语应该由 X 阶标规则通过短语树图来体现。像 those 和所有格的代词如 my 最好通过限定词的位置来处理，因为 * the those dunes(那些沙丘)或者 * the my shoes(我的鞋子)两者都不合语法。作为展开这些短语

第七章
将零星碎片组成短语

的第一步,算出每个短语中有几个头,例如:下面第一个短语有两个头。一旦你知道短语有多少个头,你就知道有多少个 XPs 需要画。请看下面的短语:

the large circles(那些大圈子)

a sunset on the horizon(地平线上的日落)

those worn Western dunes(那些饱经风霜的西部沙丘)

my gecko in the terrarium on the dresser(我那梳妆台上的饲养箱里的壁虎)

a scintillating musical at our local theater(一幕在我们当地剧场演出的妙趣横生的音乐喜剧)

对于那些有意尝试更大挑战的学生,不妨试试下面这个更长的名词短语:

the very young, really cute puppy only on the old newspaper in the new kitchen

(新厨房里的只在旧报纸上的那条很幼小的、真的很可爱的小狗)

如果画完了这些树图,你会发现,在一部分用的树结构在别的部分一再重复使用。这种可重复性是人类语言和其他生物系统里的一个极其有用的特性。你只要想想 DNA(脱氧核糖核酸)和它的一些基本的核苷酸构建配对(如 A&T;C&G)。从这些简单的配对组合中,所有生命得以繁衍生息。对于人类语言的语法,一些简单的组合就能生成无限数量的短语。

每个初学句法分析的人都会对它的抽象性留下深刻的印象,而句法分析如此远离我们实际听到和说出的短语更是令人难以置信。有些人嘲弄说:"我们的脑子里没有带这么多分枝的树,更没有随处伸出来的 X 阶标!"语言学家们也同意,我们的人脑里没有这些线条和变量的图画,但是在人脑中代表单词的材料确是分层组织的。本书中使用的线条和变量模拟大脑中的这种分层组织。

为了解释句法,即单词如何在这样的规则模式中结合起来,我们必须解释扩展和嵌套的特性。短语如何不断地扩展但仍然保留其原来的类别？短语又是如何把自己置身于别的短语中而继续保留着自己的身份，但此时已成为更大短语的一部分？答案是，在我们的心理语法中，我们随身携带一份组织计划，据此多个短语在层次结构中有序排列。本章展示的X阶标模板为描写这些特性提供了便利。

歧义与构成要素

认知革命：从白板到遗传学上预先包装好的程序

对人类心智的研究在20世纪50年代末和60年代经历了一次飞跃，这些变化传统上被称作"认知革命"。先前，心理学家和语言学家只是研究了人们的所作所为以做到尽可能的客观和科学。像乔治·米勒、诺姆·乔姆斯基、杰罗姆·布鲁纳和罗杰·布朗等学者开始研究人脑中的信息和语言模型。他们中没有一个是在探究超越科学的精神世界。他们当时在以大脑中的具体实例研究思维模型。

从20世纪60年代往后，认知科学的发展开始包括神经科学（把心智的模型和大脑中的模式连接起来）和计算机科学这些学科分支。在计算机科学的推动下，人、机语言交流的研究在新世纪有了长足的进展。银行机、呼叫中心，甚至是公共厕所都与客户交谈。一个语音控制功能（俗称Siri）成了苹果手机上的标配，它能将说话人的语音转换成文本来执行命令。这类计算机魔术所需的程序需要几十年的时间去开发，它们是从人类心智的模型中成长出来的。

史蒂文·平克在他的《白板》一书中认为，认知科学的一些特征包括这样的假设，那就是心智模式可以根植于物质世界，无限广泛的人类行为可以通过心理程序产生，以及人脑是由许多相互作用的成

第七章
将零星碎片组成短语

> 分构成的复杂系统。平克的主要观点是,人类生来就有一些知识,如语言知识,这些知识已经有了基因编码。换言之,人类不是生来就是白板——一个先前为许多西方学者所持有的信念。

既然你已亲自动手完成了一些短语树图,拓展了等级层以彰显扩展与嵌套的特性,现在该是面对结构性歧义这个概念的时候了。这是人类语言的一个基本特性,我们的短语树图应该有能力处理不同意义的组织。这里,我们只是涉及解决方案,在第八章我们将深入探究结构性歧义。

我们来考查一下 The deep blue pool was cold 这个句子中名词短语的歧义。为了不被逼疯,这个时候我们仅仅考查名词短语,毕竟这里才是歧义之所在。正如前面已经提到的,这个句子的意义是:要么水池是蓝色的且有相当的深度,要么水池的颜色是深蓝的。为了有信心解决这个问题,我们需要考查名词短语的构成要素。**结构成分性**(constituency)指由等级层上更高一级单位代表的一个单位的组织特性。就像一个立法机构的成员代表政治领域的选民,一个 XP 代表句法领域的构成要素。要考虑 deep blue pool 这个短语的两个不同的意义,就要考虑形容词构成要素的改变。在你继续往下学之前,试着勾画两幅不同的短语树图并以不同的意义给每一幅图贴上标签。(这个时候插入《危险境地》游戏的主题音乐。)如果你乐意,可以用方括号把组成要素分开:如[主语][和谓语分开]。

在第一棵树上(见下面两幅图中的第一幅),形容词 blue 由另一个形容词 deep 修饰。形容词 deep 的构成要素要求把它放在形容词 blue 的下方,这样整个短语修饰名词 pool。(如果你确实想进一步施展身手,大可把 deep 变成一个形容词而不是一个限定词来修饰 blue。构成要素的观点保持不变:deep 仍然在形容词短语 blue 里面。)

在第二棵树上(见下面两幅图中的第二幅),形容词 deep 在一个形容词短语里修饰 pool,而形容词 blue 在分开的一个形容词短语里修饰 pool。两个形容词都是这个名词短语的构成要素,但它们不是互为构成要素。构成要素很重要。换一种方式思考一下第二棵树,形容词在短语中的顺序可以颠倒过来(如 the blue deep pool),而树图的结构保持不变。

下面的两幅树图形象地展示了上述分析:

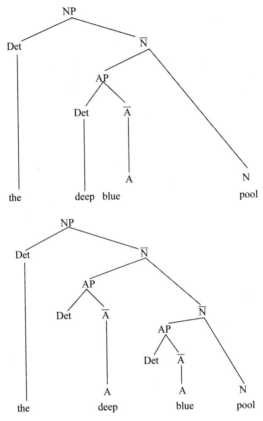

在第七章的其余部分和第八章的全部,我们将使用这个模板图。在第八章,我们将全套短语扩大到动词短语和屈折短语(句子)。同样的三条 X 阶标规则将会被反复用来探究短语是如何构建的。就像第二章和第三章有关语音的学习一样,要理解你所创造的所有语言的复杂关系,最佳的方法是练习其中的成分并作分析。在创建了(大致)十五幅树图后,你会觉得更容易讨论和说明人类语言的特性,尤其是等级层、组成要素、扩展、嵌套和歧义。

第七章
将零星碎片组成短语

英语和其他语言

在英语中,我们把像 in, on, at, under 和 between 这些词称作介词(pre-position)。考虑一下 pre-position 这个词的分解。position 这个词是有关某物的位置或场所,而介词的另一个专业术语是 locatives(方位格词),因为它们确定名词在时间和空间上的位置。英语是众多有这样的方位格词的语言之一。有些语言,如拉丁语,有介词,但同时也有一些通过后缀来标记处所位置的词,例如:*ad senatum ambulare*(缓步走向参议院),但是 *domus*(家)在表示"在家"这个概念时将变为 *domi*。因为这个后缀是加在名词上以标记与其他单词的语法关系,它将被视作一个格标记(见第四章)。当今的一些语言,如土耳其语也可以通过后缀来标记方位,例如:*okul*(学校)会采用 da 来构成 *okulda*,表示"在学校"。然而,土耳其语和其他许多语言都有自己的方位词作为自由词放在名词补语后。请看下面这行从《联合国人权宣言》的一小节中选取的以印地语写的文字及其翻译:[1]

गौरव और अधिकारों के मामले में

gaurav aur adhikāroṃ ke māmle meṃ

in dignity and rights

这些方位词不叫介词,而是被称作后置词。对于大多数英语使用者来说,这似乎有些奇怪,但每个人都应该明白带后置词的语言是多数。介词并不比后置词或者方位词后缀更管用。

这些后置词短语如何在我们一直使用的树图上组织起来呢?一个明显的问题是后置词短语的头需要放在名词短语的另一边。请注意,PP 能够覆盖介词短语和后置词短语。答案实际上颇为简单。在 X 阶标图中,尽管线条和空间是二维的,把它想作一辆汽车,可以前后自由移动。

除了短语头的位置,介词的树图和后置词的树图并无什么大的差别。注意,后置词中的限定词也可以转过来到后置词短语(PP)的后面。这个时候我们不妨看一个日语短语 *yuka ni*（在地板上）。日语是有后置词的语言，但是它的短语树图和英语的短语树图相似。

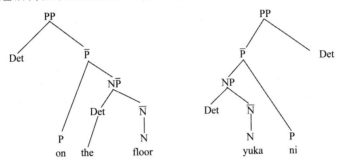

这一变化引发了一些重要的比较观点。当我们放眼观察人类语言的时候，我们注意到一些模式，而这些模式不可能只是偶然出现。其中的一些将在第八章作探讨，有一些就在这里讨论。一个基本观点是，人类语言似乎有受约束的模式。这些模式不是随机组织的。它们似乎遵循一些基本计划。就方位词而言，有后置词的语言之所以没有介词，并不只是因为它们互相之间有过接触。有介词的语言也不是因为它们互相借鉴了对方的模式，就像许多时尚选择那样。马克·贝克在《语言的原子》（Mark Baker, *The Atoms of Language*, 2001）一书中描写了尼日利亚的埃多语（Edo），其语序类似于英语。如果这一相似性出自两门语言之间的接触，没人会感到吃惊，毕竟有上百万说埃多语的人。但是埃多语和英语的语序模式已存在很长时间了，而两者的接触是近期的事情。是什么促成了不同的语言有相同的语序？我们能给出的最好答案是，人类开始的时候就有一套物种特定的基本计划来构建语言。这些基本计划制约着语言发展的方式。

这些基本计划会是怎样的呢？马克·贝克把这些生物计划描述成普遍语法。在第一章里我们曾讲到，普遍语法是建立心理语法的生物天赋。它是建立心理语法的其中一种方法。另有一种方法被称为浮现法，其他与生俱来的特性据此合力创建心理语法。想想这些特性，比如我们认出模式的愿望，像在云中找出图案或在烤面包上找出宗教人物，以及我们对周围的一切进行分类的能力。正如威廉·奥格雷迪（William O'Grady, 2010）描述

第七章
将零星碎片组成短语

的那样，我们在人类语言中能够找到的相似和差异源于我们大脑工作的方式和孩提时代获取的词汇。

不管是用哪种方法，人类语言中确有模式，认出这些模式以便于理解短语的性质很重要。人类如何获取这些模式或者他们在日常生活中如何生成这些模式无法在本书中得以充分的探究，但这是令人着迷的一组问题。本书提供的故事版本遵循普遍语法的一个简化了的模型，以便于介绍短语的模式。

就我们这个故事而言，一门语言的心理语法是人脑吸收和产出语言的机制。普遍语法本身不是任何语言的心理语法，就像蓝图不能作为避难所一样。普遍语法是我们孩提时代获取语言的一组基因指令。普遍语法最有可能包含构建词汇的指令，并以任意性为其基本宗旨，还有学习音系规则的模块与注意词素组词和构建短语时的顺序所用的模块。伴随着这么多传统上被称作**原则**的要求，普遍语法或许包含着给孩子习得语言的设计选择。

有了这么多设计选择，我们来看一下这个比喻：在美国许多新建房地产开发区，售房一方给了购房者一套设计方案（如三层三卫的房子）和一些选择（如大理石或福米卡塑料贴面板柜面；木地板或瓷砖地面）。这些选择是受限制的选择：你不能选择任何其他种类的地板材料，只能是木地板或瓷砖。有一种想象语言习得程序的方法是把正在习得语言的孩子看作只有受限的语言结构选项可以挑选。方位词的有限选项可能是头先来或头在最后。要么是方位词在名词短语前面，要么是在它的后面。这一特定的选项被称作**头状态参数**。像这样的参数被假设为普遍语法的一部分。在表示位置的短语中，短语的头、方位格词可以在先，也可在后。这一非此即彼的特性被称作**参数**，因为它运作起来似乎很像一个拨动开关。对于习得语言的孩子，这个开关可以处在两个位置中的任一个。

与引力不同，头状态参数不是一个绝对定律，而是一个有强力导向的制约。马克·贝克在《语言的原子》一书中研究了语言中参数假设的动机。这些模式成群结队的样子出乎意料之外（尤其是在和第八章中的动词短语和句子的模式匹配的时候）。普遍语法的生物天赋也帮助我们解释为什么

语言入门

如此互不关联的语言居然有如此相似的语法模式。日语和印地语都有后置词，但两者在历史上并没有什么广泛的语言接触。很显然，在比较了两门语言之后，我们发现它们的语法模式并不是因为接触而突然冒出来，也不需要社会联系。换言之，后置词并没有像流感那样扩散开来。

同样的头导向特性对于有限定词和名词的语言也成立。这里，我必须承认对我们的名词短语耍了点花招。如果你注意的话，头状态参数既可以让头在最前或在最后，然后后置词短语中的 P 转过身来。在名词短语（NP）中，限定词处在像英语这样的语言的前面，但处在像有着 30 万使用者的坦桑尼亚马卡米语（班图语的一种）这样的语言后面（例如，*bhandu bhalyá bhákwa*，"people those mine"或"those people of mine"）。[2]这些名词短语似乎和头状态原则相反。这个问题如何解决？在句法研究中，有一种很常见的做法，即把像 the octopus（这条章鱼）这样的组合视为限定词短语（DP），而不是名词短语。以这样的布局，短语的头（即限定词 D）就出现在像英语这样也有介词的语言的前面，但出现在像拉科塔语这样也有后置词的语言的后面。拉科塔语是北美印第安苏人的语言。在下面这个拉科塔语句子中，表示 blanket（毯子）的名词有个限定词，同时指示代词表示与该物的近距离：

    Šiná   kiŋ lé   mitȟáwa.[3]
    blanket the this （is）mine.
    This blanket is mine.
    （这条毯子是我的。）

这一语序差异也适用于拉科塔语的形容词，如：

    mní   šmá
    water deep
    （水   深）

还适用于形容词和限定词的组合：

Šúŋka ská kiŋ
dog white the
(狗   白色的 那)

甚至还有后置词的构造：

Šúŋka ská kiŋ ohlate
dog white the under
(狗   白色的 那 在...下面)

拉科塔语和日语不是通过互相接触而发展它们的现代结构。埃多语和英语也一样。说这些语言的人遵循受限制的选择来决定把短语的头放在何处。一旦短语的头是放在最前面还是最后面定下来后，其他选项如方位格词、限定词短语和形容词就会各得其所。

穿越时空的变异：从更加综合型向更加分析型转变

与它们在古英语(450—1100年)中的同类相比，形容词、名词和动词在现代英语各变体中的面貌大不一样。在古英语时代，这类词"穿金戴银"，装饰更多。那个时候它们所做的工作要求它们比现代英语更加频繁地带上后缀。考虑一下下面这两句编造出来的现代和古代英语句子：

The good kings slew the wolf with their swords when he had bitten them.

Ta gode cyning<u>as</u> ?one wulf slogon mid heorra sweord<u>um</u>, ta he heom biten hafde.

带下划线的后缀-as被削减成现代英语中的复数后缀-s，而另个一带下划线的表示它的名词为复数宾语的后缀-um在现代英语中完全消失了。英语语言中最大的变化之一是形态和句法两者的重要性的更替。在过去的1500年中，英语使用者在构建句子的意义的过程中更多地仰仗句法，使得词素在其中的作用越发无足轻重。这一变化既不是某个委员会授意的,也不是投票表决的结果。人们在日常生活中创造的变更促成了接二连三的语言变化。所有这些变更和变化把英语从一门更加综合型的语言转向更加分析型的语言。这一小节涉及这些变化中的最重要部分。

第一步:失去我们的屈折

迈向分析型语言的第一步既没有影响单词,也没有干扰短语的组成。第一步是英语语音系统的变化。在英语成为英语之前,也就是回到公元450年前,当时的英语还只是一组日耳曼方言的集合,单词的主重音落在最后一个音节上,于是在一个由 CVCV 组合的单词中,重音将落在最后的元音上。在这些日耳曼方言中,屈折的、起语法作用的词素大都是后缀,而单词的重音正好帮助了那些后缀留在其位置上。例如,像 bātas(船)和 bātum(向着船)这样的单词是通过它们的后缀加以区别的:第一个词是复数的主语/宾语,第二个词是间接宾语。然而,在入侵的盎格鲁人、撒克逊人和朱特人完全立足之前,重音的潮水已经开始发生变化。第一个音节成了主重音的落脚点,以至于像 axes 这个单词,其重音落在 ax 而不是表示复数的后缀 es 上。后缀变得不那么重要,有些后缀干脆就被掩埋在它们所在的单词中,例如:ugly 在当时是个词干+后缀,这个后缀于 1325 年从古斯堪的纳维亚语中的 ugglig-r(令人恐惧的或令人生畏的)借来,但在今天 ugly 是个单词素词。大多数其他后缀都消失了。

正如第三章讨论过,英语中最常见的规则之一是 schwa 规则。这个规则把非重读的元音变成 schwa,也就是[ə]这个元音。随着所有的后缀都变成非重读音,它们以前独特的元音变得难以区分。现代英语中表示所有格('s)、复数(-s)和动词第三人称单数概念(-s)的屈折后缀原来都有不同的形式,但这些形式是通过元音来区分的。例如,古英语中表示"船"的形式是 bātes,但表示"复数的船"这个概念的形式是 bātas。只有最后的元音区分了那两个单词。当所有的元音都变为非重读元音[ə],这些后缀就变得难以区分了。

第七章
将零星碎片组成短语

许多后缀本身仅仅是个元音，在它们变成非重读的元音[ə]之后，它们中的许多被删除了。随着对这个 schwa 音[ə]的反复不定的删除持续数个世纪，这些后缀的拼写形式最终落入沉默的 e 的范畴。今天，几乎所有的沉默的 e 都出自这个 schwa 音删除的过程。请看以下配对的单词：

名词	动词（带先前发音的动词后缀）
teeth	teethe
breath	breathe
gift	give
cloth	clothe

这些动词形式末尾的元音过去不是沉默的。例如，give 这个动词在失去最后的 schwa 音之前听起来有点像[givə]。它们经历了漫长的沉默化过程，尽管到 1500 年的时候它们大都寂静无声了。

对短语的影响

随着屈折后缀从名词、形容词和动词中缓慢地掉落，人们不得不作调整。不知道一个名词是阴性还是阳性是一回事，不知道它是主语还是宾语就完全是另一回事了。后缀的损失意味着英语使用者不得不（无意识地）从语言系统的其他部分来弥补不足。句法成为答案。结果是，在现代英语中，The diver slapped the squid（潜水员扇了鱿鱼）和 The squid slapped the diver（鱿鱼拍打了潜水员）这两句表达两个不同的意思，因为语序帮助确定了意义。

句法弥补不足的一个方法是通过介词。介词在最初的古英语阶段就有了，但随着岁月的推移它们变得越来越重要。在下面的短语中，请考虑一下是什么词素在标记所有格的概念：

The reader's perspective

The perspective of the reader

在第一个短语中，屈折的后缀在标记所有关系。在第二个短语中，是自由词素 of 在标记所有关系。以前,英语的语法功能常常是通过黏附词素来完成的。随着后缀格用于标记古英语的名词,对用介词来显示词与词之间关系的需求就减少了。但随着后缀的逐渐消失,对介词的需求变得越发紧迫。我们来看看这两个短语是如何通过树图体现出来的:

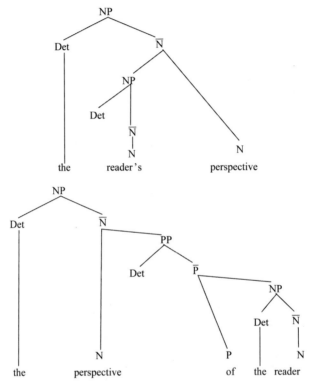

在上面两个名词短语中,perspective 和 reader 的意义关系维持不变。不过,第二个短语的树图更加复杂。它包含一个体现 perspective 和 reader 之间关系的介词短语。而第一个短语中单单一个后缀就解决了这个问题。第一个短语是一个让人想起古英语构造的现代英语例子,它用的是一个出自古英语时代的后缀。第二个带有介词 of 的短语是更加现代化的构造,而这样的构造从中古英语以来一直处于上升的趋势。

当我们放眼望去,现代英语词素中只有九个屈折词素,但却有数以百计的派生词素。那九个都是过去以词素标记语法功能遗留下来的词素。余下的事情都得由句法安排下的自由词素来完成。

当今的变异

对于同一语言的方言,句法是变化最小的领域,其原因可能与我们的演化历史有关。语言的基本组成部分是语音形式和意义(包括指示意义和社会意义)。我们最好的猜测是,我们的先祖制造了声音来表达意义。形式和意义的部分进入更大单位的顺序似乎是人类进化中的次要发展。这一发展给了我们人类在传递复杂的信息字符串时一个明显的优势。

句法确实发生变化的一个领域也是一个吸引不少规范性关注的领域:那就是介词留在句尾自由摆动的问题。对自由介词的忧虑来自早些时候对拉丁语的妒忌。从大约17世纪开始,作家们越来越关注英语相对于其他语言的社会地位。在这一比较中,有一门语言可谓鹤立鸡群,那就是拉丁语。这一古典的语言已没有土生土长的使用者,因此可以被视为死语言,但是大学里的师生却每天都在用它。拉丁语的直接后裔,如西班牙语、意大利语和法语,都有许多使用者,这些语言都有强大的学院给它们设立了正式的规则。

最重要的是,所有学术界的人都把拉丁语作为第二或第三语言来学习。科学和其他领域的所有重要工作都通过拉丁语完成。因此,人们有一个基本的想法,能被接受的工作不可能通过其他语言来完成。拉丁语可没有把它的介词悬挂在短语的尾部。那些关注英语地位的人很想改善它在世界上的待遇。他们想,把英语变得更像拉丁语将有助于提高英语的地位。英语作家开始追随拉丁语的领导,为未来作家开出了处方单,那就是,他们应该仿效拉丁语的模式,避免在短语尾部用介词。

介词以几个方式经历了变化。你还记得介词是哪一类词素吗?它们当然是自由词素,但它们是功能词素还是实义词素?因为它们的工作主要是把其他部分连接起来,它们是功能词素。第四章中的一个例子要求读者数出有几个字母F,几乎每个人都跳过了介词(如of),而不是实义词如feed或

beef。在一些英语的变体中，介词会与别的变体中的用法大不相同，如：当你问对方是否肚子疼的时候，你是说"Do you feel sick *to*, *at*, or *on* your stomach?"到底用哪一个介词呢？不管人们用哪个介词，意思都是一样的。介词的作用是连接 stomach 和 sick。像这样的短语，尤其是在作为整体单位的习语中，用哪一个介词并不重要。

密歇根州的上半岛(及其周边地区)使用的英语中有另一种类型的介词变化。凯瑟琳·莱姆林格和威尔·雷克能两人都发现，某些短语中的介词是完全可有可无的。上半岛地区来的人被称为 Yoopers(上半岛人)，而这些人的介词在诸如 Let's go mall(让我们去购物中心吧)或者 I'm going casino tonight(今晚我要去赌场)这样的句子中是可有可无的。这一模式或许来自芬兰语，而芬兰语有后置词，在这些情况下不需要它们。芬兰语在上半岛地区的定居过程中曾是有影响力的语言。第二语言的习得是个颠来倒去、十分复杂的过程，但有的时候，来自一门语言变体中的语言模式会转移到另外一门语言中去。

这是更大范围内美国英语变体和英国英语变体之间的变异的一部分，正如我们在第四章中所讨论的。想一想美国英语的说法：She went to college(她上大学了)和 She wen to the university(她上大学了)。在英国，同样意思的构造就不同：She went to the college 和 She went to university。类似的变化也见于像 going to town 和 going to the town(上城里去)这样的短语中。在美国的一些颇受德国移民影响的地区，如宾西法尼亚州的费城，句尾用介词 with 是司空见惯的事。比如，说话人会说，"Do you want to go with?"或者"Do you want to come with?"

本 章 总 结

在这一章，我们聚焦了短语的结构组织。人类语言的结构最好被理解为由互不关联的部分构成的组合系统创建的层次结构。本章中的短语通常都比较小，尽管我们探究的性能之一是这些短语具有无限扩展的潜力。对于名词短语(NP)、形容词短语(AP)和介词短语(PP),它们每一个都有一个短语的头,连同一个或更多的附加语。层级组织短语头及其附加语的图来自 X 阶标模板,语言学家们运用这一模板来帮助他们弄明白并比较世界上各种语言的句法结构。对于名词短语、形容词短语和介词短语,它们每个都有一个头(即一个名词、形容词或介词)通过中间节点(即 $\overline{N}, \overline{A}, \overline{P}$)与短语节点相连。我们首先探讨了短语怎么会长成如此之大,我们称之为扩展的特性。答案是中间节点的运用使得短语通过无限回归的规则得以潜在地无限制地扩展。其次,我们探讨了短语何以如此整齐地一个放在另一个里,我们称之为嵌套的特性。答案是中间节点在短语内部提供了连接,这样其他短语能够生成,就像树上长出的萌芽枝。短语树是受限制的,最多只能分叉长出两根树枝。这些分支的排序和头及附加语的安排通过多门语言得以说明,目的是显示通用语法的组织参数。

主 要 概 念

- 形容词短语
- 歧义
- 二分叉
- 结构成分性
- 碰撞开花
- 扩展
- 短语头
- 头状态参数
- 无限回归

- 方位格词
- 嵌套
- 名词短语
- 解析
- 介词短语
- 原则
- 结构性歧义
- 动词短语

注 释

1. http://www.ohchr.org/EN/UDHR/Pages/Language.aspx? LangID= hnd and ht-

tp://en.wikipedia.org/wiki/Hindi_language#Sample_text.

2. SOAS Working Papers in Linguistics Vol. 15（2007）：135-148. "The Structure of the Bantu Noun Phrase" Josephat M. Rugemalira.

3. http://lakotadictionary.org/phpBB3/index.php.

参 考 文 献

Baker, Mark C. (2001) *Atoms of Language*. London：Basic Books.

http://en.wikipedia.org/wike/Hindi_language#Sample_text.

http://lakotadictionary.org/phpBB3/index.php.

http://www.ohchr.org/EN/UDHR/Pages/Language.aspx? LangID-hnd.

O'Grady, W. and MacWhinney, B. (forthcoming) *Handbook of Language Emergence*. Boston：Wiley.

Pinker, S. (2003) *The Blank Slate：The Modern Denial of Human Nature*. Penguin Books; reprint edition.

Rugemalira, J. M. (2007) "The structure of the Bantu Noun Phrase." *SOAS Working Papers in Linguistics* 15：135-148.

延 伸 阅 读

The Atoms of Language. Mark C. Baker. 2001. Basic Books.

贝克通过语言变化探究了人类语言的本质。为此,他研究了乔姆斯基的思想,特别是乔氏的原则与参数的观点。在注意到差别的同时,贝克展示了像纳瓦霍语和日语这样的语言具有相同的句法成分,而且按照相同的规则排序。在研究人类语言的一些基本结构和规则的同时,贝克详细介绍了我们的语言如何共享相同的特性。

Syntax：A Generative Introduction. Andrew Carnie. 2012. Wiley Blackwell.

卡尼以直截了当的语言对句法分析作了详尽的介绍。大多数学生发现对句法的讨论过分抽象,但是卡尼通过大量的例子和练习开发了直接分析的方法。本书的第三版保留了前两版大部分高质量的素材,并提供了新的材料用于不同的语法分析。本教材还附有练习册。

第七章
将零星碎片组成短语

Emergentism. *The Cambridge Encyclopedia of the Language Sciences*, edited by Patrick Hogan (pp. 274-76). 2010. Cambridge, UK: Cambridge University Press.

这篇短文是了解语言发展的很好的第一步,它告诉了我们一些语言如何从更一般的(也是必要的)认知过程发展而来的想法。它是通向有关语言是如何工作的庞大文献的大门。本文也是对乔姆斯基的普遍语法的另一种选择。

Foundations of Language: Brain, Meaning, Grammar, Evolution. Ray Jackendoff. 2002. Oxford University Press.

本书为心理语法的语言学研究提供了一个绝妙的视角。对于语法研究的新手,这是一本很容易入门的书,为深入理解人类的心智贡献了真知灼见。

练 习

个人练习

运用三条 X 阶标规则画这些练习中的树图:

规则 1　XP→Det;$\overline{X}$

规则 2　*$\overline{X}$→$\overline{X}$;YP

规则 3　$\overline{X}$→X;YP

记住,这些规则中的有些成分是可有可无的。可以选择的成分用圆括号标出。

规则 1　XP→(Det);$\overline{X}$

规则 2　(*$\overline{X}$→$\overline{X}$;YP)

规则 3　$\overline{X}$→X;(YP)

注意,整个第二条规则是可有可无的。你或许会碰到这样的短语:a squid(一条鱿鱼),在这个短语中第一和第三条规则就可以解释其中所有的单词关系。然而,在 a brown squid in the water(水中的一条褐色的鱿鱼)这个短语中,第二条规则就需要派上用场了,因为二分叉原则要求你选择所有的成分:brown, squid 和 in the water。你无法把三个成分同时连上,因为

语言入门

二分叉原则不允许你这么做,所以其中的一个必须先连上,然后再连接另外两个成分。解决此问题的办法是通过第二条规则。

给下列每个短语画出树图。在画的时候,你需要显示短语的层级和每个节点上的成分,包括单词上方的终结。作为一个例子,我们不妨捡起这个短语:those pesky dragons on her roof(她屋顶上的那几条恼人的龙)。

画一幅树图有几个步骤,如果你按部就班,这些步骤会助你一臂之力。随机抓住一个步骤不会让你更省心。另外,不要急,每走一步都停顿一下。

第一步,把你的纸横过来放,以便给你尽可能多的空间;在过分狭小的空间画图让你很难看清所有的连接。

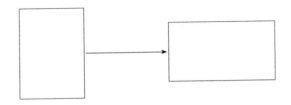

第二步,把单词横着平放在纸张的下方。在你试图搞清楚所有单词成分之间的关系时,如果你把单词像旋转木马似的忽高忽低地摆放,只会让你感到困惑。

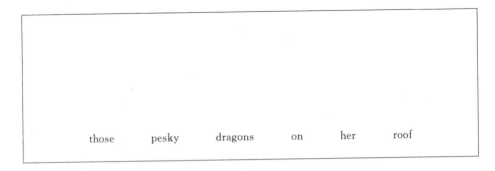

第三步,辨别短语的头:在这个短语中,有形容词 pesky、名词 dragons、介词 on 和名词 roof。注意,单词 her 在这个短语中作为限定词,而不是名词。因为英语的历史缘故,表示所有格形式的 her 和表示宾格形式的 her 碰

第七章
将零星碎片组成短语

巧是一样的。

```
            A         N         P         N
those     pesky    dragons     on        her       roof
```

第四步,画出顶层的节点,并遵照第一条规则标出成分之间的关系。

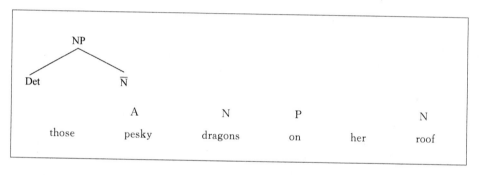

第五步,从这个点往后,把每个节点当作你爬过的山丘。在你到达顶峰以前,你无法看到山丘以外的东西。但现在既然已经到了山顶,你必须决定下一步要关心的成分。从你所站的位置,你能看到几个节点?如果有超过两个的节点,你得用第二条规则,拷贝中间节点以留出足够的空间。对于 those pesky dragons on her roof 这个短语,NP 之后的第一个节点是 N̄,从那个节点往后是个形容词短语,再往后是个介词短语,再往后是短语的头,一切就这样尽收眼底了。因此,你必须拷贝 N̄ 来处理介词短语。

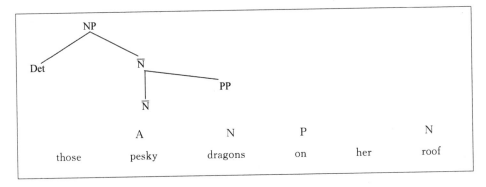

第六步,继续按照规则1,或许2,还有3,直到你到达每个短语的头,然后把每个单词和树上的位置连起来。

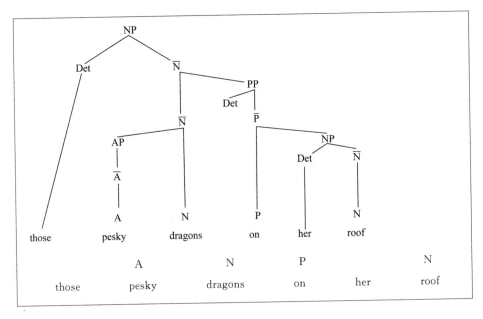

记住给每个节点贴上标签。

接下来给下列短语画树图:

1. a squid(一条鱿鱼)
2. a brown squid(一条褐色的鱿鱼)
3. the water(这水)

第七章
将零星碎片组成短语

4. in the water（在水里）

5. a brown squid in the water（一条在水里的褐色鱿鱼）

哪些成分在每棵树上被重复了？第五棵树和前面四棵有何不同？

现在来给下列每个短语画树图，注意哪条规则最常用到：

6. a camouflaged squid in the body of water（在这片水域里的一条伪装的鱿鱼）

7. the thirteen bodies（这十三具尸体）

8. the thirteen bodies of water（那十三片水域）

9. a reckless young man（一个鲁莽的年轻人）

10. a ridiculously reckless, really young man（一个鲁莽得可笑的真的很年轻的男人）

11. on the frozen hill（在冰冻的山上）

12. in the well on the very frozen hill（在很冰冻的山上的井里）

13. the buzz of mosquitoes in our ears（我们耳朵里的蚊子的嗡嗡声）

14. the broken clock on the mantle（壁炉架上的那只破钟）

15. the tortured look on her face（她脸上的痛苦的表情）

小组练习

和小组成员一起，划分下列短语：

1. 对这些句子，把主语和谓语分开：

   a. The house collapsed.

   b. I want the house to collapse.

   c. I would have wanted the house to collapse.

   d. That flame wavered under the moth's wings.

   e. Their car was engulfed by the flames.

   f. The old car I bought last Tuesday was driven off the cliff by the valet.

2. 接下来，对 a—h 的短语，辨别所有的名词短语、介词短语和形容词短语并给它们贴上标签。

   a. a chair

   b. on the porch

   c. his bike on the edge of the trail

   d. really dirty

   e. his very dirty jeans

   f. their really dirty jeans in the basket

   g. in the pot on the porch

   h. in the chipped pot under the antique bed

3. 把第二个练习中的每个短语放在方括号内并逐一贴上标签，如 the dog→[NP[Det the][$\overline{\text{N}}$[N dog]]]，把限定词[Det]用一组方括号标注，还有中间节点[intermediate node]，以及中间节点里面的短语头[head of phrase]。需要记住的一点是，当你写了左边的方括号之后，你在右手边过几个字后也得写上方括号的收括号。对每项分析，你应该能数到偶数个括号。如果你是通过在电脑上打字做这项练习，也许得用 N' 代替 $\overline{\text{N}}$。

4. 作为小组，请给练习 2 中的短语画出代表层级和组成部分的 X 阶标树图。给所有节点贴上标签。

学 习 问 题

1. 什么是名词短语？
2. 名词短语如何有别于形容词短语或介词短语？
3. 一个短语能有多长？用来描述无限增加一个短语的术语是什么？
4. 短语的语法安排中是什么允许扩展发生？
5. 什么是二分叉？它如何影响短语树？
6. X 阶标模型代表什么？
7. 什么是变量？

8. 什么是全体组成部分？

9. 什么是方位格词？

10. 介词和后置词的区别是什么？

11. 什么是普遍语法？

12. 什么是心理语法？

13. 为何介词在古英语中不那么重要？为何它们现在变得更加重要了？

14. 介词是什么类别的词素？

15. 与古英语相比，现代英语是更加侧重于分析型的，还是综合型的？

16. 现代英语中许多沉默的 E 是从何而来？

要了解与本章有关的更多资源，请登录本书的配套网站：http://www.wiley.com/go/hazen/introlanguage。

第八章　构建更大的短语

本章概览

本章概述
意义和歧义：第一部分
动词短语和传统成分
　　动词短语的结构
　　画树图的一些暗示
　　双宾语动词短语
屈折短语的动机
屈折短语的结构
构建屈折短语
意义和歧义：第二部分
不同类别短语中的组成成分
英语和其他语言
当今的变异
　　主语—动词的一致
　　动词 need
本章总结
主要概念
参考文献
延伸阅读
练习

第八章
构建更大的短语

- 个人练习
- 小组练习
- 学习问题

本章概述

句法是心理语法中安排单词的那部分,形态则是安排词素的那部分。英语是这样一门语言:它的句法比形态更加卖力。在我们的日常会话中,我们仰仗句法,通过将单词挤进短语后把意思传递给对方。其他语言更多地依赖形态。在上一章中,我们通过层级模板探究了名词短语、形容词短语和介词短语的构建。不过,如你所知,我们并不只是以短语说话。我们把短语放进句子,这些句子合力创造了对话、指令、剧本和文学。在这一章,我们探究句子和它的核心,即动词短语。我们考察由动词控制的更大的短语和句子的屈折变化。为了能理解这些构造,我们将回顾动词的特性,包括它的及物性。句子中成分的安排让我们能够考虑所有人类语言中相似的模式以及普遍语法在指导语言结构中扮演的角色。

意义和歧义:第一部分

什么样的意义出现在 1—3 这些简单的句子中？句中的单词没有移动,但是每一句起码有两个意义,第四句更是起码有四个意义。你是否能想出这些不同的意义是什么？

短语中的意义模糊不清:

1. One morning, I shot an elephant in my pajamas.
 （他如何进入我的睡衣,我不得而知。）

2. We need more intelligent leaders.

3. Nature bats last.
4. Umberto turned on the TV {a four-way fun fest!}.

上述第一句是电影《动物饼干》中的一句话,出自20世纪著名的喜剧演员格劳乔·马克斯。这句话妙在它的第一部分是在正常的预期下开始的:人们可以开枪射击东西,(不幸的是)大象是可以被射击的。到了该句的第二部分,读者不得不回看,并以一种意想不到的方式重新解读第一部分。我们的第一想法是开枪者身着睡衣,但看了第二行,我们不得不改变先前的解读,认为是大象穿着睡衣。

在第二句中,我们的理解,要么是我们需要更多有一定智商水准的领导者,要么是我们需要智商更高的领导者。第二句的关键在于:修饰词more发挥什么样的作用?

第三句来自我在西弗吉尼亚州的摩根城看到的一张汽车保险杠上的贴纸。这句话太美了!在第一种解读中,大自然将在最后轮到击球(想想棒球吧)。这句话隐含的意思类似于:"不管人类如何糟蹋这个地球,大自然将最后轮到击球,环境清算的日子即将到来。"对第三句的另外一种解读是,某种纯天然的球棒,经久耐用,似乎永不会磨损。这一解释带来的巧妙的花招是,bat这个词是一个词汇类别上模棱两可的词,因此它可以是个名词(指代飞行的哺乳动物或棒球棒),或者是个动词。

第四句,犹如第三句,是多重歧义。它既是词汇上有歧义,又是结构上有歧义。记住,就所有词汇上的歧义而言,单词的形式保持不变,但是有两个单词的形式是一样的。例如,The bank collapsed可以指一家金融机构倒闭了,也可以指一条河决堤了,不管是哪个意义,其形式完全相同。表示金融机构的bank和表示河岸的bank都是名词。相比之下,结构上有歧义的短语,根据其定义,确实有不同的树图。它们有不同的层级组织,因此其单位有不同的组成部分。

在Umberto turned on the TV这句中,词汇上和结构上的歧义都出现了。在这句特定的句子中,词汇上的歧义依赖结构上的歧义:只有在某些树结构上某些意义才有可能。从中你能找出什么不同的意义呢?或许最平

第八章
构建更大的短语

凡和常见的解释是翁贝托激活了电视，让它亮了起来，弹出了一个频道和电视节目。另外一个意思是翁贝托站在电视机上转了起来。当然，这是一件不太会发生的事情，但是从 turn on the TV（在电视机上转）这几个词看，这样的解读也是可能的。另外两个意义和动词 turn on 的词汇意义的模糊不清相关联。当然，这个动词也可以指"性冲动"。一个人如何使一台电视机产生性冲动这就不是我能理解的了。"背叛"这个意思也是对 turn on 的一种可能的解释，翁贝托或许能背叛这台电视机，把它卖给一家零部件商店或者送给一家慈善二手店。动词 turn on 的最后一个可能的意思是"还击"。在这么多年饱受糟糕的喜剧和劣质广告之苦后，翁贝托或许已经受够了，因此决定把这台电视机砸个稀巴烂。毫无疑问，许多电视机罪有应得。随着这一章的推进和我们的探索进入动词短语的句法结构以及最后到达句子，我们会回到这四个句子在结构性歧义上的差别，以便于绘制出它们的层级安排和阐明它们的差别。

文字游戏：碰撞开花（2）

如第七章所述，新闻标题提供了结构性歧义的绝好例子。这些标题的惯例是安排那些一部分堆在另一部分上的类似海狸坝的短语。这些被语言日志中那些无所畏惧的学者戏称为"碰撞开花"的短语是只有在体裁惯例的高度压力下才能实现的语言现象。其幽默源于虚幻的情境和意义的波动。幽默是基于期望和实际体验之间的对比。当我们落入像 squad helps dog bite victim（警车帮助狗咬受害者）这样的陷阱时，我们会有一个小小的停顿。此时，你的句法知识在努力帮助你分析 bite 这个词是动词，还是与 dog 在一起的复合形容词的一部分。读第一遍的时候，大部分读者会被诱导着把 bite 解释为一个动词，但这一解读迫使出现一种意想不到的意义。这样的对比创造了（潜在的）幽默。

语言入门

在下面的标题中，词汇的集合可以被解释为某种短语，但它们也可以与其他层次的安排一起解释。哪些安排与哪些意义联系在一起？标题下面附有语言日志的解释的网址（其中也包括与原始故事的链接）。

"Dog helps lightning strike Redruth mayor"
http://languagelog.ldc.upenn.edu/nll/?p=3531

"Flood damage dwarfs repair budget"
http://languagelog.ldc.upenn.edu/nll/?p=3433

"Qaddafi Forces Bear Down on Historic Town as Rebels Flee"
http://languagelog.ldc.upenn.edu/nll/?p=3022

"Hooker Overcomes Illness, Slaps Beaver"
http://languagelog.ldc.upenn.edu/nll/?p=2935

"Ghost Fishing Lobster Traps Target of Study"
http://languagelog.ldc.upenn.edu/nll/?p=2509

"May axes Labour police beat pledge"
http://languagelog.ldc.upenn.edu/nll/?p=2416

"Missing women police find remains"
http://languagelog.ldc.upenn.edu/nll/?p=2359

动词短语和传统成分

句子的传统成分是主语和谓语。一个常见的陈述句如 The giant ate the kielbasa(巨人吃了烟熏红肠)有两个部分：主语和谓语。主语是 the giant，谓语是 ate the kielbasa。主语可以极短，如在 I dance every weekend(我每周末都跳舞)中，主语是单个词 I(只有一个词素和一个元音)。谓语也可最大限度地简短，如在 The defending champs flopped(卫冕冠军彻底失败了)中，谓语 flopped(彻底失败了)只是以过去时屈折形式出现的单个动词。

主语和谓语当然可以更长。下面这句中的主语是什么？Last year's defending champs who I bet would win the Super Bowl flopped(我打赌会赢得超级碗的上届卫冕冠军彻底失败了)。在这句中，flopped 这个词前面都是主语部分。这个主语里不是所有的东西都是某类短语。其中有形容词、名词甚至有经变位后与这个大名词短语相连的动词，但是所有这些都属于主语部分。我们会用主语和谓语这两个术语，但我们不会画主语图或者谓语图。创造这两个术语从来都不是为了用来代表层级组织或全部组成成分，但在辨别更大的句子中的单位时这两个术语被证明是有用的。

动词短语是可以用 X 阶标模板描述的单位，就像名词短语、介词短语和形容词短语一样。从动词树上延伸出去的单位更为广泛，但动词本身控制着这些单位的安排。像 put(放置)这样的双宾语动词，我们需要留出一个位置给被放置的东西以及一个位置给放这个东西的地点，如：The cook puts the pot on the rack(厨师把锅放在架子上)。像 snore(打呼噜)这样的非及物动词没有宾语，尽管非及物动词后面可以跟单词，如：The tired clown was still able to snore after he was put on the edge of the ship(在被放在船的边缘后，疲惫的小丑还能打呼噜)。这句有一个介词短语，详细叙述 snore 发生的时间和地点。但是，snore 这个动词本身不需要这些信息来完成其意义。

动词短语的结构

为评估动词短语的结构，让我们先来评估一个简单得不能再简单的构造，即在句子 I yawn(我打哈欠)中的动词短语。这里没有什么复杂性可言，所以让我们加上一个副词，于是有了 I quietly yawn(我悄悄地打哈欠)这么一句，其动词短语如下图所示：

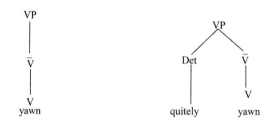

正如我们在上一节的那句 The tired clown was still able to snore after he was put on the edge of the ship 中看到的,即使在这样的不及物动词后还有额外的素材,X 阶标的分叉能力仍然可以允许更多的空间。我们来看 I quietly yawn during a movie(看电影期间我悄悄地打哈欠)这一句。其动词短语树图如下:

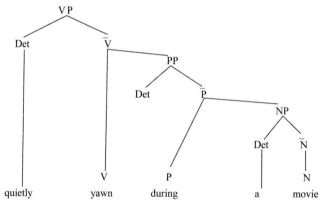

动词 yawn 和以前一样,树图的结构对动词的状态也保持不变。唯一的区别是一个额外的短语 during a movie 被连到中间节点 V̄ 上。接下来,那个介词短语以期待的方式分叉开来。

下面一个动词短语是 eat the cupcake(吃杯形糕点),其中 eat 是及物动词,cupcake 是它的直接宾语。名词短语 the cupcake 因此成了动词短语的一部分,由中间节点 V̄ 连接。请看下列树图:

记住,组成部分是主要节点的任何一个次单位。在上面的树图中,名词短语(NP)是动词短语(VP)的组成部分。如果你在画线以前就把所有组成部分在脑子里理清楚,那么画短语树图就会更容易。当句子简单的时候,

第八章
构建更大的短语

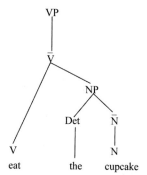

这可是一个需要培养的重要习惯；在句子变得更加复杂的时候，你会需要它。因为后面还有更多的层级，辨别出树图上每个部分的成分状态会有帮助。和不及物动词一样，及物动词也能和其他短语相连接，正如我们在下面的树图所看到的：

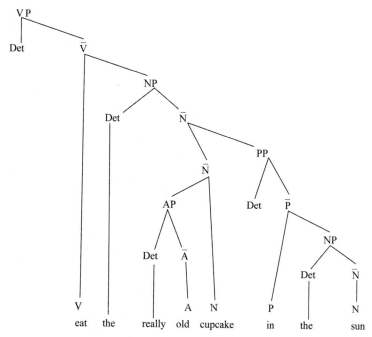

在 eat the really old cupcake in the sun 这个动词短语中，一个形容词短语显然修饰这个直接宾语 cupcake；但是，介词短语 in the sun 可以直接修饰

动词 eat，也可以修饰名词 cupcake（换句话说，它是由 cupcake 领头的名词短语的直接组成部分）。这里是就短语的组成成分必须作出选择的地方。在画这个动词短语的树图时，其中的介词短语必须在某个地方有连接。它是应该连在 $\overline{N}$ 和名词短语（NP）之间（就像我们在前一树图看到的那样），还是应该和更高层级的动词 eat 的 $\overline{V}$ 相连接？$\overline{V}$ 作为一个管道，其他和它连接的短语修饰那个节点与所有它下面的节点。至于介词短语 in the sun 是修饰直接宾语还是动词，得由说话者和听众决定，但既然不是那么意义模糊不清，我们可以就两者择其一。其中一幅树图就是上面那幅，另外一幅请参见下图。不管怎样，请注意两者在层级和组成成分上的区别。

下面是动词短语 eat the really old cupcake in the sun 的另一幅树图：

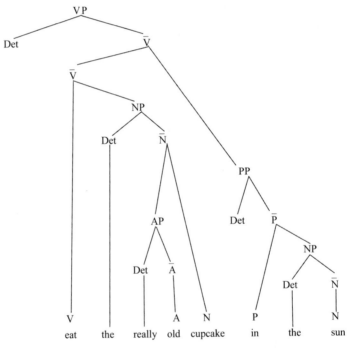

现在，我们来试试以 X 阶标树图给下列动词短语作图：

quietly rest

run quickly

第八章
构建更大的短语

    recline in my chair
    rake the yard
    color the picture on the desk
    shut the door in the kitchen
    close the broken window
    trim the plant in the yard

画树图的一些暗示

至于副词,记住,动词短语的限定词的位置(和其他树枝的位置)可以像汽车那样自由转动。不管是 run quickly 和 quickly run,同样的机制依然在那里,尽管副词处在动词不同的一边。对于另一动词短语 recline in my chair(躺在我的椅子里),除了和 $\overline{V}$ 相连接的是个介词短语,树图并没有大的改变。对于上一小节结尾处列举的所有动词短语,在你画线去连接节点之前,先决定你想要单词和短语的成分做什么。对于像 on the desk 这样的短语,它将修饰名词短语 the picture 还是修饰动词 color? 对这些单词意义的改变是微小的,但对于其他单词,意义的改变或许很大(就像你在后面将看到的结构性歧义的句子)。例如,看一下上一小节末尾的最后一个动词短语:trim the plant in the yard(在院子里修剪那棵植物;或者,修剪院子里的那棵植物)。有可能那棵植物原先是在屋子里,但是你应该把它搬到院子里去修剪。这一意义将来自把介词短语 in the yard 和动词 trim(修剪)的 $\overline{V}$ 相连接。或者,有一种可能,是长在院子里的那棵植物需要修剪。这一意义将来自把介词短语 in the yard 附加在 plant 的 $\overline{N}$ 上。对于所有的树图,最好在决定了短语的组成成分之后再开始作图。

双宾语动词短语

双宾语动词给层级安排和组成成分带来了额外的窘境。你或许还记得,在第四章这类动词被称作双宾语动词,因为主语穿过动词直面两个宾语,即我们习惯上所称的直接宾语和间接宾语。在多个英语变体中,直接

307

■ 语言入门

宾语和间接宾语的安排可以变化，如：对于 give 这个动词，人们可以生成"主语＋give＋直接宾语＋to＋间接宾语"或者"主语＋give＋间接宾语＋直接宾语"这两种句型。例如：

Give the shrimp to **the octopus** or Give **the octopus** the shrimp
（把虾给章鱼）　　　　　或者　　（给章鱼虾）
Pass the ball to **Beckham** or Pass **Beckham** the ball
（把球传给贝克汉姆）　　或者　　（传给贝克汉姆球）
Put the cat on the table or . . . ?（把猫放在桌子上或者……?）
{这样的换位并不总是行得通：你能想出何时行不通吗?}

这个模式被称作**与格交替**。两种形式在直接宾语—间接宾语和间接宾语—直接宾语构造之间轮换。有几个因素影响人们是否用间接宾语—直接宾语这个构造，包括接受方是否还活着和动词的语义范畴。注意，在上述第三句中，桌子不是活的，要创造出 put on the table the cat 这样可能的、符合语法的句子有更大的挑战性。

双宾语动词有一些可变的句法结构。美国的一些说英语的人允许间接宾语—直接宾语的句法结构，而另一些人要求用直接宾语和一个带间接宾语的介词短语。我们应该怎样用 X 阶标树图来处理这样的短语句型变化呢？在继续往下读之前，绘出 put the cat on the table（把猫放在桌子上）的树图。在画线之前先决定短语的组成成分。

为什么不把介词短语 on the table 从 cat 所在的 $\overline{N}$ 脱开？这一安排会使 on the table 成为那个名词短语的组成部分。然而，因为 put 是个双宾语动词，两个宾语都必须看得见，因此这个介词短语必须通过中间节点 $\overline{V}$ 的管道成为动词短语层级的一部分。这一情况和像 sat on the snow in the yard（坐在院子里的雪上）这样的短语完全不同。在这里，介词短语 in the yard 可以修饰名词 snow 或者动词 sat。对于双宾语动词，直接宾语和间接宾语都必须是 $\overline{V}$ 结构的成分。

对于动词短语 give the octopus the shrimp（给章鱼虾），双宾语动词 give 对于其层级和组成成分的工作机制和前面的动词 put 相同。名词短语 the

第八章
构建更大的短语

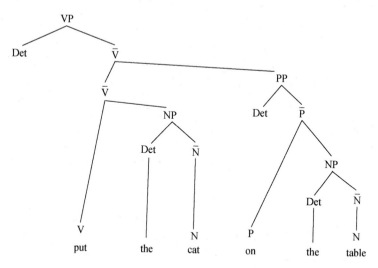

shrimp 并不修饰我们在谈论哪一类章鱼：它是动词 give 的直接宾语。因此，树图结构必须反映这些关系，以便我们能够贴切地模拟心理语法在想些什么。注意，在此短语中，如在前一短语中，X 阶标形式的第二条规则(它允许无限制的回归)$\bar{V}$ 被直接拷贝。我们再来看 give the octopus the shrimp under the rock 中的动词短语。

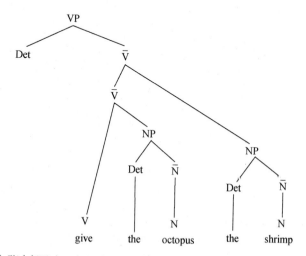

在上面这张树图中，介词短语 under the rock(在岩石下)是由 shrimp 领

■ 语言入门

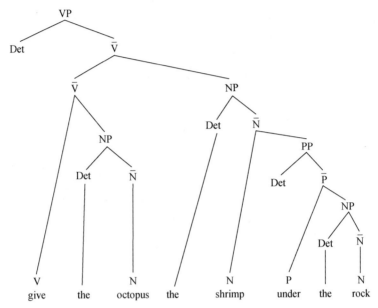

头的名词短语的一部分，基本上描述哪些虾将给章鱼吃。在下面的短语树结构中，同样的介词短语 under the rock 被黏附在 $\bar{V}$ 上，从而修饰"give"这个动作，不管虾是从哪儿来的，是从冰箱里来的也好，从鱼缸里来的也罢。

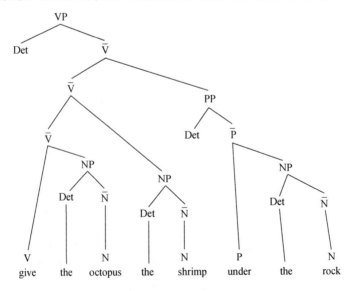

第八章
构建更大的短语

在处理结构性歧义的句子时,我们将更多地涉及这些有关层级和组成成分的选择。但在那以前,我们得首先更好地理解是哪些特性造就了句子。

屈折短语的动机

下列短语中的动词短语是什么?你怎么看得出它们是动词短语?

a. the dog to sit

b. the squid to sleep

c. the goat to jump

d. the dog to catch the Frisbee

e. the squid to squeeze the clam

f. the goat to bite my brother

g. the dog to put the cat on the table

h. the squid to give the octopus the shrimp

i. the goat to pass Beckham the ball

短语 a—i 是句子吗?如果不是,那么它们是什么样的单位?显然有一个名词短语在前面,但跟在后面的是什么?最清晰的划分出现在短语 a—c 中,这里 to sit,to sleep 和 to jump 跟在最初的名词短语之后。所有这些带 to 的单位都是动词短语(VPs)。其他例子(d—i)也包括以 to 开头的动词短语。动词短语从 to 开始,一直伸展到短语的最后一个单词。

在短语 a—i 中,动词短语形式是不定式,意思是动词没有经变位(例如,the teacher to write 对 the teacher writes)。在古英语中,不定式用后缀标记,如 acsian 表示"to ask",但随着后缀的损失,一个介词再一次不得不肩负起标记没有变位的动词的任务。短语 a—i 中有一个名词短语和动词短语,但在短语 d—f 中它们有点被其他单词掩埋了,在短语 g—i 中更是如此。和短语 g—i 中的动词相比,考虑一下短语 a—c 中的动词是什么样的动词,同时试着回忆一下我们在第四章中讨论的动词的及物性。

语言入门

　　短语 a—c 中的动词是不及物动词。短语 d—f 中的动词是及物动词,且有一个名词短语作为直接宾语。短语 g—i 中的动词是双宾语动词,有两个名词短语附着,扮演了直接和间接宾语的角色。现在我们知道了它们是什么样的短语,但它们是句子吗?没有变位的动词,这些短语不可能是句子。可是,它们不合语法吗?如果你在沃尔玛超市大声嚷嚷这些短语,或许会显得不合时宜(第九章中我们会展开来讲),但是把 a—i 中的这些短语放在"I want _____"的框架内怎么样?这样我们就得到 I want the dog to sit 和 I want the squid to sleep 这样的句子。对母语是英语的人而言,这些句子没什么不正常。它们的语法性不受怀疑。

　　现在,想想短语 a—i 和下面的例子的区别:

j. The dog sits.

k. The squid sleeps.

l. The goat jumps.

m. The dog catches the Frisbee

n. The squid squeezes the clam

o. The goat bites my brother

p. The dog puts the cat on the table

q. The squid gives the octopus the shrimp

r. The goat passes Beckham the ball

　　所有这些短语的集合都是句子。每一句都有一个以屈折后缀变位的动词。动词的及物性和前面别无二致。唯一的区别是通过加上屈折后缀 -s 它们变成了句子。当然,你也知道即使通过不同的主语和不同的动词屈折它们仍将变成句子。请看下面的句子配对。

s. Sit! .... The dogs sit.

t. Sleep! .... The squids sleep.

u. Jump! .... The goats jump.

v. Catch the Frisbee. .... The dogs catch the Frisbee.

第八章
构建更大的短语

w. Squeeze the clam. .... The squids squeeze the clams.

x. Bite my brother. .... The goats bite my brother.

y. Put the cat on the table. .... The dogs put the cat on the table.

z. Give the octopus the shrimp. .... The squids give the octopus the shrimp.

aa. Pass Beckham the Ball. .... The goats pass Beckham the ball.

在例子 s—aa 中,句子的前半部分为祈使语气:每一句的主语都被变成第二人称,句子因而成了命令句。在这些例句的第二部分中,主语都是第三人称复数。动词的词形变位发生了变化,但是我们仍然可以看出句子是成对的。在现代英语中,第三人称复数主语不再有明显的(拼写或发音的)动词后缀(或许 were 是我们给 to be 不定式的最后的标记动词)。不过,因为动词前面没有不定式标记的 to,所以很显然它是变位的动词。这些句子/非句子模式甚至也适用于更加不规则的动词,如 be,have 和 do,请看下例:

bb. (I want) the teacher to be on time.

cc. The teacher is on time.

dd. The teacher was on time.

ee. (I want) the miner to have the best tools.

ff. The miner has the best tools.

gg. The miner had the best tools.

hh. (I want) the coach to do the best possible job.

ii. The coach does the best possible job.

jj. The coach did the best possible job.

所以,在例句 a—jj 中,使一个句子成为句子的不是它的大小或长短。更多的单词并不能造就一个句子。句子的基本性质是和主语结成联盟的动词屈折。在例句 a—jj 中的动词是动词短语,不管它们是否有屈折的动词后缀。有时动词短语还有其他成分,如直接宾语和间接宾语,但有时动词短

■ 语言入门

语中只包含动词。

屈折短语的结构

在所有说英语的社区,孩子们经历了几个不同的主语—动词协调一致的阶段。正如史蒂芬·平克在《单词和规则》中所言,孩子们经常先学动词过去式变位的例外(例如,buy→bought),然后再学运用于每个动词的正常变位规则(例如,buy→buyed),最后再重新学习规则的例外。从孩子们的学习和作为一个社区的正常形式产生出来的一个模式,是动词屈折变位的后缀-s被转移到了一些新奇的地方。

例如,got这个形式来自gotten,是动词get原先的过去分词。这个关系对母语是英语的人(或其他人)并非总是很清楚,因为gotten这个形式在许多英语变体中已越来越罕见了。它幸存下来,主要不是作为动词,而是作为形容词用在诸如ill-gotten gains(不义之财)这样的形式中。作为过去分词,got可以和动词have用在完成体中,以至于许多人可以说出She has got three filters(她有三个过滤器)这样的句子。说英语的人将助动词非重音化,而且经常用缩略的形式,以至于像she's got three of them这样的句型是标注句型。有些说话者,包括孩子,做得更绝,令这个非重读的、缩略的 has 到了完全消失的状态,如:She got three of them。下一步孩子们能做的是重新分析 got 这个动词,把它当作主要动词本身,然后在此基础上用带-s的后缀将其屈折变位,于是有了 she gots three of them 这样的句型。英语中动词的第三人称单数后加-s 的形态让我们看到了主语—动词在心理语法中协力发挥作用的认知过程。对于形态标记更为丰富的语言,如西班牙语,我们可以听到与主语范式中的每一个位置都协调的音。

正如我们在上一节中看到的未经屈折变位的动词短语,名词短语和动词短语的组合并不能造就一个句子,如 The dog to sit。那么,是什么使得一个句子成为句子?答案是动词的屈折变位,如 The dog sits。但是英语中带有不要求明显屈折变化的第三人称复数主语的句子该怎么办,如 The dogs sit?尽管动词没有公开的语音变化表示屈折变位,在语言学研究中通常被

第八章
构建更大的短语

理解为这些句子确实经历了语音上不存在的动词屈折变化,如 The dogs sit?。在这种情况下,语音上不存在的是现在时态的标记。在像 The dogs sat 这样的句子中,动词的元音转换(即元音交替)展示了过去时态标记。在 She hit the wall 这个句子中,语音上清空的标记展示了过去时态。英语动词有着悠久的历史。

在古英语中,对主语范式中的每个人—数空缺位一度都有不同的标记,但这些在岁月的流逝中都被消磨掉了,大都是由于音系变化如 schwa 规则的作用。例如,动词 to steal 的变位曾经随人称的数而变化,如第一人称单数是 *ic stele̱*(我偷),第三人称单数是 *hē stilð*(他偷),而第三人称复数是 *hie st ǣloṉ*(他们偷)。尽管失去了如此广泛的形式,但在现代英语中,动词 steal 在 I steal 中也经历了变位,就像在 she steals 或者 I stole 中的变位一样。

为了用三条 X 阶标规则来分析句子,我们需要把它们当作**屈折短语**来理解,并以屈折成分作为短语的头。许多语言学的入门书籍把句子塑造成自身一体的东西。它们提供了一个拆分成名词短语和动词短语的 S 节点。虽然算不上一个什么卑怯的决定,把句子当作一个 S 节点的选择来谈论句子模糊了动词屈折变位在造句中扮演的角色。它也打破了屈折短语和名词短语、动词短语以及其他短语之间的对称。所有这一切都可以用一个共同的计划来代表,其中包括回归,以便于模拟人类语言的创造力。

需要注意的一点是主语和谓语的划分如何处理。谓语在动词短语(VP)里,而主语在屈折短语中的限定词位置上。限定词位置修饰短语的其余部分,而主语修饰句子的其余部分。在我们的句子中,我们将总是有名词短语处于屈折短语的限定词位置。

构建屈折短语

为理解如何构建屈折短语,让我们考虑一下该把短语的头——也就是屈折成分——放在哪里。在前面几章中,我们看到了情态动词承载动词的屈折变化。在下面的句子中,想想情态动词在做什么。记住,情态动词的变位范式与现代英语中的其他动词的变位范式略微有些不同：

This tired student can finish his homework.
This tired student could finish his homework.
This tired student will finish his homework.
This tired student would finish his homework.
This tired student shall finish his homework.
This tired student should finish his homework.
This tired student may finish his homework.
This tired student might finish his homework.

所有这些句子都应该与动词变位落在非情态动词上的同一句作比较：

This tired student finishes his homework.

当然，关键的区别在于动词的后缀-s(这里拼写成 es,因为动词 finish 的最后音是咝音)。然而，上面所有的情态动词都带屈折形式，作为它们的结构的一部分。我们将从情态动词开始绘制我们的句子树图，使得到屈折短语的过渡更加容易一些。我们将尽可能从容易的句子开始，以一个词的主语和不及物动词为例：She will sneeze(她将打喷嚏)。

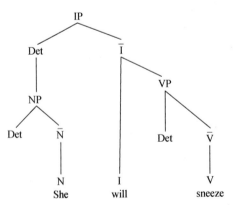

在这张树图中，由情态动词承载的屈折成分起到了固定句子的作用，而屈折短语被主语和谓语一分为二。对于这一简单的句子，主语和谓语各自有一个短语，每个短语都只有一个词。没有见到任何复杂的东西，但我们

第八章
构建更大的短语

在这里逗留一会很重要。注意,屈折短语分解的方式与其他所有的短语一样。我们不需要另一种模板来处理这个句子或其他句子。第七章介绍的同一短语结构允许用更大、更复杂的结构来描述组成成分和层级。本章所用的句子整齐地落入这个结构中。

$$XP \rightarrow Det;\overline{X}$$
$$\diamond \overline{X} \rightarrow \overline{X};YP$$
$$\overline{X} \rightarrow X;YP$$

尽管 She will sneeze 这一句很简单,但是它的结构可以处理多个扩展。记住,上面的第二条规则前有一颗星表示无限回归。让我们扩展一些句子来看看我们如何伸展这个简单的结构。一个及物动词可以让我们给动词短语加上一些成分,几个形容词短语能让我们增加主语的名词短语和谓语。这是一个带扩展的主语和谓语的句子:The wretched witch will destroy the gingerbread house(讨厌的巫婆将破坏那间艳俗的屋子)。

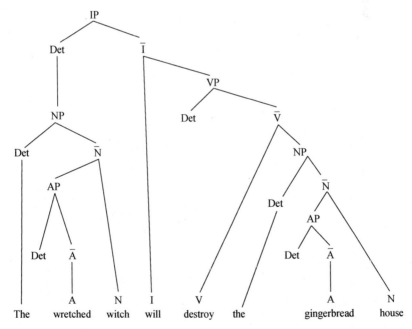

上图中的形容词在名词短语(一个在主语里,另一个在谓语中)里很合

317

适。谓语中的名词短语作为直接宾语,它是动词短语的一个组成部分。上一章中的同一结构在这句中得以保存。

现在我们来看下面的句子,它们都是屈折短语。分解出它们的主语和谓语,以情态动词划分二者:

The younger bull would follow the rodeo clown.

A crafty documentarian could chase the solitary wolverine through the snow.

The shrewd shopper will quickly buy the recently expired cheese.

上面三个句子中的三个动词都是及物动词,带直接宾语。双宾语动词的情况略微有些不同。正如本章早些时候对动词短语所作的详细叙述,双宾语动词需要两个宾语。这两个宾语都必须通过动词的中间节点与动词相连。请看下列句子:

The child could give the chicken to the cat.(这孩子能把鸡肉给那只猫。)

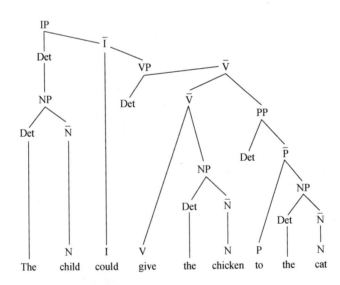

然后,同一句可以分解成:

The child could give [the chicken][to the cat].

第八章
构建更大的短语

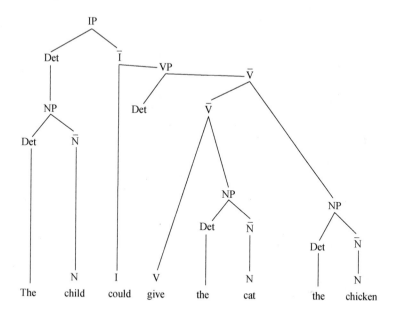

上述原始的句子有一个名词短语和一个介词短语,两者都作为动词短语的一部分。但是,在另外的结构中出现了两个相邻的名词短语,请比较:

The child could give the cat the chicken.

The child could give [the cat] [the chicken].

不管哪种情况,直接宾语和间接宾语都是动词短语的成分,并且彼此分离。在原始句中,介词短语 to the cat 不是修饰 chicken,the cat 是 chicken 的接受者(如上面两个图所示)。

刚才我们讨论了带情态动词的屈折情况,在继续往前走之前,我们需要再制定另外一个规定。带-s 的动词屈折和过去式形式-ed 都是(屈折的)黏附词素。然而,两者显然都是后缀,在大多数英语变体中它们都必须附在动词的后面才能合乎语法。主谓一致在英语中的变化幅度确实很大,但变化总是朝着没有任何明显的动词屈折的方向(如,he go everyday),或者有时会把-s 用在每一个可能的动词上(如,we goes everyday)。尽管两个屈折形式都是后缀,和情态动词的情形一样,这里我们假设它们最初是在主语和谓语之间生成的,后来才被移到动词后面的后缀位置。接下来请考虑下

语言入门

列变位的词条(它们告诉我们时态)是如何在下面的句子中移动的:

The wombat might poop every morning.

The wombat poops every morning.

The wombats poop ___ every morning.

The wombat pooped every morning.

前面三句是非过去时态,第四句是过去时态。这些屈折的词条把这些短语作为句子呈现,因为有动词变位。试将这些句子和 the wombat to poop 作比较,结论可谓不言而喻。在上面的后三句中,屈折标记被移到了动词的后面,因为英语的形态要求这么做。

请看一下 The wombat poops every morning(袋熊每天早晨排便)的树图。注意动词后缀-s 发生了什么:

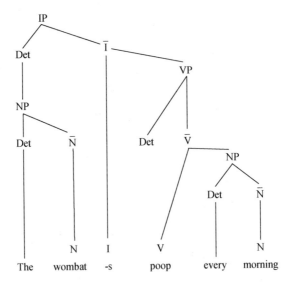

如果动词后有过去式后缀-ed,就像在 The wombat pooped 这句中,我们可以作同样的改变。如果没有公开的语音上的屈折,那么我们一切从简,把 past 或者 nonpast 放在这个词本应该出现的地方,就像在 The children finger-paint on Thursdays(孩子们每周四作指画)这句中那样,请看下面的树图:

第八章
构建更大的短语

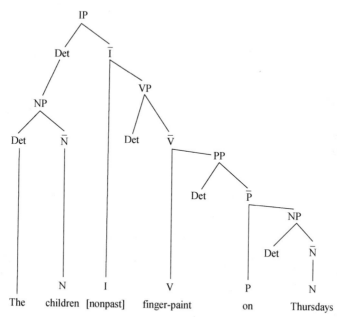

就像动词短语一样，练习画屈折短语树图很重要。树结构的层级和短语的组成部分不会跳出纸面来打你的脸。尽管你的心理语法懂得这些特性，它不会把答案直接交到你手里。同样，如果你去参加一场有关细胞如何参与不同的新陈代谢过程以维持生命的生物课测试，你那参与新陈代谢过程的细胞不会送一份备忘录向你解释正在经历的一切。

尝试用下面的句子来测试你的层次结构和组成成分的解析技能。记住，把屈折成分从动词移开，如果它是个后缀的话，并且将其在主语与谓语之间进行拼接。如果屈折变化在语音上是空的，那么就在屈折成分（即屈折短语的头）下方写上 past（过去时的）或者 nonpast（非过去时的），就像下面的一些例子所示：

The dragon spit（龙吐）→ The dragon [past] spit

The dragon spit fire（龙吐火）

The bold dragon spit fire on my shoes（大胆的龙在我的鞋上吐火）

The bold dragon in the air spit fire on the house（空中大胆的龙在房子上吐火）

321

■ 语言入门

The bold dragon in the air spit purple fire on the new house（空中大胆的龙在新房子上吐出紫色的火）

The teacher answered the students（老师回答了学生们）→ The teacher [-ed] answer the students

The tired teacher answered the bewildered students（疲倦的老师回答了困惑的学生们）

The very energetic, young teacher answered the students after class（那位很有活力的年轻老师下课后回答了学生们的问题）

The very scared, confused teacher answered the frightening students before the masquerade ball（那位既害怕又困惑的老师在化装舞会前回答了可怕的学生们的问题）

意义和歧义：第二部分

在这一章的开始，我们接触到了结构性歧义句的意义上的差别，这种歧义出现在短语的结构中而不只是单词的意义上。既然我们已经完成了如何描述动词短语和整个屈折短语，我们准备好了绘制结构性歧义的短语中不同的意义如何对应不同的组成成分和层级安排的平面树图。这里，让我们重新审视下列句子：

1. One morning I shot an elephant in my pajamas.
   (How he got in my pajamas, I don't know.)
2. We need more intelligent leaders.
3. Umberto turned on the TV.
4. Nature bats last.

对于这些句子，我们需要的是为每一个结构上不同的意义画出不同的树图。这四句中的每一句都有不同于其他句子的解决方案。The toddler kissed the child with the Elmo puppet（这个蹒跚学步的幼儿亲吻了那个拿着

第八章
构建更大的短语

艾摩木偶的孩子)(这只是一种解读——译者注)和 I shot an elephant in my pajamas 在结构上有着同类的歧义;两句的意义都取决于介词短语的组成成分。在每一句中,请注意哪些短语和另外哪些短语编在一组。层级和组成成分对于解决哪些意义和哪个树结构连在一起依然重要。

对于格劳乔·马克斯的笑话 I shot an elephant in my pajamas,一层意义是射击手穿着睡衣,另一层意义是大象穿着睡衣。注意,正常的语义域迫使人们得出第一层意义。该笑话的笑点,即"它如何进入我的睡衣,我不得而知",迫使另一层意义浮出水面。当那个意义的转换发生时,在我们大脑中的短语结构层级发生改变以允许另外一层意义。花几分钟时间画出那个层级上的变化。翻转后产生幽默感的那个短语是什么?

介词短语 in my pajamas(穿着我的睡衣)可以修饰两样东西中的一样。在一句无关痛痒的句子如 The cat could sit on the snow in the yard 中,介词短语 in the yard 可以修饰 sit,或者修饰 snow。介词短语 in my pajamas 可以修饰 shot(因而指那个射击手),或者它可以修饰临近的名词短语,即 elephant。正如你从这些短语树图中看到的那样,对于"穿睡衣的射击手"那层意义,介词短语高高挂在中间的动词节点上。而对于"大象穿睡衣"那层意义,介词短语附在作直接宾语的名词短语下方。这一转换很好地阐明了一个道理:单词的线性顺序并不能严格地确定意义,单词的层级安排最终能够完成这一任务。

对于 We need more intelligent leaders 这句,不同的结构转换在其中起作用。结构性歧义的变化再一次出现在动词短语中,但是这一次不涉及介词短语的放置。你能看出这个句子在组成成分上有什么异样吗?一层意义涉及"更多的聪明的领导者"(至于这些领导者的智商水准,句中没有明确)。另一层意义牵涉到"数量不明但更加聪明的领导者"。意义的关键所在是形容词 more 是修饰名词 leaders 还是修饰形容词 intelligent。让我们来看看这些不同的意义在 X 阶标短语树图上的结果是怎样的:

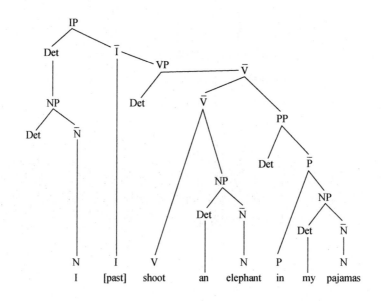

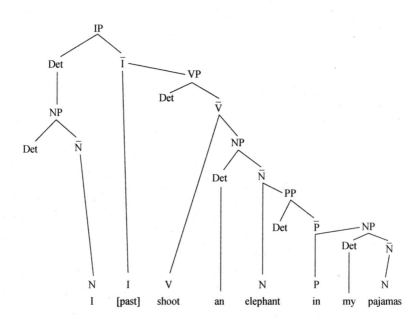

第八章
构建更大的短语

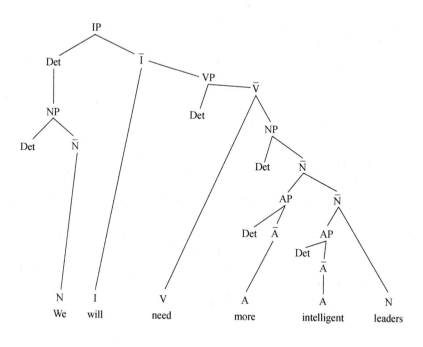

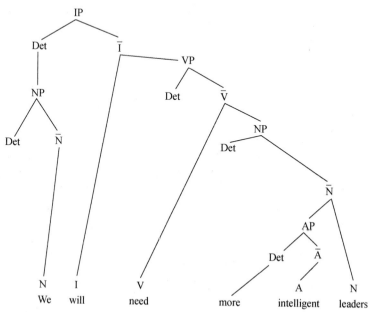

■ 语言入门

"更多领导者"这层意义中的 more 是作为形容词短语中的形容词,但请注意它在树图上的组成成分。它是 leader 所在的名词短语的组成成分,但不是 intelligent 所在的形容词短语的组成成分。在接下来代表"智商更高的领导者"的树图中,more 这个词是作为形容词短语 intelligent 中的限定词。(它也可以作为形容词放在它自己的形容词短语,即 intelligent 所在的形容词短语的下方,但考虑到这样画图后没有显示意义上的差别,我选择把它放在 intelligent 所在的形容词短语的限定词位置作为修饰词。)这一结构性歧义与前一章中的 the deep blue pool 正好相似。

在 Umberto turned on the TV 这句中,我们看到了真正的歧义大集合。起码有两层意义来自结构性歧义,而这两层意义会得到分开的树图。起码有另外两层意义源自词汇上的歧义,但这些歧义不会有单独的树图。我们会保证给每棵树的不同意义贴上相应的标签。

我们来总结一下本章前面部分的内容。对上面这句最常见的解读是:翁贝托激活了电视机使它亮了起来。第二个意思是:把翁贝托放在了电视机的顶上,他在上面转了起来。第三个意思涉及使电视机产生性冲动。还有一个可能的意思是"背叛",指的是翁贝托对电视机不忠,或许是他转而在电脑上看节目了。一个重要的问题是:哪一层意义和哪一种层级安排相吻合?

我们来考虑结构性歧义中的差异点。对于"给电视机接通电源"这层意义,动词是什么?对于"在电视机顶上旋转"这层意义,动词又是什么?这里是一种不同类型的结构性变更。在第一层意义中,动词是 turn on;在第二层意义中,动词只是 turn(而 on 成了介词短语 on the TV 中的介词)。第一张树图中有及物动词,它要求有主语和直接宾语,但没有介词短语参与其中。树图如下:

第八章
构建更大的短语

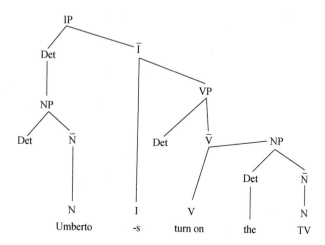

Flips the switch to power on the TV
Sexually excites the TV
Betrays /beats up the TV

对于"旋转"这层意义,动词是个带介词短语的不及物动词。它的树图如下:

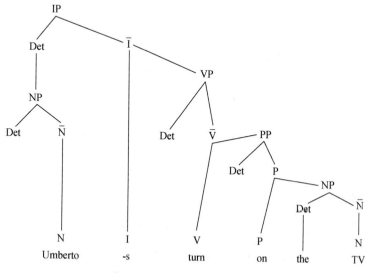

Spins while on top of the TV

327

这些树图处理了几层不同的意义,动词 turn on 和动词 turn 的关键区别分别体现在两棵树上。考虑一下动词是什么,因为那是这个结构性歧义的句子的变化焦点。对于"性冲动"这层意义,动词是 turn on,正好适合上面第一棵树中作为直接宾语的名词短语的结构。"背叛"这层意义也适合那棵树的结构:如果把动词替换成 betray,句子就变成了 Umberto betrayed the TV。

最后一个结构性歧义的句子是 Nature bats last。在这组词素中,意义分别落入结构不同的两类树图上。为搞清楚这两类树图是什么,你需要评估不同的词素在这句中所起的语法作用。一层意义是,在打球游戏中,大自然能够最后轮到击球。在这层意义中,Nature bats last 里的主语和动词分别是什么?另外一层意义是,某种纯天然的球棒,经久耐用,可以用上相当长的时间。在这层意义中,句子的主语是什么,动词又是什么?在继续往下读之前,先画出这两个短语的树图。

可能的混淆点是 bats 中的后缀-s 所起的作用。当 bats 是动词,后缀-s 的语法功用是什么?当 bats 作为名词时,-s 的语法功用又是什么?两种情况下,-s 都是屈折的黏附后缀;在第一种情况下,它是第三人称单数的动词词尾-s,而在第二种情况下,它是复数名词的标记。这里出现了后缀同音现象。在 bats 作为动词的第一种解读中,为构建屈折短语的树图,屈折成分必须放在主语和谓语之间。在 bats 作为主语的第二种解读中,它仍然是名词的一部分,所以动词的屈折形式就是 nonpast(没有看得见的后缀标记它)。

这句只有三个单词和总共四个词素,我们却得到两个不同的树图(见下面两个图)。第一个图有两个词的主语和单个词的谓语。第二个图有单个词的主语和两个词的谓语。正如这句所展示的,对于像英语这样的语言,句法结构的复杂性不在于单词本身。句法的复杂性源于单词的组成成分的层级结构安排。对于结构性歧义的短语,组成成分的层级安排总是有至少两种不同的方式。Nature bats last 的树图就是一个例证。

第八章
构建更大的短语

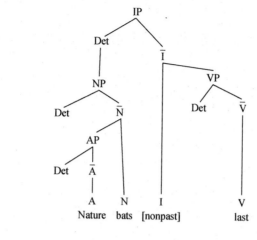

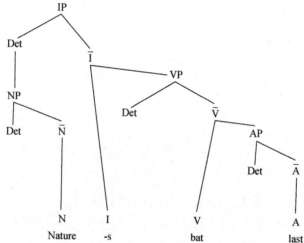

不同类别短语中的组成成分

我们拿下面这样的短语怎么办？

The horse raced past the barn fell

这样的句子被称作花园路径句，因为它引领你走在蜿蜒曲折的小道上（绕过你没指望看到的拐角和走到你没指望到达的地方）。这里的组成成分

■ 语言入门

拓展知识:风格的转变

我们对古英语的了解限于一些文本,这些文本从火灾、潮湿、霉菌、老鼠和书虫(书虫真的像书中的幼虫,例如,啮虫目)等各种恶劣环境中幸存了下来。这些最终幸存下来的文本告诉我们古英语时期写下来的句子有多么复杂。我们只能猜测它们的口头形式也同样复杂,尤其是因为几个书面文本本来是用作在重大事件的场合大声宣读的。在与古英语的短语和句子作比较时,我们发现现代英语的许多体裁都经历了变化,这一点是很清楚的。古英语的短语常常是由各种连接词连接起来,如:

Hē wæs ēadmōd and geþungen and swā ānræd þurhwunode...
He was humble and devout, and continued so steadfast. . . .
(他是这般谦卑和虔诚,并继续如此坚定。……)

(出自 Ælfric 的 *Life of St. Edmund*)

这一风格的句子结构被称为并列结构(parataxis),因为许多相连的部分是平行展开的。现代书面英语,至少在法律、医学和学术写作中不再显示这类并列结构的句子,而很多时候是有一个主要的短语,后面附有一个或多个从属短语(就像上面这个句子)。这一文风被称作主从结构(hypotaxis)。这里的 hypo 就像 hypodermic needle(皮下注射针头)和 hypothermia(体温过低)中的 hypo 一样,它把一些短语放在另一些短语的"下面",并用 which,because,while,after 这类词把它们黏附在一起。尽管一些体裁的书面作品经历了风格的转变,但把口头英语描述成总体上仍然是并列结构的句型或许还是准确的。当然,针对受过良好教育的听众的语篇,如课堂讲授和正式的演讲除外。

第八章
构建更大的短语

在哪儿让我们落入了陷阱？大部分人开始将这个短语读成句子 The horse raced past the barn,其中主语是 the horse,屈折形式是-ed,动词是 race。在这样一句非花园路径版本的句子中,past the barn 这一单词集合是个介词短语,它处在谓语和动词短语 race 之中,很像我们先前的 yawn during a movie 这个动词短语。

棘手的部分在于 fell 这个词。它是动词 fall 的过去时态形式,在乞求一个主语。大多数读者开始往回搜寻一个主语(因为后面再也没有其他单词了)。第一个可能的主语(具有能够掉下来的东西的语义特性)是 barn(谷仓)这个词。有了 barn 作为主语可能行得通,但是那会把整个单词集合变成一个尴尬的短语化的连写句:[the horse raced past] [the barn fell]。再往回搜寻,下一个可以作为名词的是 horse,但是 horse 怎么可能没有被动词 raced 完全占用呢？解决这个问题的方案是 raced past the barn 应该被看作一个从句。换言之,整个句子可以是 The horse that was raced past the barn fell(那匹在谷仓被超过的马跌倒了)。省略的单词 that was 为混淆作了准备。

我们可以怎么处理从句,使得屈折短语嵌在其他屈折短语里呢？我们已经有了一种能够处理此类嵌入式屈折短语的词汇项目。在下面的句子中,是什么引发了嵌入式屈折短语？这个句子是 The teacher kept her job after she won the lottery(在赢得彩票后,那位教师继续上班)。在这句中,屈折短语 she won the lottery 和第一个屈折短语通过介词 after 连在一起,整个句子的 X 阶标树图如下:

这里,介词 after 正在引入另一个主语(如,she)和谓语(如,won)。我们应该怎么表示层级结构？介词短语(after)所在的中间节点能够附加在一个屈折短语(IP)上,就像它可以附加在一个名词短语(NP)上一样,所以没有理由禁止另一个屈折短语。随着额外的屈折短语被加进来,当然有另外一个短语头 I。

许多其他短语的树图还需要另一个步骤。为处理额外一层的复杂性,我们需要一个额外的成分来生成 X 阶标树。这一成分被称作(引导补语分句

331

语言入门

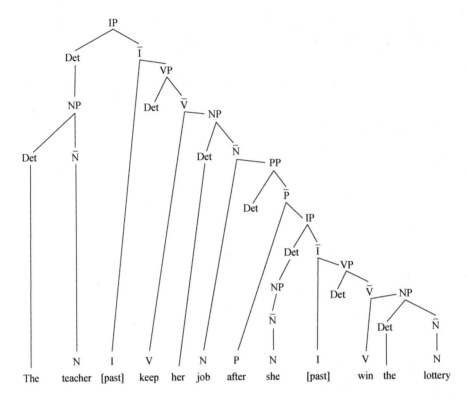

的)补语化成分(C)。它对像下列句子中的 that, which 和 who 这些词起作用：

The light that I bought at the pet store was blue.（我在宠物店买的灯是蓝色的。）

The pen, which I dropped, lasted until Friday.（我掉落的那支钢笔，一直用到星期五。）

The president who waved to us was convicted of treason.（向我们挥手的总统被判犯有叛国罪。）

补语化成分的短语是存放屈折短语的一个框架；它为后者提供了一个对接台。嵌入的短语本身可以比包容它的短语更长。在这个领域，大小或长短并不重要。既然第二条规则允许无限扩展，即使是内在的、嵌入的屈折短语也能因需要而继续扩展。

第八章
构建更大的短语

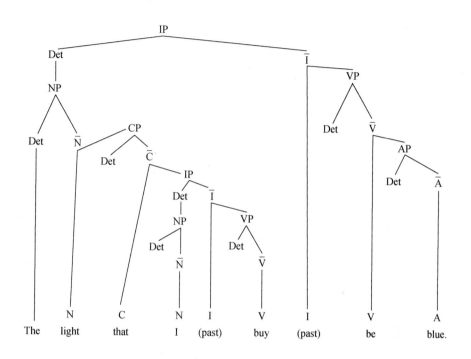

英语和其他语言

语言经历了声音、单词、短语和语篇上的诸多变化。另外某个星球上或许有说不同类型语言的生物：声音可以任何一种顺序组合，没有音节的限制或音位配列的制约。没有任何类别来区分词素，它们可以根据说话人的判断随意组合。单词可以被组合成一种类型的短语，而短语本身可用所有方式排序而保持意义不变。这个可能的外星球绝对不是地球，这些可能的超自然的生物肯定不是人类。

我们的语言并不从我们的嘴唇和手缤纷飘落下来。我们不像假想的那帮正在打字的猴子，它们任意敲击键盘后不仅产生了堆积如山的由字母组成的垃圾单词串，而且还有全套的莎士比亚（和艾萨克·阿西莫夫）作品！我们是人类。作为人类，我们语言的可能性要求有疆界。

我们在音节中看到了这些疆界，在这里声音被分解成一个有组织的包

语言入门

含一个音节首、音节核和音节尾的单元。我们在词素中看到了这些疆界，在这里不同词汇类别的单词以层级的方式被附加上词根和词缀。我们在短语中看到了这些疆界，在这里词汇类别在中间节点和顶层节点下形成短语的头。在经历了所有这些复杂性之后，难道浩瀚的人类语言还可能会有更多层次的秩序？当然有。

拓展知识：用任何必要的手段习得语言

当我们想起习得一门口头语言，我们中的大部分人脑海里会闪现出婴儿聆听他们的父母说话然后连续数月不断地咿呀学语的画面。然而，婴儿似乎不惜一切代价地习得语言。研究人员发现，从4个月到12个月这段时间，婴儿在听人说话的时候会注意成人的嘴唇是怎么动的。研究人员把妇女在家里说自己的语言（英语）或西班牙语（婴儿以前没有接触过的语言）的视频拿给婴儿看。两位研究人员大卫·鲁克维茨和艾米·汉森-狄夫特运用眼睛跟踪器来仔细观察婴儿朝哪儿看。在4个月大的时候，婴儿们在视觉上追踪着女人的眼睛。在6到8个月的时候，婴儿们把注意力切换到说话人的嘴唇上。这个时期也正好是孩子们开始咿呀学语的时候，他们在检查自己的嘴唇、舌头和下腭是如何工作的。婴儿们在学说话时继续把注意力集中在成人嘴唇的动作上，直到大约10个月的时候，他们把目光又转回到说话人的眼睛上。对于那些看不熟悉的语言的视频的婴儿，他们把目光聚焦在成人嘴唇上的时间更久些，晚至12个月龄的时候。他们大概是为了弄明白新的语言中正在发生什么。

作为探索人类如何发展的一项研究，这一发现表明人类运用不同的信息来构建我们的心理语法。重要的是，这些年龄段以外的孩子，也许由于在10个月之后聆听母语的时候不再注意父母的眼睛，更有可能在后来被诊断出患上学习障碍。

第八章
构建更大的短语

人类语言有序的复杂性从我们的婴儿期就开始展现了。不管是普遍语法的诞生还是其他智力技能组合的出现，我们的基因代码都引导我们建立一套健全的心理语法。有序的复杂性充斥着我们语言系统的方方面面。

作为幼小的婴儿，我们以每种可能的方式体验语言，顺便习得有声语言或手势语言。在这个时期，我们作出选择，尽管这里的"作出"是个极大的夸张。实际上我们的大脑在作出选择，根据周围环境的数据接通某些路径。视觉信号或听觉信号中都有许多杂音。对婴儿来说，有许多机会混杂各种语言信息。不过，神奇的是，在36个月至48个月大小的时间里，几乎所有的孩子都掌握了人类语言最基本的知识。在这么短的时间里，当我们作为婴儿连许多其他基本技能都无法运用的时候，如何完成这艰巨的计算把戏？我们似乎有语言上的优势。

史蒂芬·平克称之为语言本能。我们知道如何习得语言，因为基本的蓝图作为人类基因代码的一部分存储在我们的大脑里。如何最好地形容这一能力呢？我们如何最好地描述它？这仍然是一个未解的问题，但是马克·贝克通过对语言原子的掌握描述了我们的语言习得优势。就像化学元素的原子组合形成所有已知的分子和物质，语言的原子以某种方式组合后，生成地球上所有能观察到的语言。如果说元素的原子很小，那么语言的原子很抽象。抽象并不是指语言的原子模糊不清，实际上它们相当具体。这说明它们覆盖范围广泛的语言中的广泛事件，只有通过比较这些语言，语言学家们才能发现它们。

这些语言原子是第七章中讨论的原则和参数。这些是语言遵循的品质和趋势，语言的每一个普通理论都需要解释它们。这里我们进一步探究头状态参数，并调查另一个参数以展示它们是如何影响句子结构以及它们如何在众多语言中形成一种模式。若有意参与这个论点，并想知道这些参数的合理性以及这些语言原子是如何被发现的故事，应该去读一读贝克的《语言原子》一书。

第一个参数涉及句子的主语。在一些语言中，句子的主语必须公开地表达。在英语中，谈论天气需要一个主语，如 It's raining（在下雨呢）; It's

语言入门

snowing(正在下雪)。在意大利语中,谈论天气的句子不需要有主语,如 *Piove*(在下雨);*Nevica*(在下雪)。这些变位后的动词在没有主语的状态下仍然是符合语法的,但如果一个说英语的人试图将 raining 或者 snowing 作为完整的句子,会显得有些怪异。西班牙语和意大利语差不多,在谈论天气时动词前不需要主语:如 *está lloviendo*(在下雨);*está nevando*(在下雪)。另外,法语和英语一样也需要主语。对于法语,惯例是用类似于 it 的第三人称单数、表示阳性的名词形式作为表达天气的主语,如:*Il pleut*(下雨);*Il neige*(下雪)。

像西班牙语和意大利语这样的语言允许**不存在的主语**:这个位置语音上是空位,但动词仍然变位,就好像有个明显的主语在句子里。像英语和法语这样的语言不允许不存在的主语;这些语言要求主语的位置有某个词在那儿,不管是代词 it,还是表示存在的词,如 there。在法语中,"有一组牙齿"这句可以翻译成 *Il y a un ensemble de dents*,这里 il(它)作为主语。在西班牙语中,同一句将被翻译成 *Hay un conjunto de dientes*,没有看得见的主语。

在考察了足够多的语言之后,一些语言学家大胆推断,婴儿在体验语言的时候可以作出选择:我听到的语言是不是一门没有主语的语言?当然,没有婴儿会口头表达这样的问题,但这类问题正是他们那高度活跃的大脑在试图探究的问题。假如孩子们体验到没有主语的句子,像 *Hay un libro*(有一本书),那么它是一门无主语的语言。可是,通过体验简短的、表示存在的句子如 *There is a book* / *Il y a un livre*(有一本书),婴儿们发现所有的句子在主语的位置有一样东西,于是学到了这门语言需要看得见的主语。不妨把这个参数当作一个拨动开关。它要么可以被翻转到一个位置(不存在的主语),要么可以被翻转到另一个位置(被填满的主语位置)。

这个参数允许许多其他模式出现,并带有主语的变化。在西班牙语中,*Egli verrà*(他会来)和 *Verrà*(他会来)都可以。在从陈述句(指示句)中形成问句的时候,意大利语允许有别于英语的句法结构。像 *Credi che egli*

第八章
构建更大的短语

verrà（[you] believe that he will come）（你认为他会来）这样的句子可以用来构成问句：*Chi credi che* _____ *verrà*？（Who do [you] think that _____ will come?）（你认为谁会来?）这个问句如果逐字翻译成英语就翻得不好。说英语的人需要把它翻译成 You think that who will come，摒弃句子开头的主语和动词的倒装。或者，说英语的人干脆把 that 甩掉，只剩下"Who do you think _____ will come?"其中的空格代表 who 被移走后留下的空位置。

从所有这些比较中我们看到，与英语相比，意大利语有着不同的设置。在一门无主语的语言中，这个特定的参数影响所有的情况。贝克（Baker, 2001：58）用下列方式来描述无主语参数：

"In some languages every tensed clause must have an overt subject noun phrase."（在一些语言中，每个带动词变位的句子都必须有看得见的主语名词短语。）

"In other languages tensed clauses need not have an overt subject noun phrase."（在另外的语言中，带动词变位的句子不必有看得见的主语名词短语。）

时态短语（tensed clause）这个术语指带动词变位的短语。像 the dog to walk 这样的短语不能算带动词变位的短语，但 the dog walks 就算。无主语参数是一个拨动开关，它让孩子们明白如何理解和生成一种语言。孩子们不会有意识地去认真思考这样的选择，就像他们在学习走路的时候不会更多地思考如何将信号发送到大脑一样。他们不只是用脚玩耍，也用文字玩耍。

这个普遍语法模型的另一个参数，即头状态参数，在第七章已有介绍，它涉及短语头的安排。基于目前为止你对短语的细究，已把短语中的各个成分在树图上的位置都摆放好了。正如你所知，这个短语头和短语结构可以像汽车那样前后移动，如下图所示：

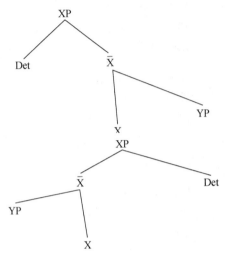

以这样的能力,单词在短语中有多种方法排序。

对于标记位置的短语,方位格词可以出现在伴随的名词短语之前(即前置性的)或者出现在伴随的名词短语之后(即后置性的)。恰巧,前置性的语言有其他一些共同的特性:它们的助动词(如,will run)出现在动词前,且动词出现在直接宾语之前(如,hit the ball)。那也只是略微有些了不起,但是带后置性短语的语言把它们的助动词放在主要动词后面,而把它们的直接宾语放在主要动词前面。表面看来,似乎方位格词的宾语、直接宾语和助动词没有什么关系,但是我们通过对英语短语和泰米尔语短语的比较来考察一下它们在 X 阶标树图上的结构:

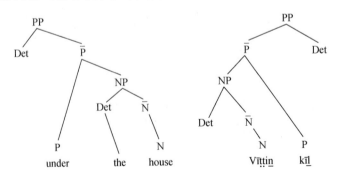

第八章
构建更大的短语

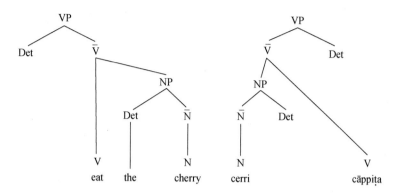

从上面的四张树图中我们看到,短语的头被改换了。除了短语的头以外,前置性短语和后置性短语的结构相同。

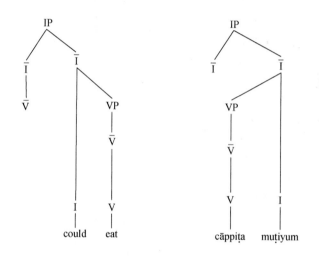

同样的情况也适用于助动词和它们的主要动词。对于像英语这样的语言,领衔屈折短语的屈折成分出现在主要动词前面;对于像泰米尔语这样的语言,屈折成分出现在主要动词后面(例如,I could eat 和 cāppiṭa muṭiyum,如上图所示)。

语言学家是怎么发现这些区别的? 通过比较不同的语言,很显然,短语的组织展示出显著的相似模式。以下是贝克(Baker, 2001:60)对(罗马字体书写的)日语和英语的对比分析:

日语词序		英语词序	
直接宾语 sushi-o sushi	动词 taberu eat	动词 eat	直接宾语 sushi
名词短语 Tokyo Tokyo	方位格词 ni in	方位格词 in	名词短语 Tokyo
主要动词 tabe eaten	助动词 rareru be	助动词 be	主要动词 eaten
嵌入句 Gwen-wa Kim-ga yuusyuuda to omou Gwen Kim excellent that thinks	补语化成分	补语化成分 Gwen believes that Kim is excellent	嵌入句

资料来源：*The Atoms of Language*，Mark C. Baker, copyright © 2001。

对于这两门语言，还有一些其他短语模式的对比结果是一样的。例如，在英语的动词短语中，任何介词短语都处在主要动词的后面（例如，I sleep on the floor，我睡在地板上）。不过，在日语中，这些就倒过来了，动词短语的头处在最后（例如，Watashi wa yuka de nemuru, I floor on sleep）。短语的头被颠倒了。在普遍语法中似乎有个带开关的参数，它可以被翻转到头在前（像英语）或者头在后（像日语和泰米尔语）。你或许会抗议，如果有这样的开关，那么世界上的语言在如何构建短语上就有许多相似性。造出来的短语要么像英语，要么像日语。

为调查这个可能性，让我们来看看世界上语言的主语、动词和宾语的顺序（Baker, 2001:128）。

基本词序	语言的百分比	语言样品
主语—[宾语—动词]	45	日语，土耳其语，盖丘亚语
主语—[动词—宾语]	42	英语，埃多语，印度尼西亚语
动词—主语—宾语	9	萨波蒂克语，威尔士语，纽埃语

资料来源：贝克（Baker, 2001）。

第八章
构建更大的短语

还有其他一些构成另外 4% 的世界语言的组合，但正如你能看到的，世界上 87% 的语言将它们的屈折动词要么放在屈折短语的开头，要么放在屈折短语的末尾。如果这一分布是任意的，那么百分比的分布情况将会更像下面的这张表：

基本词序	语言的百分比
主语—[宾语—动词]	17
主语—[动词—宾语]	17
动词—主语—宾语	17
动词—宾语—主语	17
宾语—主语—动词	16
宾语—动词—主语	16

然而，情况并非如此，甚至都不接近。我们在第一张表中看到的分布情况说明有一个强大的制约在引导着短语的头最终会是怎样的结果。

当今的变异

主语—动词的一致

在北卡罗来纳州沿海的屏障岛上和在阿巴拉契亚山区，有一个乡村英语变体日渐衰落的特征。这个特征被称作北方方言的主语规则（苏格兰人用小写的 northern 表示）。下面这句话可作为这个特征的一个例子：The birds pecks at the crabs（这些鸟啄蟹）。对于复数名词 birds，动词 peck（啄）却有一个带 -s 的屈折形式。这一动词变位的范式与其他大部分地方的情况不同。对于全美国大多数的英语方言，动词变位按照下列模式进行：

I walk	We walk
You walk	You walk
The cat walk**s**	The cats walk

语言入门

换言之，只有主语是第三人称单数的动词获得带-s 的后缀。在屏障岛上和在阿巴拉契亚山区，以及在苏格兰，起码在较早的时期，主语是第三人称复数的动词，在变位时也获得一个后缀-s，如：

I walk	We walk
You walk	You walk
The cat walk**s**	The cats walk**s**

注意，这一模式的例外是代词的情况。正如你从我们画的树图上可以看出，像 she 和 they 这样的代词操作起来和名词不同。如，它们不参与限定词短语，像 * the she。在上述主语—动词的模式中，代词 they 也不引发动词后缀-s。例如，像 * They pecks at the crabs 这样的句子并不会出自有这一模式的英语使用者之口。有趣的是，即使这一规则的例外也有例外。代词 they 只是阻止动词的后缀-s，如果它和动词直接相邻。They quickly peck<u>s</u> at the crabs 这句有个中间副词介于作主语的代词和动词之间，在这一情况下动词后缀-s 可以出现。这一模式在阿巴拉契亚山区和屏障岛上不再显得强有力了。在 20 世纪末，这一第三人称复数的动词带-s 后缀的情形在北卡罗来纳的奥克拉科克的出现概率仅在 6%。

这两个方言区有相同的主谓一致模式的痕迹，恐怕绝非偶然。它起源于苏格兰说英语的地区。然后这些说英语的人把它带到了爱尔兰的种植园（像爱尔兰的乌尔斯特），再从那儿把它带到了美国。这些苏格兰—爱尔兰的移民把他们的方言模式带到了阿巴拉契亚山区和屏障岛上，并在那儿定居下来。从附近地区移民到这两个地区的人比较少。两地都不是完全与世隔绝，尽管北卡罗来纳州的屏障岛上直到 20 世纪的后半叶才享受到诸如每日邮车这样的现代便捷服务。因此，这两地共享了一些语言特征，如上述的主语—动词一致模式和动词前加 a-前缀的形式（例如，she was a-running），后一模式早就被其他英语变体摈弃了。但是这一主语—动词一致的模式作为英语的一部分已有六百余年的历史，远在古英语时期就开始了。下面这个例子来自 17 世纪的苏格兰—爱尔兰英语（参见"Montgomery 1997"一文）：

第八章
构建更大的短语

Al sic termis procedis of fantastiknes ande glorious consaitis.
"All such terms proceeds from fantastic and glorious consensus."
（所有这些条款都出自难以置信的、令人高兴的共识。）

英语中至今仍然可以看到几种主语—动词关系变化的情形，但标准模式在整个英语世界已被彻底地强行执行，这些方言模式因而常常遭到严斥。

动词 need

从西弗吉尼亚州到整个美国中西部地区，有一个句法结构令美国其他地方的人有点神经错乱。我们来看一下这个句子：The plates need washed（盘子需要清洗）。对于美国其他地区的英语使用者，在动词 need 之后是必须要有动词 to be 的，所以前一句应该是：The plates need to be washed。两个句子的意义没有差别，所以到底发生了什么？许多学者把这一变化视作一个句法特征，但或许有一个更为简单的解释。

动词 need 本身在它的词汇列表中是不同的。对于一些英语方言，动词 need 后必须有接下来的一个动词短语，如 to be washed。对于另一些方言，动词 need 要求有一个接下来的过去分词或者形容词，如 The board needs washed 或 The board needs washing（木板需要清洗）。这不是句法上的变化，因为所有动词都受到一定的约束；不存在一个普遍规则要求在一些方言中带动词短语的所有及物动词都转换成过去分词。在某些方言中，动词 need 的词汇细目似乎指定它要有某些位置，但在其他方言中却要求有不同的位置。

本 章 总 结

在人类语言中，更加复杂的思想可以通过将单词扩充成短语来表达，就像种子长成有众多分枝的大树。本章聚焦于动词短语和屈折短语。运用前一章使用的同一 X 阶标模板，我们展示了这两类短语的结构，包括它们的层级组织。通过将句子的屈折成分(I)作为主语和谓语的头，同样类型的结构可以用来构建每一种短语。动词的及物性也起作用，因为双宾语动词在屈折短语中要求不同于及物动词和不及物动词的结构，就像橡树和枫树分叉的方式不一样。结构性歧义可以通过画出两幅不同的树图得以消解，因为这些树图代表不同的层级和组成成分的模式。当被视作主语、动词和宾语这些单位的时候，互不关联的语言展示出惊人的相似模式。语言之间的组织联系，如主语—宾语—动词模式的语言大大地偏好后置介词，要归因于对普遍语法的参数的选择和构建心理语法的生物蓝图。头状态参数和无主语参数在本章中也得到阐明，以显示它们的深远影响。

主 要 概 念

- 补语化成分
- 语格词交替（作用）
- 双宾语的；双及物的
- 主从结构
- 间接宾语
- 屈折短语
- 词汇歧义
- 无主语
- 并列结构
- 谓语
- 结构性歧义
- 主语
- 及物性
- 动词短语

参 考 文 献

Baker, Mark C. (2001) *The Atoms of Language: The Mind's Hidden Rules of Grammar*. Basic Books.

Lewkowicz, D. J. and Hansen-Tift, A. M. (1997) "Infants deploy selective attention to the mouth of a talking face when learning speech." *Proceedings of the National Academy of Sciences 109*, no. 5 (2012): 1431-1436.

Montgomery, P. (1997) "Making the trans-Atlantic link between varieties of English: The case of plural verbal-s." *Journal of English Linguistics 25*: 122-141.

第八章
构建更大的短语

延 伸 阅 读

An Introduction to Syntactic Analysis and Theory. Hilda Koopman, Dominique Sportiche, and Edward Stabler. 2014. Wiley Blackwell.

本书是为没有句法知识背景的学生撰写的。它既有可读性又有可操作性,因为它为学生提供了大量的练习,以操练新学到的句法知识。对句法的理解不是消极的,学生必须积极地学习它。本书从形态和句法两端构建合乎语法的短语,从简单的概念开始,逐渐引入更为复杂的概念。作为新近出版的著作,《句法分析和理论入门》一书为读者提供了最新的句法思想。

Foundations of Language:*Brain*,*Meaning*,*Grammar*,*Evolution*. Ray Jackendoff. 2002. Oxford University Press.

本书为语法的语言学研究提供了一个很好的视角。对语法研究的新探险家而言,本书是一本容易上手的书,为理解人类大脑提供了作者的见解。通过采用跨学科的研究方法,杰肯道夫确立了句法和语义如何在人脑中工作的理论。

A User's Guide to Thought and Meaning. Ray Jackendoff. 2012. Oxford University Press.

杰肯道夫先前的著作《语言的基础:大脑、意义、语法、进化》是体现作者对句法学和语义学观点的大作,所有严肃认真的学生都应该读它。这本较薄的指南采用更为非正式的方法去解释短语是如何构建的,意义是如何生成的。本书特别针对非专业人士,对意义和思想作了详细的阐述。

Syntax:*A Generative Introduction*. 3rd edition. Andrew Carnie. 2013. Wiley Blackwell.

这本写得很好且易于理解的句法导论是一本生成语法传统的教材,它以多种方式极力去描写英语的句法特性。在本书中,卡尼采用单一的、简化的方法展示层级和句子的构成成分,但是他并不限于此,而是运用全套的分析手段来阐明人类句法优雅的复杂性和美。

练 习

个人练习

1. 辨认下列句子中的所有短语并给它们贴上标签。另外,给每句中的主语、

语言入门

谓语和屈折形式（即使是过去式或非过去式）也贴上标签。例如，在 The teacher dropped the phone on the table 这句中，句子的划分如下：

主语：the teacher

谓语：drop the phone on the table

名词短语：the teacher

屈折形式：-ed

动词短语：drop the phone on the table

名词短语：the phone

介词短语：on the table

名词短语：the table

不及物动词：

a. A cat sits.

b. The cat sits in the yard.

c. The black cat sits on the snow in the yard.

d. The very black cat in the yard sits on the very white snow.

e. The children run.

f. The trees fell outside our property line.

及物动词：

g. A cat eats a chicken.

h. An old yellow cat eats a chicken in the yard.

i. The children run the dog.

j. The dog trees the cat.

双宾语动词：

k. The child gives the chicken to the cat.

l. I passed David the ball.

m. David threw the ball to me.

n. You should exchange the vacuum for a blender.

o. I put the garage door opener in the right shoe of the pair of shoes in the

第八章
构建更大的短语

box outside your back door.

2. 对于上述句子,给每个屈折短语画上树图。

第一,就像在第七章那样,请留出足够的空间作画。每个句子用一张横向的纸最理想。

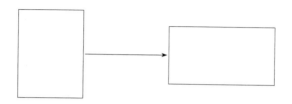

第二,把单词横着平放在页面底端。在你设法弄明白这些句子的组成成分之间的关系时,如果你把单词像旋转木马似的互高互低地摆放,只会让你感到困惑。让我们来试着画出 Those pesky dragons on her roof had a barbecue(她屋顶上那些恼人的龙吃了顿烤肉野餐)这句话的树图。

Those   pesky   dragons   on   her   roof   [past]   have   a   barbecue

第三,辨认短语的头。在我们的例句中,pesky 是形容词,dragons 是名词,on 是介词,roof 是名词,屈折形式是过去式,have 是动词,barbecue 是名词。注意,her 在这个短语中作为限定词,而不是名词。由于英语的历史原因,表示所有格的 her 和表示宾格的 her 有相同的形式。

347

语言入门

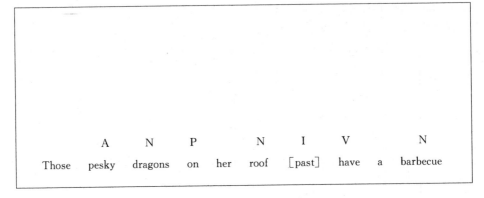

第四，画出顶层节点并遵循第一条规则。

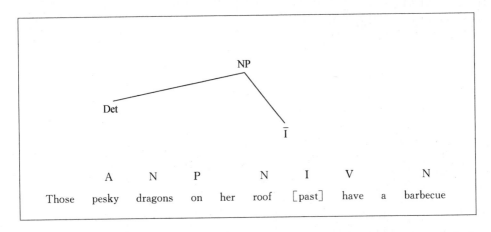

第五，从这点开始，把每个节点看作你爬过的山。你只有到了山顶才能看到山那边的情况，但既然到了那儿，你得决定下面关注什么组成成分。从你所站的位置，你能看出多少个节点？在这些练习中，屈折短语是标准型。因此，每个屈折短语将以同样的方式开始。

第六，继续遵照规则1、2、3，直到你到达每个短语的头，并把每个单词和树上的位置连起来。

第八章
构建更大的短语

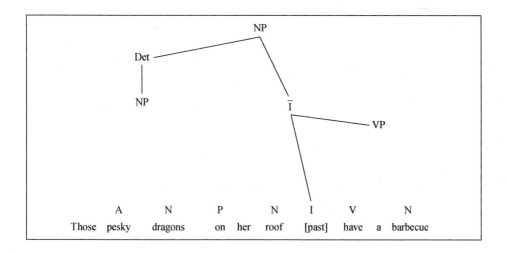

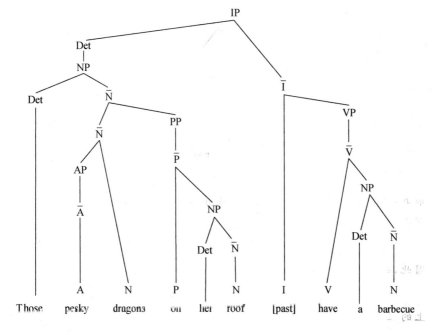

确定给所有的节点贴上标签。

3. 请给下列每一个结构性歧义的句子找出不同的意义。歧义出现在哪里?

   a. Herbie saw the star with the telescope.

■■ 语言入门

b. The toddler kissed the child with the puppet.

c. She bought the dog toys.

d. The British left waffles on the Falklands Islands.

e. They are hunting dogs.

f. Time flies like an arrow.

g. A dictionary fell on the modern novel reader.

h. The striker hit the referee with the water bottle.

i. He gave her gecko food.

j. The deep blue pool was cold.

k. The current information technology is better.

l. We saw that gas can explode.

4. 给上面每个有歧义的句子画两张 X 阶标树图。

小组练习

5. 解析下列每个短语并把它们用方括号分开。另外，辨认主语和谓语。例如，在 Their tall camel stepped on her zucchini 这句中，their tall camel（他们的高高的骆驼）是主语，谓语是 step on her zucchini（踩到了她的西葫芦）。这句的屈折形式是过去式词素-ed。用方括号表示后，这个屈折短语看上去像下面这个样子（空的限定词没有标出来）：

[IP [DET [NP [DET their][N̄[AP [Ā[A tall]]][N camel]]]]

[I [I-ed][VP [V̄[V step][PP [P̄[P on][NP [DET her]

[N̄[N zucchini]]]]]]]]]

你或许会想，在上述解析的右边为什么有那么多的方括号。这些方括号都是用来结束一个不同的组成部分。为了更容易看清，你可以给每个结尾都贴上标签，如：

zucchini N]N̄] NP]P̄] PP]V̄] VP]Ī] IP]

每个短语都不会停止，直到线的尽头。zucchini（西葫芦）这个词被嵌入每

第八章
构建更大的短语

个短语中。短语的嵌套特性是人类语言的一个基本部分,同时也是形态和句法的共同责任。在英语中,它主要是句法的任务。对于下列短语,记住,形态动词(如,can, may, might, will, should)将作为屈折短语的屈折成分。

a. The wind will blow.

b. Some rain should fall.

c. My pug snores.

d. That cute pug eats like a pig.

e. This adorable pug with the injured eye might trip.

f. Our sugar-glider really likes us.

g. Those low-flying griffins over the forest seem terribly friendly despite their claws.

h. Stark sunshine floated through the window in the family room this afternoon.

i. A dragon ate my couch.

j. Our favorite squid in the backyard pool deftly retrieved the couch from the gullet of the dragon.

6. 下列句子哪些是词汇上有歧义的?哪些是结构上有歧义的?你是怎么弄清楚的?

a. Sneaking carefully across the room, she peered into the lamp-shade and saw a bug.

b. The head fell out of the window.

c. Gretchen went through the door.

d. The Viking thought it was a very fancy club.

e. After the poker game, the gravedigger found the missing spade.

f. During the parade at the beach, she saw the biggest wave she had ever seen.

g. We disliked the striped chair and couch.

h. Umberto turned on the speaker.

i. The craft had been going downhill for some time now.

j. Swimming in the river, the programmer realized he didn't know how much money he had left, so he headed for the bank.

7. 造五个结构上有歧义的句子和五个词汇上有歧义的句子。

8. 对于下列花园路径句子,努力找出潜在的不同意义的断裂出现在哪里。在潜在的解读(没有完成的解读)和唯一完成的解读之间,短语的头有没有发生变化?如有,是什么促成了这一转换?下列句子出自语言学家约翰·劳勒,是他给出了一些令人好奇的花园路径句子(参见:http://www-personal.umich.edu/~jlawler/):

a. The prime number few.

b. Fat people eat accumulates.

c. The cotton clothing is usually made of grows in Mississippi.

d. Until the police arrest the drug dealers control the street.

e. The man who hunts ducks out on weekends.

f. When Fred eats food gets thrown.

g. Mary gave the child the dog bit a Band-Aid.

h. The girl told the story cried.

i. I convinced her children are noisy.

j. She told me a little white lie will come back to haunt me.

k. The man who whistles tunes pianos.

l. The old man the boat.

m. The raft floated down the river sank.

9. 在下面的两个例子中,其中的动词与你的方言中的动词有什么区别?

下面的句子来自澳大利亚有关袋鼠的一部纪录片,片中一位澳大利亚人说:"I never thought kangaroos to use an underpass."

阿列克斯·弗格森爵士,受人尊敬的曼联队前经理,曾说过:"... as long as humans are humans you hope something stupid to happen."

第八章
构建更大的短语

学习问题

1. 单词的形式随词汇歧义而改变吗？在词汇有歧义的情况下会发生什么？
2. 有结构性歧义的短语要求不同的短语树图吗？如果是，为什么？
3. $\overline{V}$ 与其他短语的关系是什么？
4. XP 中的限定词位置怎么会像一辆汽车？
5. 在你开始画线并把短语树图中的节点连起来之前应该做什么？你为什么应该这么做？
6. 什么是双宾语动词？在动词短语（VP）中它们需要什么？
7. 什么是与格词交替（作用）？
8. 是什么使得句子成为句子？
9. 屈折短语的主导词是什么？
10. 屈折短语的主语落在短语树图的何处？
11. 屈折短语的屈折成分落在短语树图的何处？
12. 什么决定结构性歧义的句子的意义？
13. 花园路径句子起什么作用？
14. 一个句子中能否有超过一个屈折短语？
15. 补语化成分的作用是什么？
16. 什么是无主语？
17. 前置性语言有哪些共同的特性？
18. 世界上的语言中，主、谓、宾最常见的顺序是什么？
19. 为什么阿巴拉契亚山区的方言和北卡罗来纳州屏障岛上的方言有相同的主语—动词一致的模式？
20. 动词 need 在美国如何展现它的变化？

 要了解与本章有关的更多资源，请登录本书的配套网站：http://www.wiley.com/go/hazen/introlanguage。

第九章　从短语到意义

本章概览

本章概述
意义和歧义
语言结构的另一领域
结构与制约
意图与效果的结构
　言内—言外—言后三重奏的相互作用
含义的结构
直接言语行为和间接言语行为：完成任务
一种特殊的动词：带施为动词的施为言语行为
话语标记
话语脚本
礼貌
交际能力
会话中的变异
本章总结
主要概念
参考文献
延伸阅读
练习
　个人练习
　小组练习
学习问题

第九章
从短语到意义

本章概述

在上一章中,我们聚焦了短语的构造,把较小的短语组合起来造句。然而,句子只是我们每天所做的一部分。句子上面的领域被称作语篇,而语篇的基本组成部分之一是话语。本章聚焦人们如何通过话语来构建、管理和解读语篇。我们用不同层次的信息创造语篇,对这些信息的解读需要对语境和可能的意义的关注。正如我们从前几章中学到的,有些信息来自语言:词素构成单词,单词构成短语,短语穿过音系。不过,许多解读来源于语篇的语境。毕竟,有时候重要的不是你说了什么,而是何时和怎么说的。本章的相当一部分探究我们在与朋友和随机的人交谈时遵循的会话规则,即指导我们在会话中说什么、何时说和怎么说的那些规则。本章余下的部分集中讨论我们如何利用语用知识去弄清楚人们在会话中的真实意思。

意义和歧义

第八章集中讨论了动词短语和以屈折短语形式出现的句子。由层级树图我们分析了句子的组成成分和它们的排序,我们因此得以细究句子的结构。在这一章,我们把句子放在实践中,而不是把它们当作解剖的标本。不过,它们并不只是被当作句子来用。从技术上讲,句子只是带主语和谓语的屈折短语。当人们把句子写在一页纸上或者大声说出来时,它们就不再只是句子了,它们变成了**话语**。话语指在社会语境中生成的任何只言片语。本章主要聚焦口头语言,但社会语境在书面语中同样有相关性。话语不受大小的限制,所以它们可以是任何单位的语言,包括更小的短语、单个词和声音。

为了说明话语的意义可以游移得多广泛,我们将通过两个不同的语境来分析一个简单的句子:门锁上了(The door is locked)。这个句子本身有一个主语和谓语,其动词处于非过去式、中性、陈述的状态。该句子的层级结构有四个 XP 和六个词素(如果你把联系动词 is 算作两个词素)。把这个句子说出来时它或许有四个音节。所有这些信息在我们的大脑中得到处理,在本书的这个节点,我们希望这些信息中没有任何难以应对的东西。然而,当这个句子在某个社会语境中被说出来,它便成了一个话语,此时我们有更多的信息需要处理。

在第一个语境中,设想有两个室友在他们的公寓里,两人都因繁重的学业和他们刚刚操办结束的晚会而筋疲力尽。其中一位总是忧心忡忡,此刻他累得都无法从沙发里站起来。这位室友不断地说:"有人想要回来……太累了。"也许因为操办晚会疲惫不堪,且听腻了他的唠叨,另一位室友回答说:"门锁上了。"然后径直去睡觉了。

在第二个语境中,设想一部惊险片,其中的男主人公在一间很大的房子里飞奔,试图摆脱一群凶恶的猎狗的追逐。这位英雄跑到了地下室狭长的走廊,被一扇铁门挡住了退路。铁门那边的卑鄙的坏家伙喊道:"门锁上了!"

这两个语境中这句话分别表达的意思是什么?首先,想想说话这个动作本身。选择说话而不是保持沉默,这本身就是一个有意义的行为。我们都知道,即使沉默也能表达意义。对于这些说话者中的每个人,话语就是**言语行为**,例如一项声明,一个请求,一个威胁或一道命令。说话是一个参与和影响话语的决定。我们所使用的话语往往是言语行为,而这些行为有助于表达句子的意义。

从"门锁上了"这句话中我们能挖掘出什么意义呢?对于第一个语境,几条线索有助于意义的解读:对于两位室友,那可是长长的一天;他们操办的晚会刚刚结束;其他人参加了晚会;两位室友都很累了,一天也结束了;他们不想继续这场晚会了。当那位不安的室友絮叨着各种潜在的问题时,另一位室友用"门锁上了"这句话关闭了对话的大门,结束了那长长的一天。这一言语行为起码提供了下面几层意思:

1. 公寓的门已锁上,不容易打开。

第九章
从短语到意义

2. 参加晚会的人不会再进公寓。

3. 你不该再为这事烦恼。

4. 咱们之间的对话到此结束。

5. （可能的意思是）别再抱怨。

第二个例子中出现了同样的句子，带着所有同样的语言特征。话语的声音特性，如它的语调和音量，可能有所不同。尽管在这里我们不作分析，这些特性能左右话语的意义。但同样的句子却让我们得到不同的话语，因为它的语境不同了。第二个场景的语境线索和第一个场景的截然不同：男主人公身处险境；他急着脱身；危险来自一群紧追不放的猎狗；身体距离是安全的关键（而不是一枚炸弹或者主人公体内的病毒）；这位英雄正在寻找出口。在这些事实背景下，坏蛋说了这样一句话："门锁上了。"可从这一言语行为中获取下面几层意义：

1. 出口已锁上，不容易打开。

2. 这位英雄目前的计划必须改变。

3. 坏蛋掌控着局面。

4. 坏蛋想让英雄知道他已掌控局面（所以才有这一言语行为）。

5. 英雄逃脱的希望很可能破灭了。

6. （可能的结局和升级的冲突的来源）坏蛋将赢得这场战斗。

在日常生活中，我们并不这样细查基本的事实。当我们走进一家餐馆时我们并不把背景知识都罗列出来，然后点菜，接过送来的食物，就餐，结账。但是（这可是一个大大的"但是"），我们的大脑是这样工作的。在这一章中，我们详细叙述大脑运用话语和语用知识作出的各种决定。我们极少意识到谈话中作出的决定和遵循的逻辑。不过，喜剧演员通过故意违反这些决定来利用它们。幽默通过对比得以产生，喜剧演员正是通过对比期待的言语行为和完全不靠谱的言语行为来创造幽默。尽管我们并不总是意识到这些基本的语言决定，但对于话语及其语境我们都略知一二，本章为你提供解析这些知识的术语。

语言入门

我们每天依赖语言和语境的一个不同的方法是通过代词。在前面几章我们涉及了代词,它们具备人类语言特有的特性。代词的**指示功能**指的是它们具有表意的能力,但指向其他实体作参考。例如,代词"I"指"第一人称单数",但并不局限于一个人。它指的是任何用这个代词的人。第一人称单数这个意义是稳定不变的,但其所指从一个使用者转到另一个使用者。代词指示功能的语言特性需要语境信息来完成一个代词的具体意义。

想象一个场景,作为潜在的银行盗窃嫌疑犯,六位女子被警察排成一个长队,然后一名银行出纳员被要求来辨认哪一位女子是持枪者。如果那位出纳员只是说*她是那个持枪者*而没有指任何方向,那么这个陈述是完全模糊不清的。在这种情况下,歧义既非词汇引起的,也非结构性的。代词"她"本身没有能力指认任何一个人,它只能挑出一位女性(通常是有生命的,但即使这样规定,所指范围还是可以延伸)。如果只有一位女性是被怀疑的对象,通过排除法可以挑选出嫌疑犯是谁。可是,如果不止一位女性在场,那么得由说话者作出明确的表述,表明"她"指谁。用代词消解语境上的含糊不清是我们日常生活中再正常不过的一部分,我们几乎注意不到自己解决潜在困惑的方法。

下面这个文字游戏中讨论的小品"谁在一垒?"对代词作了不一样的歪曲解读。巴德·阿博特没有用语境上的意义模糊不清作为一系列笑话的基础,而是把带有指示功能的代词转换成没有指示功能的普通单词。例如,像 who 这样的形式被用作一个标签,就像 Rusty 或 Pedro 这样的人名一样。这样转换之后,代词系统和普通名词系统之间的词汇歧义就出现了。

文字游戏:谁在一垒?

从 1936 年到 1945 年,巴德·阿博特和卢·科斯特洛提炼了早些时候的一个小品,给它取名为"谁在一垒"。该小品轰动一时,之后被多次搬上舞台。小品中的幽默是通过疑问代词的模糊不清而实现

第九章
从短语到意义

的,这些疑问代词包括 who, what 和 why。同时这些词也作为人的名字出现。作为代词,它们具备指示功能的特性:它们指向其他可辨认的代理人。作为名字,它们直接标识出一个人。

Abbott: I'm telling you. Who's on first, What's on second, I Don't Know is on third.

Costello: You know the fellows' names?

Abbott: Yes.

Costello: Well, then who's playing first?

Abbott: Yes.

Costello: I mean the fellow's name on first base.

Abbott: Who.

Costello: The fellow playing first base.

Abbott: Who.

Costello: The guy on the first base.

Abbott: Who is on first.

参见:http://www.youtube.com/watch?v=kTcRRaXV-fg

在星期六早晨的《早餐麦片》网络漫画中,扎克·韦纳用化学元素符号制作了 57 幅版的《谁在一垒》连环漫画。这怎么可能呢?韦纳创造性地利用了这些化学元素符号的声音和其他单词的模糊不清。这里我们不妨看一下像 No(Nobelium,锘)、Na(Sodium,钠)、K(Potassium,钾)、O(Oxygen,氧)和 U(Uranium,铀)等化学元素,它们会和 no,nah,'K,oh 和 you 等单词相混淆。

资料来源:http://www.3mbccomics.com/index.php?db=comics&id=2349#。

■ 语言入门

语言结构的另一领域

我们来看一下 Wow(哇)这个单词。作为一个或许由三个音组成的单个词,Wow 并没有多少意义。然而,在特定的上下文里,它可以被解读出许多意义。这里,我们不妨考虑一个场景:一位朋友正拿着没有盖上盖子的碳酸饮料向着你们的桌子走来。在她摔倒并把饮料洒在你身上和午餐上之后,你说:"Wow。"什么样的意义能够和"Wow"这句话联系在一起?在一个不同的语境中,在本以为自己不及格却得到"优"之后,如果你惊叫一声"Wow",什么样的意义隐藏其中呢?同一单词在不同的场合给了我们不同的意义。

是什么触发了这些对 Wow 这个词的不同解读呢?一部分是因为语境;从话语的语境中,我们还要用我们的语用知识来弄清楚话语的意思。**语用知识**指语言之外影响它的解读的信息,包括物质的和社会的事实。不同的人有不同层次的技能,但作为人类我们确实擅长用语用知识来破解语言的意义。作为说话者,我们把一个语境中的所有话语编织成一个单独的集合,称作**语篇**。学者们所用的语篇这个术语可以指某一语境中一个小的话语集合,如单个会话,也可以指类似语境中的众多会话,如"医学语篇"或"法律语篇"。语篇和语用学的研究分属语言学的不同领域,但它们在许多方面都有重叠。在这一章,我们将运用来自这两个领域的发现,以更好地理解日常生活中话语的复杂模式。

结构与制约

人们生成话语就像生成音节、词素、单词和短语一样。虽然我们不会给会话画层级树图,但话语也有其准则。人们不是毫无章法地用话语。我们遵循几条准则,在违反这些准则的时候,大多数人会意识到。违反的部分恰恰证实了我们对话语所作出的共同的社会协议。

第九章
从短语到意义

在话语中我们通常遵循的基本原则被称为**合作原则**。当人们交谈时，正常的理解是他们说的内容是对彼此有帮助的，且会话参与者在以合作的方式交流。如果某人说，"我确实饿了"，另一个人回答说，"在高街上有几个吃饭的地方"。我们中的大多数人认为第二句话与第一句话是相关联的，因为我们假设那两个人在合作。设想一下，如果没有合作原则作为理解的基础，我们的会话会有多么奇怪！我们来看一下这个场景：其中一个人问："姬尔在哪里？"另一个人回答说："她的车远在弗莱德的私人车道上。"第一个人盯了他一会，然后说："难道我问你她的车在哪儿了吗？你干吗要跟我讲她的车？"如果我们不遵循合作原则，除了最直截了当的表述，我们无法理解任何东西。我们就不能从所说的话或者没有说出来的话中品味出任何含义。哲学家保罗·格莱斯首先给这个想法取了个名称，并且提出了会话的四个准则。

任何准则都是对一种普遍真理的简短陈述。这些**会话准则**并非严格的定律，合作原则也是如此。出于各种各样的理由，我们违反它们，而在我们违反这些准则的时候，参与会话的某个人通常会知道有人违反了它们。

第一条是**量的准则**。我们来看一下这个场景：

（一个年轻姑娘站在厨房里，手里拿着一只搅拌碗。）

女儿："我怎么做巧克力蛋糕？"

妈妈："用糖。"

这位妈妈的回答有问题，因为其中没有足够的信息。尽管糖是巧克力蛋糕中的一部分，但它显然不可能是唯一的配料，用料混合的顺序和烘烤等信息也被忽略了。实际上，大部分重要的信息都被省去了。请比较上述场景和下面的一个场景：

（在深秋的一场训练中，教练走向一位运动员，后者浑身在发抖。）

教练："你冷吗？"

运动员："寒冷是我们心中的一种感觉，是我们的神经系统对从我们的皮肤获取到的信息在大脑的反应，它是一系列沿着小得令人吃惊的通道的神经化学反应,尽管其目标现在还不确定。我能说的是,这些信息从我的皮外层传到了我的皮内层。"

　　教练:"多动动会让你暖和些。动起来!"

　　这里,运动员的回答太啰唆了。简单的"是"可以成为完全能被接受的回答。量的准则可以处理这两种情况。它要求说话者提供足够的信息,既不能太多,也不能太少,足够即可。什么样的信息量才合适得视具体场景而定:对你朋友合适的回答要比大学课堂里合适的回答简短得多。了解这些惯例是在一个社区里的某个场景中把握好分寸的一个重要部分。

　　第二条会话准则是**质的准则**。这条准则与会话进行得如何没有关系,它处理的是信息的真实性。我们来看一下下面这个场景:

　　(在城市的一个集贸市场,一位顾客站在一幅画前面,想购买这件艺术品。)

　　顾客:"这幅向日葵需要多少钱?"
　　艺术家:"三分钱。"
　　顾客:"什么?是真的吗?"
　　艺术家:"开玩笑啦!三百美元。"

　　这位艺术家起先所说的"三分钱"不真实,那幅画真正的价格是三百美元。艺术家的简短回答显然违反了质的准则。有时,人人都知道质的准则被践踏了,但大家照样若无其事地"演戏"。当父母跟孩子玩"抓到你的鼻子了"游戏的时候,大人们假装在捏孩子的鼻子,把它夹在两根手指之间,孩子咯咯地笑(但愿如此),说明大人们前面这句话是错的,它很好笑。

　　第三条会话准则是**关联准则**。像质的准则一样,它也是一条说话者需要遵循的相当简单的规则:做到关联。把话语和眼下的会话联系起来。重新考虑一下上面的那个例子:

　　(两位朋友站在他们的出租屋外面。)

　　朋友1:"姬尔在哪里?"

朋友2:"她的车远在弗莱德的私人车道上。"

既然关联准则是会话的一个基本原则,我们必须假设第二个朋友的回答和第一个朋友的问题是关联的。如果我们不作这样的假设,那么有关私人车道的回答只是一个随机的事实,就像许多鱿鱼碰巧在鱼缸或冰箱里那样。关联准则也适用于每一个交流场合。我们来看一看下面的短信交流:

(两位朋友发送短信进行交流。)

室友1:"我会在杂货店停留"

室友2:"牛奶"

室友1:"好"

室友2:"啤酒"

室友1:"够了"

如果没有关联准则,这样的交流会显得很怪。想象一下所有这样的场景:当有人说到"牛奶"时就得到了别人的注视。不过,因为发短信的制约和杂货店的背景,"牛奶"这样的回答(而不是"你在那里的时候,请带些牛奶回来")是完全可以理解的。

下一条(也是最后一条)会话准则是**方式准则**。尽管这一准则的主要目的是要求说话清楚,但它更为复杂一些。问题出在各种会让我们表达不清的方式上。在下面这一个场景中,意义的模糊不是因为某个话语。那么下面的场景中为何意义不清楚呢?

(母亲试图在电话里讲解如何做巧克力蛋糕。)

母亲:"你得把面粉、糖和牛奶充分搅拌。"

女儿:"好的,我想是这样,但是它全是白色的。"

母亲:"把它从烤箱里拿出来。"

女儿:"什么?难道我应该在烤箱里搅拌它?"

这里,问题出在话语的顺序上。在某个时间点是应该把蛋糕从烤箱里拿出来,但不是在配料被充分搅拌之前。因为语篇涉及众多的短语,这类

语言入门

问题在会话中容易出现。说话者迷惑听众的另一个方法是使用他们听不懂的术语。不幸的是,这种情况在师生的对话中司空见惯:

(在三年级的一间教室里,学生们正在进行一项写作训练。)

教师:"我们需要提高动词过去式的拼写。"

学生:"过去什么?"

教师:"太多的人在用正字法代表英语中弱动词的形态变化,而实际上动词后面应该只是加上 ED。"

学生:[震惊之余的沉默]

这里,如果说表达的想法并不是不能为学生所理解,教师所用的术语则完全超出了学生的理解能力。这些术语使听众困惑,因为它们不能把一个意义和某一个形式固定在一起。观众也有其他类型的形式和意义混合的麻烦,如下例所示:

(两个朋友在一个公共场所相遇,但其中一个急着去上课。)

朋友1:"今晚你是更愿意到市中心去,还是让人来我的住处?"

朋友2:(匆忙离开之际)"好的!"

朋友1:"啊?"

这里,"好的"这个回答在上下文中模糊不清,因为没有明确到底是哪个选项,或者随便哪个选项对第二个朋友来说都可以。不管怎么说,第二个朋友的回答因为没有说清楚而违反了方式准则。

这四条会话准则是有关会话的假设,不是可以执行的规则。稍后,我们将探索如何利用这些假设。

意图与效果的结构

人们是如何运用合作原则和会话准则来完成对话的呢?我们运用这些策略使两种不同的话语意义相互竞争。一种是我们能够从话语的单词中挤

第九章
从短语到意义

出来的最直接的字面意义,即**言内之意**。另外一种是说话人希望传递的意义,即**言外之意**。在合作原则的基础上,我们选择是否遵循会话的四个准则,然后强调是言内之意或是言外之意。

为弄明白合作原则和会话准则是如何工作的,我们不妨来看一个语篇,其中一位说话者乍看上去似乎违反了关联准则:

(在筹备返校节游行的会议上。)

设计者1:"我想用一个漂浮物,上面按着的一个巨大的机器人手臂在剥一个巨型玉米穗的壳。这个计划很棒,它不可能出错。"

设计者2:"泰坦尼克。"

设计者3:"有道理。"

我们需要来看看"泰坦尼克"这句话及其在言内之意和言外之意两个层面上的可能的意义。在言内之意层面,它只是个名词,一艘著名的船的名字。这种说法可以理解为一个**不合理的推论**(*non sequitur* 是个拉丁词,意思是"不根据前提的推论"),因为"泰坦尼克"这个名词与玉米、机器人手臂或者返校节游行漂浮物没有逻辑关系。选择这个名词取决于参与会话的人在假设"泰坦尼克"与前面的表述存在某种关系时是否想遵循合作原则和关联准则。在某种意义上,听众必须用话语可能的意义去适应上下文。果真如此的话,泰坦尼克号的故事,以及它所谓的无敌和首航沉没,或许就成了一个及时警告,告诫当事人建造"巨无霸"的风险,提醒他不要对前景过于自信和盲目乐观。

说话人也可以用不同的方式把言内之意和言外之意隔开来创造讽刺。讽刺就是运用反语表达对某人的不屑和鄙视。在下面这个场景中,读者应该体会说话人"字里行间"的意思:

(哥哥在水池边洗盘子,而妹妹正在起身离开餐桌。)

妹妹:"我去看电视了。"

哥哥:"你怎么不把盘子留在餐桌上让我来收拾?"

妹妹:"谢谢!"

■ 语言入门

> 哥哥把湿抹布扔向妹妹的头。

这里,哥哥话语的言内之意来自一句中性的、非过去时态的疑问句,其中含有一个动词变位和藏在介词短语里的一个内嵌的屈折短语。这句的言内之意大致如下:有没有什么理由可以让你不把盘子留在餐桌上成为我的负担?我们可以想象一下这样的语境,其中这类话语有着良好的用意,比如,在餐桌上的那个人因骨折和脑震荡刚刚从医院出来。然而,在这里提供的语境中,言外之意或许更接近于"把你的盘子拿过来自己洗"。

除了言内之意和言外之意的区别,许多语言学者还将**言后效果**作为话语分析工具包的一部分。言后效果指的是听众的心理感受。在上面假设的两个场景中,我们也得考虑一下言后效果。对于返校节漂浮物那个小品,第三位设计者通过看出第二位设计者所表示的"泰坦尼克"警告而表露了自己的言后效果(即心理感受)。对于兄妹那个小品,妹妹表达的"谢谢"这个反应可能是她只关注言内之意的结果,她假设言外之意和言内之意是一样的,或者更可能的一种解释是,她听出了哥哥更具讽刺意味的言外之意,选择充耳不闻,进而以其人之道还治其人之身(干脆就把盘子留在桌上)。对于妹妹来说,言后效果的变化取决于言内之意和言外之意在她身上如何演变。

言内之意、言外之意和言后效果之间的相互作用可以是很复杂的。这三者是我们日常会话中的一部分。在一个社群成为有能力的成年人的一部分就是学会这三个领域的意义相互作用的规约。并不是所有的社群都同样频繁地运用讽刺或幽默。学习什么是宽容是成长旅程的一部分。

言内—言外—言后三重奏的相互作用

尽管我们在受约束的视野内考虑了合作原则的基础和会话准则是如何与意义相互作用的,我们的许多相互交流实际上更为复杂。在动画片《亲亲麻吉》中有一个场景,一个来到福斯特家的新角色(取名为起司)被安排紧挨着爱德华多坐在餐桌旁,周围别无他人。爱德华多是这个家待的时间最长的成员之一,两人从没相遇过。爱德华多是个超级好人,他总是乐意

第九章
从短语到意义

接纳他人,这一次他可没有准备好即将发生的对话。

> 起司:"我喜欢麦片。"[出声地吃着]
> 爱德华多:"我喜欢土豆。"
> 起司:"我喜欢麦片。"
> 爱德华多:"瞧,我喜欢土豆。"
> 起司:(强调地说)"我—喜欢—麦片!"
> 爱德华多:(小心谨慎地说)"瞧,我喜欢土豆。"
> 起司:(这回叫起来了)"我喜欢麦片!"
> 爱德华多:(以带着恐惧和疑问的上升声调说)"我喜欢土豆。"
> 起司:(以带着威胁的、粗声粗气的声音说)"我喜欢—麦片!"

有关这一对话的录像反映的情况就更多了,因为除了声音效果和背景音乐以外,他们的面部表情和肢体语言也传递了其他信息(上网搜索"best Cheese Foster's Home"的视频剪辑)。总的结果是,这一对话可不是爱德华多知道如何应对的。后来,他把起司和另一个假想的朋友安排在一起。起司到底做错了什么?每次他说的都是同一个句子,但这些话语都不同。仔细想一想,为什么每次的话语都不一样而说的却是同一个句子。弄清楚这点很重要。

对于起司的第一句话,爱德华多试图遵守合作原则和所有的会话准则,尤其是关联准则和方式准则。爱德华多继续试着做一个好的会话搭档,但随着起司的第二和第三句话,他的言内之意和言外之意变得模糊不清。起司的言内之意在整个对话中没有变化,但他想表达的意思似乎随着每一句话在发生变化。起初,这句话可能只是一个对自己在这个世界上喜欢的东西的表白;爱德华多接着与起司分享了他所喜欢的东西。每当起司重复他那句话的时候,他的言外之意开始向其他领域转移,而他的声音特征为他想传递的意思增添了不祥的暗示——不管他的意思是什么。我强烈建议你在人生的某一刻也参与一次这样的对话(只为看看由此可能产生的喜剧效果)。

■ 语言入门

含义的结构

正如你可以从合作原则和会话准则是如何相互作用以及言内之意和言外之意的对比中看到的那样,我们做了不少工作来弄明白话语的意义。从会话的这些不同部分获得的意义被称作**会话含义**。有几种不同的会话含义,但这里我们仅讨论三种。第一种,或许是最为明显的一种,集中在句子中短语的实际顺序,我们不妨把它称作**时间顺序含义**。当我们说这样一个句子——"莉莉吃了午饭,去游泳了",午饭、游泳的出现顺序隐含着吃午饭发生在游泳前。这说明句子的时间顺序反映了故事的时间顺序。除非存在明显有违于实际情况的信息,我们中的大多数人会理解为莉莉先吃了午饭,然后去游泳的。

下面一类会话含义出现得更早,现在我们可以将其命名为**支轴含义**。就像一块跷跷板(see-saw)(或者你的方言中所称的 teeter-totter,意即跷跷板),中间的支轴允许一边上升,而支轴把整个板撑在那个中心点(如图 9.1 所示)。在下面一个场景中,隐含的意义需要依靠关联准则才能充分理解:

(在一个大学校园里,正在参观校园的一家人问大学的一个工作人员哪里可以买到大学纪念品。)

正在参观的母亲:"哪里可以买到印有大学图案的宽松圆领长袖运动衫?"

大学工作人员:"学生会大楼,径直往前走两个街区。"

正在参观的母亲:"谢谢。"

隐含的意思是学生会所在的大楼可以买到这类运动衫。通过支轴含义,这位母亲听懂了这个意思,她感到自己的问题得到了解答。如果那位大学工作人员明明知道(出于某种原因)学生会大楼并不出售这样的长袖运动衫,却提供了上面的话,那么大多数人会认为这位工作人员是在撒谎,或者起码很不礼貌。

第九章
从短语到意义

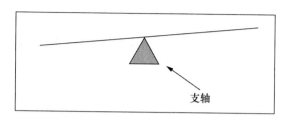

图9.1 支轴撑着杠杆,当一端升起时另一端降落

最后一种会话含义或许最好被称作**转移含义**。要想让它发挥作用,要想让听众确实听懂这个含义,说话者藐视一条会话准则,以便于把隐含的意思通过另一条准则表达出来。藐视这个词可不是一个常用的词,它指的是公然破坏一条规则,常常是为了使其他人能注意到你违反了它。藐视一条准则就是故意违反它,旨在让一部分听众注意到你违反了它。请看下面的场景:

(一个学生刚刚从早晨的一堂有机化学课回来。)

学生1:"你的有机化学教授怎么样?"

学生2:"他以结构清晰的独白丰富了我的灵魂。"

学生3:"那一定是和这堂课早晨八点开始很吻合。"

在这里,第二个学生的话语遵循了关联准则和量的准则,但很可能违反了质的准则。这位学生对有机化学教授的评价是如此出格,把自己的方式强加于人,以至于唯一可行的解读是该学生在故意藐视质的准则。很可能是,那位教授漫无目的地从一个话题谈到另一个话题。有了这个转移含义,说话人应该意识到听众要如何调整节奏以明白他们有意去违反的准则。看一下下面的场景:

(两个十几岁的朋友在购物中心偶遇。此前其中的一个朋友带着她临时照看的一个八岁男孩去看了儿童功夫影片。)

朋友1:"你们两个在忙什么呢?"

朋友2:"我们去看了新上映的儿童片。"

■ 语言入门

朋友 1："怎么样啊？"
朋友 2："有声音和很多光。"
男孩："有好多爆炸场景和巨大的闪光，还有车子和相撞的飞机。"
朋友 1："好极了！"

这两位朋友和那个八岁的孩子显然在不同的理解波段上。第二位朋友正是利用了听众中的这些差别让转移含义发挥作用以满足不同听众的需要，并把她的想法传递过去让人理解。通过(影片)"有声音和很多光"这句话，第二位朋友处理了关联、质和方式这三条会话准则，但故意藐视量的准则：告诉另外一位朋友一部电影有声音和光远远没有达到一般影评所给出的信息量。

通过运用转移含义和牺牲量的准则，第二位朋友的话突显了没有被大声说出的信息，如对影片情节和演员演技的批评。小男孩没有听懂他的照看人的转移含义，进而把后者的话"影片有声音和很多光"理解成一个热情洋溢地进一步渲染这个话题的机会，男孩所说的话正是那些声、光中包含的内容。照看小孩的那位朋友在不费多少口舌的情况下能成功地处置这次谈话，这是因为她知道如何对一个特定的听众传递一层意义，而对另一个听众传递另一层不同的意义。这样的谈话我们都经历过，不管我们是否反思过自己表达的意义。另外，你或许已经注意到了，有些人比另一些人更擅长这个。

文字游戏：妙趣横生的话语

下面是另一段来自《亲亲麻吉》的录像剪辑，值得一看：

场景：布鲁(Bloo)是福斯特太太家里的另一个想象中的朋友。麦克(Mac)是他的创造者。布鲁和麦克在为了布鲁所谓的新的小弟弟而争论，这个小弟弟名叫起司(Cheese)。两人站在厨房里，起司就在他们身边。麦克正试图让布鲁恢复好心情。可是，起司不仅没有走到一边去，他还不断地出现在麦克和布鲁之间。下面是他们的对话。

> Mac: "I have to take responsibility for him. It is only fair."
> Bloo: "Figures."
> Cheese: "I'm a cowboy."
> Mac: "Look Bloo, things won't be any different. I promise."
> Bloo: "Huh!"
> Cheese: "Here's my horsee!" {Showing a toy purple rocking horse}
> Mac: "Come on. Didn't you want to make that go-cart today? You've been talking about it all week."
> Cheese: {Makes utterances of horse-galloping sounds and pistols shooting while pretending the horse is riding on Bloo's head}
> Bloo: "Get out of here!"
>
> 在这个场景中,麦克正试图安抚布鲁,让他有个更好的心情。起司既不参与他们的对话,也不回避他们的对话,也不重启新的对话。他只是在说一些话。就像其他类型的幽默一样,这一反差足以让人发笑。观众对关联准则及合作原则的期望与起司的实际话语之间的对比造就了这令人捧腹的落差。

直接言语行为和间接言语行为:完成任务

当我们在展示言语行为,如请求、要求、开玩笑的时候,我们都可以采用一个更为直截了当的方式或者更为隐蔽的策略。如果你和家人在吃饭,你可以说,"把盐递给我",这表达了直接的、命令式的"递盐给我"的意思。对于这类话语,它的言内之意和言外之意完全相符,当出现这种情况的时候,这样的话语被称作**直接言语行为**。不同的人和不同的文化对直接言语行为

■ 语言入门

在一定语境中的价值有着广泛的不同的看法。在英国的某些社交圈和美国的南方,直接言语行为被视为粗鲁无礼的行为。对于在纽约市土生土长的人,直接言语行为被看作诚实的表现。虽然不太像词汇,直接言语行为的话语选择与社会意义联系在一起,因为它有一种替代的选择。

另外一个选择也涉及言内之意和言外之意。我们来看一下上述同一餐桌上的场景:如果你说,"盐你用过了吗?"旨在希望对方把盐递给你,言内之意和言外之意不相符。上述话语的直译,也就是它的言内之意,聚焦于盐的使用者是否已经用过盐了,仅此而已,没有提出说话者潜在的用盐要求。这类被称作**间接言语行为**,因为言内之意和言外之意不符。语义程度上的差别是存在的,即有些言内之意比另外一些意义更加符合言外之意,但我们保持一个二分标签。直接言语行为和间接言语行为是说话人在建立和维持与他人的关系时作出的选择,认识到这一点很重要。那些选择是否是有意识的不在本书的探讨范围内。当我们在本章稍后讨论礼貌用语的时候,这些选择变得尤为重要。

拓展知识:解读间接疑问句

想象一下,如果你的老板在未来的工作中问你以下这个问题:"你能在下班前完成这份报告吗?"在动手写报告前,你得设法弄明白老板的真实意图。老板是在制订一个工作计划,并想知道你的报告落在哪个时间节点上吗?这个请求真的是一项下班前完成报告的命令吗?

德博拉·卡梅伦认为,像这类间接疑问句的使用是由权力关系支配的,包括因性别和社会地位而产生的权力关系。像上述工作场所的间接疑问句,卡梅伦认为老板是在下达命令,而非询问有关的信息。通过这样的方式下达命令,我们可以看出老板具有一定的权威性。如果职员不是把它当作一项命令,而是作出是/否这样的回答,如

第九章
从短语到意义

> "是,我会的",那么这位职员没有给予老板想要享受的那种权力感。
>
> 卡梅伦用一个家庭餐桌上的场景来说明以间接疑问句的方式解读权力和权威:一个丈夫问妻子,"有番茄酱吗?"你怎么解读这个疑问句?
>
> 这些问题的解读有何不同?

我们来看一下下面这些话语中的直接言语行为和间接言语行为之间的差异:

(哥哥正从家里搬出去住,他向正在看电视的妹妹提了一个要求。)

哥哥:"抓住书架的另一端。"

妹妹:"没门。"

这里,这位哥哥采用了直接言语行为。要让这个方法奏效,这位做哥哥的得依靠他可能拥有的威严或者兄妹之情来促使妹妹服从。试与这个场景的间接言语行为作比较:

哥哥:"我可爱的妹妹会不会是她哥哥最后一天在家时的最好的妹妹呢?"

妹妹:"唷,当然。"

以上这一间接言语行为,这位哥哥不是在要求他妹妹做任何事情,但他也流露了需要帮助的愿望,而且如果得到帮助的话,他会感激的。此刻,他不是在给妹妹施加什么权威,而是用不同的修辞策略向她提出请求。该句子唯一变位的动词是 might(可能、也许),因而从一开始就表达了一种可能性。在前一个例子中,变位的动词是 grab(抓住)。两者的区别突显了命令和请求的对比。哪种策略效果更好,取决于他们两个在过去的几年里是如何进行对话的。

语言入门

一种特殊的动词：带施为动词的施为言语行为

既然有这么多意义，这么多不同种类的含义和言语行为，语言中较小的部分没有任何限制。在上下文里，任何话语都有言内、言外和言后成分。一种特殊的话语确实有一个具体的要求。**施为言语行为**指说出话后就完成了言语行为的动作。说话就是行为的表现。这是一类特殊的言语行为，因为它需要**施为动词**，如允诺、诅咒、宣布、给……取名和（法律上的）宣判。你或许能从这个列表中猜到，一些施为言语行为更加常见，如：

- 我<u>承诺</u>准时回家。
- 骑车轧着你的脚了，我向你<u>道歉</u>。
- 我<u>接受</u>你的道歉。
- 我跟你<u>打赌</u>，我可以再做一次。
- 我<u>放弃</u>。

有些施为言语行为或许只能在你在场的时候做，而且这种情况更加罕见，如：

- 我在此<u>宣布</u>你们结为夫妻。
- 我<u>判</u>你入狱两年，不得假释。
- 我将这艘船<u>命名</u>为斯洛克姆。
- 现在<u>休会</u>。（This meeting is hereby adjourned.）

这些例子中的施为动词都加上了下划线，而且你应该注意到，这些句子中的主语都是第一人称单数，最后一个例子除外。施为言语行为的实施者必须是说话者本人。"许诺"这个动作不能来自第三人称单数。像"他许诺准时回家"这样的表述不构成一个许诺。作出承诺的人必须用动词的非过去式来完成施为言语行为。最后一例是"我在此终止这次会议"的翻版。请注意 hereby（以此、特此）是一块检测这些句子施为状态的好的试金石。施为言语行为对所有幻想小说迷来说也很宝贵。当女巫念出正确的魔法并

第九章
从短语到意义

从地面发射的时候，我们可以把这些咒语称作施为言语行为。在《哈利·波特》中，当赫敏·格兰杰演示漂浮的咒语时，她说出了漂浮咒，那些真的让物体漂浮起来的话语。或许从我们能说话开始，人类就一直在努力展示这样的施为言语行为。魔法则是终极的施为动词。请注意，它们被称作咒语，以彰显语言在魔法中的重要性。

话 语 标 记

随着人们生成这么多话语，言语的流动必须有某种调节，就像路标控制交通流量那样。很少会话是预先想好的，因此我们得管控好其他人的注意力和话题以及话题的修辞吸引力。其他人给予说话者的注意被称作**发言权**。这个术语是本章中的几个术语之一，大众对这些术语的通俗理解与它们的学术意义很好地重叠了。如果某人说话时有发言权，其他人应该作为听众洗耳恭听，即使他们先前也在说话。与大人相比，认识不到谁有发言权通常是孩子们的特质之一。然而，也有许多人更加关注他们自己将要说些什么，而不是有发言权的人正在说什么。

当我们处理会话的时候，可供我们支配的工具之一是**话语标记**。如弗莱泽（Fraser，1999）所描述的那样，话语标记通常是来自这些范畴的词汇：连接词（如 and，but）、状语（如 as a consequence, in particular）。话语标记显示了已经说的话和将要说的话之间的关系。它们通常引领会话，就像路标那样告诉人们哪里应该礼让，哪里可以停车，哪里并入车道。我们来看在政治筹款时出现的一个场景：

支持者1："If we cut taxes any more, well, it will be a big problem for the budget."（如果我们继续减税，那么，预算将是个大问题。）

支持者2："Actually, sales taxes are steadily on the rise."（实际上，消费税一直在不断地上涨。）

画线部分的单词在这里作为话语标记。它们为短语成为句子提供了一定的意义，但在上下文里，作为话语标记，它们表示说话者还有话要说，另一句话将接上。许多不同的单词和短语可以作为话语标记,包括 while, for example, however 和 another thing 以及 actually。通常,话语标记被视作处在句子结构以外。它们是会话顺序的一部分,但未必一定是分层嵌入一个句子的句法结构中。

在加拿大,eh(啊,是吗)这个词可以作为话语标记,表示一个说话者话语的结束,或者是新一个话轮的开始。它也是公共协议的一个标志。有一个话语标记在整个北美地区引发了众多疑惧,那就是**话语标记 like**。把 like 这个词加入话语中,很可能是出于众多不同的目的:

- 举个例子:I normally get like a grilled chicken sandwich.
- 作为估计:We were headed out at like 7:00.
- 连接不同的话题:This guy used to be a slob, and like, he is totally cleaned up.
- 标记新的信息:And like, the sheriff turned out to be his mom.
- 作为犹豫:And after the meteorite, like, a lot of things happened.

人们也用 like 和其他单词来表示他们的话轮的开始,没有给话轮添加新的意义的意图,只是表明话轮从哪里开始。这个表达犹豫的角色看上去似乎无足轻重,但是人们在本该沉默的地方运用**填充词**来保持发言权,与此同时他们的心理语法在追赶他们会话的走向。对于所有不同的话语目的,人们会寻找各种词汇填满这些犹豫的位置。如果 like 真的为每个人所痛恨(这个前提本身着实可疑),那么人们会寻找其他单词来替代它。

话 语 脚 本

当演员学习台词的时候,会有一个脚本提供台词,它同时也提供站哪儿和做什么的例行程序。在真实生活中,我们每个人都会开发脚本,作为在社会上安身立命的一部分。**话语脚本**就像一折戏或一部电影中的台词。它们指导我们站在哪里、何时等待、何时说话、期望什么样的问题以及我们反

第九章
从短语到意义

应的正常范围是什么。我们通过重复而学会它们,当我们不得不偏离它们的时候,我们甚至有些吃惊。当我们进入一家餐馆的时候,假如我们以前有过这样的经历,那里可能站着服务员和女主人,我们知道有个例行程序:我们进入餐馆,有人向我们打招呼;我们告诉某个人,或许是女主人,就餐的有几个人;最终我们被引领到一张桌子前坐下。然后,我们又经历点菜的例行程序:服务员向我们问好,问我们喝点什么,告知我们特色菜是什么,最后问我们点什么。

很多在服务行业工作的人都有话语脚本,这是他们的日常职责的一部分,其中一些话语脚本是由公司政策决定的。有一次,当我在一个大学城排队等候点菜的时候,招待我们的是餐馆经理,他用友好的语调向每个顾客问好,并且在分发面卷饼前会以某种问候形式与顾客交流。这位经理向第一位顾客问候时说:"嗨,伙计,想吃点啥?"跟第二个人打招呼时说:"超人,饿了吧,想来点什么?"轮到我时,他说:"先生,我们今天可以给您点些什么菜?"在和前面两位客户打招呼时,那位经理运用了非正式的问候语,借以与客户建立友情。对于第三位客户(也就是我),这位经理通过表达社交场合的敬意对我格外尊重(尽管当时我能想到的就是:"哇,我都成了老朽了")。在这三个案例中,那位经理都在遵循话语脚本,只不过因对象不同而有所变化。

在大多数这类交往中,我们很少关注会话本身。感受其他文化的难处之一是话语脚本因地而异。在点菜的时候,有些文化会要求简短的反馈,没有眼神交流,而另一些文化或许要求更多的个人问候。

礼　　貌

有关礼貌的讨论或许更适合出现在一本关于礼仪的书里,不过,话语和礼貌都仰仗语境。我们用语言所做的事情使得语境更加生动,我们所说的话或咄咄逼人,或令人宽慰。礼貌研究是一个跨文化领域,因为这里有关于人类行为广泛性的一些最迷人和最有揭示性的发现。即使是在像大学这样的环境中,不同的语言对礼貌的处理方式也不同。如迈耶霍夫(Meyerhoff, 2011:89)指出,日本的学生会把一个敬语后缀加到老师的姓上。在德国,大学生以老师的全部学术头衔称呼他们,如施耐德博士教授。不妨把这个层面的预期的礼貌与美国大学里的礼貌作个对比。在美国的大学里,教授们通常被直呼其名。尽管我把决定权留给我的学生,有些学生的确称我海森博士,但大部分学生喜欢叫我科克。这么多策略怎么都管用呢?以日本和德国的方法,正式的头衔拉大了师生间的距离,而对这等社会距离双方都能处之泰然。对于直呼其名的方法,通过建立可接受的社会关系,师生双方都感觉舒坦。

我们在会话中发展关系的方法之一是巧妙地处理通常所称的**面子**。像发言权这个术语一样,几个说英语的社群文化都用面子来表示相似的意义。如果两个男孩在打篮球,其中一个在成功抢到球之后或许会奚落另一位,说:"当着你的面!"这里,面子指的是你在社会上所持的个人价值的范畴,它是你的社会尊严、社会名望。你想保住面子,不被他人侵犯。区别积极面子和消极面子通常是很有用的。

积极的和消极的这两个描述性词语并不是指好与坏,而是指人人都有的欲望。**积极面子**指希望得到别人认可、喜欢甚至敬仰的欲望。在下面的场景中,第一位说话者的积极面子得到了肯定:

说话者1:"Hey Kevin."(嗨,凯文。)

说话者2:"Ross! Good to see you. How have you been?"(罗斯!很高兴见到你。你过得好吗?)

第一位说话者的积极面子是怎么被应对的?通过尊重他的社会名望和社会人格,第二位说话者对第一位说话者表示了兴趣。通过关注说话人的积极面子,许多文化都把这个行为视作礼貌和合适的举动(取决于社会等级)。我们来考虑一下,如果第二位说话者忽略了第一位说话者的招呼,会有什么样的差别。第一位说话者的积极面子会因缺乏招呼和肯定而受到威胁。

另外,还有一种面子对理解我们如何管控话语很有用。**消极面子**这个

第九章
从短语到意义

概念是指我们做事时不想受阻的愿望。通过这个概念,那个愿望引发了会话中各种各样的修复。当我们践踏了别人的消极面子,试图改善局面,这个时候就需要修复。我们来考虑一下这个场景:你正走在去上课的路上,有人叫停你,试图引起你的注意,这个时候你受阻了。

  你:[walking that walk](正在走路)

  陌生人:"Excuse me, could you tell me the time?"(对不起,你能告诉我一下时间吗?)

  你:[tells the time](说出了一个时间)

  陌生人用了两个策略来减轻对你的消极面子的影响,从而修复了会话。你能看出是哪两个策略吗?参与会话的双方都涉及社会地位,在这个特殊情况下,陌生人选择了一个比你更弱势的地位。陌生人想从你那里得到信息,而此时你正在赶路,为此他不得不强人所难。陌生人采用的第一个语言策略便是请你原谅他的冒犯,因为这危及了你的消极面子。虽然"对不起"是一个命令句式,但它在这里作为开始会话的话语标记。第二个策略更为微妙,但或许同样有效。陌生人运用了一个间接疑问句。请注意,对"你能告诉我时间吗"这个问句的言内之意的回答是"是或者否",但最好的假设是说话人希望对方告诉他一个时间。通过运用一个间接疑问句,陌生人认识到这个小场景的社会秩序。陌生人不是处在一个强势地位(如教师对学生,老板对员工),所以无法命令你说出时间。陌生人不得不从你口中"哄骗"出时间。

  既要顾及积极面子,又要照顾消极面子,参与会话的人忙着处置威胁面子的举动。其中的一些可能较为轻微,而另一些则比较严重。有伤面子的举动可能殃及说话者或听众。对于听众,危及面子的行为可以是任何不同意见或批评。例如,如果你的老师告诉你,你的文章"缺乏细节",这句话击中了你的积极面子。如果你的朋友坐在沙发上跟你说:"给我一碗冰激凌。"这句话因限制了你下面的行动而击中了你的消极面子:你得选择没听见、干脆拒绝或者接受要求。

  威胁面子的行为也能影响说话者的积极面子和消极面子。不论是在大规模的政治世界中还是在你的浪漫关系里,作出道歉可能是艰难的。这是为什么?毫无疑问,像"对不起"和"我错了"这样的话语就音节和词素规模而言并不费劲。可是,为了向听众道歉,说话者必须暴露缺点,这样就有碍说话者的积极面子。道歉可能是救赎之路的第一步,但它确实会有损说话者的公众形象。

说话者的消极面子也能受到威胁,但大多数人认为这类威胁的破坏性要小得多。我们来假想一个朋友开车送你去机场,而不是你自己开车去还得付停车费的场景。当你跨出车门,你会说:"我真的感谢你抽出时间来开车送我。谢谢你。"听上去好像也没什么,但从社会道义上看你有责任感谢他,因为你至少欠他一些对你的关心和照料。现在我们来对比一下上述场景和雇一辆出租车去机场的场景。你会对出租车司机说"谢谢",但你也给司机钱,因而在适当的付费之余没有什么别的社会义务。你没给朋友钱,因为他是在帮你忙,你因此有一份社会义务。这些义务并非什么大不了的难堪,但它们以微妙的方式展示话语及其语境如何影响我们。面子系统考虑到了对这些关系的清算。

交 际 能 力

鉴于言内之意和言外之意的相互作用,对直接言语行为和间接言语行为的选择,对话语标记的运用以及对面子的管控,在每个会话中我们似乎做了许多事。然而,除非出了什么差错,我们很少会注意到上述这些话语特色。做这些事时通常不会察觉。我们很少注意到所有会话选择的部分原因是这些选择已牢牢地扎根在我们的脑海里。回想一下前面的章节,我们探讨了声音的结构、音节、词素和短语。在读这些章节前,你或许从来都没想过这些语言单位的结构,但稍许关注一下,你就会在心里弄明白语言知识的各个层次。那些知识被称作**语法能力**。语法能力囊括了我们心理语法里的所有知识。对于短语层次以上的关系,我们拥有的知识被称作**交际能力**。虽然我们无疑得学习社区特定的仪式、会话脚本、不同层次的直接言语行为和具体的话语标记,以所有这些工具来管理会话的需求是每一个人类文化的一部分。发展交际能力是成长中的孩子们以言行事的一部分。

作为一个基本的比喻,我们可以把交际能力和语法能力之间的差别比作我们有关饮食的文化知识和我们的消化知识之间的差别(这里的消化知识指的是我们的身体知道如何消化食物,如何传输水和其他营养成分)。

会话中的变异

在会话中,说话者需要用许多成分和话语标记来给它们排序。其中的一些最终成了社会趋势。like 和引证语 be like 这个用语在过去的 20 年里是格外显著的社会趋势。为了弄清楚不同的成分,我们先来看一看作为动词的 like(喜欢),如在 I like chocolate(我喜欢巧克力)中。它和表示比较的 like(像)从来都是不同的,后者如在 She sat like Patience on a monument(她像是墓碑上刻着的"忍耐"的化身一样坐着)(参见莎士比亚,《第十二夜》,第二幕,第四场,116 行)中。表示比较的 like 出自古英语的一个形容词,后者也生成了通常作为表语的形容词 alike(相同的、相像的),如在 These two are alike(这两人很像)中。作为话语标记或填充物的 like 延续了表示比较的 like 这个家系。近期激增的引证语 be like 也是如此,如在 He was like, "Hey guys, watch this"(他会说,"嗨,伙计们,看这个")中。与 like 相似,引证语 be like 在过去的几十年里被广泛使用,现已传播到了整个英语世界。

在大部分的英语社区,引证语 be like(会说,会认为)已经接管了引证语 said,如在 She said, "We will wait till tomorrow"(她说,"我等到明天")。两位研究人员——布赫施塔勒和阿尔西——调查了引证语 be like 在英国、美国和新西兰的英语使用者的会话话语中的差别。尽管在美国的趋势是中产阶层的女性比男性更经常用引证语 be like,他们发现,英国的蓝领男性最常用这个引证语,而在新西兰,中产阶层男性最常用它。这个引证语是从美国出口到世界各地的,但接受国使用者附在上面的社会特征则有变化。有关引证语 be like 的波及范围的综述,请参阅布赫施塔勒的著作。

语言入门

话语标记的社会变异也出现在少数裔团体中。丽莎·格林（Lisa Green, 2002: 138）详细描述了美国非洲裔社区里出现的话语策略。一种话语脚本叫作对骂（playing the dozens），指两个处于同一社会圈子的人用夸张的言语互相辱骂。下面是格林引用的例子中的一个：

"Your mother is so stupid, she thought a lawsuit was something you wear to court."（你母亲真傻，她以为诉讼是你可以穿着去法庭的东西。）

"Your mother is so old, she took her driving test on a dinosaur."（你母亲是个老不死的，她以前是坐在恐龙上考的驾照。）

同某人互相辱骂的话语脚本把两位玩家放在了对立面，但通过这样做两人反而建立了更为紧密的关系。此外，外围的观众评判两位中谁是赢家。这一活动通过话语帮助社区建设。非洲裔美国人社区里的其他话语策略包括大声说话，在这里一句本该是说给身边听众的话被大声说出，声音之大足以让其他人同时听到。所有的社会团体都建立了自己的话语策略，少数裔团体让我们看到了他们的不同路径。

另一个社会变异的领域是对男人和女人的不同称呼形式。称呼男士的最基本形式是先生（Mr.），但对于女性传统上有两种形式：小姐（Miss）和太太（Mrs.），后者表示已婚。称呼形式遵循传统，起码在美国和其他英语国家是这样。在这些国家的文化中，已婚女性传统上随夫姓，如：Mr. and Mrs. Stephen Kenton Snogglesworth（斯蒂芬·肯顿·斯诺格斯沃斯先生和夫人）。19世纪末当这个重新命名已婚女性的系统崩塌后，这两个对于女性的称呼所引发的困惑帮助创造了第三个头衔：女士（Ms.）。如《牛津英语词典》记载的那样，这个形式最初于1901年在马萨诸塞州斯普林菲尔德的一份报纸上得到了介绍，而且是以这种方式：

女士的缩写（Ms.）很简单，它容易写，而且相关人员可以根据情况做适当的翻译。在口头使用时它可以被说成"Mizz"，这一做法与许多乡村地区长期的普遍做法并行，在那里一个含糊不清的"Mis"可以拿来当 Miss 和 Mrs. 用。

很少有新的称呼形式，或任何词汇，得到一个直接的书面介绍。从前面有关礼貌的讨论中，你或许能够看到，Ms. 这个称呼，就像 Miss 和 Mrs. 一样，没有给听众的消极面子增加麻烦，因为它没有强调听众的婚姻状态（而婚姻状态过去曾是社会地位的一个标志）。

拓展知识：不断变化中的女士称呼

根据珍妮特·富勒（Janet Fuller, 2005）的观点，Ms. 这个术语从 20 世纪 30 年代到 50 年代一直用于商界，但从来没有广泛地替代 Miss 和 Mrs. 这两个称呼。富勒指出，人们可以通过用 Ms. 和 Mr. 在成年女性和男性之间维持一个双向的区别，或者在 Miss, Mrs. 和 Ms. 之间维持一个三向的区别。传统的模式仍然是一个选项，即 Mrs. 和 Miss 只是标记婚姻状态的区别。

富勒发现，所受教育程度与是否使用 Ms. 这个称号存在关联性。她调查了美国中西部一所大学里的教师和学生，发现那些有博士头衔的反馈者更有可能用 Ms. 这一称呼。这些女性似乎把这个术语作为中性的（和安全的）称呼形式。对 Ms. 这一术语的安全的、社会化的使用在一个特定的人群中并不常见：用得最少的恰恰是那些正在上大学的女性反馈者。富勒还发现，那些藐视传统性别角色的妇女也多以 Ms. 自称。

话语和礼貌领域的一个更新的变化是一些交流中语境的缺失。通过手机发送短信时的语境并不总是清楚的。另外，通过手机输入信息有些受限，限制人们接收到充分的信息量（如省掉解释）。下面的交流便是一个很好的例子（网络上虚构的故事）：

语言入门

发送的短信:"So Steve do you want to do it at your house or at mine?"

（所以史蒂夫你想在你的家里做还是在我的家里做？）

这条短信本是发给她的烘焙搭档(如烘烤糕点的一个叫史蒂夫的人)的,但收到短信的却是她的男朋友。

男友的回答:"i cnt believe your cheating on me and your doing this on my birthday"

（我不敢相信你在欺骗我,而且是在我的生日这天欺骗我）

这里,短信的上下文不明确,这位男友把"do it"解释为男女做爱,而不是短信原本所指的"烘烤生日蛋糕"。对于代词"it"及其所指,语境至关重要。短信否定了大多数的语境理解。注意,会话原则和准则在短信收发中仍然发挥作用,但缺乏一个明确的上下文对任何人都没有好处。

此外,还有更为直接的输入文本的错误,更不用说自动更正功能了,这些都扰乱了许多信息。这里不妨看一下我曾经收到的一条短信:"what should expect u"。这条短信到底是"what do you expect"（你指望什么）,还是"what should you expect"（你应该指望什么）,或者是"when should we expect you"（我们应该什么时候指望你）? 在经历了一些其他短信交流后,结果发现是个关于时间的问题,但是第一条短信中的量和方式的准则受到了重挫。语境的重要性和保持会话准则同样适用于现代形式的交流和其他交流。有时,我们忘记考虑我们所写或所说话语的实际含义,但出自本章的相同规则适用于所有这些对话。

本章总结

这一章探索了在成群的短语中人类创造的规则。这些成群的短语一般存在于语篇中,而语篇最基本的单位是话语。话语必须有语境,这样使得它有别于先前我们所学的语言单位,如单词和短语。是语境和语言成分的相互作用在听众心中生成了意义。人们用以操控会话的知识被称作交际能

第九章
从短语到意义

力。我们所用的一部分知识是基于合作原则,一条让我们在会话中进行有意义的合作(或不合作)的基准线。从这个基础出发,我们遵守或者违反会话准则来创建意义。我们每生成的一句话都有言内之意和言外之意,外加言后效果。这些意义可以通过直接言语行为或者间接言语行为得以突显。在直接言语行为中,言内之意与言外之意相吻合,而在间接言语行为中两者不相匹配。当被用在施为言语行为(如,我承诺)中的时候,有些动词被称作施为动词。当我们玩转所有这些成分和意义的时候,我们以说话者的话轮来管理话语,并且常常以话语标记如 like 来示意我们的话轮。我们也通过语言创造的礼貌处理社会领域的问题,与此同时照顾说话者和听众的积极面子与消极面子。所有这些成分在我们通常的会话中都发挥各自的作用。

主 要 概 念

- 交际能力
- 会话含义
- 会话准则
- 合作原则
- 指示功能
- 直接言语行为
- 语篇
- 话语标记 like
- 话语标记
- 话语脚本
- 转移含义
- 面子
- 填充词
- 发言权
- 支轴含义
- 语法能力
- 言外的
- 方式准则
- 质的准则
- 量的准则
- 关联准则
- 消极面子
- 不合理的推论
- 施为性言语行为
- 施为动词
- 言后效果
- 积极面子
- 语用知识

385

- 修复
- 情景语境
- 社会语境
- 言语行为
- 时间顺序含义
- 话语

参考文献

Cameron, D. (1998) "Is there any ketchup, Vera?": Gender, power and pragmatics." *Discourse & Society 9*. no. 4: 437-455.

Fraser, B. (1999) "What are discourse markers?". *Journal of Pragmatics 31*, no. 7: 931-952.

Fuller, J. M. (2005) "The uses and meanings of the female title Ms." *American Speech 80*, no. 2: 180-206.

Green, L. J. (2002) *African American English: A Linguistic Introduction*, Cambridge: Cambridge University Press.

Meyerhoff, M. (2011) *Introducing Sociolinguistics*, 2nd ed. Taylor & Francis.

延伸阅读

Introduction to Pragmatics. Betty J. Birner. 2012. Wiley Blackwell.

本书帮助学生探索语用学这一领域。它聚焦于意义与语用之间的界限,以展示语境在人类语言中的重要性。尽管本书涵盖了语用学的基础,它也探索新的方法,包括涉及格莱斯的会话准则的方法。

Susan Ehrlich, Miriam Meyerhoff, and Janet Holmes (eds.). 2014. *The Handbook of Language, Gender, and Sexuality*, 2nd edition. Wiley Blackwell.

语言与性别的研究不是一个仅有单一研究方法的单一领域,但是话语研究的确在其中发挥了重要的作用。这是一本以许多不同的方法研究性别话语的佳作,是由优秀学者撰写的综述集。因此,它既涵盖了这个领域研究的宽度,也有细化了的研究例子。

The Handbook of Discourse Analysis. Deborah Schiffrin, Deborah Tannen, and Heidi E. Hamilton. 2003. Blackwell.

这本书提供了一个用话语分析来研究许多不同话题的完整的概述。现在有各种各

第九章
从短语到意义

样的分析语篇的方法,本书把不同的方法集中到了一起来说明广泛的数据集,从文学文本到政治演说。本书让读者看到了话语分析的各种可能性。

练 习

个人练习

1. 指出下列加粗部分话语违反了什么会话准则:
   a. Suffering from a bout of homesickness at summer camp, the young girl tells her counselor, **"I'm fine,"** before bursting out into tears.
   b. At the check point, the state trooper asks the drunken motorist for his driver's license, and the motorist responds, **"I like your badge."**
   c. While searching in the auto-parts store, a confused-looking man asks where the spark-plugs are located, and the clerk answers, **"On a shelf."**

2. 对于下列话语和语境,考虑一下能够从中得到什么可解释的意义:
   a. A student writes in an email, "I want to meet with you some time soon," and the instructor replies, "I should be in starting late next week."
   b. On the first day of class, the instructor asks, "How many of you are taking this class again?"
   c. On the first day of class, the instructor says while looking at the students, "So many familiar faces."
   d. As the high schooler bounces excitedly into the house, Mom asks what happened on her date, and she responds, **"OK"**, before dashing into her room.
   e. You are asking for driving directions from a stranger in a gas station. He responds by saying, **"To make lasagna..."** and proceeds to provide you with a full recipe.

3. 对于下面这个场景,请提供一句话语并清楚地辨认出它的情景语境和**社**

会语境、言内之意与言外之意以及言后效果。另外，决定它是直接言语行为还是间接言语行为：

在一家服装店，几位顾客在选购衣服，一位售货员要求一家人让他们的孩子们安静点。售货员说了什么？

  Utterance:

  Context:

  Locutionary:

  Illocutionary:

  Perlocutionary:

  Direct or indirect speech act?

4. 对于下面这个场景，请提供一句话语并清楚地辨认出它的情景语境和社会语境、言内之意与言外之意以及言后效果。另外，分辨它是直接言语行为还是间接言语行为：

在一间教室里，学生们正在参加一场考试，一位教授想警告一名学生不要作弊，但不想指名道姓。这位教授对全班说了什么？

  Utterance:

  Context:

  Locutionary:

  Illocutionary:

  Perlocutionary:

  Direct or indirect speech act?

小组练习

5. 设计至少三个使用话语标记 well 的场景。每个场景都应该引发 well 的一个不同意义。请大家想想这些意义包括哪些。作好在全班面前表演这些场景的准备，并请其他同学猜出这些不同的意义。就像 well 那样，你所在的小组有没有其他话语标记和不同的意义联系在一起？

6. 向你的小组成员调查一下，看看他们对 right 一词的使用通常是积极的、讽刺的，还是建议性的？你们小组成员全部使用了这三种意义吗？他们在同一语境中使用这些意义吗？

   Positive would be when you mean basically *yes*：
   Friend says："I should serve you more ice cream?"
   You say："Right."

   Ironic meaning is when you basically mean *no*：
   Friend says："I am sure you want another piece of mince-meat pie."
   You say："Riiiight."

   Suggestive meaning is when you are trying to get agreement，possibly another echoed *right*, out of someone else：
   You say："You should stop by to see your parents, right?"
   Friend says："Yes."

7. 对小品"谁在一垒?"按话轮逐个进行分析。当两位演员从一个位置移到另一个位置的时候，什么样的意义在发挥作用？其中的幽默是如何创造的？如有可能，上网观摩一下阿博特和科斯特洛的原始创作。

8. 设计一些小品来打破格莱斯的会话准则。演出这些小品，但不要告诉班上的其他人你在违反哪些准则，让他们来猜。

9. 个人场景：描述一下你最难忘的被人误解的时刻。语言崩溃出在哪儿？

10. 在下列场景中，请读出提供的话语并清晰地识别情景语境、社会语境、言内与言外之意以及言后效果等特征。另外，识别下列话语是直接言语行为还是间接言语行为：

    In line at the local coffee shop, a nonregular customer, who doesn't see the small line, steps directly up to the counter to be served. The clerk behind the counter says the following:

    Utterance："These people were here before you."

语言入门

Context：

Locutionary：

Illocutionary：

Perlocutionary：

Direct or indirect speech act?

学 习 问 题

1. 话语与句子有何不同？
2. 话语是如何有意义的？
3. 什么原则指导会话？
4. 什么会话准则要求说话人讲真话？
5. 什么会话准则要求说话人提供适量的信息？
6. 什么会话准则要求说话人清楚地提供信息？
7. 什么会话准则要求说话人提供与问题相关的信息？
8. 话语意义的两个层次是什么？它们有何不同？
9. 言后效果是怎么产生的？
10. 说话者怎么通过含义传递意义？
11. 三种会话含义是如何互相区别的？
12. 直接言语行为如何涉及言内之意？
13. 间接言语行为如何涉及言外之意？
14. 施为言语行为如何有别于其他言语行为？
15. 什么是会话的发言权？
16. 说话者以什么方式使用话语标记？
17. 你通常遵循什么样的言语行为？
18. 就语言学习而言，什么是礼貌？
19. 面子的社会概念是如何与语言联系在一起的？

第九章
从短语到意义

20. 积极面子如何受语言的影响?
21. 消极面子如何受语言的影响?
22. 交际能力与语法能力是如何相似的?
23. 交际能力和语法能力又是如何有别的?

要了解更多与本章有关的资源,请登录本书的配套网站:http://www.wiley.com/go/hazen/introlanguage。

第十章　语言在教育中的曲折路径

本章概览

本章概述
教育中的语言
　　比较不同类型的班级
正确的英语
　　语言在教育中扮演什么角色？
　　分析"语法"建议
学习语言的规范方法
　　规范引起的烦恼
描述语法和体裁惯例
　　责任、推广与教育
本章总结
主要概念
注释
参考文献
延伸阅读
练习
　　个人练习
　　小组练习
学习问题

第十章
语言在教育中的曲折路径

本章概述

前面各章解释了语言是如何工作的。总体而言,我们巡视了人们大脑中具备的技能和知识。这一章帮助我们理解语言在正式的教育中是如何被处理的,以及语言将来怎么被运用。你或许还记得当年老师是怎么给你上"语法"课的。他们干吗要那么做呢?通过比较有关语言的教学和其他课程的教学,本章阐明了正式语言教育的基本假设和目标,包括那些"语法"课的基本假设和目标。心中有了这些目标之后,我们考查语言教学的不同方法,包括规范的和修辞的方法。我们也会转向正确英语的"幽灵",它在野外的踪迹,以及它与实际教学的关联,即与体裁惯例的联系。随着当今世界对识字重要性的认识,体裁知识是教育的一个中心目标。这一目标最有可能在精确解释语言是如何工作的教育中得以实现。我们所有人都还会持续面对规范语法引起的烦恼(如,一张清单中有几个逗号,介词在句子末尾,等等),但到本章结束时,你会把它们放在更大的视野中来看。总之,本章将解释修辞视角如何能完成所有有益的教育目标,同时促进人们更好地了解人类的语言。

教育中的语言

比较不同类型的班级

思考一下一堂高中生物课和一堂高中英语课的区别。尽管两者都是中学课程,生物和英语的教学仍有一些重要的区别。生物学是一个学术领域,其中科研人员研究生命现象。教生物学意味着教生命是如何运行的,但想一想教英语意味着什么。中学的英语课程是一门不同研究领域和文化史的大杂烩。这其中有学术领域,如文学研究和写作。英语课堂是一个"内容"丰富的大袋子。在生物学课上,学生学习有机体之内和之间的最终导致生命诞生的生物学过程。学生们学习人类的消化系统如何将食物转化

语言入门

为能量或者了解企鹅王的搜寻食物之旅(它不断反复地潜水去寻找食物)。在中学的英语课上,学生们学习文学,如集权政府的寓言故事(奥威尔的《动物农场》),或者学习写作技巧,如怎么写出五段的散文。英语语言课的一边是有关文化的,另一边是如何培养某些体裁内的写作技能(如正式的学术写作、诗歌、戏剧)。然而,在英语课上,学生们极少学到有关语言是如何运作的知识。

我们来看一下这个对比:英语课就像体育课(体育教育或者体操)。在体育课上,学生们学习不同的体育项目,包括它们的规则。在参与这些体育项目,如足球、极限飞盘或者无挡板篮球的时候,他们锻炼自己的体育技能。在英语课上,学生们学习不同体裁的写作,包括它们的规则,在练习这些体裁时,如小说、诗歌或者商业写作,他们锻炼自己的写作技能。在体育课上,学生们或许花几周时间练习踢足球,再花几周练习练习打排球。为学会这些体育项目,学生们需要知道他们的位置、规则和成功的策略。重要的是,他们需要时间来练习。在英语课上,学生们或许花几周时间学习戏剧,然后在接下来的几周里学习诗歌。为学习这些体裁,学生们需要了解不同体裁的成分、**体裁惯例**和成功的范例。就像在体育中一样,写作和阅读的技能随着锻炼而不断提高。想象一下只是通过阅读指令来学习如何写散文有多难。每一种类型的写作都有自己的体裁惯例。

在英语课上,你学习根据文化特色发明的体裁与根据文化特色发明的技术(书写),你通过实践增强写作技能。现在来比较一下一堂体育课和一堂生物课。在体育课上,你学习根据文化特色发明的体育项目,并且通过练习这些项目来提高自己的体育技能。在生物课上,你学习自然形成的生物系统,不管是分开的有机体、器官、还是单个细胞。你并不拿你的生物系统来练习。想象一下,你在生物课上用意念驱动你的中枢神经系统,以便于将信号从手里或快或慢地分程传递到大脑,这有多怪啊!相反,你间接地学习有关这些信号是如何传送的知识。大学里的语言学课程和生物学课程的工作原理基本相同:你学习有关语言如何运作的知识。

任何谈论语言的人,包括英语教师,都应该熟悉语言是如何运作的。想象

第十章
语言在教育中的曲折路径

一下,如果一位体育教师不知道人体的基本知识,包括为什么人会出汗以及水合作用的重要性,他可能会说:"停止出汗!没有喝水间歇!"这就像一位英语教师不知道为什么像＜ea＞这样的拼写(例如 great,meat)会有不同的发音或者在直接宾语和间接宾语之间的与格交替(例如,pass me the ball; pass the ball to me)。

在学完本书之后,你应该知道语言与写作并非一回事。你也应该知道语言的许多特性。不幸的是,对大多数人而言,他们的语言知识的现代状态依然停留在生物知识在 19 世纪末的水准:我们刚刚过了"放血"的岁月。本章的目标是帮助我们更好地理解语言知识如何应用于教育领域。

正确的英语

我所在的大学有一位英国文学造诣很深的教师,她会用一支红笔评阅学生写的作文,与此同时仔细地检查她所说的"语法规则"(我们所称的体裁惯例)。当学生想提高成绩时,她会允许他们重写,但只有学生首先在另一张单独的纸上更正了所有违反语法规则的地方并从发放的班级手册中恰当地引用了用法规则之后才行。这位教师额外为学生付出时间和精力,以便于通过最好的激励方法去帮助学生更好地理解正规的写作。她所强调的观点是,体裁惯例对于写作是重要的,写文章的人应该遵守这些惯例以实现修辞目的。

在教了 27 次大学写作课之后,我完全同意体裁惯例需要得到遵守以实现修辞目的。然而,因为当人们谈论语言在教育中的作用时,"正确英语"这个怪物肯定会出现,最好来直面这个话题。有鉴于此,我们必须探索有关正确英语的假设和人们普遍具有的评判他人(包括他人的语言)的愿望。在评论某一段谈话或写作是好的或正确的的时候,人们或许出自**规范性正确的视角**。

下面是规范性正确的视角的一些基本假设:[1]

a. 有些形式的语言比其他形式的语言(从语言学角度看)更好使。

例如,She is not home today(她今天不在家),总是比 She ain't home today(她今天不在家)更好。

b. 之所以选择正确的形式,是因为在任何情况下它都更管用。

c. 当今的正确形式应该免受会导致衰败的不良因素的腐蚀影响。

d. 当今的正确形式已经被懒散的思想腐蚀,应该接受改良,恢复到以前的状态。

另一个方法是**修辞性正确的视角**。

修辞性正确的视角和以下的假设联系在一起:

e. 有些语言形式在某些语境中比其他形式更管用。例如,She ain't home today(她今天不在家)在某些语境下比 She is not home today(她今天不在家)会更管用。随着语境的改变,最合适的修辞形式也会随之改变。

f. 不存在一套单一的标准来评判语言的产出。语言的产出由情境的修辞——即说话人的意图、听众和消息三者的相互作用——来评判。

g. 任何特定上下文的最好形式必然会改变,因为变化是人类语言的一部分。

h. 任何特定的上下文的最好形式很可能不同于以往最好的形式,但它绝不可能在语言上高人一等。

修辞上正确的视角把重点放在评判的社会过程,它与我们现代的语言知识更加合拍。这两个视角不同于判断某一个短语是否符合一门语言的描写语法:如,在英语中,* me griffin tree staring is the that in at 实际上是 The griffin in that tree is staring at me 这句的不合乎描写语法的版本。评判像 Who do you want to speak to 这样的句子完全是另一回事。规范性正确的视角和修辞性正确的视角是有关评判母语使用者实际生成的话语的两种观点。通过讨论这两种不同的正确英语的观点,我们获得了对语言及其在教育中的作用的更加精确的理解。

我们来看下面的五个场景。这些场景仅有少许细节,但你可以从中推

第十章
语言在教育中的曲折路径

断出许多内容。从规范性正确的视角(PCP)和修辞性正确的视角(RCP)对这些场景中的会话有何评论呢?

在得克萨斯州,当地集市的一位客户用西班牙语和玉米粉蒸肉的摊贩说话。后者用英语回答。这样的对话该怎么评判?	
PCP	RCP
PCP对两种语言之间的交流没什么可说的,但如果那位客户讲的西班牙语不好懂,可以被看作有误。	顾客对语言作了一个假设,试图适应环境和迁就摊贩。摊贩对客户的语言偏好作了假设。如果两者都能听懂对方并视这一互动为尊敬人的,那么他们可以这么做。

一位计算机程序员试图把近期的一个问题讲给一位记者朋友听,她说:"这家伙把尤达条件加了进来,把我前面干的活全给搅和了,到头来这些尽是妓女的密码。"这位记者朋友一脸困惑。	
PCP	RCP
所用短语和话语构造中没有任何错误。	如果程序员确实想解释她遇到的问题,她需要用记者听得懂的词汇。就RCP而言,这句话很糟糕,因为它没有针对听众。

在赛前的一次球迷场外野餐会上,你把新认识的熟人介绍给你的朋友们。不带丝毫的讽刺,这位新朋友说:"我很荣幸认识各位,希望和大家建立终身友情。"	
PCP	RCP
所用短语和话语构造中没有任何错误。	这些话语不合时宜。就RCP而言,这位新人用的语言颇为离奇。

在赛前的一次球迷场外野餐会上,你对朋友们说,"We gonna rock this game."(这场球赛,我们会摇旗呐喊,发力助威。)	
PCP	RCP
短语缺少了助动词are,现在进行时应该是[gəuiŋ tu:]而不是[gənə]。句子是错的,它展示了对英语语言的贬低。	对于这个场景,这句话说得好。[gənə]这个形式在现代英语中变成了像will这样的情态动词,而且其风格受制于场合的正式性质。这个形式在这里用得恰到好处。

397

在一篇有关你家乡所在州的经济变化的论文中,你写道:"The property value gonna continue to rise through the end of the decade."(房价在本个十年结束前将持续上升。)	
PCP	RCP
短语缺少了助动词 are,现在进行时应该是[gəuiŋ tu:]而不是[gɔnə]。句子是错的,它展示了对英语语言的贬低。	在此种场合,这句话说得不得体。[gɔnə]这个形式在风格上限于更为随便的场合。学术场合下的阐述性文章的体裁惯例禁止使用这类随便的形式。在这里,gonna 的使用是个错误。

从这些例子中我们看到,修辞性正确的视角会作出肯定的和否定的评价。这不是一个普遍适用的观点,而应根据语境中的体裁惯例来作出评判。

一种经常提到的恐惧是,假如规范性正确的视角得不到支持,那么混乱将统治语言。由于我们人类具有调节语言变异的能力,实际上不存在语言混乱的可能性,所以我们大可放心,人类文明的末日不会到来。

作家们始终遵守体裁惯例。可是,即使是在写作中,差异依然存在。当一位新西兰作家写 civilisation(文明)和一位美国作家写 civilization(文明)的时候,他们写作标准的区别不是来自编辑怕麻烦、懒散的工作习惯或者品行上的不端。这两位作家只是有着不同的标准,这些标准并没有高低之分。修辞性正确的视角能够处理诸如拼写差异的变化,并根据场合作出评判。

文化语境也极大地塑造了乡土语言和标准语言变体之间的政治权力。与美国方言情况形成最为鲜明对比的是挪威的方言情况。挪威有两种书写标准:书面挪威语(*bokmål*)和新挪威语(*nynorsk*),两者都基于挪威话。根据维卡(Vikør, 1982:42)反映,因为挪威人的民族自豪感,"强制的言语标准化是明文禁止的",而且《小学教育法》规定,"在口头训练中,小学生们可以用他们家里使用的语言,而且老师在其词汇和表达方式上必须给予小学生们的言语以应有的考虑。"这种对语言变异的制度性尊重有一个悠久的传统,可以追溯到 1878 年的一项议会动议。这一传统的一个重要组成部分是区域方言反映挪威文化传统的基本信念。就挪威而言,修辞性正确的视角得以采纳并在书写系统中固定下来。

体裁惯例是正规教育的一个重要组成部分。修辞性正确的观点比规范性正确的观点更能帮助学生更加有效和高效率地学习体裁惯例。

语言在教育中扮演什么角色？

在每一门科目中，学生与老师用语言进行口头和书面的交流。在科学、数学领域，犹如在文学和文化研究中一样，语言构成了交流的基础。专业术语比比皆是。数学和科学中有符号系统，这些系统允许高度受限的交流。在数学中，＋、－、Σ、∫这些符号都有特定的、具体的工作。化学不仅有公式，而且有整个元素周期表，带着高度有序的行和列的数字和符号，像107Bh（107号元素𨭇）。同样，计算机的任何指令都需要特定的语言，例如，在 R 统计软件包中运行一个线性模型，正确的符号标记 lm（即，formula，data＝data，frame）必须得到遵守。所有这些学术领域都依靠语言，但它们有已经采纳的特定的要求和符号，以确保交流中不会因为歧义而产生障碍。

拓展知识：越发紧迫的阅读下滑

我们来看一看下面这段话是否似曾相识：

"对更好的读者和演说者的需求从来没有比现在更迫切。富有表现力的阅读和有效的口头表达一直不足，这一现象多年来受到关注和探讨。"

其措辞或许有些古怪，但其情感色彩清晰可辨。上述声明由艾萨克·辛顿·布朗写在《普通学校朗诵和演讲》一书的前言中。那年是1897年。它与语言的"黄金时代假说"不谋而合，这一假说认为在过去的某个时期语言的状态更佳，目前的情况更糟。在当代我们对语言的抱怨也大致如此，将来的抱怨也会是这样。乔纳森·斯威夫特于1712年写了一篇杂文，题为《纠正、改进和确定英语母语的建议》。

语言入门

> 作为体裁惯例基石的风格指南在那个年代还没有对作家们普及,而身边出现的语言变化使他们惊恐万分。在这个特定的建议中,就我们所知,斯威夫特不是在练习讽刺。他写道:
>
> > ... our Language is extremely imperfect; that its daily improvements are by no means in proportion to its daily Corruptions; and the Pretenders to polish and refine it, have chiefly multiplied Abuses and Absurdities; and, that in many instances, it offends against every Part of Grammar.
> >
> > (……我们的语言是极其不完美的;它每天的改进与每天的堕落根本不成比例,那些假装润饰和提炼它的人反而成倍地增加了滥用和荒谬;在许多情况下,他们的所作所为冒犯了语法的每个部分。)
>
> 这是个有着超酷拼写规则的年代,当时任何重要的单词都能够大写,所以你不该对斯威夫特的拼写变化品头论足。这些种类的风格变化是人类行为的常规部分之一,而随着风格的变化,某些惯例时而流行时而失宠。
>
> 抱怨语言总是挺时兴。你是否加入这个行列取决于在多大程度上抱怨使你满意并提升你的自我价值感。如果你确实抱怨某些群体的据称是可悲的语言状态,请记住你只是一大群抱怨者中的一员。从柏拉图时代至今,先前的抱怨丝毫没有减少后来的抱怨数量,但是或许再过 2400 年,累加起来的抱怨真的会奏效。

对于那些聚焦语言以外课题的课堂,教师会教授这些符号和复杂的系统。那么,英语课应该教什么呢?大部分州要求学生阅读各种各样的文学作品,以几种不同的体裁写作,对写作体裁惯例有基本理解(后者常常被称作语法,好像这世上就一种语法)。本书中呈现的有关语言是如何运作的

第十章
语言在教育中的曲折路径

知识应该有助于这些目标的实现。

学校里的每一项测试都离不开语言,了解语言变异如何影响教师和学生将有助于整个教育过程。从历史测试到代数,测试所用的语言在结果中起着作用。在《美国英语》一书中,沃尔夫兰和谢林-伊思茨(Wolfram and Schilling-Estes, 2006)详细介绍了语言影响测试的所有领域,包括对正确的定义、作为测试工具的语言和社会语言学的语境。这些领域对语言成就的测试尤为重要。如果一位教师在一堂历史课上想引领学生了解发生在 14 世纪欧洲的黑死病(当时至少 30%的人口死于细菌),学生们可以通过以像"危险境地"这样的游戏形式,在口头交流的互动中了解这场瘟疫的基本事实。尽管这样的活动有助于学生们了解有关这个暗淡时期的基本事实,但假如测试是以正式的书面考试形式进行,那么学生们的写作质量和他们遵循学术论文体裁惯例的能力将和他们掌握的事实发挥同样大的作用。

正如沃尔夫兰和谢林-伊思茨所详细描述的那样,测试语言的一个重要组成部分是**内容效度**。内容效度指一项测试实际上测试它应该测试的内容的程度。我们来看一下下面的测试问题:

下面哪个单词组中的单词是押韵的?

A. ten~pin

B. great~meat

C. meat~sheet

D. caught~shot

你会选择哪个(或者哪些)答案来回答上述问题?会是 A 和 C,或者 C 和 D?你班上是否有人选择了 A,C 和 D?在你弄明白哪些组的单词对你来说押韵之后,想一想这样的答案是否受到了规范性正确的观点的左右。如果你认为许多人坚持按照像 PCP 这样的观点来发音,你会意识到那些人认为只有一个答案。传统上,就美国英语的历史而言,规范性正确的答案是 C。至少从 1700 年以来,每个英语使用者都把 meat 和 sheet 视作押韵。这两对单词 ten~pin 和 caught~shot 的发音在历史上没有合并,所以它们在美国英语的任何地区都不构成押韵。今天,上千万美国人把其中的一对或

语言入门

另一对发音合并,至少一百万美国人将两对单词的发音都合并。在设计测试问题时,修辞性正确的观点会把这些因素考虑进去,有关"正确答案"的决定在问题的内容效度上发挥至关重要的作用。

就这个问题,它的内容效度在于它区分哪些受试对象来自哪些方言区的能力。对于你来说,pin~pen 这对单词押韵吗?对于数以百万计的美国人和相当可观数量的澳大利亚人和新西兰人而言,这组单词确实押韵,但对于更多数量的英语使用者来说,它们并不押韵。对于 caught~cot 这组单词,或许大多数北美人都会把它们看作押韵的。对于这个问题,难道有唯一正确的答案吗?

答案取决于测试是针对什么人群进行的。当受试对象被确定后,测试的分数,有时甚至是试题的答案,会根据某个人群的正常分数范围作调整。如果这个问题是基于北加州人口设计的,D 会是正确答案中的一个。对于其他说英语的地区,A 也会是一个正确的答案。答案 C 对所有说英语的社区都是正确的。像这类问题如果被用以确定一个学生的表达能力或者元语言技能,那么测试就违反了其声称的内容效度,因为它把受试对象分成了一个个的方言区。

下面的这个问题意在测试什么?

什么是表述下列问题的正确方法?

A. Who do you want to give the job to?

B. Whom do you want to assign the job to?

C. You want to give the job to whom?

D. To whom would you want to assign the job?

在继续往下读之前,请从我们的两个正确英语的视角来考虑这个问题。从规范性正确的视角看,只有一个正确的答案。为找出这个答案,咱们来分析一下所给的四个选项,看看它们的差异在哪里。其中有四个关键的变化。第一个是关于 who 和 whom 在格上的区别。从第五章,我们记得古英语用格标记所有的名词,但那个系统已经衰落了,到今天只有现代英语中的代词才有格,例如:I 是主格,me 是宾格。这个区别对于疑问代词 who(作为主语)和 whom(作为宾语)已淡化了。PCP 把这个更早的区分视为唯一合法使用这两种形式的方法。

第二个变化是动词在承载问题的屈折变位时的变化。在答案 A 和 B 中,是动词 do 承载了现在时态的屈折变化。在答案 C 中,动词 want 承载了屈折变化。在答案 D 中,情态动词 would 承载了屈折变化。对许多美国人而言,礼貌有程度之分,其中情态动词引入条件限制(还记得第四章关于"语气"的论述吗?),因而显得不够直接。第三个变化在 give 和 assign 之间。在许多人看来,assign 显得更为正式,常常和正式的教育或商业有关;这两个词有不同的历史渊源,give 来自古英语,assign 则通过法语来自拉丁语。拉丁语词源给予 assign 更加正式的风格。第四个变化是有关介词 to 的处置。如第四章所讨论的,英语中介词的位置总是处于变化之中,但是 17 世纪和 18 世纪的一些作家认为,英语的语序应该像拉丁语的语序那样,以获得更多的声望。

有关这个问题的所有变化都涉及正式性的尺度,规范性正确的观点会把这些变化视作假设的正确答案 D 与其他假设的错误答案之间的简单划分。答案 A 以统计学意义上正常的疑问代词 who 开头,并以介词 to 结尾,是所有答案中最不正式的。答案 B 是对规范性正确观点所期望的疑问代词 whom 的首肯以及从盎格鲁-撒克逊的动词不定式 to give 到拉丁语动词不定式 to assign 的转换。答案 C 按照规范性的期望把句子的所有成分排序,但是答案 D 结合了所有的正规成分,并且维持了更为明显的介词前置。从修辞性正确的观点来看,需要结合一定的语境才能给出一个答案。修辞性正确的观点以更为复杂的眼光观察世界。根据英语的描写规则,所有这些答案都行得通,虽然答案 D 在某些语境下可能让你遭人白眼。

假如运用这种问题的一项测试明确引导学生去根据最高形式的规范性来确定正确性,以至于越规范越正确,那么它就有像样的内容效度。但是,假如正确性只是模糊地得以界定或者测试只是评估一个学生的词汇能力,那么这项测试违反了内容效度。

接下来试着找出下列测试问题的中心点:

■ 语言入门

下面那个句子是正确的？

A. The basement needs to be cleaned, and there's three of you lined up to do it.

B. The basement needs cleaned, and there are three of you line up to do it.

C. The basement needs to be cleaned, and there are three of you lined up to do it.

对修辞性正确的视角而言,在这些答案中有两个变量需要考虑。第一个是对动词 need 的选择。在美国中西部的一些方言中,这个动词需要一个紧跟着的过去分词(例如,cleaned),但是在其他方言中这个动词需要一个不定式动词短语(例如,to be cleaned)。在逗号后面的部分,there is 和 there are 之间出现了交替。在通常的会话中,起码一半的说话者几乎只用 there is 和 there was。从规范性正确的视角看,只有答案 C 是正确的,但对许多英语使用者而言,答案 A 和 B 在大多数的会话中也说得过去。假如用这种问题的测试直接声称它要求学生辨别方言种类,那么它是有效的。否则,测试的内容效度就成问题了。

分析"语法"建议

正如第一章所讨论的,语法这个术语或许比语言学习中其他任何术语都承载更多的"包袱"。这个词如此含蓄,以至于我们必须把它的意义分成五个不同的术语,才能说清楚我们想要表达的意义:它们是教学语法、规范语法、描写语法、心理语法和普遍语法。前面三种语法可以用于书本中的描写,后面两种语法是有关人类如何习得和使用语言的抽象概念。大多数教育计划和几乎所有的学校系统都不作这样的区分。在没有对这些不同的语法作出清晰定义的情况下,教授写作将永远不会像它本来可以的那样有效。另外,学生们实际上也不会了解到语言是如何运作的。

为了消除对"语法"的传统惯用法的歧义,让我们来看一个来自一份体裁惯例和规范性建议手册的例子。《芝加哥格式手册》现在已经更新到了

第十章
语言在教育中的曲折路径

第 16 版,是较为成功的工具书之一。所谓格式指南,是一套作家们可以赞成或不赞成的用法惯例。市场上有众多格式指南,在遵循一份指南的时候,你实际上选择了不遵守其他指南。这些不同种类的风格指南多半维护规范性正确的观点。

语法这个术语的混合使用在各类风格指南中比比皆是。当给出建议的时候,规范性的推测和体裁惯例以及描述性的观察混杂在一起。为说明这一"混合流",我们来解剖来自该指南中有关"好的惯用法和常见的惯用法"这一小节中的一个例子。当然,许多其他小节也会作出同样好的说明。这一具体的建议是有关 that 和 which 的用法。下面全文呈现:

> **that; which.** These are both relative pronouns (see 5.54-63). In polished American prose, *that* is used restrictively to narrow a category or identify a particular item being talked about [any building that is taller must be outside the state]; *which* is used nonrestrictively—not to narrow a class or identify a particular item but to add something about an item already identified [alongside the officer trotted a toy poodle, which is hardly a typical police dog]. *Which* should be used restrictively only when it is preceded by a preposition [the situation in which we find ourselves]. Otherwise, it is almost always preceded by a comma, a parenthesis, or a dash. In British English, writers and editors seldom observe the distinction between the two words.

在继续往下看之前,请重温上面这段文字并区分规范性建议和描述性观察。

哪些表述是带着一种责任感作出的?上面的文字摘自一本书中的一小节,主要是提供文风方面的建议——作者的职责是提供有关这一话题的建议。那么这个建议是什么呢?

我们可以通过下面这些句子来弄明白:

1. I dropped the computer that I bought last Tuesday.(我不慎摔了

语言入门

上周二买的电脑。)

2. I dropped the computer which I bought last Tuesday.（我不慎摔了上周二买的电脑。)

3. The dog that I saw swimming had a collar.（我看到游泳的那条狗有一个衣领。)

4. The dog which I saw swimming had a collar.（我看到游泳的那条狗有一个衣领。)

5. Any building which is taller must be outside the state.（任何更高的建筑物不得建在本州内。)

6. Any building that is taller must be outside the state.（任何更高的建筑物不得建在本州内。)

然后，我们再来看一下下面这两个句子：

7. Next to the patio is a rose, which is one of my favorite flowers.（紧挨露台的是一朵玫瑰，那是我最喜欢的花之一。)

8. Next to the patio is a rose, that is one of my favorite flowers.（紧挨露台的是一朵玫瑰，那是我最喜欢的花之一。)

在所有上述句子中，that 和 which 各司其职。第七和第八句之间的区别在于 that 和 which 在其中扮演的角色。在英语中，that 这个形式和多个作用联系在一起，包括关系代词和指示代词(即 this, that; these, those)。在第八句的 that is one of my favorite flowers 中，that 是作为指示代词，并不将它变作从句(你可以大声读出句子以检查)。它只是作为第二个句子的主语。大多数作家或许会把两个屈折短语用句号或者分号分开。人们的确创造像第八句那样的组合句，但我们知道它们实际上是两个分开的句子。

在上面第1、3、6句中，that 也是一个功能词，但是在那些情况下它是一个关系代词，就像 which 一样。在上述句子中我故意没有用任何内部的标点符号，但是《芝加哥格式手册》是如何建议区别二者的？它提供的建议是，如果关系代词与它所附的名词有唯一的辨认关系，那么应该用关系代

第十章
语言在教育中的曲折路径

词 that。这个建议有一个显著的例外：如果关系代词前有一个介词，那么应该用关系代词 which。这个例外是英语的描写语法的一部分。对于英语使用者而言，that 用在像 * The house in that we kissed burned down 这样的句子中是不正常的。在两组句子中，检查一下 that/which 是否构成了它所附着的屈折短语的主语。有关 which 出现在介词之后的规则与它作为非主语的状态有关。

不过，规范性建议和许多英语变体（口头的或书面的）的常规用法并不吻合。英国英语，包括澳大利亚英语和新西兰英语，并不对 that/which 的限制性作区分。所以，这不是一种自然的区分，除了一些美国人，没有人把它当作社会时尚试图去强制执行这种区分。《芝加哥格式手册》用"很少遵守这个区分"的短语，似乎给人的印象是这一区分是自然的，而实际上几千万英语使用者碰巧忽略了它。

毫不含糊地说，按照规范性正确的观点和这份风格指南的建议，接下来的一句话是错误的：

- I am sad about the ice cream which I dropped.

其被信以为真的过错在于把 which 和 I dropped 用在了一起，因为 I dropped 这个短语确认了被它修饰的那个名词，即 the ice cream 的唯一性。根据这份风格指南的建议，下面这个句子是正确的：

- I am sad about the ice cream that I dropped.

作为一般规则，它听上去很严密，逻辑性强，和其他类型划分开了。这一吸引力解释了为什么早在 1926 年 H. W. 富勒在《现代英语惯用法词典》里就提议把 that 的这一用法作为一条潜在的未来规则。当时只是一条建议，今天在第 16 版的《芝加哥格式手册》中它仍然作为一条建议。

总之，这个建议是双重的：(1) 当 which 用作引入一个附带话题，在它之前用逗号；(2) 用 that 指认它前面修饰的具有唯一性的名词。第一条建议是给书面文字的，因为逗号在口头语言中不起作用，况且所有的书写规则都是书面语体裁惯例的一部分。第二条是对人们应该怎么做的一个建议。语言学家注意到,描述性叙述表明在英语中 that 和 which 之间的使用有相当多的波动(在本书中也是如此)。风格指南的反驳是,在考究的书面文字中这条建议应该被遵守,因此你也得遵守它。问题是,许多考究的文字并不区分 which 和 that 的用法。我们可以意识到这条建议,假如我们投稿的刊物采用《芝加哥格式手册》,那么我们就知道该怎么做。

不幸的是,在美国最被那些关注语言规范化的人抱怨的事情之一正是这点建议。杰弗里·普勒姆把它戏称为"**which 迫害**"(which hunting,试比较 witch-hunting,后者指"政治迫害")。语言日志公布的一篇题为《which 迫害的减少?》的帖子详细叙述了 which 迫害的诸多渊源,并且注意到一些著名的作家,包括好为人师的乔治·奥威尔,他们都是大量使用限制性 which 的人(参见 http://languagelog.ldc.upenn.edu/nll/? p=5479)。

规范性正确视角的阵营所给的建议中还有许多像 which 迫害这样的其他例子。其中的一些建议纯粹是描述性的,解释了人们在实际写作时的所作所为,但许多建议只是规范性的。规范性建议的不同动机和细微差别是下一节探讨的内容。

学习语言的规范方法

当和语言学习联系在一起的时候,"规范性的"这个术语承载着许多文化包袱。对那些自称为规范主义者的人,这个术语具有"纪律、严谨和标准"的内涵。对那些谴责规范主义者的人,这个术语带着"不容忍、无知和势利"的内涵。"规范性的"是个带有倾向性的术语。不幸的是,当人们只是想贬低别人的时候,很难就语言教学进行像样的和有教养的讨论。

prescriptivist(规范主义者)是个近期出现的术语,直到 1952 年才被记录在册。在《牛津英语词典》中,prescriptive(规范性的)这个术语(从拉丁词根而来)被首次收录是在 1663 年:He proposes the Law of Government, as founded upon the Law of God, Nature, and Nations, to be prescriptive of all virtue, accumulated in fear of God(他提出了建立在上帝、自然和国家的法律

第十章
语言在教育中的曲折路径

基础上的政府的法律,对在上帝的恐惧中积累起来的所有美德具有规范性)。在这个语境中,这一术语旨在将某种道德强加于人,今天人们常常在以同样的态度使用它。prescription(规范)这个术语的历史更为悠久。它最初指的是因头衔取得的法律权利,但最终它被用作现代意义上的医生处方。从1568年的一则处方中我们可以看到这点:Quhairin I am constrynit of necessitie to vse the prescriptioun of sum medicinis in Latine。作为一位语言学家和一名教师,当我遇到用规范性规则包装的建议时,我仍然看到"病态语言"这一比喻。问题是,病态语言这个比喻忽视了体裁惯例这个概念和语言变化。教授规范性规则和教授体裁惯例有区别,而"规范性规则"这个术语有个关于语言是如何运作的错误假设,这一假设成了它的基础。

这里,我们目标的一大部分在于区分神话和精确的知识。对于你们中将来当教师的人,请注意我不是在试图命令你应该如何教别人你必须教的东西。作为一名教师和教科书作者,我只是想为你的教学工具包提供一些工具。作为一位语言学家,我希望你去教授语言实际上是如何运作的。未来的教师应该学习最有效果、最有效率和最为精确的方法来教授体裁惯例。作为教师,你们将要应对来自不同学生群体的压力。理解这些压力的历史将会帮助你作出理智的和专业的反应。

规范主义者的传统很可能和人类语言的历史一样悠久。基于规范主义标准的有关方言歧视最早的或许也是最为可怕的例证之一是关于**暗语**(shibboleth)这个术语的故事。这个术语本身在基督教《圣经·士师记》(第四至第六章)中指"玉米穗",但可变的发音是其显著的特征。基列的士兵当时在保卫约旦河上的渡口以防止撤退的以法莲人偷渡。为找出那些试图偷偷穿过防线的以法莲人,基列人用一个具体的方言特征来测试他们:

> 每当一个以法莲亡命者说"让我过去",基列人会问:"你是以法莲人吗?"当他回答"不是",基列人对他说:"那么说 Shibboleth。"然后他说"Sibboleth",因为他无法正确地发出 Shibboleth 这个音。然后他们就把他抓起来并在约旦河渡口杀了他。四万两千名以法莲人因此而丧命。
> (xii. 4-6)

shibboleth 和 sibboleth 的语言差别在于[ʃ]和[s]这两个音,就像<shoe>和<Sue>之间的差别:在<sh>这个形式中,舌头略微更靠上腭的后部。死神在等待着那些没有作出恰当舌位选择的人。

这个圣经故事包含着规范主义方法的基本主题。第一,这个世界上有分开的社会团体,不管这一分界线是部落的、种族的、社会经济的还是其他形式的。第二,判断的基础是社会的,而不是语言的:以法莲人的被杀不是因为[s]音不堪入耳;毫无疑问,基列人的语言中也有字母<s>和[s]音。以法莲人被杀是因为他们是以法莲人;shibboleth 这个单词中的[s]音只是一个用作辨别一个社会团体的方言特征。第三,规范性判断的标准没有受到质疑。

自从规范主义的规则在 1600 年至 1800 年间形成以来,现代规范主义拾起了所有这三个要素。当今规范主义者的许多教条是在那两个世纪确立的,而且往往是在英语和拉丁语的错误但善意的比较中确立的,比如:不要把不定式分开(例如,Our mission is to boldly go where no one has gone before<我们的使命是大胆地去之前没有人去过的地方>);不要让介词陷入困境(例如,We have much to be thankful for<我们有很多要感谢的>)。

文字游戏:拼写残骸

在 2012 年,杰丽·彼得森女士获得了成为英国伦敦奥运会火炬手(Olympic torch bearer)的殊荣。为纪念这一事件,她在家乡佐治亚州的亚特兰大刺了一个文身。不幸的是,佐治亚州的文身艺术家忘了进行拼写检查。结果是,彼得森女士得到了一个文身,上面写着"Oylmpic torch bearer"。对此,她付之一笑,并坦然自若地跑了起来。然而,拼写的重要性不言而喻,尤其是在像文身那样不容易消除的东西上。

说到文身,汉字式的语标文字是个颇受欢迎的选项,但汉字往往是从后往前或颠倒着印刷的。对大部分英语读者而言,这类符号只不

第十章
语言在教育中的曲折路径

过是艺术而已,但看到别人背上一个写错的"I'M AWSOME"(这可是一个真实的例子)文身,对任何一个英语读者来说都值得开怀大笑。"Sweet pee"(甜尿)(而不是正确的拼写 Sweet pea,香豌豆)这样的文身也同样会博得一笑。由此看来,同音异义词还真要命!

在校正软件的辅助下,推特和脸书自然成了两大拼写错误的温床。那些把一个单词乱打成另一个单词的拼写错误成了幽默的一个重要来源。请看:

Missouri loves company [拼成了 Missouri 而不是 Misery]
I am a force to be record with [拼成了 record 而不是 reckoned]
She betta pay amish [拼成了 amish 而不是 homage]
Can sex be good without an organism? [拼成了 organism 而不是 orgasm]
Who paid off the damn jewelry [拼成了 jewelry 而不是 jury]
Are you having a sarcasm? [拼成了 sarcasm 而不是 orgasm]
Your dairy air looks rather ravishing [拼成了 dairy air 而不是 derrière]

教师要让学生记住会有损他们声誉的所有拼写错误或许不太可能,但是恐惧应该促使他们做更多的校对工作。人们对修辞手段的运用从不停止,这类拼写错误确实阻碍原本的信息。对教师自己而言,当我们写讲义并复印时,如果我们有拼写错误,每份复印都将复制那个错误。

从教学法的角度看,问题不在于传统的规范性教条没有遵守体裁惯例,而在于它对语言的诸多假设以及在传统的规范主义者提供建议时的那种假仁假义的态度。书写的一则乏味的体裁惯例是"句子的首字母必须大写"。对于坚持正式书面语的常规做法,这是一条很好的建议。但是,如果认为

411

因为句子开头首字母没有大写,语言就支离破碎或者交流失败了,那是错误的。一种社会时尚没有得到遵守,但是语言的交流功能在书写形式的这一变异中仍然畅通无阻地进行着(参见爱德华·埃斯特林·卡明斯于1923年出版的一本诗集《郁金香与烟囱》(*Tulips and Chimney*)中的一句:"the Cambridge ladies who live in furnished souls")。

规范主义的主要问题在于它对语言的假设,而它最基本的假设——这世上存在一种单一的至高无上的语言形式——根本没有实证支持。它是错误教育的基础。在整个人类书写的历史上,人们利用这一假设为歧视性目标服务。在每一个实例中,选择这一至高无上的形式是出于社会原因,而任何语言上的虚伪辩护都出现在这一选择之后。希腊人和罗马人把日耳曼部落斥为barbarians(野蛮人),并因此在话语之间特别指出了对其语言的批评。在整个中古英语时期,英语被认为质朴无华,对散文、诗歌或脑力工作毫无价值,而拉丁语则独占鳌头。就日耳曼各民族和更早时期的英语而言,这些语言都没有问题,但对它们的判断是基于社会决定。在任何一门语言中,不同的变体都与一定的社会关系相联系。与这一悠久传统相对应的是,未来的教师应该认识到所有语言变体在语言上的平等性,并建立起包含这一正确语言观的教学策略。修辞性正确的视角在维护体裁惯例的同时顾及这一现代教学方法。

规范引起的烦恼

有关语言变异模式的判断往往是仇恨的预兆。围绕规范性建议的一个反复出现的主题是通过烦恼显露的愤慨。有些经常抱怨的问题无关痛痒,如在单词 a lot 之间保持间隔(而不是 alot)。另一些则是以更加强烈的感情说出来的,如对 She be laughing all the time 一句中动词 be 的谴责。一个人声称像惯用的 be 这样的用法是英语中令人憎恶的事物,表示他无法理解 be 在传统的非洲裔美国人的英语中是如何起作用的。在北卡罗来纳州的部分乡村地区,be 甚至仍然是一些年轻人语言中的常规部分。在2013年的夏天,一位年轻的店员正在和我交谈人们来这家杂货店询问什么东西。他

第十章
语言在教育中的曲折路径

说,"People be asking for all kinds of crazy things"(人们询问各种各样古怪的东西)。动词 be 的这个用法是动词体的标记,表示询问这个动作经常做,就像"have asked"(问过了)表示完成体一样,那是描述性的语法惯用法。说"She be calling me right now"(她正在给我打电话)就错了,因为句子的时间体是准时的。规范性正确的观点无法处理这样的语言复杂性。它只会说用错了。

正如瑞克福特和瑞克福特(Rickford and Rickford,2000:208)的记录所示,即使是像威廉·拉斯拜瑞这样有成就的作家,都声称非洲裔美国人的英语方言"是一门没有对或错的表达、没有一以贯之的拼写或发音、没有明显规律的语言"。对于许多评论家,他们担心的是"被信以为真的混乱",而对单一的正确英语的索求会驱走这一恐惧。然而,像 be 这样习惯性的语言特征清楚地展示了所有人类都有的受规则支配的语言变化:She be laughing all the time 是符合语法的句子,但 She be laughing right now 对母语是英语的使用者而言则是不合语法的。和其他语言变体一样,非洲裔美国人的英语方言也有规则。此外,了解这样的语言变异并不排斥书面语的体裁惯例。

作为一名语言学家,我偶尔遇到有人向我展示语言变异的例子,他们发现这些变异或有趣或荒谬或无礼。其中我最爱的一个例子是:一位妇女向我展示了从县政府寄来的一封有关这位妇女的不动产的信。信中有一句话,其中的一行如下:"If it be relevant to your particular situation..."这位妇女向我抱怨写信者,一位她本人认识的在县政府工作的非洲裔美国人,怎么会犯这样的错误。她也向我抱怨该县教育系统的状态(似乎这个县的教育系统不知为什么应该对那位在县政府工作的中年妇女所写的信负责)。我们来花一点时间考虑一下上面这行文字。被抱怨的是动词 be,这位妇女认为,它是蹩脚的英语,只有社区里的非洲裔美国人才能写出这样的句子。我本可以向她解释惯常的 be 是如何发挥作用的,但是我们在讨论的那句话是英语中虚拟语气用法的一个例子,而不是恒定的动词 be。虚拟语气可以用来表达一个条件状况、一个愿望或需求。或许这一用法的最著名例子是传闻中对帕特里克·亨利言论的援引:"If this be treason, make the most of it"（如果这算是叛国，那就叛个痛快吧！）。虚拟语气往往是留给正式的书面文字，就像这封来自县政府的信。这位妇女对非洲裔美国人作了草率的判断，并且把这一判断和她自己完整的英语知识结合起来愤愤不平地抱怨。这一社会偏见、语言知识的不足和自我放纵的组合，往往给常见于互联网博客和其他评论区的规范性评判提供了诱因。

文字游戏：荒唐的用词错误

有一类拼写错误被称作"荒唐的用词错误"。这类错误属于出差错的范畴。荒唐的用词错误是一种选词错误（不管是有意的还是无意的）。这类错误的名称来自一位叫 Malaprop 的女士，她是英国戏剧家理查德·布林斯利·谢立丹于 1775 年创作的剧本《情敌》中的一个人物。这个人物用相近音的词替代想要表达的词，从而生成了富有幽默感的语义错误。她的名字 Malaprop 选自法语，意思是"不合适的"。这个人物用了 illiterate（文盲的）来表达 obliterate（抹去），请看："...forget this fellow—to illiterate him, I say, quite from your memory"（忘了这家伙吧——我得说，把他从你的记忆中抹去。出自《情敌》，第一幕，第二场，第 178 行）。

在漫画和其他地方，误用通常是为了喜剧效果，因为观众应该捕捉到预期的意义和传递的意义之间的反差。但有的时候，误用并不是精心策划的，而只是个错误，就像在一则标题中说到 voters being weary of a newly elected president rather than being wary（选民们对新当选的总统感到厌倦了，而不是选民们对新当选的总统持谨慎态度）。一字之差，意思大相径庭（参见：http://languagelog.ldc.upenn.edu/nll/?p=4054）。

第十章
语言在教育中的曲折路径

描述语法和体裁惯例

语言变异是每一个人类社群的重要组成部分,但学生极少被告知这一点。通过了解语言变异的三个基本事实,我们可以更好地了解许多我们经常面对的语言奥秘。我们都应该理解下列三点:(1)语言变异是自然的、有用的;(2)活的语言随着时间的推移而改变;(3)语言使用与社会认同有关。

我们的大脑创造语言变异。日常的语言变异最终导致因时间推移而形成的变化。对于生活在同一地区或者分享相同的社会认知的人们,他们组织自己的语言变异以便于共享语言规范;换言之,他们说同一方言。虽然方言在地理上和社会上有所不同,但没有一个方言在结构上比另一个更好。它们都仰仗同样的大脑部件来工作。尽管许多人认为只有一种正确的语言形式,所谓的标准形式因方言而异。例如,pin 这个单词在美国南方的正常发音和 pen 这个单词的发音没有区别。其他英语方言区别鼻音 /n/ 前的元音 [i] 和 [e],那些方言的使用者会把南方的发音评估为错误的,而不只是不同。

描写方法也适用于解释现代拼写、各国拼写标准的变化和现代拼写中蕴藏的丰富历史。我们的拼写系统的一个好处是很容易获得语言变化的例子。历时比较可以产生差异性(例如 knight 一词更早和现代的发音差异)或相似性(例如在 foot/feet 中的元音交替变化来表示古英语和现代英语的复数)。英语的拼写保存了一些字母,这些字母远远超出了它们在代表发音中的有用价值。英语的拼写是一个保守的系统:口头单词形式的改变往往没有在书面表达中反映出来。

保守拼写的一个简明的例子是 knight 这个词。在早些时候,它的形式包含在最前面的 [k] 音和就像在 meet 一词中的高—前元音 [i:] 以及不发音的软腭摩擦音 [x],就像在德语中的 Bach 或者荷兰语中的 Van Gogh 那样。对许多英语使用者,它的现代形式是 [nait]。英语中的三个不同的变化影响了这个单词。首先,词首的[k]音在诸如 knot, knee, knob 这些单词中的[n]音前失去了发音。第二,对英语元音大迁移时代的大多数英语使用者而言,英语中的长元音参与了随乐声抢座位的游戏;其结果是像中古英语的单词 flight 和 bite 中的长元音[i:]对大多数英语变体而言最终变成了双元音[ai]。对大多数英语使用者来说,在 right, flight, might 这些单词中的<gh>不代表任何音;在现代英语中 right 和 rite 押韵,但早些时候情况并非如此。另外,[x]这个音在英语中从来就没有频繁地出现过,对许多社区而言它最终半途而废了。所有这三个变化最终生成了我们今天改革后的 knight 一词的发音。因为保守的拼写,像 knight 这样的单词包含整套历史课程,而描述性方法可以反映其详细的历史。

通常,这类历史课索然无味,因为它们没有针锋相对辩论的那种活力。在公众对语言的辩论中,人们把语言视为一个道德战场。很难想象政治团体会为了计算机语言的最新动态而唇枪舌剑、剑拔弩张。然而,这些团体会在对黑人英语的激烈辩论中提出自己的论点(Rickford and Rickford, 2000)。这样的背景使得谈论英语变得颇为微妙。在这样的传统中,许多人所受的教育只是告诉他们语言有好坏之分。一般情况下,人们不喜欢有人告诉他们还有灰色地带。

拼写、写作和修辞的体裁惯例是每一个学校系统的一部分。语言学者无论如何都不想推翻这些惯例,但我们确实希望教师和学生能够理解,不管有什么样的社会污名对他们的语言构成不利,他们的语言依然是精妙绝伦的、由规则驾驭的系统。通过允许对语言工作方式的精确描写,修辞性正确的观点强化了学校需要教授的所有这些体裁惯例。本章和下一章应该能帮助学生更好地理解语言变异,这种变异既是人类的一个正常特性,又是他们在社会上安身立命的一个重要方面。我们希望,这两章将引导师生去讨论他们自己社区里的语言变异,因为只有通过这样的自我学习,有效的教育实践才能得以延续。

重要的是,如果教师和学生都懂得语言变异,体裁惯例对于所有牵涉其中的人而言就不会那么费劲了。体裁惯例是社会驱动的;它们不是语言学的定律。对一种拼写形式的选择,如 knelt/kneeled,是一种社会选择。如果语言变异得到更好的理解,那么教育过程中的每个人都会更乐意公开讨论这些话题。

有些体裁惯例比另一些更容易辨认。文学中有许多不同形式的诗歌,每一种都有它自己的体裁惯例。我们不妨看一下诗歌中被称作五行诗的这个小部分。五行诗有着严格的结构,这个结构控制着诗的行数和每一行的长度。朗读下列选自《夏日学习每日活动手册》(五年级)中题为《婴儿》(*Baby*)的五行诗(2007:38):

Baby

Soft, cuddly

Cooing, gurgling, smiling

Tiny toes and fingers

Infant

这首诗呈现下列结构:

话题(一两个音节)出现在第一行

形容词(两个词或四个音节)出现在第二行

现在分词(三个词或六个音节)出现在第三行

一个描述性短语(四个词或八个音节)出现在第四行

重新措辞后的话题(一个词或两个音节)

这一结构惯例是具体的并以此引导诗人在这种形式中发挥想象力。不过,这个形式本身随着时间的推移发生了变化。因为题材惯例本身是业内的趋势,它们必定会改变,而且是随社会时尚而改变。更早的时候,五行诗因阿德莱德·克莱普西(1878—1914)而变得更为流行。我们通过她的诗《惊奇》(*Amaze*)(参见 http://www.poetryfoundation.org/poem/175528)来看看她的作品的结构差别:

语言入门

> Amaze
>
> I know
> Not these my hands
> And yet I think there was
> A woman like me once had hands
> Like these

这里,先前的话题结构已不复存在,诗的行数也不那么受限。五行诗的体裁惯例在 20 世纪初和 21 世纪初之间发生了变化。诗人们既在体裁惯例的框架之内创作又不拘泥于这种形式,最终改变了五行诗的体裁惯例。甚至在更早的时候,乔治·赫伯特(1593—1633 年)在题为《世界》(*The World*)的诗中写下了一种不一样的五行诗:

> Love built a stately house, where Fortune came,
> And spinning fancies, she was heard to say
> That her fine cobwebs did support the frame,
> Whereas they were supported by the same;
> But Wisdom quickly swept them all away.
>
> (参见 https://www.poets.org/poetsorg/poem/world)

赫伯特的诗中有一个 abaab 韵律,但行数更趋于变化。这首五行诗和选自五年级练习手册题为《婴儿》的五行诗在话题和结构上都有差别。不同世纪之间体裁惯例的区别并没有使得其中一首诗是正确的而另一首是错误的(尽管对于这两首诗我们完全可以有自己的偏好)。

通常,学生们了解的语言变异介于所谓"好"的和"坏"的语言之间。当出现这一情况时,那些拥有"坏的"语言形式的学生会认为他们的语言乃至他们本人都是异类。除了这样的认识只是基于错误的信息之外,这种攻击方式也不是鼓励分析和关注细节的得体方式。向学生和公众解释语言变异的困难之一是教师们会遇到难以应对的挑战,包括对语言工作机制的普遍误解和对弱势群体的偏执。关于语言变异的教学可能意味着对一些广泛持

第十章
语言在教育中的曲折路径

有的语言观的质疑。虽说流行的观点并不总是不准确,但它们需要不时被重新审视。同样,许多人认为英语有一套单一的标准,但语言学显示在一个国家某一地区的标准英语和这个国家其他地区的标准英语是不一样的,就像和英语世界其他地区的标准英语有差别一样。有关哪一种是正确英语的辩论可以演变为一个文化的和道德的战场,人们依据绝对的对与错的标准来辩论语言使用和语言教学的优缺点。

对不同民族和文化群体的仇恨在我们的社会中仍然猖獗。教师可以直接处理带有隐性偏见的语言形式(如 the lady doctor(女医生)/doctor(医生)),但教师应在何种程度上对改变听众对其他人的态度负起责任来则是一个截然不同的问题。

责任、推广与教育

语言学家的目标之一应该是讲解语言变异是怎么来的,特别是对其语言可能遭人诋毁的方言社区。20 世纪 60 年代,处于语言学者们前列的社会语言学家声称,地域方言尤其是非洲裔美国人的英语方言是不同但仍然合乎常规的英语变体。这种说法常常被认为是可笑的,但必须直接面对这样的观点,以便于提高公众对语言的认识。认识到语言变异是正常和合理的可以帮助学生理解语言是如何工作的,与此同时要求他们反思自己的语言模式和偏见。

未来的教师们或许会问,如果语言变异是如此自然的语言特性,并且消除它既不是一个可能的也不是一个想要的教育目标,那么他们又如何去指出点错的逗号。答案在于理解语言在机构英语教育中的作用。这一理解的关键要素是维持体裁惯例(如逗号的位置)和语言变异(如元音的发音之间的区别)。从拼写和逗号到段落结构和文章大纲,必须明确地教授学生体裁惯例方面的知识。没有孩子会自然地识字。所有必须明确教和学的技能和知识都得接受体裁惯例的评判。对任何学生习得的并与体裁惯例冲突的语言变异模式必须格外地强调。例如,美国的不少方言,包括阿巴拉契亚方言和非洲裔美国人的英语方言都有辅音连缀缩减的现象,这样一来 past

■ 语言入门

和 passed 这两个词有时发成[pæs]的音。在大多数的会话中,上下文提供的线索让每个人都知情,但在书面文字中拼写的体裁惯例要求将＜t＞和＜ed＞拼写出来。正如威廉·拉波夫在众多出版物中所展示的,教育材料往往没有聚焦于这些模式。作为回应,他开发了一套程序来做这件事:拉波夫的 PORTALS 是一项针对 4—8 年级学生的干预计划,用来帮助几个州里来自不同方言背景的学生掌握英语的体裁惯例。这一计划的主要目标是引导学生去拓展自己的元语言技能,编辑自己所写的东西,以达到现有体裁惯例的要求。

加利福尼亚的一项计划采纳了这些想法并在多所不同的高中将之付诸实践。一项由加州大学圣芭芭拉分校管理的取名为 SKILLS 的计划开发了一个课程,引导学生去分析和描述他们自己的和他们社区的语言变异模式。随堂作业涉及几个不同的项目:(1)访谈他们家庭里或社区里一位年长者并分析此人的语言;(2)收集并定义他们高中里常用的俚语、术语;(3)语言使用的社区评估;(4)有关语言话题的实践政策辩论。例如,学生们学习了未来美国农民俱乐部的双语实践,然后研究了学校的双语政策,其目的是为了参加一个关于这个话题的模拟辩论(参见 www.skills.ucsb.edu)。这类综合项目帮助学生拓展他们的元语言技能。有了这些技能,在任何需要详细分析的领域他们都将胜出。

跟学生谈语言变异并不会扼杀好的写作。对体裁惯例的高期望应该成为每一个教育机构坚持的一个标准。任何写作、独白或会话的关键在于它的修辞。强调好的写作是学生学习的一个重要目标,这一点很重要。对阅读和写作的高标准应该成为每个教育机构的基础,而把语言如何工作的真相教给学生只会使得这一过程更加有效和高效。

本 章 总 结

在这一章,我们把前面章节的知识应用到所有学生都有既得利益的领域,那就是语言变异和语言教育。语言变异可以是一个有效率和有效果的

第十章
语言在教育中的曲折路径

教授语言的方法,尤其是考虑到体裁惯例对于一个仰仗读写能力的社会的重要性。在理解语言评判是如何作出的两个可能方式中,只有修辞性正确的观点才能处理好语言变异的现实和语言是如何工作的。规范性正确的传统有着悠久的历史;我们当今的语言形式可以追溯到数个世纪以前;然而,它有关语言的假设已经过时而且是错误的。许多经常被抱怨的问题是基于这一规范性正确的传统,而且有时被人带着社会愤慨在利用。相形之下,通过考虑语境和作者的意图,修辞性正确的视角允许更为直接的评判。这一章解释了修辞性正确的观点如何能够既实现教育目标,同时又促进人们对人类语言的理解。

主 要 概 念

- 内容效度
- 正确英语的定义
- 描述的
- 描写语法
- 体裁惯例
- 心理语法
- 经常抱怨的问题
- 规范性语法

- 规范性正确的视角(观点)
- 规范主义
- 修辞性正确的视角(观点)
- 暗语
- 各类标准英语
- 教学语法
- 普遍语法
- Which 迫害

注 释

1. PCP 也是一种药物名称的缩写,这纯属巧合。然而……正如其合伙契约(drug-free. org)指出的那样:"它的镇静和麻醉效果如恍惚一般,病人经历了一种'脱离身体'的感觉,脱离了他们的环境。PCP 在人体的应用于 1965 年戛然而止,因为在从麻醉状态恢复的过程中病人经常情绪激动、产生错觉,并伴有荒谬举动。"

参 考 文 献

Crapsey, Adelaide (1878-1914) http://www.poetryfoundation.org/bio/adelaide-crapsey

cummings, e. e. ([1923] 2006) "The Cambridge ladies who live in furnished souls," in *Tulips and Chimneys American English*. New York: Thomas Seltzer.

Fowler, H. W. (1965) *A Dictionary of Modern Usage*. 2nd edition. New York, Oxford: Oxford University Press.

Green, L. J. (2002) *African American English: A Linguistic Introduction*, Cambridge: Cambridge University Press.

Henry, Patrick. http://en.wikipedia.org/wiki/Patrick_henry.

Herbert, G. (1593-1633) "The World": http://www.poetryfoundation.org/bio/george_herbert.

Hood, C. and Stead, J. (2012) *Summer Study Daily Activity Workbook 5th Grade*. Flashkids. New York: Sterling Publishers.

http://xkcd.com/781/.

University of Chicago. (2010) *The Chicago Manual of Style*. 16th edition. Chicago: University of Chicago Press.

Vikør, L. (1989) "The position of standardized vs. dialectal speech in Norway," *International Journal of the Sociology of Language* 80: 41-60.

Wolfram, W. and Schilling-Estes, N. (2006) *American English*. Oxford: Blackwell.

延 伸 阅 读

The Story of Ain't: America, Its Language, and the Most Controversial Dictionary Ever Published. David Skinner. 2012. Harper.

这本写得非常棒的书告诉了我们围绕 1961 年出版的第三版《新韦伯斯特国际词典》的巨大争议。斯金纳勾勒了导致该词典出版及随后火爆的 20 世纪知识界的氛围。作为该画面的一部分,斯金纳详细叙述了语言学家试图改变人们对语言、规范主义和词典的观念的努力(通常是失败的)。

第十章
语言在教育中的曲折路径

Understanding Language Variation in U. S. Schools. Anne H. Charity Hudley and Christine Mallinson. 2010. Teachers College Press.

Dialects in Schools and Communities. C. Adger, W. Wolfram, and D. Christian. 2007. Routledge.

如果你在寻找资料以便于开始探索对语言和教育的研究,那么请你考虑上面这两本书。在这两本书中,几位作者详细地叙述了在美国的语言变异、语言系统里变异的性质、文化对语言变异的影响、标准英语的概念和语言差别、口头语言教学技巧、书面语言教学技巧、语言变异与阅读的相互作用和对学生调查者的方言意识项目。两本书中包括延伸阅读和练习,因此可以作为训练教师的教材或者学者的参考书。

Spoken Soul. John Rickford and Russell Rickford. 2000. Wiley.

所有未来的教师都应该阅读这本书。这本书提供了市场上能找得到的关于美国黑人英语的最好的非技术性叙述。本书牢牢地根植于语言学,具有广泛的教育意义。对于围绕黑人英语的争议风波,该书也提供了详细的解释。有关这方面的简明而又精确的学术讨论,可以参见 Lisa Green (2002)的书——《非洲裔美国人的英语》。

English with an Accent: *Language, Ideology and Discrimination in the United States*. 2nd edition. Rosina Lippi-Green. 2011. Routledge.

在许多社会语言学家看来,就人们为什么以及如何歧视使用方言变体,这本书作出了最为直接和清晰的论述。作者在本书中探讨了诸如对拉美裔英语和亚裔英语的歧视等话题,但它最为出名的或许是对迪士尼在大众电影中使用方言的处理方式。

任何从事语言和教育工作的人都应该知道 ERIC Digests,详情如下:

Vernacular Dialects in U. S. Schools (ERIC Digest). D. Christian. 1997. ERIC Clearinghouse on Language and Linguistics. http://www.cal.org/resources/digest/christ01.html.

练 习

个人练习

1. 对于下面的每一条建议,请描述它为何是规范性的和/或描述性的。给每条建议造两个句子:一句是遵守建议的,另一句是违反建议的。然后给造的每一个句子设计一个语境:解释为何每个句子根据规范性正确的

语言入门

观点和修辞性正确的观点是行得通或行不通的。另外,每一条建议是基于什么样的语言层面(例如,语音的、形态的、句法的、词汇的、语义的、拼写的)作出的?

举个例子:勿把can作为表示许可的动词。

忽视建议的句子		遵守建议的句子	
Can Jack come over to my house?		With the river full to its banks, we can float the supplies across.	
语境:一个十岁的孩子问朋友Jack的母亲,Jack是否可以和他一起玩。		语境:一队探险家试图到达他们的下一个营地。	
PCP	RCP	PCP	RCP
can应该用于询问逻辑上的可能性而不是许可。动词may应该用于表达许可。	在这个语境中,动词can并没有含糊不清。不管是表达许可还是可能性,这个问句在此语境中都属正常。	动词can的用法在这里明显是描述转移补给品的逻辑上的可能性。许可与否不是个问题。	动词can在这里用于描写完全合乎语法,而且语义上是清晰的。它符合这个语境。
语言建议的领域			
词汇的和语义的			

a. Do not end a sentence with a preposition.

b. Do not split an infinitive.

c. Use *who* as a subject and *whom* as an object.

d. Do not use *and*, *but*, or *so* at the start of a sentence.

e. Use *these* and *this* for things close to you and *those* and *that* for things further away.

f. Do not use *I* or *me* in formal writing.

g. Use *an* before a vowel and *a* before a consonant.

2. like 和 as:

在下面的句子中,你偏好哪一个,是as还是like?从规范性的角度看,一些建议手册在一些句子中倾向于用like,而在另一些句子中则倾向于用

as。作出你自己的评估，然后与一本风格指南作比对，看看你的判断和规范性建议在多大程度上相吻合。

　　a. Teachers sometimes see themselves as heroes [as, like] Odysseus.

　　b. The widow in that old picture looks [as, like] my mom.

　　c. Nothing happened just [as, like] I thought.

　　d. He's searching around [as if, like] that lost ring were actually made of gold.

　　e. She wants to run [as, like] she has never run before.

　　f. It sank [as, like] a rock.

　　g. In the end, they made mistakes, [as, like] all teenagers do.

　　h. At the club, we danced [as if, like] we were on fire.

　　i. We were silent [as if, like] our mouths were sewn shut.

　　j. [As, Like] the dweeb we all thought he was, he had put gelatin in all our drinks.

3. might，may 和情态动情：

　　在下面的句子中，在 may 和 might 之间作选择。哪一个听上去更好？对你来说，每一个选择中的意义是否相同？如果在 may 和 might 之间有意义差别，这个意义差别是否体现在每一个句子中？

　　a. She [may, might] head down the slope.

　　b. It [may, might] not be possible to release the injured prisoners?

　　c. The wording [may, might] seem a bit odd.

　　d. This kind of discussion brings the teacher and the students into an awareness of how terms [may, might] be used in different senses.

　　e. Students [may, might] use a different language at home

　　f. You [may, might] want to go to the party.

　　g. Classroom visitors [may, might] be escorted out of the building.

　　h. Get the dog leash, and I [may, might] take her for a walk.

　　i. If you really want dessert, you [may, might] get a bowl of ice cream.

■ 语言入门

j. The librarian said we [may, might] be able to get a larger study room.

"语法姑娘"网站（Grammar Girl）（参见 http://grammar.quickanddirtytips.com）认为，may 表示肯定，而 might 表示更多的怀疑。你同意这一评估吗？"语法姑娘"也认为 might 是 may 的过去式，但有好几个世纪这一情况并不属实。我们来看一下 She might want to go 这个句子。这里面提到任何过去的时间吗？《牛津英语词典》也把 might 列为 may 的过去时。你能找到现代英语的用法来支撑这个观点吗？

至于 may 和 might 这一对，一些英语使用者基于许可的程度区别在两者之间作了区分。我曾经在一次学术会议上宣读了一篇题为《双方言会是什么？》的论文。我的一位来自新西兰的同事大声笑了出来，她问谁会给予双方言存在的许可。对她而言，may 强力表示许可，而 might 只是表示可能性。

在下列句子中，带有 may 的句子和带有 might 的句子在意义上是否有差别？

k. Her parents said she may go to the party.

l. Her parents said she might go to the party.

像 might, should 和 would 这些情态动词被称作过去现在动词，因为它们曾是 may, shall 和 will 的过去时形式，但如今它们本身已经转换成现在时态。

我们用作情态动词的其他过去现在动词是否有现在时和过去时之分？

m. We [shall/should] finish that pitcher.

n. The snow conditions [shall/should] hold up better next time.

o. My favorite player [shall/should] have scored that goal.

p. The car [will/would] roll down the hill if you take the brake off.

q. Visitors [will/would] have in mind the kind of nightmare scenes that took place here last year.

r. The children [will/would] remember only the bad moments of our vacation.

第十章
语言在教育中的曲折路径

4. fewer 或 less：

有了这么多共时语言变化，一个时期的标准有的时候与更早时期的标准会有差别。这种变化可以发生在语言中的微小地方。例如，我们可以考虑一下英语使用者如何进行量的比较。在量增加的情况下，他们可以用下面的短语来说：

I want more water.（我还要喝水。）

I want more shoes.（我要更多的鞋子。）

对英语使用者而言，more 既可以用作修饰可数名词，又可以用作修饰物质名词（见第四章）。在量减少的情况下，无论是从共时的角度还是历时的角度，英语使用者有些分歧。对于下面的句子，选择你认为是最佳的答案。

a. It would be nice if the room had [fewer, less] flowers.

b. There were [fewer, less] opportunities to get to the beach than I had hoped.

c. [Fewer, less] horses were on the island.

d. Six [fewer, less] cars finished the race.

e. There was [fewer, less] water in the bathtub than when he got in.

f. She drank [fewer, less] ginger-ale than before.

g. [Fewer, less] snow fell on the Thanksgiving Day Parade this year.

h. I made [fewer, less] money off that sale.

在权衡了上述句子后，考虑一下在下面的语境中你通常会怎么说：

i. The sign in the express lane in the grocery store reads "13 items or [fewer, less]."

j. We will deliver this pizza in 30 minutes or [fewer, less].

k. The contractor should finish the deck in 45 days or [fewer, less].

l. A lot of the gasoline leaked out so there is even [fewer, less].

5. 不定冠词的转变：

在英语中 a 和 an 作为不定冠词已有很长时间了。在所有场合中更早的

427

形式是 an，因为它来自 one。随着时间的推移，辅音前的鼻音 n 脱落了（如 an book→a book）。这一趋势持续不断，有些现代英语的使用者在正常说话时大都用 a。对于下面的短语，其中的一些是否更被你接受？你猜猜看在什么样的音系环境中更容易发现元音前用 a？

    a. a Inflectional Phrase vs. an Inflectional Phrase

    b. a elephant vs. an elephant

    c. a ant vs. an ant

    d. a cat vs. an cat

    e. a inquiry vs. an inquiry

    f. a ostrich vs. an ostrich

    g. a ukulele vs. an ukulele

    h. a NSF proposal vs. an NSF proposal

    i. a ESPN-televised game vs. an ESPN-televised game

    j. a union job vs. an union job

    k. a historic day vs. an historic day

    l. a FBI informant vs. an FBI informant

    m. a STD vs. an STD

    n. a elf vs. an elf

    o. a echo vs. an echo

    p. a indelible mark vs. an indelible mark

    q. a English teacher vs. an English teacher

6. 连字符的规定：

就下列形式，说出什么样的规则制约连字符的使用，然后将你的评估与一份现代风格指南作比较。

在做定语的复合形容词中：

    a. well-trained falcon vs. African American English

    b. Judeo-Christian traditions vs. Asian American culture

    c. Irish English Resource Centre vs. Hiberno-English dictionary

在复合词中：

d. cubby hole vs. cubby-hole vs. cubbyhole

e. out-loud vs. out loud

f. T-shirt vs. TV

g. T-rex vs. Trex

7. 动词体：进行时 vs. 中性时：

就下列动词的共时变化形式你能找到任何规范性的建议（不管是网上的还是风格指南里的）吗？

a. The people who are conversing should look at each other.

b. The people who converse should look at each other.

c. The people who are conversing are saying things that help each other communicate cooperatively.

d. The people who converse say things that help each other communicate cooperatively.

e. I would expel all students who are throwing things.

f. I would expel all students who throw things.

g. An example would be a friend saying *ice cream* after hearing about last night's game.

h. An example would be a friend who says *ice cream* after hearing about last night's game.

8. 再看 which 迫害：that 和 which

阅读以下语言日志，然后从网上搜索、拷贝、粘贴和标记带有限制性的和非限制性的 which 的句子各十个。（http://languagelog.ldc.upenn.edu/nll/? p=3934 或直接搜索 Language Log 3934）。

9. 不确定的 they：

单数的 they 具有被越来越频繁使用的趋势。阅读两篇语言日志中有关 they 的帖子，然后搜索、拷贝和粘贴 15 个网上带有单数 they 的例子（http://languagelog.ldc.upenn/edu/nll/? cat=27 或者直接搜索 Language Log singular they)。

10. 看一下下面的文本，包括它们的体裁，然后看看规范性正确的观点和修辞性正确的观点会怎么评判它们。请解释并证明你的判断。

Toni Morrison (1987): *Beloved*

I got a tree on my back and a haint in my house, and nothing in between but the daughter I am holding in my arms. No more running-from nothing. I will never run from another thing on this earth. I took one journey and I paid for the ticket, but let me tell you something, Paul D Garner: it cost too much! Do you hear me? It cost too much.

(15)

...

The picture is still there and what's more, if you go there-you who never was there-if you go there and stand in the place where it was, it will happen again; it will be there for you, waiting for you. So, Denver, you can't never go there. Never. Because even though it's all over-over and done with-it's going to always be there waiting for you.

(36)

Mary Ann Samyn (2005): *Purr*, "Cabin Fever in the Gray World"

My overture. Her sugary.

My overture. Her ferocity.

It's a toss-up.

Ring. Ring. Ring. Ring. Ring.

In her voice, when I hear it if I do,

a pivot:

　　Don't you/worry/about/me.

This is tone, boys and girls. Inflection.

All day the day snows down around each of us separately.

No, the day's debris…

小组练习

11. 被荒唐地误用的词语：

    是什么样的语言对比隐藏在被荒唐地误用的词语中引得这么多人发笑？如果对你来说不好笑，其中缺少了什么语言对比？哪一层面的语言在作对比？作为你回答的一部分，看一看下面这些被荒唐地误用的词语。

    a. Sheridan：Mrs. Malaprop："... she's as headstrong as an *allegory* on the banks of the Nile."(i. e. *alligator*; *The Rivals* Act III, Scene III, Line 195)

    b. Shakespeare："if she has been a woman *cardinally* given"(i. e. *carnally*; *Measure for Measure*, Act 2, Scene I)

    c. Shakespeare："I will tell her, sir, that you do *protest*, which, as I take it, is a gentlemanlike offer."(i. e. *propose*; *Romeo and Juliet*, Act 2, Scene IV)

    d. Archie Bunker："A *Menstrual* show"(i. e. *minstrel*; *All in the Family*)

    e. Archie Bunker："In closing, I'd like to say *Molotov*."(i. e. *Mazel Tov*; *All in the Family*)

    f. Bart Simpson："The *ironing* is delicious."(i. e. *irony*; "Lisa's Date with Destiny" from *The Simpsons*)

12. 看下列几组单词：

    a. rise, mount, ascent

    b. ask, question, interrogate

    c. fast, firm, secure

    d. fire, flame, conflagration

e. holy, sacred, consecrated

f. time, age, epoch

为弄明白这些不同的词让人联想起的意义,造一个句子,把它们放进去,然后看看哪个最合适。例如,"The glue will hold the note [fast, firm, secure] to the frame."(胶水会把这张便条牢牢地黏在框架上。)或者,使用一本好的词典查找并为每个单词找到一个例句(注意这些单词的发音和语气有何不同)。

13. 在你们小组内,想出五条在大多数的口头会话中通常被忽略的规范性规则。给每条规则提供一个例子。你们小组内的大多数人是否同意这些规则应该被忽视?

14. 暗语词:

在你的家乡,被污名化并且用来区分不同人群的那个单词的发音是什么?

15. 对于下面的问题,讨论一下为什么所有的表述都是错误的?

a. Language is one of our most important cultural inventions.

b. Language change is a process of decay.

c. Grammar books used in schools cover most of the rules and processes of English.

d. Eskimos have many words for snow, and they "see" snow differently than others do.

e. Writing and speech are essentially the same thing.

f. Appalachian English is Elizabethan English.

g. Children required detailed instruction to learn language.

16. 明显的或不明显的:

引导补语分句的补语化成分在正常的英语会话中未必一定要发出音来。你们小组的大部分成员会发出下列句子中的补语化成分的音吗?

a. Does most of your group agree [∅, that] they should be ignored?

b. The man [∅, that] I bought the pug from died.

c. I drive the minivan now that my partner has the car [∅, that] we bought last week.

d. Those hawks [∅, that] we saw in the state park are on the news.

e. The oldest tortoise [∅, that] I know of lives on St. Helena.

下面一句有何不同？

f. Did you see the sugar glider [∅, that] was in that man's pocket?

学习问题

1. 英语课程和体育课程有何相似之处？
2. 为什么学习语言和学习写作是两回事？
3. 什么是规范主义？
4. 规范性判断的基础是什么？
5. 有关语言变异的三个基本事实是什么？
6. 在何种意义上英语的拼写是一个保守的系统？
7. 是否只有一种标准英语？
8. 什么是体裁惯例？
9. 什么是 PCP？
10. 什么是 RCP？
11. 内容效度如何与标准化测试合作？
12. 描写语法与规范语法的区别是什么？
13. 解释并举例说明一个经常抱怨的问题。
14. 何为暗语？

要了解更多与本章有关的资源，请登录本书的配套网站：http://www.wiley.com/go/hazen/introlanguage。

第十一章　语言的生命周期

本章概览

本章概述
语言习得
共时变异
历时变异
　　英语以前的模样
　　元音迁移
　　英语如今的模样
　　评判英语变异
世界上的各类英语
用这么多的英语交流
本章总结
主要概念
注释
参考文献
延伸阅读
练习
　　个人练习
　　小组练习
学习问题

第十一章
语言的生命周期

本 章 概 述

在这一章,我们讨论语言的不同生命周期:从婴儿咿呀学语,到发生在我们个人生活中的语言变化,再到跨过几个世纪的语言变化。通过这些不同的阶段,我们创造变异,而这 1500 年的英语变异的结果是我们今天看到的遍布全球的英语的多样性。这些英语变体散见于多个国家和地区。我们从你起步的地方开始本章:即从所有人习得语言所经历的三个阶段开始。我们也会查看你一辈子里可能经历的各类语言变化。在此之后,我们调查其他英语使用者在习得语言之后创造的共时和历时变异的范围。我们也会回顾前面几章所描写的语言变异的例子,目的是阐明我们生成语言的可能性。以这些不同的语言变异模式,我们天衣无缝地编织了自己的日常语言作为我们社会生活的一部分。在经历了这么多语言变异之后,我们继续用自己的语言像往常一样有效地交流。我们日常使用的语言是语言历史结构的一部分,同时我们的措辞选择和发音的屈折变化决定了什么样的元素最终进入未来英语的历史。在这一章,你得以探索先前发生了什么样的语言变化,同时展望在未来的一百年英语会发生什么样的变化。

语 言 习 得

婴儿极其可爱。我在当地的一家咖啡店(每日碾磨)写下此句话时,一个婴儿恰好就坐在妈妈的腿上。此时这个婴儿正在环顾世界,一边敲打着桌子,一边好奇地盯着地板上的服务狗。在他敲打桌子并以探索的微笑寻求别人的注意力时,他听着周围各种各样的声音:音乐声、外面的车辆声、厨房里锅碗瓢盆的叮当声和哗哗的水流声,还有浓缩咖啡机发出的声音。他既快乐又好奇。他在以惊人的速度学习;我把它称之为工作,但是他看上去太高兴了(此刻正在啃着妈妈的苹果手机呢)。对于中学和大学里必须学习语言的学生而言,语言学习确实像是工作。为什么婴儿可以毫不费

语言入门

劲地学习语言并乐在其中,但随着年龄的增长,我们却发现语言学习越发困难?

这一婴儿与成人学习语言的反差在几个世纪的语言研究中常常是个被人忽视的谜。随着现代语言科学的到来,我们已经大大增强了对如何开发语言的理解。这一领域的研究通常被称作儿童语言习得。研究儿童如何构建心理语法和开发成为这一学术领域一个有能力的语言使用者所需的技能。

第一章提到一个关键区别,即**语言习得**和语言学习之间的区别。打开一本教科书去记忆西班牙语的动词变位就是一个语言学习的例子。它涉及正式的教学和有意识地练习发音和背诵语法规则。

语言习得指一个婴儿用与生俱来的生物指令和周围环境中的语言信息建立一种语言的心理语法。单词和其他词汇要素很容易被记住,词汇库最终扩展到好几千个单词。我们不记得自己婴儿时花什么力气去学习语言;这只是作为人的一部分。

有关婴儿和语言的众多神奇事情之一是,我们所有人,无论地域、种族或性别,都经历过有着同样阶段的语言习得过程。这是一个全人类皆有的正常过程,所以当孩子没有达到某些语言水准时,父母和医生就开始诊断可能出现的问题,如自闭症和听力障碍。就像其他人类技能一样,语言习得也因人而异。有些人完成了语言习得的各个阶段,而另一些人则迈着更为悠闲的步伐。有时,父母会夸耀他们的孩子学到了新的词汇和发出了新的声音,这当然无可非议。尽管如此,那些正常发育但习得语言稍慢的孩子最终和习得语言快的孩子一样成长为说话流利的人。另外,那些接触到更多词汇的孩子,最终在他们成年后参加的广泛的语言标准化测试中表现更加出色。

语言习得包括下面三个重叠的阶段:

- 声音阶段(sound stage)
- 单词阶段(word stage)
- 短语阶段(phrase stage)

这三个阶段是广泛而又重叠的,它们也过于简单化。建立心理语法是我们作为孩子所做的最为复杂的事情之一,而这几个阶段只是广泛地描述了几项主要的语言习得活动。

语言习得的第一个阶段是**声音阶段**。研究表明,这一阶段始于孕期。它的结束取决于什么是我们认为的语言习得的结束。婴儿面临听到世界上许多声音的挑战。这是一个挑战,因为语言之声必须和音乐声、狗叫声和嘈杂的玩具声区分开来。作为我们内在语言知识的一部分,幼小的孩子会辨别语言之声,因为他们是非凡的倾听者。在这个时候,六个月之内的婴儿比他们人生后来的任何一个时期更能辨别所有人类的语言声音。请记住,婴儿降生时就具备习得地球上 6900 多门语言中的任何一门语言以及先前存在的任何一门活语言的能力。从大约六个月大的时候开始,婴儿把他们的听力范围缩小到他们经常听到的语言声音。不同的语言有不同数量的声音,婴儿发出其中的一些声音比其他声音更早些(参见下面的文字游戏:婴儿之声)。

文字游戏:婴儿之声

对婴儿来说,什么声音很难学,什么声音容易一些?让他们哭或许更有用,让他们笑或许更有趣。但是语言之声受到婴儿的特别青睐。

对他们来说最容易发的语音是元音。对于元音,他们只需做出口型,然后通过声带吹出浊化的气流。他们首先拿什么元音"开刀"可是个问题。婴儿寻找元音可不像寻找丢失在沙发里的零钱。开始时他们把所有的元音糅合在一起,就像一块硕大的肥皂。他们的任务是把从成人那儿听到的元音切开来,然后把余下的全部扔掉。

辅音受阻更多,它们的发音部位也更为明确,但一些辅音比另一些辅音更容易发出来。像[m]和[p]这样的双唇音相对容易些。其他

语言入门

> 音就比较麻烦了。对于像[s]和[z]这样的音,有了牙才会有助于发音。像[θ]和[ð]这样的音甚至要更长的时间才能学会。这两个齿间摩擦音在许多语言中都没有,孩子们习得它们的时间要比其他大多数辅音晚。有人猜测,它们在人类语言中之所以罕见,是因为婴儿在把它们变成语言的一部分时有些困难。

为了学习语音,婴儿和它们玩耍。我们把这样的玩耍称作咿呀学语,但它对习得一门语言却是既重要又必要的。咿呀学语是一种用来找出哪些音是语言的一部分以及如何发出这些声音的自然方式。对于如何转动舌头或如何作出口型,婴儿并没有接受过任何正规的训练。他们必须咿呀学语并摆弄已有的工具来弄明白。咿呀学语对婴儿是如此正常的一件事,以至于正在习得手语的孩子们也用手来咿呀学语。孩子们要用数年的时间来学习某些语音的发音。当然,像 spaghetti(意大利面)和 circumnavigation(环球航行)这样的单词可以给孩子们带来各种各样的麻烦,就像下面这一句中的配对单词:The committee members deliberate very deliberately(委员会成员很审慎地商议)。

孩子们必须学的一部分是他们语言的音节模式。他们首先学的模式也是世界上语言的最常见模式:辅音+元音。像 mama(妈妈)和 dada(爸爸)这样的音节是许多孩子最先学会发的其中两个音节。一些语言如夏威夷语和日语几乎只有辅音+元音的音节。如果你看一下像桌子(デスク, desuku)这样的日语单词,你将看到一个从英语借入的外来词。我们来比较日语和英语的音节结构:

英语: C V C C　　　日语: CV CV CV
　　　<d e s k>　　　　　<de su ku>

这里我们看到,英语的音节结构因其双辅音尾音,在日语中无法发音,所以 desk 在日语中通过加入额外的元音来调整,使它适合元音+辅音

第十一章
语言的生命周期

(CV)这个音节模板。当所有的孩子在拓展音节时,他们从简单的音节(如 CV 和 V)开始,如果他们的语言有要求,他们再继续往下学习更加复杂的音节头(如像 CCV 模式的单词 sky)和更为复杂的尾音(如 CVCC,像 paste)。这里又必须要强调,带有不太复杂的音节结构的语言既不是低人一等的,也不是更加原始的:如果说话者有需要,它们可以是技术性的、学术的和浪漫的语言。

到了十岁,大多数的孩子都已经掌握了他们的语音和音节模式,但从三岁开始,孩子们开启了另一类型的语音项目。他们开始从模仿父母的发音向模仿朋友的发音转变。这是个渐进的过程,到了大约十八岁,可以观察到的来自父母的影响已经微乎其微。

在语音系统(即音系)内,来自父母的影响最弱。例如,我的父亲来自佛罗里达州的乡村,他的话语中有 pin~pen 合并;我的母亲来自宾西法尼亚州的匹兹堡,她的话语中有 caught~cot 合并。在密歇根州的底特律郊外长大的我没有继承这两个语音合并中的任何一个,但我确实和底特律郊区所有其他孩子一起参与了当地的元音迁移。青少年尤其会用语音差别来标记社会小团体,当他们设法弄清自己此刻的身份时,他们的交流能力大幅提高。

有关语言习得的语音阶段的辩论之一是宝宝话语或妈咪话语的使用。这一总类语言被称作"儿向语"(child-directed speech),研究者发现说话者的儿向语和对其他人说的话语之间的确存差别。其中的一个差别在于如何区分它们的元音。如果你回过头去想想第二和第三章,我们在元音空间图中展示了元音之间的差别,包括像高、前、紧张的[i:]这样的范畴。对于儿向语,元音显得更加清晰,所以像 sheep 中的[i:]和 flute 中的[u:],两者间的距离很远,而且它们和 hot 中的[a]的距离也很远。并非所有类型的儿向语都显示这样的差别,所以很难说这样的区分对语言的习得是否必要。语言习得过程中还得考虑其他许多不同的环境因素。

带有不同语调和音量的儿向语确实能够引起婴儿的注意力,父母亲也乐意认为他们的努力在起作用。正如莱文和芒奇(Levine, Munsch, 2013)

■ 语言入门

所展示的那样,儿向语没有办法阻止或减慢语言的发展。不过,只有一些社区用儿向语。他们以巴布亚新几内亚(南方高地)的卡鲁里人为例,这些土著人直到孩子能够回应大人的话时才与他们说话。这种习惯也见于几个非洲人社区。卡鲁里人没有宝宝语。卡鲁里人非同寻常的特征是他们替婴儿向别人传递话语,直到孩子能够找到自己的声音才让他们发音。尽管在如何与婴儿直接说话或者不说话上存在这些差异,全世界的婴儿都经历同样的习得语言的阶段。这种一致性始于我们人类用来习得语言的基本遗传指令。因为孩子们从他们周围的数据建立自己的心理语法,有时他们会生成不同于他们父母的发音。

语言习得的第二个阶段是**单词阶段**。以形式和意义之间的任意关联作为起点,孩子们面临着学习成千上万的形式和意义配对(即单词)的巨大任务。请记住,孩子们并非从他们脑海里的单词开始学习,但他们似乎从某些词素开始,这些词素包含名词、动词,或许还有其他词汇类别。在一岁到一岁半之间,大多数的孩子会开始说单个词,词的形式被加到具体的可重复的意义上(如,在每次说脚趾的时候都指脚趾)。所有在声音阶段开始的咿呀学语都越来越朝着生成能重复的语音组合的方向发展,起先以音节的形式,然后再将这些音节与意义连接起来。此外,孩子们学习单词遵循清晰的顺序。实义词(如名词、动词和形容词)的学习先于功能词(如连接词、介词和限定词)。大多数学习英语的孩子或许先学到作为名词的 dog,然后才学作为动词的 dog(如 The tax collector dogged me,税吏困扰我),假如他们学的话。至于哪些单词适用哪个位置,这个单词的句法和语义语境会提供线索。

孩子们是惊人的词汇收藏家,每年学习成千上万个单词。正如我们在第五章学到的,青少年创造俚语词汇用以标识他们属于哪个社会群体,但这个词汇创造过程在他们很小的时候就开始了。作为单词阶段的一个额外收获,这一学习新词和必要时创造新词的能力是我们带入成人阶段的为数不多的技能之一。

第十一章
语言的生命周期

文字游戏：极端的语言学习者——肯·黑尔

大多数人在孩提时代都接触过至少两种语言，但在青春期后捡起另一门语言变得越发困难。少数人似乎不会失去习得一门语言的能力。好像他们的普遍语法从来没有关闭过，只要有足够时间接触一门语言，他们都能生成心理语法。这样的人被称作通晓数种语言的人。

肯·黑尔是这群罕见的奇才中的一位，庆幸他是语言学界的一员。他学过许多不同的语言并捍卫了濒危语言，包括英语、西班牙语、（美国亚利桑那州和墨西哥北部的）Tono O'odham 语、（新墨西哥州的）赫美兹语、霍皮语（Hopi）、纳瓦霍语（Navajo）和瓦尔皮里语（Warlpiri）。他不只是学一学每门语言中的几个单词，而是说一口让当地本族语人听上去很地道的语言。如果我们所有人都有通晓数种语言的大脑，学习其他语言恐怕就会容易得多。然而，拥有此项技能的人少之又少。

语言习得的第三个阶段是**短语阶段**。这个阶段和单词阶段有重叠，出于一个显而易见的原因：我们得有词素方能造出短语。通常，在婴儿两岁左右短语阶段开始有限地起步，而且起步时颇符合逻辑，大多数孩子能用两个词的组合来完成任务，例如：

- *Pig play*："I want to play with the guinea pig"（和豚鼠玩："我想和豚鼠玩。"）
- *More juice*："Could you get me some more juice"（with an aside of "I promise more sugar will not make me act like a maniac"）（还要果汁："你能再给我一些果汁吗？"旁白是："我保证摄入更多的糖不会让我撒野的。"）
- *No tickle*："Please stop tickling me"（with an aside of "That way I

will not bash myself on the table")(不许挠痒痒:"请不要挠我痒痒。"旁白是:"那样的话我就不会猛撞桌子。")

在接下来的几个月孩子们继续扩大词汇量,创造三个和四个词的短语(如,Give me more juice,给我更多果汁)。短语阶段接下来的一步是斯蒂芬·平克在《语言本能》一书中所描绘的"一切都乱套"的时期。孩子们从简明的短语过渡到了由他们认为合适的许多词构成的短语;不过从五个词的短语到六个词的短语并没有明显的过渡期。一旦孩子们能够知道等级层和它们的词素的构成成分,一旦他们能够将词素嵌入那些短语树,他们就能建立想有多长就有多长的短语。正是在这短语阶段的后期,孩子们开始把功能词素加入他们的短语中。像两岁时候的 pig play 这样的句子,到了四岁的时候就可以变成 I want to play with the pig,其中加入了人称代词 I、动词的屈折形式、介词 with 和限定词 the。

在两岁到十二岁之间,这三个阶段合力构建一个人的心理语法。语音阶段或许会为音节中更加复杂的开端增添模板(如 CCCVC,就像 strike 一词),而短语阶段在开足马力帮助生成像带有完成体那样的更加复杂的句子结构(例如,I had cleaned my plate; I don't know why there is still salad on it. 我已经清洗了盘子,但不知道为什么上面还留有色拉)。当孩子们在单词阶段和语音阶段取得进步时,父母有时认为他们的孩子在倒退。早先在单词阶段,孩子们学习记住像 too~teeth 和 teach~taught 这样的形式。这些分别是名词和动词的不规则形式。在单词阶段的晚些时候,孩子们开始学习形态的模式。例如,他们捡起了功能词素的技能来生成名词的复数形式,像 duck~ducks。然后当他们把这些模式应用到每个单数名词的时候,其结果是复数模式变成完全规则的了,而他们记忆中的形式被抹掉了。先前记忆的形式像 tooth~teeth 变成了规则的 tooth~tooths。这一步意味着他们在学习语言的模式,并且在正常发展。这些孩子从完全记忆的形式过渡到了心理语法的规则。从这以后,他们开始了解到规则以外还有例外,对于名词单数变复数,如 foot~feet 和 tooth~teeth 是如此,对于不规则动词的变化,如 swim~swam 和 teach~taught 也是如此。

第十一章
语言的生命周期

孩子们尝试习得语言所面临的挑战和语言本身一样多种多样。在许多语言中,名词上有一种形态标记,但在其中的一些语言中,主语本身能够缺席。例如,卡迈尔·欧谢奈西(Carmel O'Shannessy, 2013)研究了瓦尔皮里语,这是澳大利亚北部地区只有数千人在使用的一门语言。在这门语言中,进行体可以用一个前缀标记,这个前缀是-ngku。

1. Jarntu-ngku   ka-ø-jana   wajilypi-nyi   kurdu-kurdu.
   dog-ERGATIVE   IMPF-3SGS-3PLO   chase-NONPST   child-REDUP
   "The dog is chasing the children."(狗在追着孩子们。)

2. Kurdu-kurdu   ka-ø-jana   wajilypi-nyi   Jarntu-ngku.
   child-REDUP   IMPF-3SGS-3PLO   chase-NONPST   dog-ERGATIVE
   "The dog is chasing the children."(狗在追着孩子们。)

正如欧谢奈西描述的那样,这两句瓦尔皮里语句子的意思完全相同。后缀-ngku表示在两种情况下狗都是追逐者。使得这一特征的习得尤其棘手的是,有时瓦尔皮里语中的主语会缺位:孩子们不得不从各种蛛丝马迹中找出这类主语标记。神奇的是,他们做到了。

语音、单词和短语的习得是语言能力的一部分。在早年,我们还习得了文化能力。我们所有人一度都得挑选我们周围的各种文化价值、在不同的场合人们所用的正式和非正式的语域,以及和不同的地方、工作与社会阶级联系在一起的各种风格。孩子们把从周围听到的成人会话作为他们的样板。例如,六岁和六岁以上说英语的孩子知道在更为有趣、随便的场合中用[in]来说walking,而在更加严肃和正式的场合用[iŋ]。尽管许多文化能力的习得是无意识的,但并不完全如此。通常,监管人会教孩子们社会语域的特征:例如,在一家商店里,所有家长都会要求他们的孩子轻声说话;孩子们得用他们"内在的声音",因为购物语域里没有将大声喧哗作为礼貌语言这一选项。

有关人脑如何组织语音、单词和短语,以及如何处置文化的复杂性的最主要假设是:从婴儿出生那刻起人脑就有习得语言的机制。至于婴儿的大脑了解多少语言还是个未知数,但是人类习得语言就像学会跑那样容易。

这就意味着人类说话就像鸟唱歌或者蜘蛛织网一样自然。在这个意义上，说话就像走路：走路的能力是一种本能，不管有没有人试图教他们走路，孩子们都能发展走路的能力。同样，不管有没有人试图教他们说话，孩子们都能培养说话的能力。出于这一原因，许多语言学家认为人的语言能力是基因决定的。研究人员认为，语言习得有个**关键期**（大约从出生起一直到青春期），在此期间语言习得是对周围语言环境的一种毫不费力、极为自然的反应。最广为人知的是，人脑的结构在青春期出现变化，从而阻止了这种毫不费力的状态。从那以后，学习一门新的语言就会困难得多。不幸的是，那正是美国国内大多数的第二语言教育开始之时。

共 时 变 异

　　语言中的创新可以从任何年龄的说话者开始，但许多文化中的青少年把语言创新推到了新的高度。无论父母怎么强力反对，青少年并不是异类（尽管我无法反驳外星人拿他们可爱、驯顺的孩子去换一个来自我们这个星球的捣蛋鬼是错误的）。青少年对权威和社会约束的反应是他们看上去像异类的一个原因。另一个原因是他们高超的社会评估技能。他们或许从来不承认这一点，青少年可是对极端事件有着非同一般的社会敏感度。以他们的社交技能，他们制造和注意到各种各样的语言变异。他们很快能注意到元音的微小变化并赋予其社会特征。当然，他们并非在有意识地告诉自己："她在 fat 这个词中的元音[æ]确实抬起来了，已到元音图的边缘。她一定是精疲力竭了。"某些语言特征和一个社会团体的关联是自动的，不需要特殊的词汇或有意识的注意。

　　成人抱怨青少年的语言起码有 2400 年的历史了。公元前 360 年，柏拉图写下了对话名篇《克拉底鲁》。在这部著作中，苏格拉底发展了基于这样一个简单问题的语言哲学：名称和它们所代表的事物之间是固有的关系，还是约定俗成的关系？在某个时间段，苏格拉底（错误地）与自然关联观站在一起并且谴责"当今这代关心谐音甚于关心真理"。这一抗议是现存最

第十一章
语言的生命周期

早的西方文明中对语言变异的抱怨之一。苏格拉底认为,他那个时代的年轻人在改变"真实"名称的发音,从而毁了上帝和立法者赋予我们的一切。从苏格拉底以来,许多人都抱怨过语言变异,但所有活语言都发生了变化。随着变化席卷一个社区,甚至一些成年人也会卷入其中,并参与到所谓的**"生命期限之内的语言变化"**中去。

这个术语指语言习得关键期结束后的语言变化,多半是语音的变化。吉莉安·桑科夫引入了这个术语并将其用到研究加拿大蒙特利尔的语言使用者身上。她集中研究了R的发音变化,在这里一个更早的、齿龈的R的变体已经让位给一个欧洲标准的小舌音变体,后者是在口腔的后部发出的音。桑科夫(Sankoff, 2007)把一些语言使用者在成年期从齿龈的R到小舌的R的转变描述成生命期限之内的语言变化。换言之,这些蒙特利尔的语言使用者在发诸如rouge(红色的)和partir(出发)这些单词的音时,在青少年时期会将其中的R发成齿龈的R音,而随着年龄的增长会将它发成小舌的R音。这并不是最常见的语言现象,但也不是极其罕见的。生命期限之内的语言变化看上去确实有其限制:成人语言使用者只朝着社区变化的方向改变他们的语言。生命期限之内的语言变化并不指说话者的词汇变化,因为我们所有人在整个成年人时期都会给语言加入生词。它指的是语音的和形态的模式变化,像R音脱落和-ly的变异(如 She runs quick vs. She runs quickly)。

共时变化是自然的,它形成了语言变化的基础。有助于语言变化的众多因素之一是与其他变体的接触。在美国,根据美国人口普查的数据,在英语之外还有381门语言,其中的169门是土著美国人的语言(参见http://www.census.gov/hhes/socdemo/language/)。不幸的是,尽管它们在北美大陆已长期存在,说这些土著居民语言的人只有大约50万。相形之下,说其他212门语言的人(合在一起)有6000万。美国人口统计报告提供的一幅2011年的语言图显示,在美国东部仅剩很少的土著人语言,这是强迫性移民和不允许这些语言在学校被教授的教育限制的结果。

在2007年,根据美国社区对美国人口普查结果的一项调查,在美国,除

■ 语言入门

英语之外使用者超过百万的语言有 7 门。说西班牙语的人多达 3450 万。你可以登录网站（http://census.gov/hhes/socdemo/language/data/language_map.html）去查询美国人口普查的语言图中这些语言的分布情况，也可以推进镜头聚焦你所在的社区。其他语言有汉语（多个变体合在一起）、法语、他加禄语、越南语、德语和韩语。在另一幅 2010 年美国社区服务报告中的语言图中，人们很容易看到这些语言分布在美国不同的地区。说德语和说西班牙语的人口没有重叠，说这两种语言的人口和说斯拉夫语的人口也没有重叠，尽管在佛罗里达州法语和西班牙语略有一些重叠。所有这些地区都有说不同语言的人，尤其是存在与说英语的人互相接触的可能性，而这一接触随着时间的推移能导致历时语言变化的不同路径。

虽然成人的某一语言变异在其一生中不会有戏剧性的变化，但所有成人都参与语言变异。这里我们来回顾一下本书中提到的一些语言变异模式。

语言变异在每一门人类语言中都扮演重要的角色。正是由于词汇、语音和句法的变异才让我们有不同的语言。这些语言应该被看作人类语言的方言；这些方言中的变异足以保证我们无法理解彼此。如第七和第八章所讨论的那样，许多语言学家假设，这类语言变异是由语言习得过程中的固有参数控制的。

对于有声语言和手势语言，人们所呈现出来的都有所不同。如果你还记得第二和第三章的内容就知道，英语中的 R 音包含许多变化。为了刷新你的记忆，试着大声说出下面的句子，对于每个 R 音请注意你的舌头的位置：The horse ran through the worst puddle。对于一些人，在发 R 音的过程中他们的舌头在口腔后部隆起，即在我们发 kick 这个单词的 <k> 音时所处的软腭周围，因此这是一个隆起的 R。对于其他人，他们的舌头除了舌尖以外都平躺着，而舌尖在口腔的齿龈区域向后略微卷起，形成一个卷曲的 R。检测你是有一个隆起的 R 还是卷曲的 R 的一个方法，是试着读出 horse 和 worst 这两个单词：如果其中的 <s> 听上去像在 harsh 或者 marsh 中的 <sh> 的音 [ʃ]，那么这些 R 或许就是卷起的 R。许多人都提出他们有两种

R，这取决于 R 音所处的语音环境，人们在隆起的 R 和卷曲的 R 之间转换是一件常见的事。卷曲的 R 更常见于像 rat，read，pry 或 try 这样的单词中；隆起的 R 更常见于像 bark，lager 或 quirk 这样的单词中。

正如上面所述的蒙特利尔的情况，世界上有几种不同的 R。尽管苏格兰的颤音 R 和大不列颠的卷音 R 在社会意义上有别，美国国内各地的 R 音似乎没有附带任何社会价值。既然 R 的发音存在共时变异，未来某些社区或社会团体可以采用卷曲的 R，也可以采纳隆起的 R，并以某种方式标记这一做法。如果它成为某个团体身份的社会标志，某些人将采用它，以显示和那个团体打成一片，而另一些人会选择其他变体的 R，以便于和那个团体保持距离。

尽管在国内和国外都存在 R 音的变异，有些人的 R 音从来不会改变。对于下一个音，几乎所有的美国英语使用者都会生成共时变化。就像 R 音，L 音可以在口腔的齿龈音区域发出，也可以在软腭音区域发出，取决于 L 音所处的语音环境。试着大声说出 leaves fall（树叶飘落）以唤起你对英语中 L 音变异的感觉。对于 leaves，其中的 L 音或许落在齿龈音区域（参见第三章中"亮的 L 音"）；对于 fall，其中的 L 音或许落在软腭音区域（参见第三章中"暗的 L 音"）。通过读出下列单词，看看 L 音落在口腔的哪个位置，你应该能够发现这些信息。

不同韵味的 L 音（different flavors of L）：
1. a. leak
   b. bowl
2. a. laugh
   b. cool
3. a. probably
   b. control
4. a. lift
   b. stall
5. a. left

b. pull

对于大多数英语使用者,亮的 L 音在 a 组,而暗的 L 音在 b 组。在美国的某些地区,如阿巴拉契亚和南方的部分地区,这些地区的说话者说 b 组中的单词时或许听不到任何 L 音。在另外一些带有 L 字母的单词组中,因为语言标准历经几个世纪的变化,英语使用者在是否发出这些单词中的 L 音这个问题上差异很大,例如:palm, calm, balm, psalm, salmon, wolf, golf, chalk, stalk, talk。你在发这些单词的音时是否有任何类型的 L 音呢?如果有,是属于哪一类?这些例子为我们提供了一个很好的机会来凸显发音正确这个概念。在这些单词中,人们发的 L 音是不同的,没有一个可以称得上更加自然或者更加不自然。与此相平行的是,带或者不带[l]音的发音从社会意义角度可以被看作正确的,但这一评判是基于当地的社会因素而非语言因素作出的。

在全球的各类英语变体中,另一个正在发生的共时变化是与[θ]和[f]相关联的声音:当发 birthday 和 bath 这些单词的音时,[f]音可以替代[θ]音,因而有 birthday→birfday 以及 bath→baf 这样的情况。像 R 音和 L 音一样,[θ]和[f]这组音是紧密相关的;用[f]调换[θ]是简单和正常的发音变异。这一共时变化并不是在所有的英语变体中都被看作糟糕的,在一些变体中它甚至完全不为人所注意。在澳大利亚、新西兰和英国的一些社区,这一现象如此常见,以致在社会上没有被注意到。这一现象同样出现在美国南方的一些地区,但在美国其他地方却遭人诟病。[θ]和[f]之间的变化是一个说明它是如何被用作社会评判的很好的例子。在美国的一些社区,[θ]和[f]之间的变化在社会上不为人所注意;在另一些社区,它和遭到毁谤的社会团体联系在一起,因此被污名化了。在所有这些社区,语言变异本身是一样的。

语言中的微小变异能在不引起太多注意或没有造成多大影响的情况下出现或消失。它们出现和消失,就像如此多的气泡在沸腾的水的表面上冒出和升起。然而,人类确实擅长发现模式。每当有语言变异的信息,我们经常把它们串联起来构成一幅画。如果我们是在美国南方成长起来的,我们会注意到我们区域内的非洲裔美国人把 aunt(姑妈或姨妈)发成[ɔŋt]的音,而其他人会说[ænt]。在费城,我们或许会把将 aunt 发成[ɔŋt]的音视作一种花哨的说话方式,不管说话人的种族。在一种发音和某一社会团体之间建立联系我们仅需几个例子,但是一旦这种联系建立之后,我们更难将它驱逐出去并与那些语言变异模式建立新的联系。

历 时 变 异

英语以前的模样

我们每日创造的语言共时变异不只是出现一下然后消失。一些共时变异会影响未来。随着社会压力对共时变异的不断作用,其中的一些语言变异变得更为常见,成为新的规范,并最终成为语言中常规的一部分。在这一节中,我们追踪英语中历时变异的一些例子,来突出显示英语原来是什么样的,如今变成了什么样的一门语言。

共时变异并非一夜之间转变成历时变异。就发音而言,共时变异有时延续数个世纪,尤其是辅音。像 which 这样的单词在古英语中拼写的时候,它似乎是按照其发音来拼写的:*hwich*。第一个音是不发声的[h]和圆唇的[w]的组合。全球各地的英语变体中一直存在创新的发音[w]和原始的发音[hw]之间的差异。不过,对于<wh>拼写的正确发音应该是什么至今仍然有分歧。《牛津英语词典》把 whale 这个单词的发音描述成只有[hweil]这一形式。这一保守的形式正在消失,但在可观的人群中仍有市场。这两种形式起码在未来的半个世纪中仍然会不断较量。

共时变异也影响词汇特征的改变。例如,古英语中的单词 worthy 允许后面紧跟由 that 引导的补语化成分,请看:

- 古英语:*ic ne eom wythe that ic thin sunu beo genemned*
- 注解:"I not am worthy that I your son be call(named)."
- 现代英语翻译:"I am not worthy to be called your son."

今天，worthy(值得的)这个词要求后面紧跟动词不定式短语，如 I am not worthy to be called your son(我不配被称作你的儿子)。动词需要的补语发生了改变，这个小小的例子阐明了词汇变异中发生的改变。这一历时变异与英语中的动词 need 在美国不同的地区有不同的表现形式这一共时变异相似。在一些英语变体中，need 后面要求跟不定式从句(如, to be washed)；在另外一些变体中，need 后面要求跟过去分词(如, washed)。

以往几个世纪中出现的语言变异如今已经获得了和社会差别以及语境形式上的差异相关的社会意义。最丰富的例子是英语中 -ing 变异的例子。正如在第六章中讨论的，古英语中的后缀 -ende(如 *writ-ende*)充当了后来成为现在分词的角色，例如：The scribe was writing(抄经文的人正在写)。早些时候，-ing 这个后缀仅此一项任务。一个不同的后缀 -inge(如 *writ-inge*)，另有不同的功用：它把动词变成了名词(例如，The scribe's writing confused me；抄经文的人的书写使我困惑)。在这段早期英语史上，这两个形式似乎没有被赋予任何社会意义。当这两种形式开始被混淆，尤其是印刷机在英国被发明(1476 年)后，它们的拼写形式被规范为＜ing＞。同时，这两个后缀开始被赋予社会意义。[n]形式在英国开始与社会下层百姓联系在一起；于是，[ŋ]形式与社会层次较高的人联系起来。结果是，社会阶层标记被所有使用者解读为语域变化，这样一来，[n]形式被视作非正式的，而[ŋ]形式被视作正式的。即使是今天的孩子，也都学会了转换他们的 ing 以适应更加正式或更加随便的语境。英语中两个不同的后缀最终演变成表示社会阶层和礼节的语言变异。对于这两个后缀而言，这是一个延续数个世纪的漫长旅程，但对当今的英语而言，语言变异仍在继续。未来几个世纪的人很可能会回顾我们目前的共时变异，并从中找到反映他们那个时代的社会标记的诞生。

元音迁移

对于所有的语言，说话者以许多不同的方式发元音。对于他们认为是同一元音的音，每个人都有一系列不同的发音。再说，围绕元音的语境也

第十一章
语言的生命周期

影响它的发音方式。在 teen, meet, mead 和 weed 这些单词中的元音[i:],其发音都略有不同,尽管母语是英语的使用者都把它们看作同一个元音。因为不同的语音环境,在心理上被看作相同的元音(也就是说相同的音素),结果有不同的发音。社会因素,如说话者和他们的社会阶层或者当地的派系的认同,使得不同的发音进一步分化。元音如果像猫那样,它们将随机分散在整个元音空间。然而,尽管对其发音部位比较宽松,元音空间并非混沌无序。在元音空间移动时,元音坚持遵循清晰的路径。我们在考察一个重大的元音迁移时,还有更多的元音迁移存在,包括目前在美国英语中正在迁移的元音。在你所在的社区,很可能有几个元音正在移动。

英语史上最重要的元音迁移或许就是俗称的**"元音大迁移"**。它之所以有这个名称就像第一次世界大战被称作"大战争"一样:这是如此巨大的事件,很难想象它会被重复。不过,因为第二次世界大战的出现,当年的"大战争"不得不被重新命名。尽管后来又有几次重大的元音迁移,人们却没有给元音大迁移重新命名的计划。那是历经大约两百年(大致为1400—1600年)的长元音的发音变化。对于究竟是什么促成了这种社会意义上的变化,存在几种解释,但围绕这起元音大迁移的语言事件已有案可稽。[1]

在元音大迁移出现以前,英语有长、短元音。如第二章所述,自那以后,我们就有了紧的和松的元音。从长、短元音系统转换到紧、松元音系统是因为元音大迁移出现之前的元音配对在大迁移过程中分裂了。图11.1中的元音图展示了长元音的排列:元音上方的直线表示长元)(如 ī),短元音则由元音上方的曲线表示(如 ɔ̆)在元音大迁移前的系统中,每个长元音都有一个对应的短元音。

图11.1中的箭头表明,几乎所有的中古英语长元音都向上移到下一个最高的元音位置。因此,发元音空间图中顶端的长元音的单词最终都带有双元音。于是,中古英语中的单词如 pipe 和 hus 分别发成[piːpə]和[huːs];而在现代英语中它们分别发成[paip]和[haus]。中古英语中的单词如 meet 和 boot 会发成[meːt]和[bøːt],在现代英语中它们发成[miːt]和[buːt]。中古英语中的 hate 和 boat 会发成[hɔːtə]和[bɔːt],而在现代英语中它们发

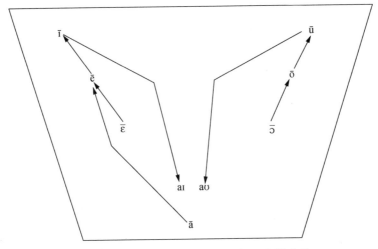

图 11.1　元音大迁移期间一些长元音的变化

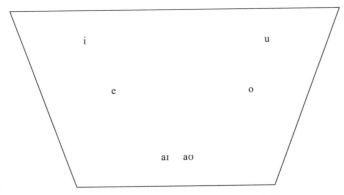

图 11.2　先前长元音移动后在现代英语中的结果

成[heit]和[bəut]。

　　有些单词早早就往上移动参与改革，有些则晚了一点往上移动。因此，我们现在有一些发音与拼写分裂的单词。例如，meat 和 great 中的＜eat＞拼写会让我们相信这两个单词中的元音发音相同。在元音大迁移的开始，其中的元音确实是发成同样的音，但 meat 是个先行者，赶早跳上了去[ei]站的列车，这是到达下一站最快的方式。于是，它能与[i:]站连接，在那里和其他发[i:]的元音会师。另一个单词 great 中的元音赶上了后一班去[ei]站的列车。当它到达的时候,转车去[i:]站的车已经开出了。结果是,在现代英语中 meat 发成[mi:t],而 great 发成[greit]。这些各种各样的改变意味着我们今天全新的现代语言系统。

英语如今的模样

如果你还记得,在第六章我们考察了像 find/found 和 seek/sought 这样的不规则动词。当今英语世界的一些变异来自英语史上的共时变异。人们熟记的形式一度是通常生成的形式,但随着通过添加后缀-ed 来生成动词过去式的方法日益占据主导地位,动词过去式形式上的差异缩小了。下列动词的不同过去式形式可能会为你选择了社会评价,但它们仍然属于语言变异的正常实例。哪些过去式形式对你来说引发了社会意义?请看下面的例子:

- *Grow*: Over the summer, ivy _____ all over the shed.
- *Work*: Last week, I _____ hard to learn to be a blacksmith; I made a *wrought* iron gate.
- *Dive*: At the pool, she _____ five times in a minute.
- *Sneak*: Yesterday, I _____ into the game.
- *Hang*: Last month, Texas _____ three men. Last week, I _____ ten pictures.

在上面这组不规则动词中,一些动词仅有大多数人认同的一种形式。另外一些或许会有差别,如 dived 和 dove 两种形式在英语世界都会出现。这些动词的过去式形式表明通常所称的"标准"因地、因人而异。声称"最初的形式是最好的形式"根本行不通,因为对许多人而言,现代的、为社会所接受的形式并非最初的形式。从本质上说,对错的问题是个当代社会的选择问题,不是语言问题。

我们来考察一下这些变异的路径。在经历了一千多年的变异后,动词 hang 形成了两个可以接受的过去时态形式:通常,hung 用于无生命的物体,

语言入门

如相片和门,但 hanged 用于"在颈脖处被挂起来并处决"的人:例如,They hung the picture but hanged the criminal(他们把相片挂起来了,但他们绞死了犯人)。动词 dive 的过去式 dived 已有数百年的历史,这个形式在一些英语变体里仍然是标准形式。然而,在美国大部分地区,更加规范的形式是 dove;这一形式与动词后加后缀-ed 的形式背道而驰,因为它是通过与动词 drive/drove 的类比而形成的。另一个单词 snuck 看上去主要是美国的形式,它似乎是 19 世纪出现的形式,但即使是在美国,最初的形式 sneaked 仍然坚守自己的阵地。

其中的一些形式附有社会价值的评判。我的一些学生认为 snuck 是个因无知而引起的形式,结果还有其他学生针锋相对,说 sneaked 是个更糟的形式。没有任何语言理论支持一种形式而反对另一种形式。作为过去式的 snuck 这一形式反映了英语中以前的一种有效的生成过去时态形式的方法。然而,那个方法灭绝了,留下来的只有先前年代的化石。通过-ed 后缀来生成过去式只是古英语中几个方法中的一个,但它不断地把其他类别的动词转变过来加入它的行列。如今,它已被视作生成过去式的常用方法。尽管有 1500 年的演变历史,对任何一个社区而言,"正确"这一概念的判断都是基于使用和时尚。

我们的现代英语名词集仍然保留了英语最初构成的形式。动词并非是唯一具有不规则形式的词类。名词可以有规则的和不规则的复数形式。更早形式的英语有几种不同的构成复数的方法,但是就像不规则动词一样,这些方法历经几个世纪的变化后已经大幅减少。今天,这些不规则的形式是规则的例外。请看:

不规则的复数形式

1. deer   deer
2. foot   feet
3. ox   oxen
4. focus   foci

这些复数经历了不同的路径,最终呈现了它们的现代形式。deer 的单

第十一章
语言的生命周期

数和复数形式都是 deer,其历史与英语本身一样悠久;它属于一个动物名称类别,这些名称类别总是用同样的形式来代表复数,像 sheep(羊或者羊群)和 fish(鱼或者鱼群)。foot 这个词的复数过去曾是更大一个类别,它改变其中的元音来表示复数,就像 mouse/mice(老鼠)的现代形式(尽管表示计算机鼠标的复数可以是 mouses)。这类元音变化的复数形式一度包括 book,其复数有些像 beek(如 foot/feet,book/beek)。接下来发生了语言变化,book 的复数呈现出了它的现代形式 books。至于 ox,过去通过在名词后面加上 -en 使之变成复数曾是更加常见的方法。在乔叟的年代(1340—1400 年),像 eye 这样的名词仍然是以此种方式变成复数的,请看:

551　That oon of hem was blynd and myghte nat see,
　　　The one of them was blind and could not see,

552　But it were with thilke *eyen* of his mynde
　　　Unless it were with those *eyes* of his mind

553　With whiche men seen, after that they ben blynde.
　　　With which men see, after they have become blind.

(引自乔叟所撰《公主遇难》(*The Man of Law's Tale*))

像 focus(焦点)这样的单词变成复数 foci 时只是遵循它的拉丁模式,尽管许多说英语的人仍然偏好它的英语复数形式 focuses。在单词的创造过程中出现形式变异就像语音的发音变异一样正常。我们把先前几个世纪的语言变异带进了现代英语。当你开始看到即使是例外也有其规则的模式时,就能更好地理解语言变异和把威望或污名加在某种形式上的社会力量之间的差别。

随着共时变异注入历时变异,许多移动部件进入了英语之中。当某些部件变化时,其他成分也会受到影响。一个单词形式上的变化或许能为意义的变化提供机会。一个例子是 mine 和 my 的分裂。古英语中存在一种形式:mīn。古英语中表示"我的儿子"的形式是 mīn sunu。最后辅音的音变对这个单词起了作用。一个历时变化的趋势影响了最后的 [n] 音:它们容易被删除。这一趋势决定了英语是如何从 an 形成了 a,如在 a book 中。而 an

455

■ 语言入门

本身是从单词 one 的古老的形式演变过来的。对于 a 和 an,英语使用者知道下一个单词开头的音决定了二者中哪一个会出现。其中的诀窍是,从历史上看,an 是原始的形式,它最后的[n]音只在辅音前脱落,因此生成 a(例如,更老的形式 an book 最终变成了 a book)。通过最后的鼻音的丢失,mīn 在中古英语阶段有时缩减成 my,但在很长一段时间里它仅出现在以辅音开头的单词前(例如 mīn book→my book)。你可以在带有 mīn 和 mī 的短语中看到这一变化,如 Ich ordainy min heize steward→I appoint my noble steward(我任命我的卓越的管家)和 to wite mi kingdom afterward→to keep my kingdom afterward(之后要保留我的王国)。元音前的[n]音一度没有脱落,于是给了我们一些遗留下来的单词,如美国内战时期联邦军的《合众国战歌》(1862 年)中的一句歌词:"mine eyes have seen the glory…"(我的双眼看到了辉煌……)根据这个单词的形式及其功能的改变,它分裂成了两个单词。其中的一个形式 my,接过了代词所有格限定词的角色,另外一个形式 mine,变成了显示拥有关系的代词,如:This is my apple, and that banana is mine also(这个苹果是我的,那根香蕉也是我的)。

英语中共时变异注入历时变异的另一个领域是短语的否定形式。英语中的否定是一个形态和句法发生变化的过程,而这一过程经历了几个世纪的演变。早期英语中有一个多重否定的系统,尽管它的社会地位发生了变化,英语的这一系统延续到了今天。从公元 449 年日耳曼人入侵英伦三岛以来,多重否定一直是英语的一部分,在接下来的 1000 年里它是英语否定的标准形式。例如,从下面这段乔叟的文字中可见一斑:

"This world," quod I, "of so manye and diverse and contraryous parties, <u>ne</u> myghte <u>nevere</u> han ben assembled in o forme."

"This world," said I, "of so many and diverse and adverse parts, <u>not</u> could <u>never</u> have been united in one form..."

("这个世界,"我说,"由如此多的、各种各样的和不利的成分构成,不可能联合起来成为一个形式……")

(引自乔叟翻译的波伊提乌的《哲学的慰藉》(Consolation of Philosophy))

第十一章
语言的生命周期

罗伯特·洛斯(1710—1787年)是一个自封的语言监督员,他反对多重否定。反对多重否定的说法大致是这样的:既然在数学中负负得正,那么语言中也必须是这样。不过,这一规范性建议只适用于乘法,不适用于加法,很难理解为什么它的支持者认为它如此令人信服。很少有人停下来想想,人类语言并不像乘法,也没必要像乘法。

对多重否定污名化的最准确的描写不得不包括带有[n]音开头的否定和不带[n]音开头的否定之间的区别。我们来看下面这两句:

坏的?   I don't have no cookies. (我没有曲奇饼。)
好的?   I don't have any cookies. (我没有曲奇饼。)

那么,any是肯定的还是否定的? 再看下面这句:

＊I do have any cookies. (＊我的确有任何曲奇饼。)

在语言学中,any的这一用法是一个否定性词条。从句法角度看,很显然 I don't have any cookies 和 I don't have no cookies 具有相同的否定成分。关键的区别在于以<n>开头的否定形式。

现代语言,如法语,将多重否定作为其一部分。起初,法语只有一个表达否定的词 *ne*,但之后添加了 *pas* 作为第二个否定标记。对于法语而言变化的周期走了一圈,又回到了原点,其结果是许多法语变体或许还有大多数的法语使用者仅用 *pas* 表示否定,如下面的第三句所示:

Je ne sais pas   "I do not know"   (我不知道)
Il ne marche pas   "It does not work"   (这行不通)
Il change pas   "It does not change"   (它不变)

尽管英语中的多重否定作为标记已有一千年的历史,但自从1600年以来它在社会上一直被污名化。总体来说,我们古代和现代英语中的否定模式对人类语言而言是正常的。

和其他语言相比较,英语中有些事情很平常,但是一些英语使用者认为正常的事情在大多数其他语言使用者看来颇为怪异。根据一家名为 Idibon

的网络公司对某些语言特征罕见性的一项研究(参见 http://idibon.com/the-weirdest-languages/),英语设计一般疑问句的方法有些怪。那项研究中的大多数语言采用一个前缀或者单独的一个词将一个句子标记为问句。在被研究的语言中,仅有1.4%的语言(即954门语言中的13门)通过其短语中动词和主语的换位来表达一般疑问句(例如,He does drink→Does he drink?)。被研究的584门语言(61.2%)用某种语助词来表示问句。所以,请记住,在英语中很正常的事情,并不表示对人类语言而言也是很正常的事情。这只是一种可能性。尽管如此,英语的描写语法必须解释我们古怪的问句构成方法,对人类语言的描述必须解释语言中提出这类问题的方法的历时变化。

评判英语变异

对许多教师而言,短语结构的变异是个怪物。他们或许会被这样的短语惊呆:They was at home 或者 There was three hot dogs。然而,不同国家英语变体之间的这类变异是很正常的,在社会上不会遭到诟病。就像本章前面考察的语言变异的实例那样,短语结构的变异会因社会原因遭到攻击。在放眼去看主谓一致的共时变异时,我们发现对短语的评价出现了一贯的差异。

在大多数的英语变体中,名词可以有一个单数的形式,但仍然指一群人或动物或物体,如 government(政府),corporation(公司),flock(畜群)。这类名词被称为集合名词。在美国,大多数方言使用这些名词时将它们视作单数,如 The government is working towards war(政府正致力应对于战争)。在澳大利亚英语和其他一些英语方言中,这些集合名词被视作复数,如 The government are working towards war(政府正致力于应对战争)。在2001年,非正统的自然保护主义者史蒂夫·厄尔温(又名"鳄鱼猎人")就"9·11"恐怖袭击发表了一则公益声明,他说:"Animal Planet have set up a fund..."(动物星球设立了一个基金……)尽管说这句话的方式让美国听众觉得有些怪异,但这位澳大利亚人只是在做对他来说很自然的一件事。附带说一下,这位鳄鱼猎人还一以贯之地用<f>的音来替代<th>的音,像用 deaf 代替 death,用 birfday 代替 birthday。

对于短语的结构,英、美英语变体都以同样的方式使用定冠词 the。但是,这些变体有时把它和不同的词用在一起。在美国英语中,这个限定词常用于像 go to the hospital,go to the university 这类短语中;不过,在英国英语中,这些短语中可以不用这个限定词。在没有限定词的情况下,to go hospital 或者 to go to university 更多的时候指的是被收进医院或被大学录取;在有限定词的情况下,to go to the hospital 或者 to go to the university 要么指被某个具体的医院或大学录取,要么指去医院的大楼或者大学校园的实际行动。然而,在英国英语和美国英语中,常见的排除限定词的形式包括 to go to church(去教堂)和 to go to college(去上大学)。短语中的这些共时变异是两个英语变体中不同趋势作用的结果。

世界上的各类英语

英语在过去的两个世纪里有了很大改变。随着被传播到其他国家,它被植入了不同的土壤,和许多不同的语言变体有了接触。随着各类英语变体的兴盛,它们正常的共时变异开始朝不同的方向发展,导致出现越来越多的不同的英语变体。

有几种不同的方法来划分这些不同的英语变体。这里,我们采用由布拉奇·卡其鲁(Braj Kachru)倡导的扩张圈比喻。这个比喻指英语已扩张到全球,犹如掉进水池的一块石头不断往外扩展波纹。通常有三个英语圈,其中主要的社会分界是国家。我们有必要记住,每个国家即使没有几百个也起码有几个英语变体。第一圈被称作**内圈**,它包括国内大多数人说英语的所有国家和地区。这个内圈包括英格兰、苏格兰、爱尔兰、北爱尔兰、加拿大、新西兰、澳大利亚和美国的英语变体。下一层区分是**外圈**,是指那些以英语作为母语或者通过正式的学校学习后英语成为重要的官方语言的国家和地区。它包括印度、菲律宾、新加坡、尼日利亚和南非的英语变体。最

语言入门

后一层区分被称作**扩张圈**。它指在多个国家被作为一门外语学习后用在商业和学术界的各类英语变体。这些国家包括俄罗斯和中国。除了这三个圈之外,英语已成为全球学术会议的主要语言和空中交通管制员的语言。我们估计英语还在扩张中。粗略估计,在内圈说英语的人多达3.8亿;在外圈说英语的人有3亿;在扩张圈内说英语的人可能是外圈的两倍。我们完全可以说,以英语作为第二语言的人是以英语作为母语的人的两倍。

除了庞大的本土英语规模,英语在全球被广泛传播已有数十年时间。在学校里,将英语作为第二语言或者一门外语的教学工作已是一项全球职业。本节从英语的三个圈内的变体中选取一小部分样本以展示世界各类英语中共时变异的简要印象。这些信息的主要来源为由彼得·西蒙、朱莉亚·达维多娃和乔治·迈尔三位学者撰写的《奇妙的英语世界》(*The Amazing World of Englishes*)一书。

内圈的英语变体在本书中已被广泛采样,尤其是北美地区的英语。内圈英语变体所在的另外两个地域是爱尔兰和苏格兰。像其他许多英语变体一样,爱尔兰英语也在从20世纪初的更为与世隔绝的地方变体过渡到一个巨变的状态,这种变化是因为与分布广泛的其他国家的英语变体和国际英语的接触。这些巨变的客观结果是,最为人们所津津乐道的爱尔兰英语部分恰恰是正在消失的爱尔兰英语的特征。例如,banjaxed(毁掉的、破坏的)这个术语被用作一个形容词来描述传统的爱尔兰英语变体。爱尔兰英语曾经有这样可能的句法结构,像把 was 而不是 had 用在过去完成时态中,如 I was gone 而不是 I had gone。一个独特的结构,像用 I am after eating my dinner 表示 I just ate my dinner 成了令人痛惜的正在消失的结构。不过,还有大量的术语,包括正在出现的术语,都能够体现爱尔兰英语的特性。例如,feckin deadly mill 的意思是 an amazing fight(令人惊讶的战斗)。同样的转折正出现在苏格兰英语中。爱尔兰英语和苏格兰英语都有表达 young boy 的单词,前者用 gossoon,后者用 loon,但这些形式用得不像以前那么频繁了。对于苏格兰的英语变体,语言记录者并没有两个分开的垃圾箱来处理

第十一章
语言的生命周期

标准的苏格兰英语和苏格兰低地英语之间的差异:很可能是在这两种理想化的苏格兰英语之间存在着一个下滑的延续体。苏格兰英语的经典特征或许可以被认为包括用 wee 表示 little(例如,a wee lad,小伙子)和用 does nae 表示 doesn't。像 house 和 mouse 这样的单词中的元音,在苏格兰英语中通常会被发成[u:]的音,就像在元音大迁移之前那样。对于内圈里的变体,英语是一门有着更长历史的母语。对于外圈里的变体,英语是一门历史较短的语言,许多其他的语言都在与其竞争地位和使用者。

关于外圈里的英语变体,以印度和尼日利亚的英语变体为例。我们可以用印度英语和尼日利亚英语这两个术语来表达,但有必要说清楚,这两个名称还分别包括几个变体,就像美国英语也包括许多变体一样。民族语言网(参见网址:www.ethnologue.com)上有很具体的关于每个国家的统计数据和地图。尼日利亚和印度的历史情况与美国的情况在多个重要的方面存在差别,但出于语言研究的目的,土著人口并没有因为外来英语使用者的入侵而整体迁移。尼日利亚和印度的土著语言继续影响着这两个国家的英语变体。在美国,考虑到本土语言和英语的长期接触,除了地名以外,前者对后者的影响少得惊人(例如,Michigan 这个州名来自印第安部落的欧及布威族(Ojibwa)的法语形式 *mishigamaa*,意思是"大片的水")。尼日利亚有超过 500 门语言,印度至少有 400 门语言。这些本土语言对英语的演变产生深刻的影响。另外,尼日利亚的语言来自三个不同的语系。印度的语言来自两个不同的语系:雅利安语系和达罗毗荼语系。印度的官方语言是印地语,但是其第二门官方语言是英语。在尼日利亚,官方语言是英语,它被选中是为了使不同种族的人之间能够沟通,这些种族的人说几种不同的语言,包括约鲁巴语、豪萨语、伊博语。由于所有的语言接触,尼日利亚英语和印度英语中有诸如"soja"(表示 soldier,士兵)和"katakata"(表示 confusion, trouble,混乱、麻烦)这样的单词,这些单词显然来自英语,但被土著语言的音系改变。既然外圈英语有这么多的变体,当地语言的音系当然会影响所说的英语变体。印度本地的许多语言的语调为印度英语提供了不同于其他英语变体的节奏。通常,非英语语言辅音较少,没有接受[θ]和[ŋ]这两个音，从而产生了新的同音异义词组，如"tin"与"thin"，"tin"与"tin"以及"tin"与"thing"。印度英语有许多表达印度文化中特有物品的单词，包括食物，如"gobi"表示 cauliflower(花菜)，"aloo"表示 potatoes(土豆)，"ghee"表示 dried butter(净化奶油)和"masala"表示 dried spices(干香料)。尼日利亚英语和印度英语中的短语也受到了影响，如英语中的限定词 a 和 the 在这两个英语变体中更易变，取决于和其他语言的相互作用。动词的时态有时用作标记动词的体，所以在印度英语中的 I am here since today morning 这么一句可以被视作表示完成体，即 I have been here since this morning(从今天早上以来我一直在这里)。随着这些变体的发展，有一些社会成分在推动其中的一些变体变得更像内圈的英语，而其他一些当地的社会力量会推动这些变体朝着远离内圈英语的方向发展。

最后一圈是英语的扩张圈。这个圈内的英语包括作为外语的英语变体，它们是正式授课的产物。在这样一些国家，如瑞典、丹麦和芬兰，孩子们很早就在学校学英语了。在芬兰，超过60%的人在某种程度上懂一些英语，而在丹麦超过85%的人懂英语。与德国、西班牙、俄罗斯、意大利和法国一样，这些国家并不用英语从事政治活动或小学教育，但是国际关系事务和国际商务常常通过英语进行。对于美国的读者，试想一下如果加利福尼亚州、得克萨斯州和纽约的语言完全不同，这些地方的人如何交流。在欧洲，这一情况使得英语成为**通用语**。这一术语指说不同语言的人在一起工作时使用的语言。用在英语上，这个术语不无怪诞的幽默，因为它起初是一个意大利语术语，指商人间所用的混合语。从17世纪开始到第二次世界大战结束，主要的世界语是法语。后来，英语变成了主要的国际语言。

英语的影响正在传到地球上更多的角落，有时它以非同寻常的方式被接受了。它的传播和创新的一个很好的例子是这个星球上最新的混合语——轻瓦尔皮里语，在前面讨论语习得时提到过。这一大约在20世纪70年代诞生于澳大利亚北部的新的语言变体，仅有几百个澳大利亚土著人作为其使用者。卡迈尔·欧谢奈西和这些人在一起工作，结果发现他们从三个来源创造出这门语言：英语、克里奥尔语(一门独特的以英语为基础的语言)和瓦尔皮里语(一门澳大利亚土著人的语言)。以下是选自欧谢奈西(O'Shannessy, 2013)著作中的一个轻瓦尔皮里语的例子。

轻瓦尔皮里语：

Junga   mayi   nyuntu   **yu-m go**   wati-kari-kirl mayi?
True   ?   you   (nonfuture)-went   man other with?

"Is it true that you went with another man?"

(你和另一个男人走了，这是真的吗？)

瓦尔皮里语：

Junga   mayi   nyuntu-∅-npa   **ya-nu**   wati-kari-kirli mayi?
True   ?   you   went   man-other-with?

"Is it true that you went with another man?"

(你和另一个男人走了，这是真的吗？)

克里奥尔语：

Tru   indit   yu   **bin**   **go** la   otha-wan man?
True   isn't it   you   been   go with   other-one man?

"Is it true that you went with another man?"

(你和另一个男人走了，这是真的吗？)

请特别注意粗体部分，因为这些部分是两个罕见的创新。轻瓦尔皮里语有一个非将来时态的标记。yu-m go 这个结构与英语的 I'm going 平行，但这里的"m"用于第二人称单数 *yu*(you, 你)。第一个创新是轻瓦尔皮里语中的动词来自英语，但是名词(如 wati，男人)来自瓦尔皮里语。通常，新变体有一个单一的语言提供所有的单词。第二个创新是非将来动词标记-m 和第二人称单数 you 连用作为动词标记。轻瓦尔皮里语的三门来源语没有非将来标记，但这些语言使用者创造了一个。这一类创新显示了英语在下一个世纪可以被如何纳入许多不同的语言中去。

■ 语言入门

用这么多的英语交流

尽管全球英语的多样性不断扩大,交流与修辞的原则依旧不变。语言会变化,但人类保持不变(或者说变得确实很慢)。请记住,语言本身并不导致交流不畅。人们允许出现交流不畅,有时甚至促成交流不畅。

技术上的进步为我们的语言创造不断拓展新的空间。随着我们有更多的机会与别人交流,我们也有更多的机会把事情弄糟。我们认为无伤大雅的打趣可能被别人解读为伤人的语言。随着交流的增加,对话语的微词也增多了,语言判断得到细究。我们来看一下英国曼联队足球运动员里奥·费迪南德说的三句话:"I hear you fella! Choc ice is classic! hahahahahahha!"(我听到你发话了!巧克力小冰砖是经典的!哈哈哈哈哈哈!)这一连串的三句话让英国足球协会指控费迪南德行为不当。他在推特上作了上述表示,可推特网对任何一个名人来说都是是非之地:推特缺乏上下文,与手机短信类似,而推特的传播速度意味着说出的话在被细想之前就早已广为人知了。在这则推文中,费迪南德在回应另外一则推文,后者批评了为一位白人球员作证的黑人球员,那位白人球员在早些时候据说因为对费迪南德的哥哥说了种族歧视的话而被控种族虐待。职业足球经常就像白天上演的肥皂剧那样。

费迪南德为何会被指控? 英国足协声称:"我们认为,该球员行为失当和/或通过作出这样的表述,包括提及种族渊源和/或肤色和/或种族,让足球蒙羞。"对于这一指控,我们遇到了一个语言解释的问题,特别是对俚语的解释。俚语意味着什么? 什么时候它是冒犯人的? 英国足协认为"choc ice"构成了"提及种族渊源和/或肤色和/或种族"。费迪南德请求表达不同的意见,不幸的是,他又通过使他惹上麻烦的渠道推特网表示:"What I said yesterday is not a racist term. It's a type of slang/term used by many for someone who is being fake. So there."(我昨天所说的不是种族主义的言论。它是许多人用的一种俚语,指一个正在弄虚作假的人。就这样。)众所周

第十一章
语言的生命周期

知,"so there"(就这样)一般用于作出了极其令人信服的辩论后。可是,里奥·费迪南德说得对吗?"choc ice"到底是什么意思?正如你现在已经了解到的,由于形式与意义之间的自然的随意性,所有单词都有使用它们的人约定俗成后生成的意义。他完全可以争辩他从未试图用 choc ice 表达"种族"的意思。(顺便说一下,这里的"种族"所指的是某个外表黑色(巧克力)而内在是白色(冰块)的人。)英国足协可以认为,推特网上的使用者群体的确把 choc ice 用来指种族,这一观点是基于对推特网或其他媒介的用法的分析。它的意义是在使用者社区里通过协商后得出的,所以为了找到它的确切意义,我们得调查它的用法。尽管理论上里奥·费迪南德应该能用他所喜欢的言语表达他的内心所想,但是他代表多个想要保持体面的社会形象的组织机构(再说,任何一个一周之内的收入超过大多数人一年收入的人都应该留心他们所说的话)。

像这样的语言纠纷在全世界都是司空见惯的。尽管我们有相同的语言习得的基础,但是我们很自然地创造语言变异并以此达到不同的目的。人们对语言有不同的看法,而语言反映了我们是谁。对于我们所有人,语言都至关重要。我们能帮助自己的最好方式是了解语言的工作机制。希望本书能为你在此方面的努力助一臂之力。

本 章 总 结

语言习得、共时变异和历时变异是人类语言独有的特性。语言习得是为某一门特定的语言建立心理语法的一个自然过程。大多数人起码建立两套心理语法,因为他们接触到多种语言。语言习得过程经历几个重叠的阶段,包括语音阶段、单词阶段和短语阶段。在生成和接受语言两方面,我们的心理语法处理广泛的共时变异和历时变异,同时我们运用它在各种各样的社会领域中找到彼此。通过回顾一门语言的不同阶段,我们也观察了历时变异,即随着时间的推移而形成的共时变异的回音。每天,当我们说话和听别人说话的时候,我们以某种细微的方式帮助改变英语的历史。历时变异源于累积的、单向的共时变异，但不是所有的共时变异都能导致历时变异。英语已有 1500 多年的历史，借助英国皇家海军和现代技术，它传播到了世界各地，而今天的英语和最初的英语已大相径庭。在当代的全球英语阶段，对世界上各类英语最精确的描述是有着独特历史的国家和地区的英语变体。这些以国家和地区为基础的各类英语变体可以分为内圈英语、外圈英语和扩张圈的英语。鉴于英语中目前有这么多的变体，对清晰地沟通的需求和以往一样重要。

主 要 概 念

- 关键期
- 历时变异
- 扩张圈
- 元音大迁移
- 内圈
- 语言习得
- 生命期限之内的语言变化
- 通用语
- 外圈
- 短语阶段
- 通晓多种语言的人
- 语音阶段
- 共时变异
- 单词阶段

注　　释

1. 有关元音大迁移的最好的网上解释在这里：http://eweb.furman.edu/~mmenzer/gvs/。
2. 两者均来自 Sir Orfeo(参见 http://en.wikipedia.org/wiki/Sir_Orfeo)。

参 考 文 献

http://en.wikipedia.org/wiki/Sir_Orfeo.

http://eweb.furman.edu/~mmenzer/gvs/.

http://idibon.com/the-weirdest-languages/.

http://www.census.gov/hhes/socdemo/language/.

http://www.nataliedee.com/index.php?date=071813.

Levine, L. E. and Munsch, J. (2013) *Child Development: An Active Learning Approach*. New York: SAGE.

O'shannessy, C. (2013) "The role of multiple sources in the formation of an innovative auxiliary category in Light Warlpiri, a new Australian mixed language." *Language 89*, no. 2: 328-353.

Sankoff, G., and Blondeau, H. (2007) "Language change across the lifespan: /r/in Montreal French." *Language*: 560-588.

Siemund, P., Davydova, J., and Maier, G. (2011) *The Amazing World of Englishes*. Cornelsen.

延 伸 阅 读

English Around the World: An Introduction. Edgar Schneider. 2011. Cambridge University Press.

英语在全球的扩张有着广泛的语言上的、社会的和文化的意义,影响了全球数以百万计人的生活。这本教材为世界各地的英语变体作了一番生动而又容易理解的介绍,描述了在美国、牙买加、澳大利亚、非洲和亚洲等国家和地区广泛使用的英语变体并把它们放在各自的历史和社会背景中考察。本书通过章节预览、总结、地图、时间表、关键术语表、讨论的问题、练习和一个全面的词汇表来引导学生领略全书内容,帮助他们比较、分析和理解不同的英语变体,在此过程中运用描述性的术语。本书附有一个网站,里面包括书中介绍的英语变体的文字和音频例子,以及相关资源的链接。

The Handbook of World Englishes, ed. Braj Kachru, Yamuna Kachru, and Cecil Nelson. 2009. Wiley Blackwell.

《全球英语手册》是对世界上各种英语变体进行研究的一本集子。书中各位作者讨论了所有主要的英语变体,包括来自非洲、亚洲、欧洲、北美洲和南美洲的英语变体。这本手册也解释了这些语言各种各样的社会文化背景,并注意到了各个英语圈子之间的差异。

First Language Acquisition. Eve Clark. 2009. Cambridge University Press.

对于家长和任何对如何培养婴儿的语言技能感兴趣的人,这本书以最具可读性的

■ 语言入门

方式报告最新的知识。这本书的第二版对于作者先前广受好评的研究儿童第一语言习得的专著作了很大的修订。

练 习

个人练习

1. 对国别英语作点研究,看看哪一类英语变体对你来说最不一样。什么样的语言特征让你感到异样?以下是一些建议:

    a. 印度英语
    b. 新加坡英语
    c. 尼日利亚英语
    d. 南非英语
    e. 爱尔兰英语
    f. 苏格兰英语
    g. 新西兰英语
    h. 牙买加英语
    i. 特立尼达英语
    j. 加纳英语
    k. 加拿大英语
    l. 肯尼亚英语
    m. 波多黎各英语
    n. 喀麦隆英语
    o. 威尔士英语
    p. 圭亚那英语
    q. 巴哈马英语
    r. 泰国英语
    s. 缅甸英语
    t. 菲律宾英语
    u. 利比里亚英语
    v. 马来西亚英语
    w. 马尔维纳斯群岛英语
    x. 澳大利亚英语
    y. 百慕大英语
    z. 纽芬兰英语

2. 对于下面的几项练习,访问这个网址:http://www.arts.gla.ac.uk/stella/readings/,读一读不同时期的英语的文本。

    a. 查看一些老的英语文本,阅读原始的句子及其译文。然后,通过阅读中古英语的一些句子以及边上的词汇表来辨认不认识的词,仔细研究一些中古英语的文本。
    b. 两个文本的拼写有什么差别?
    c. 词汇上有什么差别?

第十一章
语言的生命周期

  d. 短语构造上有什么差别?

3. 在同一个网站上阅读一些早期的现代英语文本:

  a. 和中古英语相比,早期现代英语发生了什么变化?

  b. 早期现代英语和你所用的英语变体是如何相区别的?

4. 在新加坡,政府一直很关注英语的公众表达形式。在网上寻找一些新加坡英语的例子,然后对政府行为是否合理作出解释。你可以从下面这个网址开始:http://www.youtube.com/watch?v=cjoAiAV50ds,或搜索"Dr. Jiajia & BigBro Show"。

小组练习

5. 哪一类国别英语变体对你们小组来说最可信?(不错,你们得设法弄清楚"可信"对你们意味着什么?)

6. 英语应该实施拼写改革吗?

7. 全世界是不是应该有一个标准英语?

8. "附带多种方言的单一的英语"和"多种英语",这两种表述哪个更准确?

9. 一些英语变体变得互不相通需要多长时间?或者这一情况已经发生了吗?

10. 各国政府应该改良它们的英语变体,使之更加接近美国或英国的英语吗?

11. 英语除了多重否定以外还有其他的否定形式。看一下下面的单词:

  a. none

  b. never

  c. nought

  d. nothing

  e. nor

  f. neither

  g. nobody

所有这些单词起初都是一对单词的形式,只不过我们现代的单词都来自复合词。每一对中的第一个单词都是古英语中的 ne,用以表达否

■ 语言入门

定。所有这些单词在今天是否都作为否定词呢？

12. 我们来看一下下面的句子。根据规范性建议,什么样的多重否定是被允许的,哪些又是不被允许的？每一否定对中的变异如何与意义发生作用？

   a. I want neither strawberry nor vanilla.
   b. I want neither strawberry or vanilla.
   c. She doesn't want eggs nor bacon.
   d. She doesn't want eggs or bacon.
   e. Neither my bike nor my wheelbarrow are for sale.
   f. Neither my bike or my wheelbarrow are for sale.
   g. Neither grace nor beauty is to be expected in this movie.
   h. Either grace nor beauty is to be expected in this movie.
   i. What you decide to do is neither here nor there for me.
   j. What you decide to do is neither here or there for me.
   k. I like neither gobstoppers nor liquorice.
   l. I like either gobstoppers nor liqurice.

   下面的句子中是否有任何一句对你来说在描述上显得不合语法？哪一部分引发了你作出这样的判断？

   m. Wouldn't you want either the float or the noodle?
   n. Would you want neither the float nor the noodle?
   o. Wouldn't you want neither the float nor the noodle?
   p. Wouldn't you not want neither the float nor the noodle?
   q. Would you not want neither the float nor the noodle?

13. 元音大迁移:历史上的词典工作

   如上所述,元音大迁移指的是两个世纪(大约为1400—1600年)里长元音的发音变化。元音的词类改变了发音,长元音/短元音的配对断开了。许多元音的拼写早在新的发音出现之前就确定了。由于单词的发音发生变化,而不是拼写发生变化,许多单词的现代拼写代表了元音大迁移前的元音。这种错配为我们在常规的拼写系统中考察英语的历史提供了一个机会。请为下表中每个类别找出五个单词并在表中完成它

第十一章
语言的生命周期

们的音标的标注:你们小组能找出元音大迁移模式的例外吗?更多信息请从下面网址搜索:http://eweb.furman.edu/~mmenzer/gvs/。

中古英语元音	中古英语语音	现代英语拼写	现代英语语音
ī <**i**>	1. [bitə] 2. 3. 4. 5.	1. <bite> 2. 3. 4. 5.	1. [baɪt] 2. 3. 4. 5.
ē <**ee**>	1. [met] 2. 3. 4. 5.	1. <meet> 2. 3. 4. 5.	1. [miːt] 2. 3. 4. 5.
ō <**oo**>	1. [bot] 2. 3. 4. 5.	1. <boot> 2. 3. 4. 5.	1. [buːt] 2. 3. 4. 5.
ā <**a**>	1. [makə] 2. 3. 4. 5.	1. <make> 2. 3. 4. 5.	1. [meik] 2. 3. 4. 5.

学 习 问 题

1. 语言学习和语言习得的区别是什么?
2. 什么是语言习得的阶段?
3. 语音阶段必须完成什么工作?
4. 在短语阶段,什么对人类而言是独特的?

5. 什么是生命周期的语言变化？它何时出现？

6. 什么是共时变异？请举例说明。

7. 什么是历时变异？请举例说明。

8. 什么变化影响了现代英语？

9. 什么是扩张圈的比喻？英语的圈是什么？

10. 内圈里的英语有变异吗？

11. 外圈和扩张圈的差别是什么？

12. 技术如何帮助英语的扩张？

 要了解更多与本章有关的资源，请登录本书的配套网站：http://www.wiley.com/go/hazen/introlanguage。

术语表

说明:(1)术语词条按音序排列;(2)括号内英文术语后面的数字表示该术语出现的主要章节。

schwa 规则(schwa rule,3):指一个非重读的元音被转变成中央部位的松弛元音[ə]的音系过程。如单词 about /ebaut/经常被发成带 schwa 音的[əbaut]。

which 迫害(*which* hunting,10):指在美国反对用 which 作为限制性补语成分的一种气恼。例如,根据规范性建议,She wishes she had the ice cream cone which she dropped 这句中的 which 应该用 that 替代。

暗语(shibboleth,10):和社会上遭贬低的一个群体联系在一起的被污名化的发音。例如,将 birthday 发成[bəːfdei]在美国北方是一个特有用语,但在南方的一些地区不是。这一发音被污名化是因为它与社会上遭贬低的群体联系在一起。在美国南方的部分地区,所有说话者都有这一发音,因此这个发音没有污名。

半弱动词(semi-weak verbs,6):既非规则又非不规则的一类动词,兼具形式之间的元音交替变化和以齿龈音结尾。这类半弱动词的例子包括 sweep～swept 和 deal～dealt。

褒义化(amelioration,5):在单词的意义是好或是坏这一维度上,褒义化指单词的语义变得更加有利。例如,在古英语中,pretty 一词指"狡诈的或诡计多端的",但如今指"外表漂亮的"。

本义(denotation,5):一个单词基本的指示意义。它是大多数人认为的词典意义。例如,社交媒体的本义是"用于建立社交关系网的网站和应用软件"。

本义转移(denotation shift,5):即对一个单词的基本指示意义的完全替代。如古英语中的单词 clūd(意思是"岩石或山丘")产生了两个现代单词:cloud 和 clod。尽管 a clod of dirt(一块泥土)或许和山丘有某些相似的意义,它仍然是不同的东西。而 cloud 的指示意义则与山丘完全不同。

鼻音(nasal,2):响亮辅音的一个自然类别,它们通过气流从鼻腔而不是口腔流出而生成,如 sing[sɪŋ]这个词中的最后一个音就是一个软腭鼻音。

鼻音化(nasalization,3):一类同化,在此期间一个元音后紧跟着一个鼻音辅音,促使元音的发音过程中气流也从鼻腔释放出来(就像鼻音的发音方式那样)。例如 bin[bĩn]和 rung[rʌ̃ŋ]这两个词都有鼻音化。

比较级(comparative,4):用于比较的形容词形式,如 warmer 是 the warmer blanket(更暖和的毯子)这个短语中形容词的比较级。有些形容词用 more 而不是后缀-er 来作为比较级的标记,如 more beautiful。

闭塞音(stop,2):以声带中气道完全受阻的方式发出的音的自然类别:mad[mæd]一词中的[d]和 pie[pai]一词中的[p]均是闭塞音。

边缘性(peripherality,2):由元音居于元音图中的位置而决定的独特的元音特性,其结果是靠元音图边缘的元音是紧张的元音,而靠中心的元音是松弛的元音。例如,these[ði:z]这个单词中的元音是紧张的元音,但 this[ðɪs]中的元音是松弛的元音。

标准语—方言延续体(standard~vernacular continuum,1):对社区里语言变化的评判范围,其中某些语言模式比起另一些更加被污名化。标准语和方言是评判标准的两个极端。例如,带 pin-pen 元音合并在美国南方比在美国北方更加标准,这种情况在北方极为罕见。

表语(predicative,4):属于谓语的一部分但修饰主语的形容词。在 The music sounds awful(这音乐真难听)这句中,形容词 awful 通过动词 sounds 修饰主语 the music。

补语化成分(complementizer,8):指一个短语的头,它用来生成一个节点,这个节点把另一个短语和一个下属的屈折短语连接起来。例如,that 这个词在 the ice cream that I dropped(我掉落的冰激凌)这个短语中是一个补语化成分。

不合理的推论(non sequitur,9):不合话语语流的话。一个例子是,在被问及昨晚的比赛时,一位朋友说:"冰激凌。"

不及物动词(intransitive,4):动词的一个类别,这类动词在句中只要求有一个主语。例如,在 She runs 这句中,动词 run 是个不及物动词。

参数(parameter,7,8):婴儿在习得语言时被迫必须作出的选择。这些被迫作出的选择是由普遍语法提供的。如头状态参数提供了短语中是头在先还是在后的选项。

插入(insertion,3):某些音加入到一个单词中去的音系过程。如[p]音有时加进 hamster 这个词,使得它的发音变成[hæmpstər]。

陈述语气(declarative,4):主语在动词之前,表达一个简单陈述的语法语气。也用 indicative 表示。The sky is blue 这一句就是陈述句。

齿间音(interdental,2):辅音的一个自然类别,它由气流流过牙齿之间的舌头而形成。如 thick[θik]这个词的第一个音便是清音的齿间音。

齿龈音(alveolar,2):通过舌尖和上牙后面的区域接触而发出音的一类自然辅音,如 tea[ti:]和 knee[ni:]中的首音均为齿龈音。

唇齿音(labiodental,2):辅音的一个自然类别,这些辅音是通过将气流推出冲破牙齿的上方和下嘴唇之间形成的约束而生成。例如,fee[fi:]一词中的[f]音是一个唇齿摩擦音。

词干(stem,6):一个用于描写多词素单词中内层的形态术语。词缀附加在词干上。例如,在 dehumidifier(除湿器)一词中,后缀-er 附在词干 dehumidify 上。

词根(root,6):一个形态术语,指多词素单词中最核心的一层。词根是最基本的词干。例如,在 dehumidifier(除湿器)这个词中,后缀-ify 附在词根 humid 上。

词汇类别(lexical categories,4):根据单词和短语中其他单词的关系而建立起来的分类。这些类别范畴涉及单词如何在词汇库中得以储存。动词和名词是词汇类别的两个例子。

词汇歧义(lexical ambiguity,4,8):指一个概念,即一个单词的语音形式可以和另一个单词的语音形式同音异义,因而和短语中不止一个意义相关联。例如,对 A bat hit me in the face 这句可以有两种解释:一根木棒击中了我的脸,或者一只蝙蝠撞到了我的脸。这两种不同的意义和两个不同的单词联系在一起。

词素(morpheme,6):附在一个意义或语法功能上的最小的语言单位。在单词 quickly 中,quick 和-ly 都是词素。

词义转贬(pejoration,5):在单词内涵的社会意义是好或是坏这一维度上,词义转贬是指单词的语义朝着不太有利的方向改变。例如,在古英语中,silly 一词的本意是"幸福的、繁荣的",但如今它的意思是"可笑的、荒谬的"。词义发生了消极的变化。

词缀(affix,5,6):一个可以附加在词根上进而形成新单词的黏附词素。词缀包括前缀(如 pre-,un-)、后缀(如-ly,-less)和中缀(如 abso-bloody-lutely 中的-bloody-)。

代词(pronoun,4):英语中一个自由的功能词素,有指另一个单词的指示功能。看一下这一句:Why does he love to eat it? 其中的单词 why,he 和 it 指别的单词。why 是一个疑问代词,而 he 和 it 都是人称代词。

单词(word,1):一个包括形式和意义的独立的语言单位。如 coat 这个单词的形式是[kəut],而它的意义是"外套,上身穿的一件衣物"。单词可以包括一个或更多的词素,如 squid 有一个词素,而 squids 有两个词素。

语言入门

单词阶段(word stage,11):语言习得的第二个阶段,在此期间孩子们开始获取和理解整个单词并把它们放进合适的词汇类别。

单语的(monolingual,1):仅能够理解和熟练说一门语言的。许多美国人是单语者,但世界上大多数人是多语者。

单元音(monophthong,2):元音的一个自然分类,人们发音时器官不移动。像 meat[mi:t]这个单词中的元音是一个单元音。

等级制(hierarchy,3,6):将语言单位组织成更高层次和更低层次,从而使一些项目支配另一些项目的特性。这些单位内嵌于更高层面上的其他单位之中。例如,音节核和音节尾嵌于音节的韵基之中。

低—后合并(low-back merger,3):当[a]和[ɔ]这两个元音发成同一个音的时候就出现了低—后合并。以前这些元音对所有的英语使用者来说都是截然不同的,但今天许多英语使用者把它们发成同样的音。例如,caught[kɔ:t]和 cot[kat]对于践行低—后合并的英语使用者来说都可以发成[kat]的音。

调节环境(conditioning environment,3):引发某一音系规则的音系环境。例如,bun[bʌn]一词中的鼻音[n]引发了元音[ʌ]的鼻音化。

定语的(attributive,4):处在它所修饰的单词前面的形容词。在短语 the colorful wallet 中,colorful 一词便是一个例证。

动词(verb,4):包含一个句子框架的一个基本的词汇类别。动词有及物性,以不定式或限定的(即变位后的)形式出现。动词 run 在其词汇列表中留有一个位置给主语,且是不及物的。

动词的时态(tense(verb),4):变位后动词形式的一个特性,通常表示时间范围。现代英语中有两个时态:过去时(如 walked)和现在时(如 walk)。

动词的体(aspect,4):详细说明动词的语义特性,表示动词的意义是否完整及完整的程度。进行体、完成体和中性体都属于动词体的范畴。

短语(phrase,1):结构化的单词组合。例如,the whale 是一个名词短语。

短语的头(head of the phrase,7):决定短语句法类别的根本词汇类别。例如,短语的头可以是名词、形容词、动词或介词。名词短语中短语的头是名词;在名词短语 the small dog under the table 中,名词 dog 是这个短语的头。

短语阶段(phrase stage,11):语言习得的第三个阶段。这个阶段和单词阶段有重叠。它出现在孩子将单词和词素组合起来构成短语的时候。例如,一个小孩子或许会说出 more juice(更多果汁)这样的短语。

多语的(multilingual,1):能熟练地说出和理解多门语言的。世界上大部分人都是多语者。

腭音(palatal,2):通过辅音的一个自然类别,这些音是通过舌头靠近或放在腭上而生成的。例如,she[ʃi:]中的[ʃ]是个清音的腭擦音。

腭音化(palatalization,3):同化的一种类型,此时一个辅音的发音位置因它受一个腭音的影响而向腭音区域迁移。像 It hit you 这个短语,可以发音为一个腭音化的塞擦音:[ithitju:]→[ithitʃu:]。

二分叉(binary branching,6):对句法树的一个限制,它允许每个节点最多有两个分叉。它的假设是字树或短语树能有一个或两个分枝,但不能有更多。

二合元音(diphthongs,2):带移动发音器官的单元音的一个自然类别。这些元音最初在一个发音位置,然后在滑动到另一个位置的过程中生成。例如,boy[bɔi]和 dye[dai]这两个单词中的元音都是二合元音。

发言权(floor,9):听众给予说话人注意力的一段时间。在正式的辩论中,如在议会的辩论中,领导人把发言权交给被认可的发言人。

发音的语声(voice of articulation,2):声带振动与非声带振动的二元选择。这是区分不同类型辅音的一个基本特征。在 joke[ʤəuk]这个单词中,[ʤ]是一个浊辅音,意思是声带需要振动才能发出这个音。

发音方式(manner of articulation,2):指辅音生成的方式。当发辅音的时候,舌头、下巴和喉咙如何移动决定发音的方式。闭塞音和流音的发音方式不同。

发音位置(place of articulation,2):声带中辅音的发音部位。像[b]这样的双唇辅音的发音位置是嘴唇。

发音语音学(articulatory phonetics,2):对语言声音的研究,涉及这些声音在口腔内的生成。对于辅音,有三大问题需要关注:发音位置、发音方式和发出的声音。

烦恼(peeves,10):在沮丧中对语言变化模式作出的评判。例如,如果一位病人对医生说"I got a cold",此时那位医生不无优越感地回答道,"No, you have a cold"。在这种情况下,病人用"got"而不是"have"成了令这位医生烦恼的事情。

方式准则(maxim of manner,9):一条会话准则,它要求话语以清晰、毫不含糊的方式表述出来。例如,如果你给某一个人的开车方向指令没有按照顺序,那么你在违反方式准则。这一方式与话语是如何说的有关。

方位格词(locative,7):用以确定名词在时空中位置的功能词素。对于一些语言,它们可能是后置词和介词,但对于另一些语言,它们可能是黏附词素。来自英语的例子有

after, on, by 和 under 等。

方言(vernacular,1):就语言变化而言,它是所有被污名化的语言形式。一个例子是纽约人所说的 y'all(你们所有人)。

分析型语言(analytic languages,6):每个单词中的词素较少的语言被称为分析型语言。这些语言依靠句法而不是形态来安排动能词素。现代汉语是分析型语言的一个例子。

辅音(consonant,2):语音的一个自然类别,它在发音时声带受阻的程度甚于元音。有些辅音(如闭塞音)比另一些辅音(如流音)在发音时受的阻力更大。辅音可以通过它的声音、发音位置和发音方式来定义。[t],[d],[g]均为闭塞辅音,而[r]和[l]是流音。

复合词(compound,5):两个自由词素连在一起构成一个新单词的情况。如 basket-ball(篮球)是由 basket 和 ball 两个单词构成的复合词,editor-in-chief(总编辑)是由 editor,in,chief 三个单词合成的复合词。复合词被视作单个词条。

格(case,4):标记名词扮演的语法角色的特性。格标记在现代英语中幸存下来的唯一角落是人称代词。在 I have a dream(我有一个梦想)这句中,I 被格标记为主语,但在 Give me a break(让我休息一下)这句中,me 被格标记为宾语。

公开的声望(overt prestige,5):因参与被视作良好的活动而被权威性机构授予的肯定,不管这个权威性机构是学校系统、有组织的体育机构还是社会俱乐部。一个避免使用俚语的学生或许会得到来自老师的公开声望,但那个学生因为这一个选择将不会得到来自同伴的隐蔽的声望。

功能词(function,4):建立语法关系来帮助我们弄清楚不同的成分是如何联系在一起的词汇类别。介词、代词、连词、限定词和屈折后缀是功能词素。例如,在 coffee cups on the table 这个短语中,-s, on, the 都是功能词素。

功能转移(functional shift,5):这类词汇变化涉及把一个旧的单词从一个词汇类别转移到另一个词汇类别从而创造出一个新的单词。动词 score 在 I scored a goal(我进了一球)中是一个不同于名词 score 的单词,后者在 Get up-to-the-minute scores(得到最新的比分)中用作名词。

共时变异(synchronic variation,3):在某个时间点上语言的变异。变异可以发生在不同的地区、不同的年龄群体或者其他社会部门。例如,美国部分地区用 trash can 来表示垃圾箱,而另一些地区用 garbage can。在英国,同样的物品或许是 rubbish bin 或者 dustbin。这些是词汇上的共时变异的例子,但共时变异也可以出现在语言的其他任何层面。

术语表

关键期(critical period,11):大致从婴儿期到青春期的这段时间,在此期间语言习得对孩子周围的常规语言来说是毫不费力的、自然的反应。大多数人的这一阶段会在大脑结构在青春期出现变化时而结束。此后,学一门新的语言就变得更为困难。

关联准则(maxim of relation,9):这个准则要求说话人说与会话有关的话。例如,如果你问一位朋友电影何时开始,你的朋友回答说 7:30,那么我们可以假设那个回答与问题有关(它不是什么任意一组数字)。

规范性语法(prescriptive grammar,1,10):一组有关体裁惯例的社会时尚建议。这一建议旨在强制执行某些风格选择。它的潜在假设是某一语言已疾病缠身,需要康复治疗,因此开出了药方。例如,"切勿以介词结束句子"。

规范性正确的观点(Prescriptively Correct Perspective,1,10):这一语言观假设,任何一句话都应该以某一组恒定不变的规范来评判。在作出评判时,它假定某一种语言形式总是优于其他形式,这一形式必须得到保护以避免出现变异。例如,根据这一语言观,"I am not going"这一短语总是优于"I ain't going"这个表达,不管这句的语境如何。

含义(connotation,5):一个单词次要的指示意义。例如,social media(社交媒体)的次要含义或许是它是邪恶的,会破坏会话艺术。

合成假设(assumption of composition,6):一种学术观点,认为人们所说的单词是由不同的词素构成的,而不是作为单一模块储存的。例如,在英语词汇中,unhappy 这个单词是由分开储存的词素-un 和 happy 合成的,而不是作为单个记忆的形式 unhappy。

合成语言(synthetic languages,6):每个词比其他语言的单词含有更多词素的语言。这些语言通常更依靠形态而不是句法来组合功能词素。和英语比较,西班牙语是一门更加合成化的语言;它用后缀来标记动词的特殊性,因此我们可以分别出主语的人称和数,如 *comemos* (We eat)对 *como*(I eat)。

合作原则(cooperative principle,9):我们在话语中普遍遵循的基本假设。正常的理解是,交谈中的人们会说有助于彼此交流的东西。例如,如果你说,"我真的厌倦了",这时你的朋友说,"篮球场空着呢",你会认为第二句话和第一句话是相关的,因为可以假设你和你的朋友正在合作会话。

喉(larynx,2):呼吸道的上软骨部分,它包含声带和声门。

喉塞音(glottal stop,2):声门关闭时发出的一个辅音之音,此时气流阻塞:在 uh-oh [əʔoʊ]这个词中的[ʔ]音便是一个声门闭塞音的例子。

后缀(suffix,6):附于词干末尾的黏附词素:-ed,-ing,-s 和-ly 都是后缀。

滑音(glide,2):辅音的一个自然类别,它涉及发音期间发音器官的移动。这些音也

语言入门

是响音:如 you[ju:]中的第一个音是腭音的滑音[j],wet[wet]中的第一个音是双唇滑音。

话语(utterance,9):这个单位可以是社会语境中生成的任何语言点滴。在自助餐厅叫喊"亵渎"或将"释放那精灵!"的字样喷写在一座桥上都是话语。

话语标记(discourse marker,9):不属于会话内容一部分但引导会话的单词。就像开车时的路标那样,话语标记帮助我们在会话中转向。像 well, actually, like, however 和 for example 这些单词常被用作话语标记。

话语标记 like(discourse *like*,9):在话语中插入单词 like 作为话轮的标记、集中听众注意力的装置、一个大概或者另一个话语片段。在一些社区里,它是一个引发了众多忧虑的话语标记。例如,Like, I think we should meet at like 9:00 but that might be like too late(各位,我觉得我们应该在大约九点碰头,但那或许,嗯,太迟了)。

话语脚本(discourse script,9):在经常重复的会话交流的基础上,说话者遵循的共同的对话模板。话语脚本的一个典型例子是在餐馆点菜的过程,客人和员工之间有一个例行的信息交流。这种惯例的话语脚本是一个社区的交际能力的一部分。

会话的言外之意(conversational implicature,9):这一意思取自话语中一句话的三个成分——言内之意、言外之意和言后效果——的组合。会话的言外之意并不来自词语本身,而是来自说话者所用的词语在那个语境中所暗示的内容。如果你说,"我回家了,打了电子游戏",其含义是事件以呈现的顺序发生了。这一意思来自整个会话,而不是某个词语。

会话准则(conversational maxims,9):为了使会话圆满完成,人们在会话中遵循的一般准则。这些准则包括量的准则、质的准则、关联准则和方式准则。

活语言(living language,1):任何一门被本族语社区的人习得并使用的语言。日语和葡萄牙语是活语言的两个例子。

积极面子(positive face,9):希望被人认可、喜欢和钦佩的愿望。用"你今天看上去很精神"这样的话与朋友打招呼就是一个打"积极面子"牌的例子。

及物的(transitive,4):一些动词的一个特性,据此主语逻辑上需要直接宾语。如在 He stabbed the vacuum(他直刺真空)这句中,动词 stab 是及物的,因为直接宾语 the vacuum 是这个动词的词汇列表的一部分。

及物性(transitivity,4):动词的及物性是一个棘手的问题,学者们在到底有多少及物动词这个问题上并没有取得一致意见。在本书中,我们从两个方面把问题简单化。第一,我们只讨论及物性的三个类别:不及物动词、及物动词和双宾语动词。第二,我们规定每个动词在词汇上都指定及物性。换言之,当你要记一个动词,如kiss,你记住它的形式、意义、词汇类别和(既然是个动词)它要求有主语和宾语(即它是及物的)。在She kisses him all the time(她一直亲吻他)和She kisses all the time(她一直亲吻)这两句中,动词在两种情况下都是及物的,只是第二句中的宾语没有表达出来。

间接言语行为(indirect speech act,9):言内之意与言外之意不匹配的话语。例如,当你准备去参加一个晚会时,有人问你,"你要穿着那身衣服去晚会?"言内之意可能是"我在怀疑你是否会穿着那身衣服去赴会"。言外之意可能更接近这一句:"你那件外套难看至极;你不该穿它"。这句话就是间接言语行为。

交际能力(communicative competence,9):引导人进行会话的大脑里的知识。它包括会话中何时说话、何时倾听以及公共场所的常规例行程序等信息。在图书馆里保持低声是许多社区里交际能力的一部分。

教学语法(teaching grammar,1):这类文本是对语言模式的解释,是为非母语使用者设计的。教学语法解释语言的规则,像"形容词出现在名词前面"和"宾语在动词之后",另外还提供有限的词汇和可供操练的练习。你学习第二语言的教材就是教学语法的一个例子。

节点(node,3):层级树上的一个组织点。它是一根枝结束或连接另一根枝的任意点。

结构成分性(constituency,7):一个单位由层级图上另一个更高的单位代表的组织特性。一个短语代表树图上它下面的构成要素。例如,在the deep blue pool这个短语中,两个形容词可以被安排到两个不同的结构中,可以是the {deep blue} pool或者是the {deep} {blue} pool。其中所有的单词都是这个名词短语的构成要素。

结构性歧义(structural ambiguity,7,8):指一串单词可能因其成分的不同层级组织而有不止一种意义的概念。这些单位因此有不同的组成成分。例如,She kissed the boy with the puppet这一句可以有两幅不同的句法树图与两个不同的意义对应(即,她亲了拿着玩偶的男孩;她用玩偶亲了那个男孩)。

解析(parse,7,8):拆分短语,以便于更好地理解其结构。像My phone fell off the table(我的电话机从桌上掉了下来)这句可以被拆分成几个组成部分,如名词短语、动词短语和介词短语。

介词(preposition,4):英语中的介词是自由的功能词素,它们连接短语。它们是被称作方位格词的一组功能词素中的一部分,也包括后置词。就语义而言,方位格词定位物体之间的相互关系,并且通过隐喻被延伸到许多其他名词。在Shovel the snow on the

语言入门

sidewalk(把雪铲到人行道上)这句中,单词 on 是个介词。

紧的(元音)(tense(vowel),2):发音时肌肉相对紧张的元音的特性。和松弛的元音相比,这些紧张的元音更靠近元音空间的边缘。例如,these[ði:z]这个单词中的元音[i:]就是一个紧元音。

进行体(progressive,4):语义上表示动作不断进行的特性的一种体。在英语中,进行体通过动词 be 加上带后缀-ing 的另一个动词表示。例如,We are walking home。

句法(syntax):心理语法中将单词组成短语的那个成分。若给了三个单词,tank, in 和 the,需要句法将它们组成 in the tank 这个短语。

可数名词(count noun,4):可以带一个表示复数的屈折后缀的一类名词。像 puppies, diamonds, children 和 cities 都是可数名词的例子,因为它们都有一个复数后缀。在 three glasses of water 中,名词 water 不是可数名词,因为在这种情况下,一个可数名词必须变成复数。

扩大(widening,5):从更窄的所指范围向更宽泛的所指范围转移的语义变化。例如 barn 一词过去只是指"农场上储存大麦的房子"。现在,很多东西,如农具和动物,都可以存放在里面。因此,barn 一词的意义扩大了。

扩展(expansion,7):一种句法特性,它允许无限量地增加短语的可能性。The natural Christmas tree beside the piano in the old house which sold last week(上周卖掉的老房子里的钢琴边那棵天然的圣诞树)这个屈折短语经历了扩展,因为它是由多个内嵌的短语构成的。

扩张圈(expanding circle,11):指不断扩大的英语圈,包括已有一门全国性的语言,但英语作为外语学习以便用于商业和学术的英语圈(例如,俄罗斯英语和中国英语)。

历时变异(diachronic variation,3):两个时间点之间的语言变异。通过说话者有规律的腭音化,古英语的形式 kiken [kikən]变成了现代英语中的 chicken [tʃikən]。

连接词(coordinator,4):一个词汇类别,其语法功能是把两个短语连接起来。例如,and, or, but 都是连接词:I caught the ball, and I threw it(我抓住了球,并把它扔了出去)。

量的准则(maximum of quantity,9):这个准则要求说话人仅需要为给定的场景提供足够的信息。它是会话准则的适中原则。你不想给太多的信息或太少的信息。例如,如果一位母亲问她的孩子那天在学校所做的事情,她会想要听到比"没有"更多的信息,但她不会想听到那天学校里的每一项活动。

临时生造词(nonce word,5):只有形式没有通常意义的生造词。例如,kepbleeg 这个词有形式,但没有意义(当它是为了本书使用而造出来的时候),因此被称为临时生造词。

零形式(zero form,4):一种不需要复数后缀的不规则的复数名词形式:如 deer,fish 和 sheep 都是零形式的例子,因为它们的单数和复数形式都是一样的。

流音(liquid,2):响亮辅音的一个自然类别,其特征是在口腔内的受阻较为松散因而气流能流出口腔。例如,lab [læb]这个单词中的[l]是一个边音的流音,因为气流从舌头的两边流出。

面子(face,9):一个人在社会的氛围中所持的个人价值的空间。你的尊严和社会威望与你在会话中的面子联系在一起。

描写语法(descriptive grammar,1):解释语言是如何工作的语言学图书。它对话语的社会时尚不作评判,但它或许解释语言的社会规范与交际能力。图书的大部分内容都是基于描写语法的知识。例如,英语的描写语法应该解释 ain't 这个词作为动词 be 的否定式和一般现在时的用法,同时它应该注意到这个形式经常受到指责。它也会解释英语一般有定语形容词。

名词(noun,4):一个基本的词汇类别,其中的成员能作为句子中的主语或介词的宾语。在 The boy on the couch is nice(沙发上的那个男孩不错)这句中,boy 和 couch 都是名词。

摩擦音(fricative,2):口腔内气流通过受阻通道而发出的辅音。气流被推向牙齿、舌头、嘴唇从而使被挤出的空气造成紊流;如 father 一词中的[f]和[ð]均为摩擦音。

内圈(inner circle,11):一个包括英语是大多数人母语的国家的圈子。内圈的例子有英格兰英语、苏格兰英语、加拿大英语和爱尔兰英语。

内容效度(content validity,10):有关一项考试在多大程度上考查其内容的度量。例如,一项由生物学问题组成的英语测试将是一次很差的评估英语技能的考试,因此它的内容效度很低。

黏附词素(bound morpheme,6):在短语中不能独立存在而必须依附在一个自由词素上的词素。词缀是黏附词素。前缀(如 pre-,un-)、后缀(如-ly,-less)和中缀(如-blood-y-,像在 abso-bloody-lutely 中)都是黏附词素的类型。

派生词素(derivational,6):黏附的实义词素。这一群词素和英语中的屈折后缀形成了对照。黏附的派生词缀包括像 pre 和 non-这样的前缀以及-ly 和-ness 这样的后缀。一个像 teacher 中的-er 这样的派生词缀和 smarter squid(聪明的鱿鱼)中的-er 属于同音异义,后者是屈折后缀。

碰撞开花(crash blossom,7):一条实际上鼓励词汇歧义和(或者)结构性歧义的新闻

483

标题。它往往删除相关的功能词，创造一堆名词、形容词和介词。像 police help dog bite victim 便是一个例证。

拼写符号(orthographic symbols, 2)：书写字母。尖括号被用来区分这些符号与其他类型的符号。例如，<lab>用尖括号表示，以突显它的书写符号，与方括号之间的语音符号[læb]形成对照。

普遍语法(Universal Grammar, 1, 8)：人类特有的构建心理语法的生物禀赋。它为心理语法提供了基本的蓝图，包括原则和参数。为习得一门语言，婴儿必须从那门语言中经历足够的语言数据的输入。那个触发经验和普遍语法相结合的结果就是心理语法。

歧义(ambiguity, 1)：当言语中有两个或两个以上的意义可以被解读的时候，歧义就出现了；因此，说话人想表达的意义和听众解读的意义可能并不匹配，一个像 bat 这样的单词可以有两种意义；一个短语如 the deep blue pool 可以有两种意义（它是一种深蓝色呢，还是蓝色的水池很深？）。歧义有两种类型：词汇歧义和结构性歧义。

前—松合并(front-lax merger, 3)：当 /i/ 和 /e/ 发成一样的音时就出现了前—松合并，这一现象多半出现在鼻音前。例如，bin ~ ben [bɪn]~[bɪn]就会合并，但 bit~bet [bit]~[bet]不会。

嵌套(nesting, 7)：一个句法特性，它允许一个短语嵌于另一个短语中。这个特性以 X-bar 结构中的 YPs 形式体现。例如，在名词短语 the three cars in the parking lot（那个停车场里的三辆车）中，有一个形容词短语和一个介词短语，两者都是名词短语中的另外两个短语。

前缀(prefix, 6)：附在词干开头的黏附词素。un-, anti-和 non-都是前缀的例子。

强动词(strong verbs, 6)：用元音交替的方式标记过去式的动词。一个例子是 bought 这个过去式。它包含动词 buy 和它以元音交替形式出现的过去时态词素。

清音的(voiceless, 2)：语音的一个特性，在英语中通常指辅音在发音过程中声带几乎没有振动的现象，如 key[kiː]这个词中的辅音[k]是清音。

清音化(devoicing, 3)：一种同化，在此期间一个语音失去了它的声音。例如，当一个送气的辅音出现在[r]和[l]音之前的时候就发生了清音化。发送气音的过程会渗透穿过流音，将它们"漂白"，如 crypt [kʰr̥ipt]一词就是一个带清音化的例子。

情态动词(modal verb, 4)：作为助动词的动词的一个子类，在现代英语中它们没有过去时态的形式。在英语中，情态动词遇到第三人称单数时不带后缀-s，如 She can sing 这句中情态动词用 can。

屈折词缀(inflectional affix, 6)：一个黏附和功能词素。这组词缀与英语中的派生词缀形成对照。英语中仅剩下九个屈折后缀,如表示过去时的-ed 和表示所有格的-'s。像 teacher 中的派生词缀-er 与短语 the smarter squid 中的屈折后缀-er 是同音同形异义。

屈折短语(Inflectional Phrase,8):一个句法术语,用于带主语和谓语位置的短语。屈折短语的头是动词的屈折成分,在英语中往往不发音。She will sneeze 是屈折短语的一个例子,其中 will 作为屈折成分。

人称代词(personal pronoun,4):这是一组代表不同语法人称的代词。例如,在 I want you to go to sleep(我要你去睡觉)这句中,I 是第一人称,you 是第二人称。其他特性也可以在人称代词中体现,包括数(如复数的 we 对单数的 I)、所有格(如 her book)、格(如主格的 he 对宾格的 him)和性(如 she 对 he)。

任意性(arbitrariness,1):形式与意义之间的自然关系。与任何形式联系在一起的意义是由一个社会约定俗成的。意义无法从语言形式预测,形式也不是由意义强制规定的。例如,"人造的、包装好的、加糖的饮料"这个意义,没有任何迹象与含气饮料、可口可乐或苏打水联系在一起。

软腭音(velar,2):声音的一个自然类别,这些音形成于上腭的后部,在腭音区域的后面但在咽音区域之前。如 gut[gʌt]一词中的[g]是一个软腭闭塞音。

弱动词(weak verbs,6):通过加上后缀-ed 来标记过去时形式的动词。例子有 talked 和 shopped。

塞擦音(affricate,2):由闭塞音和摩擦音发出的单个辅音,如 church[tʃəːtʃ]中的[tʃ]。它需要两个音标来代表塞擦音[tʃ]和[ʤ]。

删除(deletion,3):一个单词中某些音没有被发出来的音系过程。例如,about 和 because 这两个单词经常被发成'bout [baut]和'cause[kəz],因为语言学家假设完整的形式以 /abaut/ 和 /bikəz/ 这样的音素储存在词汇中。

闪音(flap,3):通过舌头与齿龈脊迅速接触(但没有完全阻塞气流)而生成的浊的齿龈音[ɾ]。许多美国人在发 butter 这个音[bʌɾər]时都有闪音。

闪音化(flapping,3):一种同化,其中闪音是通过非重读音节前的齿龈闭塞音发出来的,如 butter [bʌtər] → [bʌɾər]便是闪音化的一个例子。

社会意义(social meaning,2, 3):指示意义的对等物。社会意义是连接语言和社会群体的纽带。许多单词和社会群体或者某些社会语境有关,这些社会关联是这些单词的意义的一部分。例如,像 automobile(汽车)、wheels(轮子)和 whip(迅速转动的机件)都有相同的指示意义,但它们的社会意义或许不同。

社会意义上的最小配对(social minimal pair,3):引发社会意义差别而不是指示意义差别的一对发音。例如,bed 一词的发音可以在[bed]和[beəd]之间游弋,后者在许多人看来被标记为美国南方乡村地区的发音。

社会语境(social context,9):话语中说话者和听众之间的关系。一个人比另一个人更有权威吗?还是他们是同等地位的人?这些人属于同一个社会群体吗?话语发生在公共场所还是在私密空间?对话语中的这些关系有影响吗?

生命期限之内的语言变化(lifespan language change,11):这多半指语言习得周期结束后出现的音系变化。一个说话者一生中发生的任何语言变化都可以被看作生命周期的语言变化。

声带(vocal folds,2):喉内给我们以声音的两个组织瓣。浊音有更多的声带振动。清音则很少有振动。声门是声带之间的豁缝。

声道(vocal tract,2):与语音的生成相关的气道,包括咽喉、口腔和鼻腔。

声门(glottis,2):喉部声带间的区域。当声门迅速闭合时便产生了喉塞音。

声门区(glottal region,2):涵盖声带和声门的区域,见于喉部。

施为动词(performative verb,9):施为言语行为所需的动词。它们在被说出口的时候即完成行为的动作。这类施为动词的例子包括 promise(许诺,保证),accept(接受),bet(打赌),damn(诅咒),christen(举行命名仪式)和 pronounce(宣布)。

施为言语行为(performative speech act,9):说出言词就完成了言语行为的动作。例如,I promise not to eat all your Nutella(我保证不吃掉你所有的能多益巧克力酱)。在这个语境中用动词 promise(许诺、保证)就完成了许诺(保证)这个动作。

时间顺序含义(time-order implicature,9):会话含义的一类,暗示话语的时间顺序反映事情发生的时间顺序。例如,Jaclyn studied, took her test, and played video games(杰奎琳学习,参考考试,然后玩了电子游戏)。这个话语顺序意味着杰奎琳以这一特定的顺序做了那些事情。

实义词(content,4):我们的语言中承载大部分指示意义的词汇类别。名词、动词、形容词、派生词缀和英语中所有的前缀是实义词素。例如,在 coffee cups on the table 这个短语中,词素 coffee, cup 和 table 都是实义词素。

首字母缩合词(acronym,5):将短语或名字的书写单词的首字母串联起来后形成的单词。它是构词的一个过程。NATO(北大西洋公约组织)和 SCUBA(自携式水下呼吸器)便是两例。

书写(writing,1):人类创造的用以代表语言的一项技术。全世界有各种不同类型的书写,这些不同的书写体系是由许多不同的人历经数千年而创造出来的。例如,本书代表的就是书写。

双宾语动词(ditransitive,4):一类动词,它要求有一个主语和两个谓语。在 She told him a secret(她告诉他一个秘密)这句中,动词 told 是双宾语动词,因为 a secret 和 him 都填补了动词 tell 指定的谓语中的两个空位。

双唇音(bilabial,2):辅音发音位置中的一个自然类别,其特征为双唇的运用。例如,boo 中的[b]和 poo 中的[p]均是双唇音。

咝音(sibilant,3):嘶嘶声音的一个自然类别。英语中这样的音有六个:[s z ʃ ʒ tʃ ʤ]。在 silly 中的[s]和 chin 中的[tʃ]均是咝音。

死语言(dead language,1):任何不为母语社区的人群习得的语言。古拉丁语是一门死语言,因为它不是任何一个社区居民的第一语言。

松弛的(lax,2):元音的一个特性,在发这些元音时舌头和下巴肌肉相对松弛。松弛的元音更接近元音区的中心:如 bit[bɪt]中的元音是一个松元音。

送气音(aspiration,2):辅音的一个特性,这类辅音是通过释放可听得到的气流而生成的。例如, till[tʰɪl]一词的第一个音。

缩减(weakening,5):指单词经历的语义变化,在此期间一个单词的影响力或它的修辞力度随着时间的推移被削弱。历时的语义转移朝着削弱意义力度的方向发展。例如,现代英语中单词 quell 的意思是"平息或减轻",但它的古英语先祖 *cwellan* 却是"谋杀"的意思。

缩小(narrowing,5):一种语义变化,涉及从更广的所指范围转变到更窄的所指范围。例如,在古英语中,deer 指"任何猎杀的动物",但在现代英语中,deer 这个单词具体指一类反刍哺乳动物"鹿"。

体裁惯例(genre conventions,10):任何特定的一类写作都有一组作者们遵循的正常例行程序。这些例行程序是由一个社区的作者们共同开发的。例如,对发给一个朋友的短信的期望不同于对一篇重要的学术论文的期望。这些期望就是体裁惯例。

填充词(filler,9):在可以沉默的地方说话者为了保持话语权而使用的单词,它用于筹划接下来的会话。例如,Umm, I would like a salad instead of french fries(嗯,我想要一份色拉而不是炸薯条)。

条件式的(conditional,4):一种强调事件可能性的语气。例如,We could get there on time 是一个条件句,因为情态动词 could 表示情况的可能性。

通晓多种语言的人(polyglot,11):那些没有失去像母语使用者那样习得一门语言的能力的人;他们因此能够构建任何一门有过充分接触的语言的心理语法。

通用语(lingua franca,11):在没有共同母语的人之间用以交际的一门语言。英语和法

487

语都是非洲常见的通用语例子。

同化(assimilation,3):一个音系过程,在此期间说话者把一个音变得更像另一个音。一个同化的例子可从下列单词的元音区别中看到:bin～bid[bĩn]～[bid]和rung～rug[rʌ̃ŋ]～[rʌg],此时鼻音前的元音本身也被鼻音化了。同化的类别包括腭音化、闪音、清音化和鼻音化。

同形同音异义词(homonyms,4):既是同形异义词又是同音异义词的单词。例如,skate(动词,滑冰)和skate(名词,一种鱼)就是同形同音异义词。

同形异义词(homographs,4):拼写相同的不同单词。这些词有时是同音异义词,但并不总是如此。单词read[riːd]和单词read[red]发音不同,但因为拼写相同,它们是同形异义词。

同音异义词(homophones,2,4):具有相同语音形式的不同单词。their、they're和there是同音异义词。

头状态参数(headedness parameter,7):一个变量约束,它允许一个短语的头处在短语的开端或结尾。例如,在一些语言中,限定词出现在名词前,但在另一些语言中名词出现在限定词前。

外来词(borrowed,5):从另外一门语言借来的单词。例如,government(政府)、dinner(晚餐)和faith(信仰)先前都是法语词,现在已是现代英语的一部分;因此,这些词是从法语借来的外来词。

外圈(outer circle,11):指包括英语已经成为一门官方语言的那些国家所在的那个圈。在这个圈里,英语作为母语或通过正规的教育被许多居民习得。这个圈里的例子包括印度英语、尼日利亚英语和南非英语。

完成体(perfect,4):英语的一个体,其中助动词have和动词的过去分词用在一起。对于许多动词而言,完成体表示动作已经完成。We have worked a lot这句用的就是完成体。

谓语(predicate,4,8):句子通常包括主语和谓语。谓语包括动词短语和在同一屈折短语中为动词短语所支配的其他短语。例如,在The coffee in the cup will soon be gone(杯中的咖啡很快就会没了)这一句中,短语will soon be gone是谓语,因为它不是该句的主语The coffee in the cup。

无限回归(infinite recursion,7):一个句法特性,它允许等级层结构根据需要重复使用,以便于让短语扩展开来。X短语结构中的第二条规则允许无限回归。

无主语(null subject,8):发音上空缺的主语,但动词仍然变位,就好像句中有一个看得见的主语。英语是一门不允许无主语的语言,但西班牙语允许有这种情况。在西班牙语中,

488

"有一排牙齿"会被翻译成 *Hay un conjunto de dientes*,而在这句中没有可见的主语。

习语(idiom,5):语言中的一种表达形式,它不遵守从一个单词到另一个单词叠加意义的正常规则,但它是某一种类特有的词汇项目。例如,My dogs are barking 意在表达一个人的腿疼,它的意思不是来自句中的各个单词,它的意义通常适用于整个形式＜my dogs are barking＞。

限定成分(determiner,4):句法短语中的一个位置,其功能是指定短语的其余部分。像指示代词 this 可以在限定成分的位置发挥作用,如 this snake。限定词 a 和 the 通常出现在限定成分的位置,如 the dragon, a penguin。

限定词(determinative,4):一个词汇类别,它修饰整个名词短语,包括作为其中一部分的形容词或介词。在 the phone in her hand 这个短语中,单词 the 是一个限定词。这些限定词作为定冠词。

响亮度(sonority,3):一个音与其他音相比的反响度。例如,[1]比[t]的声音更响亮,但[a]在三者中最响亮。作为一个群体,响音比阻塞音的响亮度更高。

响音(sonorant,2,3):清脆声音的一个自然类别,它对气流的阻塞少于阻塞音。一个例子是 lip 中的[1]音。这组音由另外四个自然类别组成:流音、鼻音、滑音和元音。

消极面子(negative face,9):行动不愿受阻的愿望。强加于某人的消极面子引发会话中的修复。例如,当你坐在餐馆用餐时,一个陌生人走上前来说:"你有一块钱可以给我吗?"这个行为影响了你的消极面子,因为你的时间和注意力被转移到了这个陌生人身上。

心理语法(mental grammar,1):人类心智中语言发生的地方。不妨把它考虑成大脑硬件上运作语言的软件。婴儿从普遍语法和他们所处环境中的语言的相互作用中创造心理语法。

行话(jargon,5):在某一专业、活动或特殊群体中使用的一组词,并在那个人群中具有特定的意义。例如,brace 一词是个足球术语,意思是"在一场比赛中进两个球"。

形容词(adjective,4):修饰名词的词汇类别。在"黄色的房子"这个短语中,"黄色的"这个词是修饰名词"房子"的形容词。

形态学(morphology):将词素组合起来构成更大单位的心理语法的那个部分。例如,它可以将 un-happy-ness 组合成一个单词。

修辞性正确的观点(Rhetorically Correct Perspective,1,10):基于说话人和说话语境来评判语言好坏的语言观。例如,当你非正式地跟一个朋友说话时,你完全可以说"I will call you later"(我会给你打电话);而在更加正式的语境中,出于不同题材惯例的要求,或许说"I shall call you later"显得更为妥当。

语言入门

修复(repair,9):当我们试图纠正对某人面子的威胁时,修复就开始了。例如,如果你向某人打听时间,你或许首先会说"对不起",以弱化威胁别人面子的行为。

修饰整句的副词(sentence adverb,4):一个修饰整个句子的意思而不仅仅是动词意思的单词。例如,在 Hopefully, we will ace our linguistics final(希望我们在语言学的期末考试中得高分)这句中,副词 hopefully 修饰整个句子,而不只是动词 ace。

言后效果(perlocutionary effect,9):这个结果指话语留给听众的心理后果。例如,如果一个老师告诉一名学生:"好文章!"那个学生或许对自己的写作有了自信。

言内之意(locutionary,9):从话语用词的组合中得出的最直接的本来意思。在一场争夺冠军的篮球比赛中,一个队员在最后一秒投篮,但没命中。盛怒之下,他的一位队友说:"干得漂亮!"言内之意是投篮超棒,但言外之意可能包含对这个投篮的批评。

言外之意(illocutionary,9):指说话者预先想表达的意思。例如,如果说话者不想让一位朋友吃他的冰冻奶制甜品,说话者可以说"别吃我的冰激凌",或者"吃我的冰激凌对你的健康有危险"。后者的言外之意与前者直接表达的意思一致。

言语行为(speech act,9):带目的的言语。说"Could you help me?"(你能帮我吗?)就是提出请求;说"You are on fire"(你状态真好)等于在告知对方。

疑问代词(interrogative pronoun,4):主要用于提问的代词。例如,在"What is your favorite color?"(你最喜欢的颜色是什么?)这句中,what 一词就是一个疑问代词。

疑问语气(interrogative,4):一种用于提问的语法上的语气。在英语中,疑问语气是通过颠倒正常陈述句中主语和助动词的顺序来完成的,如"Are you running late?"(你迟到了吗?),而不是"You are running late"(你迟到了)。

异干互补(suppletion,6):两个或多个先前不同的词素被组合进一个词条的历史过程。例如,现代英语中的单词 bad(坏)有 worse(更坏的)和 worst(最坏的)作为它的比较级和最高级。这些单词在中古英语的后期通过异干互补被加了进来。

音标(phonetic symbol,2):语音的书面表达。音标以方括号显示。例如,squid 这个词可用音标标注为[skwid]。

音节(syllable,3):声音的模板,包括韵基,还可能有音节首。韵基起码包括音节核,还可能包括音节尾。A[ei]和 strengths[strɛŋθs]这两个单词均包括一个音节。

音节核(nucleus,3):构成音节基础的最响亮的部分。音节核和音节尾是韵基的组成部分。例如 pan[pæn]这个单词中的 /æ/填充了音节核的位置。

音节首(onset,3):音节中的一个单位。像音节尾一样,它可以有一个或更多的切分成分在其中,取决于所在语言的音位结构限制因素。它是开启音节的那个成分或一组成分,并且处在韵基之前。音节首没有音节核那么洪亮。在 bite[bait]这个单词中,[b]是音节首。

音节首最大化(onset maximization,3):人类语言对音节首而不是音节尾的偏好。在辅音和元音的组合中,音节首最大化产生 CV. CV(带两个音节首)这样的音节模式,而不是 CVC. V 的模式。这一倾向是人类语言的基本组成部分。例如,婴儿生成 CV. CV 这样的音节序列作为首个音节,像 ma. ma 而不是 am. am 这样的模式。

音节尾(coda,3):音节的韵基中的一个单位。像音节首一样,它有一个或更多的切分成分,视语言中的音位结构限制而定。它跟在韵基的音节核之后,是音节的最后部分。音节尾不如章节核那么洪亮:如 bike[baik]一词中的音节尾[k]没有元音[ai]洪亮。

音素(phoneme,3):词汇中声音的心理表征。它是词汇中最小的能够产生意义差别的语言单位。它象征性地用两条前倾斜线表示。英语中的 /t/和 /k/两个音素能够对英语使用者引发意义上的差别,如 tan /tæn/和 can /kæn/两个词有着不同的意义。

音位结构限制(phonotactic constraint,3):限制语音组合的语言中有规律的模式。例如,以英语为母语的人不会习得像[ŋa]这样的语音形式,因此认为以[ŋ]开头的单词都是外来词。另外,音位结构限制对一门语言的正常音节加以限制。例如,一些语言允许 CV(如 toe)这样的音节首,但另一些语言允许 CCV(如 stow)甚至 CCCV(如 strow)这样的音节首。

音系规则(phonological rules,3):这些规则把音素转换成实际的发音。它们在心理语法中运作。它们和自然类别中的群体协作。例如,元音可以通过鼻音化的音系规则转化:如 bin /bin /→[bĩn]。

隐蔽的威望(covert prestige,5):来自同伴的对一项活动的钦佩和赞扬,这种钦佩和赞扬与权威机构的评判背道而驰。俚语被创造出来,往往就是为了获得来自同伴的隐蔽的威望。

有条件的合并(conditioned merger,3):一种出现在某些环境而不出现在其他环境的元音合并。例如,前一松合并是一种有条件的合并:它发生在 din~den [dĩn]~[dĩn]这一对中,而不出现在 bit~bet [bit]~[bet]这一对中。

与格交替(dative alternation,8):动词短语中间接宾语和直接宾语次序的交替。生成的模式要么是主语+动词+直接宾语+to+间接宾语,如 She gave the shrimp to the octopus(她把虾给了章鱼),要么是主语+动词+间接宾语+直接宾语,如 She gave the octopus the shrimp(她给了章鱼虾)。

语法能力(grammatical competence,9):我们心理语法中所有的语言知识。

语法性别(grammatical gender,4):用于名词的一个分类系统。在带有这种分类的语言中,名词分成不同的类别。传统语法学家选择了阳性和阴性这样的名称,于是这些类别被称作性。古英语、现代德语和现代西班牙语都是带有语法性别的语言。

语言入门

语境(situational context,9):有助于增加话语的语用知识的物理环境。在幽静的房间里与几个人交谈不同于在空旷的田野对着一大群人讲话。

语篇(discourse,1,9):说话的集合。单一的会话、医学语篇和法律语篇都是话语的例子。

语气(mood,4):通过动词的安排或形式来表达的说话者与听众的关系。陈述语气、命令语气、疑问语气和条件语气都是语气的例子。

语言(language,1):人类获得并用作交流的特定的、互不关联的组合系统。组合从小的成分开始,这些小的成分连接在一起组成更大的成分。语言似乎在普遍语法的帮助下自然地发展。

语言变异(language variation,1):一门具体的语言的变更,像不同的发音、单词和短语。语言的层次可以是词汇的,如 pop 和 soda;可以是形态的,如带-ly 后缀的副词和不带-ly 的副词,就像在 She runs quick ____;可以是音系的,像元音的变化;可以是句法的,如可以说 pass the ball to me 和 pass me the ball。语言的变异可以和区域、种族、社会阶层、性别、性取向等许多其他特征联系在一起。

语言习得(language acquisition,11):这是指婴儿在环境中使用他们的普遍语法和语言信息来建立一个语言的心理语法的过程。这个过程包括语音阶段、单词阶段、短语阶段和建立交流能力。例如,咿呀学语是婴儿学习语音的自然方式。

语言学(linguistics,1):对语言的科学研究。

语音阶段(sound stage,11):语言习得的第一个阶段,在此期间婴儿必须区分人类的言语声音和其他非人类的声音,如狗吠声和玩具的嘈杂声。这个阶段早在婴儿出生前就开始了,到婴儿六个月时把声音压缩到语言的相关声音,然后在下面的几年里继续增加语音的储存量。孩子们不仅学习语音,而且学习语音的模式。

语音体系(phonology,3):处理语言外部实现的心理语法的组成部分。音系把来自词汇、形态和句法的输出转变为语音和符号。语音体系也将传入的语言用心理语法的其他单位加工。

语音学(phonetics,2):对语音的科学研究。例如,声学语音学研究空气中声音的物理特性。

语用知识(pragmatic knowledge,9):影响话语解读的语言之外的信息。我们运用这些信息去揭开话语的意义。语用知识的例子包括会话中的肢体动作和社会事实。

元音(vowel,2):发音过程中声道中的气流没有阻碍的响亮音。如[əu],[i:],[æ]都是元音。元音的狭窄通道比辅音的更少。

元音大迁移(Great Vowel Shift,11):或许是英语史上最重要的元音迁移。这是长元音在两个世纪中(大约从 1400 年至 1600 年,尽管有些变化到更晚的时候才终止)经历的发音变化。它打破了长/短元音间的音位区分,产生了现代意义上的紧/松区分。许多现代的元音拼写(如,<bite>,<meet>)在元音大迁移前就定型了,从而造成了持续的元音与拼写之间对应上的混乱。

元音化(vocalization,3):把辅音变成元音的过程,因为整个过程使得声音更像元音。R 音脱落和 L 音脱落这两个术语都是指这类过程。bar[ba:]和 coal[kəu]这两个单词的发音都是元音化的例子。

元音交替(ablaut,6):动词中的元音交替用以表示动词的不同形式,如过去式和过去分词。动词 ring, rang, rung 的三种形式就是元音交替的一个例子。

元音空间(vowel space,3):一张定位元音在口腔中的发音位置的图。这个空间被分割成几个不同的区域,就像一张地图被经度和纬度安排得井然有序一样。例如,元音[i:]在元音空间的前一高区域发出来,而元音[u:]则在元音空间的高一后区域发出来。

元音推进(advancement,2):有关元音在口腔内的发音位置的特性,据此有前元音、中元音和后元音的区分。如[u:]在 boo 中的发音[bu:]便是一个后元音;[i:]在 bee 中的发音[bi:]便是一个前元音。

元音音高(height,2):元音的一个明显的特性,它根据元音在口腔内发音时的相对高度而定。单词 tooth[tu:θ]中的元音高于 both[bəuθ]中的元音。

原则(principles,7):所有人类语言共享的基本特性。这些原则是普遍语法的一部分。例如,所有人类语言都有词汇、语音和形态/句法体系。

韵基(rhyme,3):音节中将音节核和音节尾组合起来并支配它们的一个单位。它是继音节首之后音节的节点。例如,[ait]是单词 bite[bait]的韵基。语言学家借了这个术语作为音节中押韵的部分。

支轴含义(fulcrum implicature,9):一种会话含义,其隐含的意思基于关联的准则才能让人理解言后的意义。例如,露西问:"有谁能帮我修电脑吗?"扎克回答说:"市中心有一家电脑店。"扎克的回答隐含着那家店能修理露西的电脑这层意思。

直接言语行为(direct speech act,9):当话语的言外之意与它的言内之意吻合的时候就出现了直接言语行为。如果妹妹对哥哥说"那件衬衫好难看",而她意在把衬衫的难看说出来,那么这两个意义相匹配,直接言语行为就出现了。

指示代词(demonstrative pronoun,4):一组用于指定名词的代词。现代英语中有四个(规范意义上的)指示代词:this, these, that, those。另一个形式 them,尽管是方言,在一些社区使用也很普遍。例如, these folder 和 them folders。指示代词也可以替代整个名词短语。例如, These are the best(这些是最好的)。

指示功能(deixis,4,9):指可变的指示意义同时继续保持稳定的语法角色的特性。这一特性允许代词的具体所指根据它的使用语境而发生改变。例如,代词 I 指说话的那个人(作为主语),但它在任何给定的上下文中的直接意义取决于说话者是谁。大多数单词不具备这一特性。

指示意义(reference meaning,2):在词汇中记忆的一组声音的最直接的意义。许多人把指示意义等同于词典里的意义。这一意义有别于社会意义。necklace 这个单词的指示意义很可能包括戴在脖子上像绳子一样的一件珠宝。

质的准则(maxim of quality,9):这一准则要求给出的话语的真实性。例如,在老师布置了四页的作业后,一位学生或许会说:"这份作业永远也做不完。"这句话违反了质的准则,因为完成作业不需要"永远"那么长的时间。

中性体(neutral,4):既非进行体又非完成体的包罗万象的动词体。像 We eat the ice cream 这句是中性体,因为它既不是进行体 We are eating the ice cream,又不是完成体 We have eaten ice cream。

中缀(infix,6):嵌于另一个词素中的黏附词素。在 un-freakin-believable 这个词中,freakin 是一个中缀。

主语(subject,8):传统语法视主语为句子中非谓语的那个部分。主语是屈折语中协调动词屈折变位的那个部分,但主语本身不包含动词短语。例如,在 The coffee in the cup is cold 这句中,The coffee in the cup 这个短语是主语,因为它不是谓语 is cold。动词的第三人称单数形式与这个主语协调使用。

转移含义(diversion implicature,9):一种会话的含蓄表达,在此期间说话者藐视一条会话准则,以通过另外一条准则提供隐含的意思。例如,一个学生说:"我的化学教授今天早上以他结构严密的独白丰富了我的灵魂。"这位学生把注意力从这句话是否正确引到了授课的方式上。质的准则在这里被藐视了。

浊音的(voiced,2):通过声带振动而发出的音的一个特性。如 me[mi:]这个单词中的辅音[m]是一个浊音,其中的元音也是如此。

自然类别(natural class,3):通过发音或器官特征组织起来的一组音。音系规则正是利用了自然类别来组织语音模式。例如,发音位置的划分,像双唇音、齿龈音和软腭音都是依据自然类别划分的音。

自由词素(free morpheme,6):一个无须附在另一个词素上就能成为短语一部分的词素。

一些词汇类别,如英语中的名词、动词、形容词和介词是自由词素。to go in the store(去商店)这个短语包括自由词素。

字母词(alphabetism,5):一种通过逐个发出字母音的首字母缩合词,如 FBI(联邦调查局)发成[efbi:ai]的音。

阻塞音(obstruent,2,3):比响音阻塞更多气流的非清脆响亮的音,如 tile 一词中的[t]。闭塞音、摩擦音和塞擦音等自然类别的音构成了阻塞音。

最高级(superlative,4):形容词的一种状态,它是某一尺度上级别最高的。如在短语 the warmest blanket 中,warmest 是最高级形式。有些形容词需用 most 来构成最高级,如 the most beautiful。

最小配对(minimal pair,2,3):因一个音不同而形式上形成对照的两个单词。如 mat[mæt]和 bat[bæt]这两个单词是最小配对,因为[m]和[b]标志两者意义上的差别。

索　引

说明：(1) 索引词条按音序排列；(2) 括号内英文词条后的数字表示该术语出现的主要章节；(3) 对于频繁使用的术语，标注的页码并非详尽无遗，而是仅将以该术语作为中心点的章节的页码体现出来。

schwa 规则（schwa rule,3）103—104
which 迫害（which hunting,10）408
暗语（shibboleth,10）409
半弱动词（semi-weak verbs,6）240
褒义化（amelioration,5）183,187—188
本义（denotation,5）187—188
本义转移（denotation shift,5）188
鼻音（nasal,2）49,52—53
鼻音化（nasalization,3）89—90,106
比较级（comparative,4）142—143
闭塞音（stop,2）47,49
边缘性（peripherality,2）61
标准语—方言延续体（standard～vernacular continuum,1）16—17
表语（predicative,4）140—141
补语化成分（complementizer,8）333,341,430
不合理的推论（non sequitur,9）365
不及物动词（intransitive,4）151—152
参数（parameter,7,8）281—282,335—336
插入（insertion,3）104,114

陈述语气（declarative,4）158
齿间音（interdental,2）49
齿龈音（alveolar,2）49,66—67
唇齿音（labiodental,2）49
词干（stem,6）215,220
词根（root,6）215—216,226
词汇类别（lexical category,4）137—138,143
词汇歧义（lexical ambiguity,4,8）137,261—264
词素（morpheme,6）214—215
词义转贬（pejoration,5）186
词缀（affix,5,6）149,183—185,216—223,244—225,335
代词（pronoun,4）163
单词（word,1）6—7
单词阶段（word stage,11）440—442
单语的（monolingual,1）3
单元音（monophthong,2）58,63
等级制（hierarchy,3,6）224—225,228,230,260,272—273

索引

低—后合并(low-back merger,3) 101—103
调节环境(conditioning environment,3) 106
定语的(attributive,4) 141
动词(verb,4) 136,139—140
动词的时态(tense (verb),4) 20
动词的体(aspect,4) 156,463
动词短语(Verb Phrase,1) 4
短语(phrase,1) 7—8
短语的头(head of the phrase,7) 268,279, 289
短语阶段(phrase stage,11) 441—443
多语的(multilingual,1) 3
腭音(palatal,2) 49,67
腭音化(palatalization,3) 107,111
二分叉(binary branching,6) 265,293
二合元音(diphthongs,2) 63
发言权(floor,9) 376—377,379
发音的语声(voice of articulation,2) 75—79
发音方式(manner of articulation,2) 99,106
发音位置(place of articulation,2) 52,62—63
发音语音学(articulatory phonetics,2) 45, 48,70—71
烦恼(peeves,10) 412
方式准则(maxim of manner,9) 365—367
方位格词(locative,7) 279—281
方言(vernacular,1) 15—17
分析型的(analytic,6) 236,245,285
辅音(consonant,2) 5,36,40—41,46—48, 50—53,56—57,69—70
复合词(compound,5) 184

格(case,4) 149,164—165
公开的声望(overt prestige,5) 199
功能词(function,4) 129,138,161—162
功能转移(functional shift,5) 184—185, 227
共时变异(synchronic variation,3) 111, 444,449
关键期(critical period,11) 445—446
关联准则(maxim of relation,9) 362—363, 365
规范性语法(prescriptive grammar,1,10) 13—14,359,398
规范性正确的观点(Prescriptively Correct Perspective,1,10) 13—14,339—401, 405—409,413
含义(connotation,5) 369—371,375,383
合成的(synthetic,6) 230,233
合成假设(assumption of composition,6) 215,261
合作原则(cooperative principle,9) 362, 365—369,372
喉(larynx,2) 46,50,54
喉塞音(glottal stop,2) 99
后缀(suffix,6) 216—217
滑音(glide,2) 54,63
话语(utterance,9) 355—357
话语标记(discourse marker,9) 376—377, 381—382
话语标记 like(discourse *like*,9) 377,382
话语脚本(discourse script,9) 377—378, 383

497

语言入门

会话的言外之意（conversational implicature,9）366—368,372,379—382

会话准则（conversational maxims,9）362—365,367,370—371

活语言（living language,1）4,10,20

积极面子（positive face,9）378—379

及物的（transitive,4）151

及物性（transitivity,4）151,153,155

间接言语行为（indirect speech act,9）372—373,380

交际能力（communicative competence,9）381—382,386

教学语法（teaching grammar,1）18,20

节点（node,3）225

结构成分性（constituency,7）278—279

结构性歧义（structural ambiguity,7,8）261,271,307,311

解析（parse,7,8）262,357

介词（preposition,4）165

介词短语（Prepositional Phrase,4）259—261,266

紧的（元音）（tense（vowel）,2）92

进行体（progressive,4）155—157

可数名词（count noun,4）145—146

扩大（widening,5）185—186

扩展（expansion,7）262—263,277—278,318,333,437,460

扩张圈（expanding circle,11）462—463

历时变异（diachronic variation,3）131,176

连接词（coordinator,4）163,376

量的准则（maximum of quantity,9）361,369

临时生造词（nonce word,5）201,202

零形式（zero form,4）147

流音（liquid,2）49,53

面子（face,9）379—380,382

描写语法（descriptive grammar,1）19—20

名词（noun,4）219—222,225

名词短语（Noun Phrase,4）260—261

摩擦音（fricative,2）50—52,67—68

内圈（inner circle,11）459—460,

内容效度（content validity,10）402—403,405

黏附词素（bound morpheme,6）216—217,220—223

派生的（derivational,6）220,222—223

碰撞开花（crash blossom,7）265

拼写符号（orthographic symbols,2）37—38,42

普遍语法（Universal Grammar,1,8）22,335—337

歧义（ambiguity,1）23,39—40

前—松合并（front-lax merger,3）102—103

嵌套（nesting,7）261—262,272—274

前缀（prefix,6）215—216

强动词（strong verbs,6）239—242

清音的（voiceless,2）86,91

清音化（devoicing,3）106—107

情态动词（modal verb,4）156,160

屈折词缀（inflectional affix,6）220,223

屈折短语（Inflectional Phrase,8）315—316,321,331—332

人称代词(personal pronoun,4) 163
任意性(arbitrariness,1) 9,22—24,39
软腭音(velar,2) 49,63
弱动词(weak verb,6) 239—240
塞擦音(affricate,2) 49,51—52,67
删除(deletion,3) 104,108,114
闪音(flap,3) 106,115
闪音化(flapping,3) 106
社会意义(social meaning,2,3) 43—44,68
社会意义上的最小配对(social minimal pair,3) 91
社会语境(social context,9) 355—356
生命期限之内的语言变化(lifespan language change,11) 445,
声带(vocal folds,2) 46,49—50
声道(vocal tract,2) 47—49
声门(glottis,2) 81,115
声门区(glottal region,2) 50,52—54,63
施为动词(performative verb,9) 374—375
施为言语行为(performative speech act,9) 374
时间顺序含义(time-order implicature,9) 368
实义词(content,4) 130,139—140,162
首字母缩合词(acronym,5) 195—197
书写(writing,1) 19
双宾语动词(ditransitive,4) 152—154
双唇音(bilabial,2) 49
咝音(sibilant,3) 92
死语言(dead language,1) 4—5
松弛的(lax,2) 61—62

送气音(aspiration,2) 66—67
缩减(weakening,5) 185
缩小(narrowing,5) 185—186
体裁惯例(genre conventions,10) 393—395,398—401,404—409
填充词(filler,9) 377
条件式的(conditional,4) 102—103,161
通晓多种语言的人(polyglot,11) 441
通用语(lingua franca,11) 462
同化(assimilation,3) 105—108,111
同形同音异义词(homonyms,4) 131—132
同形异义词(homograph,4) 131
同音异义词(homophones,2,4) 41—42, 130—131
头状态参数(headedness parameter,7) 335,337
外来词(borrowed,5) 178—179,217,439
外圈(outer circle,11) 459—460
完成式分词(perfect participle,6) 460,462
完成体(perfect aspect,4) 155—156
谓语(predicate,4,8) 140,302—303,315
无限回归(infinite recursion,7) 270,317
无主语(null subject,8) 336—337
习语(idiom,5) 176,189—193
限定成分(determiner,4) 163
限定词(determinative,4) 130,163—164
响亮度(sonority,3) 99
响音(sonorant,2,3) 47—48,92—93,99
消极面子(negative face,9) 378—380
心理语法(mental grammar,1) 10,21
行话(jargon,5) 193—196

499

形容词(adjective,4) 130,138—139,141—142,149,162,164

形容词短语(Adjective Phrase,4) 139

修辞性正确的观点(Rhetorically Correct Perspective,1,10) 13—14,402,403,416

修复(repair,9) 378,379

修饰整句的副词(sentence adverb,4) 140

言后效果(perlocutionary effect,9) 366

言内之意(locutionary,9) 365—366,371—372

言外之意(illocutionary,9) 365—367,371—372

言语行为(speech act,9) 374—375,380

疑问代词(interrogative pronoun,4) 165

疑问语气(interrogative,4) 158

异干互补(suppletion,6) 237—239

音节(syllable,3) 93—96

音节核(nucleus,3) 94,96—97

音节首(onset,3) 94—96,98—99

音节首最大化(onset maximization,3) 96

音节尾(coda,3) 65,134

音素(phoneme,3) 88—89,101

音位结构限制(phonotactic constraint,3) 97—98

音系规则(phonological rule,3) 89—92

隐蔽的声望(covert prestige,5) 200

有条件的合并(conditioned merger,3) 102

与格交替(dative alternation,8) 309,396

语法能力(grammatical competence,9) 380—381

语法性别(grammatical gender,4) 142,147—148

语境(situational context,9) 264,355

语篇(discourse,1,9) 8,360,363—365

语气(mood,4) 157—160

语言(language,1) 2—4

语言变异(language variation,1) 3,9

语言习得(language acquisition,11) 435—436,444

语言学(linguistics,1) 14,17,20—21

语音阶段(sound stage,11) 442,439

语音体系(phonology,3) 133,147

语音学(phonetics,2) 45,48

语用知识(pragmatic knowledge,9) 357,360

元音(vowel,2) 87—89,92

元音大迁移(Great Vowel Shift,11) 451—452,461

元音化(vocalization,3) 88—90

元音交替(ablaut,6) 241—242,317

元音空间(vowel space,3) 57—58

元音推进(advancement,2) 60

元音音高(height,2) 55

原则(principles,7) 281—282

韵基(rhyme,3) 94

支轴含义(fulcrum implicature,9) 368

直接言语行为(direct speech act,9) 372—373,381

指示代词(demonstrative pronoun,4) 163,165

指示功能(deixis,4,9) 163,359

指示意义（reference meaning,2) 43—44
质的准则（maxim of quality,9) 362,369
中性体（neutral,4) 155,157
中缀（infix,6) 217—218
主语（subject,8) 143,148
转移含义（diversion implicature,9) 370—371
浊音的（voiced,2) 51
自然类别（natural class,3) 85
自由词素（free morpheme,6) 216—217,220
字母词（alphabetism,5) 195
阻塞音（obstruent,2,3) 47—48,52,92—93,99
最高级（superlative,4) 141—142,216—221,231
最小配对（minimal pair,2,3) 65,67,86—90